Relational Typology

Trends in Linguistics

Studies and Monographs 28

Editor

Werner Winter

Mouton Publishers
Berlin · New York · Amsterdam

Relational Typology

edited by

Frans Plank

Mouton Publishers
Berlin · New York · Amsterdam

Library of Congress Cataloging in Publication Data

Relational typology.

(Trends in linguistics. Studies and monographs; 28)
English and German.
Papers from a conference held at Hannover, Germany, Jan. 15—17, 1982, which was subsidized by the Deutsche Forschungsgemeinschaft and the Ministerium für Wissenschaft und Kunst of Niedersachsen.
Includes index.
1. Typology (Linguistics)—Congresses. 2. Grammar, Comparative and general—Syntax—Congresses. 3. Grammar, Comparative and general—Clauses—Congresses. I. Plank, Frans. II. Deutsche Forschungsgemeinschaft. III. Lower Saxony (Germany). Ministerium für Wissenschaft und Kunst.
P204.R45   1985   415   85—18785
ISBN 0-89925-086-6 (U.S.)

CIP-Kurztitelaufnahme der Deutschen Bibliothek

Relational typology / ed. by Frans Plank. — Berlin ; New York ; Amsterdam : Mouton, 1985.
   (Trends in linguistics : Studies and monographs ; 28)
   ISBN 3-11-009591-2 (Berlin ...)
   ISBN 0-89925-086-6 (New York ...)
NE: Plank, Frans [Hrsg.]; Trends in linguistics / Studies and monographs

Printed on acid free paper

Typesetting: Arthur Collignon, Berlin. — Printing: Druckerei Gerike, Berlin. — Binding: Lüderitz & Bauer Buchgewerbe GmbH, Berlin.

Printed in Germany

Preface

That language typologists are focusing attention on the relational structure of clauses is certainly no new trend in linguistics, even if some insights afforded by the typological perspective appear to be relatively new. Numerous individual and concerted attempts are on record of typologies based on supposedly significant cross-linguistic differences in relational structures involving the main constituent parts of clauses. Also on record, however, are certain fundamental obstacles hindering relational typologists and typological research in general, of which the following three deserve to be singled out. Firstly and most obviously, there has been, and continues to be, the handicap that not enough thorough and reliable empirical descriptions are available even of the most basic aspects of relational clause structures of a sufficiently wide variety of languages. Secondly, owing to a tendency to employ preconceived descriptive notions familiar from one or another tradition of describing one or another kind of languages, without much concern for spelling out the precise descriptive content of these notions and for justifying their cross-linguistic applicability, there has always been the danger of terminological looseness, often nourishing the illusion that relational clause structures had been adequately described if all that had really been achieved was to 'accommodate' them in one or another terminological framework of unquestioned empirical import. And thirdly, the notion of 'types' itself still needs further clarification and, of course, empirical justification, if typology is to be more than mere classification of languages according to more or less arbitrarily selected grammatical features. It is an awareness of the urgency with which such obstacles demand attention that motivated the collective efforts forming the present volume.

With this general motivation in common, the individual contributions branch off in three specific directions. With differing emphasis, the following chapters aim to throw new light on expressions in relation, on relational expressions, and on the typological significance of differences in relational structuring.

One major emphasis is placed on elaborating adequate descriptive accounts of the patterns of relations held by actant expressions (to use one popular cover term) accompanying predicate expressions in all kinds of clauses. It is relatively uncontroversial that relations are appropriately differentiated both in syntactic and in semantic terms, and that expressions in relation are also distinguishable according to their pragmatic status in the structuring of information in discourse. Disregarding points of detail of the language-specific justification or typological suitability of individual descriptive proposals, what is most controversial here are questions such as: How are the three structural levels of pragmatics, semantics and syntax to be related to one another and to what extent, and in which respects, is their relatedness cross-linguistically variable? To what extent and in which respects is the definability of syntactic relations such as subject and object contingent on particular relationships between the semantic and pragmatic levels or on the patterning of actant expressions across different clause types (in particular transitive and intransitive clauses)? In posing such questions from various theoretical perspectives and with reference to a variety of typologically supposedly differing languages, the chapters concerned tie in with much current research, typological and other, on the nature of grammatical relations.

In a considerable number of contributions the emphasis is not so much on expressions in relation, but primarily on those expressions that establish the relational structure of clauses in the first place, i.e. on predicate expressions with respect to which actant expressions hold particular semantic-syntactic relations. Predicate, or more specifically verbal, categories such as aspect, voice, and agreement (or cross-reference) have traditionally been included in typological discussions. What has often been neglected, especially in recent times, is the possibility of fundamentally different predicate conceptions underlying the typological variety of relational clause structuring. Most familiar here is the hypothesis of a passive conception of verbs in ergative-type languages, and correspondingly of an active verb conception in accusative-type languages, which is, however, notorious for its lack of conceptual precision. Apart from trying to elucidate these notions, various chapters take into account further parameters with respect to which predicate conceptions may vary in a typologically significant manner: the inherent stativity and intransitivity of all predicates in some languages; the lexical agent or patient centredness of predicates in different languages; the differentiation of predicates according to the intentional, controlling or other kinds of participation of actants; various principles of subcategorization of predicates. The amount of attention paid to matters of predicate conception is perhaps the most prominent feature of the present collection vis-à-vis other contemporary research on grammatical relations and relational typology.

The emphasis in many chapters is, thirdly, on the question of the appropriateness of relational clause structures as a crucial parameter for language typology. If typologies were arbitrary classifications of languages on the basis of any grammatical feature that is not found in all languages alike, this issue would hold little interest. But if one is aiming for holistic, or systemic, typologies, the issue of which particular features are the ultimate type-determinants in so far as many other structural features are implicationally linked to them, is of paramount importance. Most contributors to this volume share the conviction that holistic typologies are more desirable than arbitrary language classifications; and a common point of reference is the triad of accusative, ergative and active type languages customary in relational typology. The controversies here are about the exhaustiveness of this traditional triad (which is repeatedly challenged on the grounds that it fails to take into account attested varieties of relational structuring), about the necessity and legitimacy of recognizing divergences from these ideal types (argued for on the grounds of what look like mixtures of accusative, ergative, and active patterns in individual languages), and about the fundamental importance of patterns of relational structuring as type-determinants (which may appear dubious in the light of supposed type mixtures that cannot be explained away diachronically, and is often felt to lack sufficient empirical substantiation). Even though proposals and rejections of holistic types are bound to remain inconclusive for some time to come, such debates need not remain entirely programmatic. To help transcend the programmatic level is one objective of this volume, with its empirical focus on many languages that have so far received insufficient attention from the point of view of relational typology.

Individually and collectively, the chapters assembled in this volume thus seek to sharpen the analytic tools suitable for the description of relational clause structures in natural languages, to offer empirically adequate descriptions of the relational clause structures and related parts of the grammar and lexicon of particular languages, to suggest and possibly justify cross-linguistic descriptive generalizations about relational structures, and to suggest, or at least to prepare the ground for, responsible hypotheses about necessary or preferred connections among individual grammatical (and perhaps lexical) features, with the expectation that some features will eventually turn out to be more crucial than others in determining the character of whole languages.

More incidentally, the contributions to this volume also indicate further *desiderata* of future typological research. The principles of pragmatic clause and discourse structuring still deserve more comparative attention. Considering their potential typological significance, lexical structures too deserve much closer empirical scrutiny, any deeper appreciation of possible non-trivial cross-linguistic differences so far having often been prevented by the customary reliance on supposedly translation-equivalent clauses and approximate impressionistic paraphrases of predicate meanings. Lastly, even if crucial empirical information could in principle be obtained from some more or less accessible source, too much of it is bound to escape the attention even of conscientious individual typologists aiming at wider ranging descriptive generalizations, unless they are able, and willing, to rely on much improved facilities for cataloguing large amounts of morphosyntactic and lexical data.

The chapters in this volume represent a selection of the papers read at a conference at Hannover on January 15–17, 1982 that was subsidized by the Deutsche Forschungsgemeinschaft and the Ministerium für Wissenschaft und Kunst of Niedersachsen. Also included are some contributions (those of DeLancey, Frajzyngier, Givón, Plank and Thompson) that could not be read on that occasion. It should be noted that some of the contributions were already available in more or less their present form in the spring or summer of 1982, while others were not completed until summer or autumn 1983.

Werner Winter deserves the special thanks of all contributors for the interest he has shown in this volume.

Frans Plank

Contents

List of Contributors

Georg Bossong, Institut für Romanische Philologie, Universität München, Bundesrepublik Deutschland

Alice Cartier, U.E.R. de Linguistique générale et appliquée, Université Réné Descartes, Paris, France

Scott DeLancey, Department of Linguistics, University of Oregon, Eugene, Or., USA

Zygmunt Frajzyngier, Department of Linguistics, University of Colorado, Boulder, Col., USA

Talmy Givón, Department of Linguistics, University of Oregon, Eugene, Or., USA

Klaus Heger, Sprachwissenschaftliches Seminar, Universität Heidelberg, Bundesrepublik Deutschland

Thomas Herok, Istituto di Linguistica, Università di Venezia, Italien

Michael Job, Sprachwissenschaftliches Institut, Ruhr-Universität Bochum, Bundesrepublik Deutschland

Georgij A. Klimov, Institut jazykoznanija AN SSSR, Moskva, SSSR

Johann Knobloch, Sprachwissenschaftliches Institut, Universität Bonn, Bundesrepublik Deutschland

Ulrike Kölver, Institut für Sprachwissenschaft, Universität Köln, Bundesrepublik Deutschland

Karl-Hermann Körner, Romanisches Seminar, Technische Universität Braunschweig, Bundesrepublik Deutschland

Manfred Krifka, Institut für deutsche Philologie, Universität München, Bundesrepublik Deutschland

Christian Lehmann, Institut für Sprachwissenschaft, Universität Köln, Bundesrepublik Deutschland

Wim Lucassen, Algemene Taalwetenschap, Rijksuniversiteit Leiden, Nederland

Frans Plank, Fachgruppe Sprachwissenschaft, Universität Konstanz, Bundesrepublik Deutschland

Sebastian Shaumyan, Department of Linguistics, Yale University, New Haven, Conn., USA

Gerd Steiner, Fachgruppe Altorientalistik, Universität Marburg, Bundesrepublik Deutschland

Claude Tchekhoff, Institut de Linguistique, Université des Sciences Humaines de Strasbourg, France

Laurence C. Thompson, Department of Lingustics, University of Hawaii at Manoa, Honolulu, Hawaii, USA

GEORG BOSSONG

Markierung von Aktantenfunktionen im Guaraní: Zur Frage der differentiellen Objektmarkierung in nicht-akkusativischen Sprachen

In allen Erdteilen finden sich zahlreiche Sprachen und Sprachfamilien, in denen die Funktion des ‚direkten Objekts‘[1] nicht einheitlich markiert ist. Es werden, mittels diverser grammatischer Bezeichnungsverfahren, zwei[2] Klassen oder Kategorien ‚direkter Objekte‘ voneinander unterschieden. Ich habe für dieses Phänomen, das, obwohl schon früh wahrgenommen,[3] erst in jüngster Zeit genauere Beachtung erfährt,[4] den Terminus ‚differentielle Objektmarkierung‘[5] vorgeschlagen.[6] Mit diesem Ausdruck bezeichne ich das Postulat einer universalen, als Greenbergsche Implikationsbeziehung darstellbaren Gesetzmäßigkeit, das ich aus der bisher nicht falsifizierten Verallgemeinerung empirischer Daten aus einer großen Anzahl von Sprachen gewonnen habe. Kurzgefaßt stellt sich dieses Postulat folgendermaßen dar.

Die aktantielle Funktion des ‚direkten Objekts‘ ist der privilegierte Ort für kategoriale Unterscheidungen von Nominalsyntagmen. Solche Unterscheidungen werden nicht notwendigerweise gemacht; sie können gänzlich fehlen. Sie können aber auch immer gemacht werden, bei jeder denkbaren aktantiellen Funktion (z. B. die Genusunterscheidungen in ie. und anderen Sprachen; die Unterscheidung [± def] mit Hilfe von Artikeln; etc.). Wenn Nominalsyntagmen überhaupt in Abhängigkeit von einer aktantiellen Funktion kategorial differenziert werden, dann ist diese Funktion stets das ‚direkte Objekt‘. Es gibt also keine analogen kategorialen Differenzierungen *nur* des ‚Subjekts‘, *nur* des ‚indirekten Objekts‘ etc. Diese Gesetzmäßigkeit kann als implikatives Universale formuliert werden und hat dann folgende Form:

$$(1) \qquad \Delta\,(N_X, N_X') \supset \Delta\,(N_0, N_0')$$

In verbaler Formulierung:

> Wenn eine kategoriale Differenzierung (Δ) bei Nominalsyntag-
> men in beliebiger aktantieller Funktion ($N_X \neq N_0$) auftritt, dann
> tritt sie auch bei Nominalsyntagmen in ‚Objekt'-Funktion (N_0)
> auf, nicht aber umgekehrt.

Implikative Aussagen dieser Art sind bekanntlich äquivalent mit
tetrachorischen Tafeln mit einer leeren Position. Das ergibt folgendes Bild:

(2)

$[- \Delta(N_X, N_X')] \wedge [- \Delta(N_0, N_0')]$	$-$
$[- \Delta(N_X, N_X')] \wedge [+ \Delta(N_0, N_0')]$	$[+ \Delta(N_X, N_X')] \wedge [+ \Delta(N_0, N_0')]$

Die Möglichkeit $[+ \Delta(N_X, N_X')] \wedge [- \Delta(N_0, N_0')]$ ist also ausgeschlossen. Da es sich um ein aus empirischer Generalisierung, also
induktiv gewonnenes Postulat handelt, ist hier der präzisierende
Zusatz ‚nach gegenwärtigem Kenntnisstand' angebracht. Es sei jedoch betont, daß, auch wenn Gegenbeispiele gefunden würden,
diese Gesetzmäßigkeit aus einem ‚universal' schlimmstenfalls ein
‚near-universal' würde, was an ihrem empirischen Interesse wenig
ändert: die Entdeckung einer durchgängigen Tendenz ist immer eine
wesentliche Bereicherung unserer Kenntnis vom Bau der menschlichen Sprache, auch wenn es vereinzelt ‚Ausnahmen' dazu geben
mag. Hypothesen über sprachliche Gesetzmäßigkeiten sind keine
Hypothesen über Naturgesetze.

Was uns hier interessiert, ist die Position $[- \Delta(N_X, N_X')] \wedge$
$[+ \Delta(N_0, N_0')]$. Um keine Mißverständnisse aufkommen zu lassen,
füge ich eine kurze, keineswegs erschöpfende Bemerkung zu dem
Begriff des ‚Objekts' an. Im Gegensatz zu Klaus Hegers differenzier-
tem Aktantenmodell[7] begnüge ich mich bei meinen Untersuchungen
zur Basistypologie des akkusativischen, ergativischen und aktivischen Sprachbaus bewußt mit der Unterscheidung zweier ‚zentraler' Funktionen,[8] die ich mit A (Ausgang, activus, agens, causalis
…) bzw. Z (Ziel, passivus, patiens, finalis …) symbolisiere. Sowohl
A als auch Z können bei einwertigen und bei zweiwertigen Verben
vorkommen. Die zwischen ihnen bestehende Opposition ist immer
aktualisiert bei zweiwertigen (transitiven) Verben; bei einwertigen
Verben ist sie es jedoch nur im aktivischen Typus, während sie im
akkusativschen und im ergativischen Typus bei einwertigen Verben
neutralisiert ist. Ich verstehe im hier verfolgten Zusammenhang

unter ‚Objekt' die beim zweiwertigen Verb aktualisierte Funktion
Z (Z_2),[9] ganz gleich, mit welcher anderen Funktion dies Z_2 jeweils
sprachtypspezifisch zusammengeht oder nicht zusammengeht.
‚Objekt' in diesem eingeschränkten Sinn ist also nicht sprachtypge-
bunden: die Funktion Z_2 kommt im akkusativischen ebenso wie im
ergativischen und aktivischen System vor, auch wenn sie innerhalb
dieser Systeme einen jeweils unterschiedlichen paradigmatischen
Stellenwert hat. Das bedeutet, daß differentielle Objektmarkierung
im Prinzip auch in ergativischen und aktivischen Sprachen erwartet
werden kann, obwohl man den landläufigen, nicht näher bestimmten, weil nach dem Modell der akkusativischen SAE-Sprachen naiv
induzierten, Begriff des ‚Objekts' auf diese Systeme nicht anwenden
sollte.

Als nächstes stellt sich die Frage, welcher Art die kategorialen
Differenzierungen sind, auf die hier abgehoben wird. Auch bezüglich
dieser Frage muß ich mich mit wenigen zusammenfassenden Hin-
weisen begnügen. Breit angelegte empirische Untersuchungen haben
ergeben, daß es im wesentlichen zwei Dimensionen sind, die bei
der differentiellen Objektmarkierung in unterschiedlicher Mischung
zusammenwirken.

Da ist zum einen die Skala der Belebtheitsmerkmale, die ich, da
dem Nominalsyntagma immanent, Inhärenzmerkmale nenne und
die u. a. von Michael Silverstein[10] und von Gilbert Lazard[11] syste-
matisiert worden sind. Ich habe andernorts[12] das folgende Modell
vorgeschlagen:

(3)　　　$[\pm$ deix$]$　$<$　$[\pm$ propr$]$　$<$　$[\pm$ hum$]$　$<$　$[\pm$ pers$]$　$<$
　　　　　$[\pm$ anim$]$　$<$　$[\pm$ discr$]$　$<$　$[\pm$ concr$]$

Die andere Skala betrifft Merkmale, die dem Nominalsyntagma
nicht inhärieren, ihm vielmehr im konkreten Sprechakt jeweils unterschiedlich zugeschrieben werden. Ich nenne sie Skala der Referenzmerkmale und modelliere sie, unter Bezug auf die im jeweiligen
Sprechakt präsupponierte individuelle Identifizierbarkeit des Referenten durch den Sprecher und/oder Hörer der Äußerung, wie folgt:

(4)　　　$[+$ ident ego $\wedge \ +$ ident tu$]$　$<$　$[+$ ident ego $\wedge \ -$ ident
　　　　　tu$]$　$<$　$[-$ ident ego $\wedge \ -$ ident tu$]$

Es empfiehlt sich oft, vereinfachend nur die beiden Referenzzonen
$[\pm$ def$]$ zu unterscheiden.

Auf den beiden Skalen, oder zumindest auf einer von ihnen, lassen sich Wendepunkte angeben, *turning-points*,[13] die für bestimmte Einzelsprachen jeweils charakteristisch sind. Die Existenz solcher Wendepunkte schließt das Vorhandensein von Übergangszonen, d. h., von schwankendem Gebrauch der jeweiligen Grammeme, keineswegs aus.

Von entscheidender Wichtigkeit ist die Verteilung von morphologischer Markiertheit bzw. Unmarkiertheit.[14] In fast allen Sprachen mit differentieller Objektmarkierung ist die morphologische Opposition zwischen den beiden Kategorien von Objekten nicht äquipollent, sondern privativ. Das bedeutet, daß eine der beiden Kategorien morphologisch nicht, die andere hingegen positiv markiert ist. Es hat sich nun empirisch herausgestellt, daß in jedem Einzelfall alles weiter links auf der Skala der Inhärenz- bzw. der Referenzmerkmale Stehende markiert, alles weiter rechts Befindliche unmarkiert ist, gleichgültig, wo in der jeweiligen Einzelsprache die Wendepunkte liegen. Ohne dies hier näher ausführen zu können, möchte ich darauf verweisen, daß diese Tatsache mittels einer umfassenden ‚natürlichen Markiertheitstheorie‘[15] erklärt werden kann, die letztlich auf pragmatischen, mit der spezifischen Natur der Welterfassung und Daseinsbewältigung des homo sapiens zusammenhängenden Faktoren basiert.

Das potentiell universale[16] Phänomen der differentiellen Objektmarkierung kann sich in der vielfältigsten Weise ausprägen. Insbesondere kann die Differenzierung mittels privativer Opposition entweder nur beim Nomen, oder nur beim Verbum, oder bei beidem realisiert werden.[17]

Nur beim Nomen[18] tritt sie auf z. B. im Slavischen, Altarmenischen, Neu-Iranischen, Neu-Indoarischen, im Hebräischen und Maltesischen, in allen dravidischen und Türk-Sprachen, in zahlreichen tibeto-birmanischen und Munda-Sprachen, im Luiseño, im Aymará etc. Rein verbale Realisierung ist demgegenüber vergleichsweise selten; sie findet sich (als Opposition zwischen Anwesenheit und Abwesenheit von Objektkonjugation) im Ungarischen, im Standardwogulischen, im Swahili (sowie in einigen weiteren Bantu-Sprachen) und in einigen mikronesischen Sprachen (Woleai, Chamorro). Sowohl im nominalen als auch im verbalen Bereich (mit teilweise unterschiedlicher Kategorisierung der hierbei differenzierten Objekte) wird diese Struktur realisiert in den meisten romanischen Sprachen, im Albanischen, in einigen semitischen Sprachen (Aramäisch, Amharisch, Ge'ez, irakisches und libanesisches Arabisch), im Tavda-Wogulischen, in den samojedischen Sprachen sowie in bestimmten austronesischen Sprachen (Palau). Die positive Markierung beim Objektsnomen kann entweder (seltener) durch ein ausschließlich auf diese Funktion spezialisiertes Grammem zum Ausdruck kommen (Rumänisch, Hebräisch, Biblisch-Aramäisch, heutiges Neupersisch, Vachanisch, Türksprachen, Dravidisch, Tavda-Wogulisch) oder aber (dies ist der häufigere Fall) mit identischen Mitteln erfolgen wie die Markierung des Dativs, wobei die einzelsprachlichen Grammeme meist noch weitere, etwa lokativ-direktionale Funktionen haben (Romanisch außer Rumänisch, Armenisch, Indo-Arisch, Syrisch-Aramäisch, die äthiopischen Sprachen, dialektales Arabisch einschließlich Maltesisch, alle einschlägigen sinotibetischen Sprachen, Sora, Mandschu, Palau, Aymará etc.); in manchen Sprachen ist der markierte Objektskasus identisch mit dem Genitiv (Slavisch, Ossetisch, z. T. Kanāwarī) oder mit dem allgemeinen Obliquus (Baluči und andere neuiranische Sprachen). Weit verbreitet ist schließlich noch die Differenzierung von Objekten mittels Isolation vs. Inkorporation; in diesem Fall sind indefinite, weniger belebte Objekte in das Verb inkorporiert, definite, mehr belebte hingegen stehen frei. Das klassische Beispiel für diese Ausprägung der differentiellen Objektmarkierung ist das Nahuatl, doch ist sie auch sonst verbreitet, etwa im Austronesischen (Neu-Kaledonien) und im Tupi. Morphologisch besteht auch in diesem Fall zumindest im Nahuatl eine privative Opposition, bei der die Markiertheitsverhältnisse genau der allgemeinen Gesetzmäßigkeit entsprechen.

Nach diesem kurzen, notwendigerweise summarischen Überblick über die typologische Ausprägung des universalen Phänomens der differentiellen Objektmarkierung möchte ich nun nochmals genauer auf die Hauptthese meines Beitrags zu diesem Band eingehen, der ja die Basis-Trichotomie von akkusativischem, ergativischem und aktivischem Sprachbau als Bezugspunkt hat. Wie soeben bereits angedeutet, ist differentielle Objektmarkierung im Prinzip unabhängig vom Basis-Typus. Ein Blick auf die eben aufgelisteten Sprachen zeigt allerdings, daß nicht-akkusativische Sprachen oder zumindest Sprachen mit nicht-akkusativischen Teilsystemen eine kleine Minderheit bilden. Ich gehe zunächst auf die spezifischen Probleme ein, welche sich im Rahmen eines Ergativsystems ergeben, und werde dann ausführlich darstellen, wie sich differentielle Objektmarkierung in einer aktivischen Sprache auswirkt. Gerade dieses Problem ist von besonderem Interesse, ist doch in der linguistischen

Diskussion, trotz der wegweisenden Arbeiten von Georgij Klimov,[19] bislang immer noch sehr wenig, zu wenig, von dem dritten Basis-Typus, dem aktivischen, die Rede. Gerade im Hinblick auf die in den letzten Jahren sprunghaft angeschwollene Literatur zur Ergativität sollte nun endlich auch dem aktivischen Basis-Typus die ihm gebührende Aufmerksamkeit zuteil werden.

Zunächst also kurz zur differentiellen Objektmarkierung in Ergativsystemen. Sofern man es ablehnt, gespaltene Ergativität nach dem Muster des Dyirbal unter den Begriff der differentiellen Objektmarkierung zu subsumieren — für eine solche Ablehnung spricht vor allem, daß hier nicht nur Nominalsyntagmen in der Funktion Z_2, sondern auch solche in der Funktion A_2 kategorial differenziert werden[20] —, sind einschlägige Beispiele vor allem in den Perfektsystemen der westlichen neu-indoarischen Sprachen sowie in einigen tibeto-birmanischen Sprachen des Himalaya zu finden. Eine einfache Überlegung macht deutlich, daß die durch differentielle Objektmarkierung entstehenden Strukturen in einem ergativischen System anderer Art sind als in einem akkusativischen. Während im Akkusativsystem die aufgrund des morphologisch-syntaktischen Ökonomieprinzips[21] in den meisten Sprachen der Welt übliche zweifache Bezeichnung der primären Aktantenfunktionen erhalten bleibt:

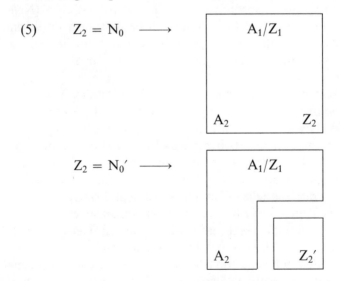

(5) $Z_2 = N_0 \longrightarrow$ A_1/Z_1 ... A_2 ... Z_2

$Z_2 = N_0' \longrightarrow$ A_1/Z_1 ... A_2 ... Z_2'

ergibt sich im Ergativsystem notwendigerweise die unübliche, weil unökonomische dreifache Bezeichnung im Falle der positiven Markierung von Z_2:

(6) $Z_2 = N_0 \longrightarrow$

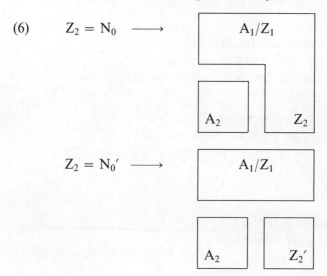

$Z_2 = N_0' \longrightarrow$

Vielleicht erklärt dies, warum global gesehen differentielle Objektmarkierung in Ergativsystemen relativ selten ist.

Zur Illustration des Gesagten führe ich die folgenden Beispiele
an.[22]

HINDI/URDU (Perfektsystem)[23]

A_1/Z_1:
(7)   laṛkiyã̃.∅ us kamre mẽ sotī thī̃
        girls that room in sleeping were
        ‚The girls used to sleep in that room.‘   (McGregor 217)

A_2, Z_2 (N_0):
(8)   us laṛkī ne bahut-se laṛke.∅ dekhe
        that girl ERG many-LINKER boys saw
        ‚That girl saw many boys.‘   (Barker 327)

(9)   merī vāldā ne us laṛkī ko dekhā
        my mother ERG that girl OBJ' saw
        ‚My mother saw that girl.‘   (Barker 327)

PAÑJĀBĪ (Perfektsystem)

A_1/Z_1:
(10)   zimīndār.∅ apṇe kuttiã̃ nāḷ āyā
        farmer his dogs with came
        ‚The farmer came with his dogs.‘   (Shackle 76)

A_2, N_2 (N_0):
(11)   muṇḍe ne pañjābī.∅ sikkhī e
boy ERG Punjabi learnt is
‚The boy learnt Punjabi.'   (Shackle 82)

A_2, N_2 (N_0'):
(12)   ónā̃ sārīā̃ ne ustād nū̃ pucchiā
they all ERG teacher OBJ' asked
‚They all asked the teacher.'   (Shackle 172)

GURUNG

A_1/Z_1:
(13)   nga.∅ rī-si ābā hã̄-rī hyā-si [...]
I rising father near going
‚[if] I rise and go to my father [...]'   (Grierson III, I, 187)

A_2, Z_2 (N_0):
(14)   nga.dī pāpa.∅ la-lā̃
I.ERG sin committed
‚I committed a sin.'   (ebda.)

A_2, Z_2 (N_0'):
(15)   mhī.dī cha.lādī khīye mno-rī [...] lhedi-lā̃
man.ERG he.OBJ' own field-in applied
‚The man sent him into his fields.'   (ebda.)

KANĀWARĪ

A_1/Z_1:
(16)   gᵃ.∅ ang bawā döng bī.to.g
I my father there go.be.1sg
‚I shall go to my father.'   (Grierson III, I, 439)

A_2, Z_2 (N_0):
(17)   gᵃ.s tē bōshang kan kāmang lanlan
I.ERG how many year thy work do-REDUPL
‚So many years I have done thy work.'   (Grierson III, I, 440)

A_2, Z_2 (N_0'):
(18)   gᵃ.s dǒ.u cháng.ū gob tong.shids.to.g
I.ERG he.GEN son.OBJ' much hit.PAST.be.1sg
‚I have beaten his son much.'   (Grierson III, I, 432/4)

Theoretisch ergibt sich eine analoge Problematik auch im aktivischen System. Den obigen Schemata entsprechend erhalten wir hier das folgende Bild:

(19) $Z_2 = N_0 \longrightarrow$

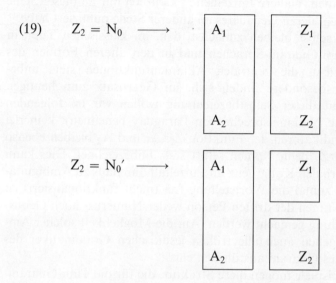

$Z_2 = N_0' \longrightarrow$

Auch hier entsteht notwendigerweise eine Dreifachbezeichnung dann, wenn das Objekt der positiv markierten Kategorie angehört. Wie prägt sich dieses theoretische Schema in der einzigen bisher bekannten aktivischen Sprache mit differentieller Objektmarkierung aus, im heutigen Guaraní von Paraguay? Auf die Lösung dieser Frage soll in dem nun folgenden Hauptteil dieses Beitrags unser Augenmerk gerichtet sein.

Unter den bisher bekannt gewordenen Sprachen des aktivischen Typus ist das heutige Guaraní, Nationalsprache von Paraguay, bei weitem die von der Sprecherzahl her wichtigste und am besten dokumentierte. Daß das Guaraní aktivischen Bau aufweist, geht nicht direkt aus der Markierung von Aktantenfunktionen beim Nomen hervor; es äußert sich vielmehr ausschließlich in der Struktur des Verbums. Diese Tatsache erweist einmal mehr die Notwendigkeit, sich bei der Zuschreibung einer Sprache zu einem der drei Basistypen nicht auf die Morphologie des Nomens zu beschränken, sondern die Paradigmata des Verbs mit einzubeziehen. Bezüglich des ergativischen Sprachbaus legen von dieser Notwendigkeit bekanntlich das Abchasische und die Familie der Maya-Sprachen ein beredtes Zeugnis ab.[24]

Das Guaraní, ebenso wie das Tupi und seine anderen genetischen Verwandten, kennt beim intransitiven Verb zwei Serien von Konjugationspräfixen, die jeweils mit den Präfixen für A_2 und Z_2 formal übereinstimmen. Nähere Einzelheiten kann ich mir an dieser Stelle sparen, da ich hierzu Genaueres an anderer Stelle publiziert habe.[25] Im Nomen selbst bleiben zunächst, d. h. im klassischen Tupi, in anderen Tupi-Guaraní-Sprachen und in den älteren Formen des Guaraní selbst, die zentralen Aktantenfunktionen stets unbezeichnet. Insbesondere finden sich, im Gegensatz zum heutigen Avañe'ẽ (mit dieser Selbstbezeichnung wollen wir im folgenden die moderne Nationalsprache von Paraguay benennen), keinerlei nominale Indikatoren der Funktion Z_2: A_1 und A_2 bleiben ebenso wie Z_1 und Z_2 beim Nomen selbst stets unbezeichnet. Dies kann trotz der verbalen Kongruenz im Einzelfall durchaus zu Ambiguitäten führen, zumal die Wortstellung frei (nicht funktionalisiert) ist und beim Nomen der dritten Person weder Numerus- noch Genus-Unterscheidung gemacht werden. Auf die Möglichkeit solcher Ambiguitäten gehen auch alle frühen jesuitischen Grammatiker des Tupi und des Guaraní ausführlich ein.

Einige Beispiele mögen diese Struktur, die für die Tupi-Guaraní-Sprachen in ihrer Gesamtheit als Ausgangsbasis anzusehen ist, verdeutlichen. Man beachte, daß hierbei das Problem der Inkorporation, die im klassischen Tupi eine zentrale Rolle spielt,[26] der Einfachheit halber hier ausgeklammert bleiben muß.

ALT-TUPI

A_1:
    (29)   yxe a.çô
        ich 1sgA.gehen
        ‚Eu vou.‘   (Anchieta 15)

Z_1:
    (21)   xe.poacem
        1sgZ.seufzen
        ‚Gemo.‘   (Edelweiss 116)

A_2, Z_2:
    (22)   a.jucâ Pedro
        1sgA.töten P.
        ‚Mato a Pedro.‘   (Anchieta 50)

(23)   yxe xe.jucâ
        ich 1sgZ.töten
        ‚A mim me matão.‘ (Anchieta 16)

(24)   Pedro Ioanne o.jucâ[27]
        P. I. 3A.töten
        ‚Pedro matou a Ioanne.‘ oder ‚Ioanne matou a Pe-
        dro.‘ (Anchieta 50)

ALT-GUARANÍ

A_1:
(25)   a.há che.ro.pe
        1sgA.gehen mein.Haus.in
        ‚Voy a mi casa.‘ (Montoya 75)

Z_1:
(26)   che.maēnduà
        1sgZ.sich=erinnern
        ‚Yo me acuerdo.‘ (Aragona 46)

A_2, Z_2:
(27)   a.mboé Peru
        1sgA.lehren P.
        ‚Enseño a Pedro.‘ (Montoya 34)

(28)   Perû che.mboê
        P. 1sgZ.lehren
        ‚Pedro me enseña.‘ (Montoya 34)

(29)   Peru o.mboe Chua[27]
        P. 3A.lehren J.
        ‚Pedro enseña a Juan.‘ oder ‚Juan enseña a Pedro.‘
        (Montoya 35)

APAPOKUVA[28][mit Übersetzung in ein bewußt wörtliches, bewußt
archaisierendes Avañe’ẽ][29]

A_1:
(30)   Ñanderuvusú o.ú peteĩ pytũ avyte.py
        Unser-Großer-Vater 3A.kommen ein dunkel mitten.in
        [Ñanderu-vusú oú peteĩ pytũ apytepe.]
        ‚N. vino solo, en medio de la oscuridad.‘ (Nimuendajú/
        Recalde 78)

Z₂:

(31)   i.pochý.ma i.membý
        3Z.zürnen.schon sein.Sohn
        [Ipochýma imembý.]
        ‚Su hijo se quedó enojado.'   (Nimuendajú/Recalde 80)

A₂, Z₂:[30]

(32)   che chi.mbirekó a.ú teé
        ich mein.Gattin 1sgA.essen selbst
        [Cherembirekó ha'u teé.]
        ‚Yo la he poseído a mi esposa personalmente.'   (Nimu-
        endajú/Recalde 94)

(33)   maéna pa chi.ymó
        warum INTERROG 1sgZ.schießen
        [Maerãpa cheru'yvõ?]
        ‚Por qué me flechaste?'   (Nimuendajú/Recalde 83)

(34)   o.juká jaguarete Ñandesý
        3A.töten Jaguar Unsere-Mutter
        [Jaguareté ojuká Ñandesý.] [31]
        ‚El tigre mató a Ñandesý.'   (Nimuendajú/Recalde 96)

(35)   jaguareté y-póry o.ú pá.ma
        Jaguar Wasser-Dämon 3A.essen PERF.schon
        [Ypora ho'upama jaguarete.]
        ‚Los voraces peces devoran a los tigres.'[32]   (Nimuen-
        dajú/Recalde 87)

Festzuhalten bleibt, daß in keinem der angeführten Dialekte, auch nicht im archaisierenden Avañe'ẽ, die geringste Spur von differentieller Objektmarkierung mittels der Postposition *pe* zu beobachten ist. Diese Postposition (die entstanden ist aus älterem *upe*) hat in allen untersuchten Dialekten noch ausschließlich dativische (und darüber hinaus lokative) Bedeutung. Zur Illustration führe ich die folgenden Belege an:

ALT-TUPI

(36)   ai.meêng xe.ruba.pe
        1sgA.geben mein.Vater.DAT
        ‚Dei-o a meu pai.'   (Anchieta 5)

ALT-GUARANÍ

(37)   a.meē che.pĭa Tupā.upe
        1sgA.geben mein.Herz Gott.DAT
        ‚Doi mi corazon a Dios'   (Alonso 55)

APAPOKUVA

(38)   aepy Ñanderykeý o.porandú³³ kururú.upé
        dann Ñ. 3A.fragen Kröte.DAT
        [Upéi Ñanderyke'ý oporandú kururupe.]
        ‚Entonces Ñ. preguntó al sapo.'   (Nimuendajú/Recalde
        89)

In dem Dialekt des Mbyá-Stammes,³⁴ der ähnlich dem Stamm
der Apapokuva bis in unser Jahrhundert hinein fast ohne Kontakt
mit der spanischen oder avañe'ē-sprachigen Zivilisation gelebt hat,
finden sich bereits erste Ansätze zum Gebrauch der ursprünglich
dem Dativ vorbehaltenen Postposition *pe* beim ‚direkten Objekt'
(Z_2), sofern dieses die Merkmale [+ anim] und [+ def] aufweist.
Ein solcher Gebrauch bahnt sich allerdings, im Rahmen des von
León Cadogan gesammelten Textkorpus, nur in den frei erzählten
Texten narrativer Art aus jüngerer Zeit an; er fehlt noch ganz
in den auf alter mündlicher Überlieferung beruhenden geheimen
sakralen Texten mythischen und philosophischen Inhalts. So erscheint in diesen sakralen Texten die Postposition *py* (mit ihren
Varianten *my, pe, me*)³⁵ zwar ganz regulär in dativischer Funktion:

MBYA

(39)   gua.'y kururú.py o.porandu
        sein.Sohn Kröte.DAT 3A.fragen
        ‚Interrogó a su hijo el sapo.'   (Cadogan 65)

sie wird hier jedoch nicht zur Bezeichnung des definiten, belebten
direkten Objekts verwendet:

(40)   yvy oi.ko eỹ re, pytũ yma mbyte re, Ñamandu Py'a-
        guachu.∅ o.guero.jera
        Erde 3A.sein NEG in dunkel uranfänglich mitten in Ñ.
        Herz-groß 3A.CAUS.sich=entfalten
        ‚Antes de existir la tierra, en medio de la tinieblas origi-
        narias, creó al Ñamandu de corazón grande.'   (Cado-
        gan 21)

Im Gegensatz dazu finden sich in erzählenden Texten, die eine neue Überlieferungsschicht repräsentieren, bereits relativ häufig Konstruktionen mit der Postposition *pe*. Ich führe im folgenden die im Cadoganschen Korpus vorkommenden Fälle vollständig auf:

(41)   oi.nupã rive Charĩa kuña pe
        3A.schlagen daher C. Frau OBJ′
        ‚Castigó por eso C. a la mujer.‘   (Cadogan 82)

(42)   Eira Jagua o.echa Paĩ pe
        E. J. 3A.sehen P.OBJ′
        ‚La E. J. vió al P.‘   (Cadogan 162)

[cf. wenige Zeilen vorher, bei der ersten ([- def]) Erwähnung von E. J.:

(43)   o.ma'e.vy Paĩ o.echa Eira Jagua kuña.∅
        3A.schauen.GER P. 3A.sehen E. J. Frau
        ‚Mirando, el P. vió una E. J. hembra.‘   (Cadogan 162)]

(44)   i.pochy omimby i.va'e o.juka pa ta Mbyá i pe
        3Z.zürnen Dämon CONN.dieser 3A.töten PERF FUT
        M. CONN OBJ′
        ‚Se enfureció el duende e iba a matar a todos los Mbyá.‘   (Cadogan 164)

(45)   o.'u.che aguara i pe
        3A.essen.DESIDER Fuchs CONN OBJ′
        ‚[El jaguar][36] quiso comerse al zorro.‘   (Cadogan 165)

(46)   nd.o.'u.i chivi kaguaré.pe ãgỹ reve
        NEG.3A.essen.NEG Jaguar Bär.OBJ′ jetzt bis
        ‚El tigre no come al oso hasta el presente.‘   (Cadogan 170)

(47)   o.juka guyraũ mbói.pe
        3A.töten G. Schlange.OBJ′
        ‚El G. mató a la víbora.‘   (Cadogan 171)

(48)   mbyá i guaimi pe o.moaña tata.py oi.ty
        M. CONN Greisin OBJ′ 3A.packen Feuer.in 3A.werfen
        ‚El mbyá empujó a la anciana echándola al fuego.‘   (Cadogan 176)

(49)　　mba'e-pochy mengué.re e.indy o.menda.ché.vy, o.kyvy
　　　　pe o.juka.che
　　　　Ding-böse　Witwer.mit　sein.Schwester　3A.heiraten.
　　　　DESIDER.GER ihr.Bruder OBJ′ ʾ3A.töten.DESIDER
　　　　‚Queriendo su hermana casarse con el viudo del ser
　　　　maligno, quiso matar a su hermano.‘　(Cadogan 176)

In all diesen Fällen handelt es sich um definite, d. h. aus dem
Kontext bekannte, vorerwähnte Objektsnomina, die lebende Wesen
bezeichnen. Das Vorhandensein der Merkmale [+ def] ∧ [+ anim]
ist eine notwendige Bedingung für den Gebrauch von *pe* beim
‚direkten Objekt‘ im heutigen Mbyá. Ist diese Bedingung auch schon
hinreichend, so wie sie es im heutigen Avañe'ẽ ist? Diese Frage ist
klar mit Nein zu beantworten, wie die folgenden Belege zeigen:

(50)　　o.joú gua.jyme.∅ o.mano
　　　　3A.finden sein.Schwiegersohn 3A.sterben
　　　　‚Halló a su yerno muerto.‘　(Cadogan 163)

(51)　　mbya ∅ i o.mbo.guejy
　　　　M. CONN 3A.CAUS.abwärts=gehen
　　　　‚Bajaron al Mbya.‘　(Cadogan 172)

(52)　　o.juka toro-jagua.∅
　　　　3A.töten Stier-Hund
　　　　‚Mató al perro monstruoso.‘　(Cadogan 173)

Welches ist die zusätzliche Bedingung, die für das Auftauchen
der Postposition *pe* in der Funktion Z_2 hinreichend ist? Das kann
man auch so formulieren: wo liegt der Ausgangspunkt der Entwicklung der differentiellen Objektmarkierung, so wie wir sie im heutigen
Avañe'ẽ beobachten? Welches ist der Faktor, der diese Entwicklung
in Gang gesetzt hat?

Bei aller Vorsicht, die stets geboten ist, wenn man von einem
begrenzten Korpus aus weiterreichende Schlüsse ziehen will, kann
man, so glaube ich, sagen, daß diese zusätzliche Bedingung in der
syntagmatischen Struktur des unmittelbaren Kontextes zu suchen
ist: die Postposition erscheint genau immer dann, wenn ebenso das
Subjekt wie das Objekt als freie Nominalaktanten und mit gleichem

Status bezüglich der Skala der Inhärenz- und Referenzmerkmale in demselben Satz gemeinsam vorkommen. Schematisch:

$$(53) \qquad N_0 \rightarrow N_0' \ / \ (N_S \qquad \wedge \qquad N_0 \qquad \wedge \qquad V)$$
$$[+ \ def] \qquad \quad [+ \ def]$$
$$[+ \ anim] \qquad [+ \ anim]$$

In den Fällen, wo N_0 [+ def $\wedge$ + anim] nicht positiv markiert ist, ist in der Oberflächenstruktur das Subjektsnomen getilgt; umgekehrt formuliert: ein getilgtes Nominalsyntagma in einem Satz mit transitivem Prädikat wird stets als A_2 interpretiert.

Es ist elementarer Intuition unmittelbar einsichtig, daß, wenn zwei gleichermaßen ‚subjektsfähige‘ Nominalsyntagmen ohne morphologische Distinktion im gleichen Satz in einer Sprache mit freier Wortfolge nebeneinander stehen, die Möglichkeit der Zweideutigkeit und daher das Bedürfnis nach Desambiguierung durch formale Kennzeichnung eines von ihnen besonders groß ist. In diesem Kontext ist daher das Entstehen von differentieller Objektmarkierung am ehesten zu erwarten; hier tritt sie in der Tat im Guaraní auch erstmals auf, um sich von da aus analogisch auch auf andere syntagmatische Kontexte auszubreiten. Es scheint mir, daß wir im lebendigen Mbyá-Dialekt der Gegenwart[37] genau das evolutionäre Zwischenglied vor uns haben, welches das (markierungslose) Gemein-Tupi-Guaraní mit dem heutigen (differentiell markierenden) Avañe'ẽ verbindet. Auslösender Faktor ist die funktionale Mehrdeutigkeit, die durch das unmittelbare Nebeneinander gleichrangiger Nominalsyntagmen bei gleichzeitiger Freiheit der Wortstellung entsteht. Einmal mehr erweist sich so die Bedeutung des Faktors des syntagmatischen Kontrastes für die Herausbildung paradigmatischer Oppositionen.

Im heutigen Avañe'ẽ[38] nun ist das Phänomen der differentiellen Objektmarkierung voll ausgebildet. Wie wirkt sich dies im einzelnen aus?

Wenn man nur den nominalen Bereich berücksichtigen würde, dann entstünde, da die Funktionen A_1, Z_1, A_2 und unmarkiertes Z_2 beim Nomen grammemisch nicht gekennzeichnet sind, der Eindruck, es handele sich um eine akkusativische Konstruktion wie in Schema (5). Doch griffe dies, wie wiederholt betont, zu kurz. Unter Einbeziehung des verbalen Ausdrucks aktantieller Beziehungen ergibt sich nämlich genau das oben vorausgesagte Bild (19), wobei, vereinfacht ausgedrückt,[39] das Funktionsamalgam $A_1 + A_2$ mittels einer verbalen Präfixreihe x, das Funktionsamalgam $Z_1 + Z_2$ mittels einer davon ganz verschiedenen Präfixreihe y und die Sonderfunktion Z_2' mittels eines zusätzlichen nominalen Suffixes y' morphologisch realisiert wird. Schematisch:

(54) $\quad A_1 + A_2 \rightarrow N.\emptyset \;\wedge\; x.V$
$\qquad\quad Z_1 + Z_2 \rightarrow N.\emptyset \;\wedge\; y.V$
$\qquad\qquad\quad Z_2' \rightarrow N.y' \;\wedge\; y.V$

Der Basistypus wird also nach wie vor, wie in den übrigen Tupi-Guaraní-Sprachen, durch die Verbalmorphologie realisiert. Hinzu kommt lediglich ein nominales Sondergrammem für markiertes Z_2', infolge der Ausprägung der differentiellen Objektmarkierung, die potentiell in jedem Basistypus vorkommen kann, auch im aktivischen. Die Herausbildung dieses Phänomens hat an der Zugehörigkeit des Guaraní zum aktivischen Basistypus ebensowenig geändert, wie sie die Zugehörigkeit etwa des Gurung oder Kanāwarī zum ergativischen Typus in Frage stellt.

Im einzelnen beobachten wir bezüglich des Gebrauchs bzw. Nicht-Gebrauchs der mit dem Dativ-Grammem identischen Postposition *pe* (und ihrer allomorphischen Varianten *me* [nach Nasal] und *ve* [nach einigen freien Personalpronomina]) im heutigen Avañe'ẽ die folgenden Regularitäten:

1. Die entscheidende Trennlinie zwischen *pe* und $\emptyset$ verläuft in der Dimension der Inhärenzmerkmale, und zwar bei dem Merkmal [± pers]. Das bedeutet, daß Bezeichnungen für Tiere (also der Bereich [−hum ∧ + anim]) immer dann positiv markiert werden, wenn ihre Referenten identifizierbare Individuen, sozusagen mit einer ,Persönlichkeit‘, sind. Durch den Gebrauch oder Nicht-Gebrauch der Postposition bei Tierbezeichnungen können im Avañe'ẽ subtile Nuancen zum Ausdruck gebracht werden: der Sprecher kann sein Verhältnis zu dem Tier dadurch präzise konnotieren, daß er es entweder vermenschlicht ($\rightarrow$ *pe*) oder verdinglicht ($\rightarrow \emptyset$). Diese Erscheinung hat in vielen der zahlreichen Sprachen eine Parallele, welche Objekte nach der Inhärenzskala differenzieren.

2. Eine sekundäre Trennlinie verläuft auf der Skala der Referenzmerkmale durch die Zone [+ ident ego ∧ − ident tu]: wenn die individuelle Identifizierbarkeit des Objektsreferenten nicht gegeben ist, wird die Postposition auch dann nicht gebraucht, wenn es sich um menschliche Wesen handelt. Allerdings handelt es sich hier um eine typische Übergangszone: gelegentlich, wenn auch nicht sehr

häufig, kann ein formal indefinites Nominalsyntagma genau dann
mit der Postposition versehen sein, wenn es die semantischen Bedingungen [+ ident ego] ∧ [+ pers] erfüllt. In das hier verwendete
dimensionale Modell lassen sich solche Übergangszonen mit
schwankendem Gebrauch ohne Schwierigkeiten integrieren.

3. Schließlich ist unter bestimmten syntaktischen Bedingungen
eine geringfügige Verschiebung der erstgenannten Trennlinie auf
der Inhärenzskala nach unten möglich: bei thematisierender Voranstellung des Objekts können nicht-personale Tierbezeichnungen zur
Verdeutlichung der Aktantenbeziehung mit *pe* versehen werden.

4. Bezüglich der funktionalen Unterscheidung von markiertem
Akkusativ und Dativ ist folgendes anzumerken. Während in vielen
anderen Sprachen auch bei formaler Identität des Nominalgramm-
mems für den Dativ mit dem für den markierten Akkusativ ein
klarer Unterschied zumindest beim (unverbundenen oder verbundenen) Personalpronomen gemacht wird (z. B. romanische und semi-
tische Sprachen),[40] ist dies im Guaraní nicht der Fall. Hier gibt es
zum einen eine Serie unverbundener Pronomina, die wie Nomina
behandelt werden (*xe.ve/ixu.pe* etc. = sp. *a mí/a él* etc., wobei stets
DAT = OBJ′); zum andern kommt auch beim Verbum, wo die
Präfixreihe y aus verbundenen Pronomina entstanden ist, ein Unterschied zwischen den beiden Funktionen, wegen der spezifischen
Amalgamierungsregeln für Präfixe beim transitiven Verb, nicht in
der 3. Person zum Ausdruck, sondern nur bei einem Objekt der 1./
2. Person. So heißt es zwar gleichermaßen in (55) und (56):

(55)   (xe) a.juhu (ixu.pe)
        ich 1sgA.treffen er.OBJ′
        ,(Yo) le encuentro (a él).'[41]

(56)   (xe) a.me'ẽ ixu.pe ko kuatia
        ich 1sgA.geben er.DAT dies Buch
        ,(Yo) le doy ese libro (a él).'

Hingegen wird ein Unterschied gemacht zwischen (57) und (58):

(57)   (xe) ro.juhu (nde.ve)
        ich 1A + 2Z.treffen du.OBJ′
        ,(Yo) te encuentro (a tí).'

(58)   (xe) a.me'ẽ nde.ve ko kuatia
        ich 1sgA.geben du.DAT dies Buch
        ‚(Yo) te doy ese libro (a tí).'

Auf diese Weise kann, abgesehen von dem Kriterium der Nicht-
Markiertheit des unbelebten Akkusativobjekts, die Valenz des jeweiligen Verbums und damit die Natur des mit *pe* verbundenen Nomi-
nalsyntagmas eindeutig bestimmt werden. Dativ und Akkusativ sind
eindeutig unterscheidbar. So ist es klar, daß, im Gegensatz zum
Spanischen, das Verb *porandu* ‚fragen' intransitiv (dativisch), *mbo-
hovái* ‚sich widersetzen' hingegen transitiv ist. Man vergleiche die
folgenden Beispiele:

(59)   a.porandu nde.ve
        ‚Te pregunto.'

(60)   ro.mbohovái nde.ve
        ‚Te desobedezco.'

All diese Regularitäten sollen nun im folgenden durch Beispiele
illustriert werden. Hierfür wurden die folgenden Quellen benutzt:
die Grammatiken von Bottignoli, Guasch, Gregores & Suárez und
Dessaint sowie die in ihnen enthaltenen Texte; ergänzende Infor-
mantenbefragungen, vor allem bei Rubén Bareiro Saguier (Paris);[42]
sowie das Neue Testament, insbesondere das Evangelium nach
Matthäus, in einer von der Londoner Bible Society direkt nach
dem Griechischen angefertigten Übersetzung (*Tupâ* 1955).[43] Als
Wörterbuch wurde vor allem Guasch verwendet; daneben wurde
Montoya, Bottignoli, Jover Peralta & Osuna und das Glossar von
Gregores & Suárez konsultiert.
   Im Bereich [+ deix], also bei den (unverbundenen) Personalpronomina, ist die Postposition unabdingbar. Man vergleiche, zu den
bereits angeführten Beispielen, noch die folgenden:

(61)   ambae a.mêê.mbá.ne Nde.ve Nde re.ñesû ramo che.ve
        che.mbueté.vo[44]
        dies 1sgA.geben.alles.FUT du.DAT du 2sgA.nieder-
        knien wenn ich.OBJ' 1sgZ.anbeten.GER
        ταῦτά σοι πάντα δώσω ἐὰν πεσὼν προσκυνήσῃς μοι
        (Mt. 4.9)

(62)   che añeté.jape po.mongaraí⁴⁵ peê.me ÿ.pe
ich gewiß.ADV 1A + 2plZ.taufen ihr.OBJ′ Wasser.in
ἐγὼ μὲν ὑμᾶς βαπτίζω ἐν ὕδατι   (Mt. 3.11)

Dasselbe gilt für den Bereich der persönlichen Eigennamen
([+ propr]):

(63)   Tupã o.moĩ va'kue ñande ru ypy.kuera, Adan ha Eva.pe
peteĩ tenda yvyty-rokái he'i.há.pe
Gott 3A.setzen PRÄT unser Vater erst.PL A. und
E.OBJ′ ein Ort Berg-Kreis sagen.NOM.in
‚Gott setzte unsere Urväter, Adam und Eva, an einen
Ort namens ‚Paradies'.'   (Jerónimo Silva, nach Guasch
360)

(64)   ko'ẽro pyharéve ja.hata ta ja.hexa ña Luísa pe
morgen früh 1pl/inclA.gehen FUT 1pl/inclA.sehen Frau
L. OBJ′
‚Tomorrow morning we are going to see Mrs. Luísa.'
(Gregores & Suárez 197)

Im Bereich [+ hum] ∧ [+ def] ist der Gebrauch von *pe* zwingend
vorgeschrieben:

(65)   e.raja co Mitã.me ja i.sý.pe
IMPERsgA.nehmen dieser Knabe.OBJ′ und seine.
Mutter.OBJ′
παράλαβε τὸ παιδίον καὶ τὴν μητέρα αὐτοῦ   (Mt. 2.13)

(66)   ai.kuaa pe mitã.me o.u.va tape.rupi
1spA.kennen dieser Knabe.OBJ′ 3A.kommen.REL Weg.
auf
‚Je connais cet enfant qui vient par le chemin.'   (Dessaint 215)

Ein isolierter Beleg wie der folgende:

(67)   ore rendota o.me'ẽ.ta i.tajýra.∅ pe kuimba'e.pe
unser/EXCL Chef 3A.geben.FUT seine.Tochter dieser
Mann.DAT
‚Notre chef va donner sa fille à cet-homme-là.'   (Dessaint 134)

könnte möglicherweise als Verdinglichung eines an sich belebten Objekts (die Tochter als Ware!) gedeutet werden; vielleicht handelt es sich aber auch einfach um die Vermeidung von dreifachem *pe* in einem Satz und die dadurch bedingte Ambiguität.

Bei Nominalsyntagmen der Struktur [+ hum] ∧ [− def] ist der Gebrauch schwankend. Zwar überwiegt hier der markierungslose Akkusativ:

(68)   ja.juhu peteĩ karaí tuja.∅
        1pl/inclA.treffen ein Herr alt
        ‚Hemos encontrado a un viejo señor.‘   (nach Bareiro Saguier)

(69)   xe.ra'ý oi.pyhy peteĩ monda.ha.∅
        mein.Sohn 3A.fangen ein rauben.NOM
        ‚Mon fils a attrapé un voleur.‘[46]   (nach Bareiro Saguier)

(70)   la[47] gringo.∅ n.a.guta.i ai.pota la xe.paisano.∅
        ‚ART‘ Gringo NEG.1sgA.mögen.NEG 1sgA.wollen
        ‚ART‘ mein.Landsmann
        ‚I don't like foreigners, I want a countryman of mine.‘
        (Gregores & Suárez 20)

(71)   o.mondo o.yuca.paite vaerâ umi mitâ cuera.∅ Belén.pe
        3A.schicken 3A.töten.alle FUT jener Kind PL Beth-
        lehem. in
        ἀποστείλας ἀνεῖλεν πάντας τοὺς παῖδας τοὺς ἐν
        Βηθλέεμ   (Mt. 2.16)

(72)   o.jecha mocoî cuimbae.∅ yeby
        3A.sehen zwei Mann wieder
        εἶδεν ἄλλους δύο ἀδελφούς[48]   (Mt. 4.21)

Wenige Zeilen zuvor heißt es hingegen:

(73)   o.jecha mocoî cuimbae.pe
        3A.sehen zwei Mann.OBJ′
        εἶδεν δύο ἀδελφούς

Auch in den folgenden Fällen sind indefinite Menschenbezeichnungen positiv markiert:

(74)   o.guerú Ichu.pe peteî o.jecha-ŷ-va.pe
3A.tragen er.DAT ein 3A.sehen-NEG.-REL.OBJ'
φέρουσιν αὐτῷ τυφλόν   (Mt. 8.22)

(75)   oime ramo o.guerojový.va peteî mitâ coaixaguá.pe che
réra.pe Che.ve avei Che.rerojový
wer=auch=immer   wenn   3A.erfreuen.REL   ein   Kind
solch.OBJ' mein Name.in ich.OBJ' auch 1sgZ.erfreuen
ὃς ἂν ἓν τῶν τοιούτων παιδίων δέξηται ἐπὶ τῷ ὀνόματί
μου ἐμὲ δέχεται   (Mk. 9.37)

In dem ‚personalen' Bereich der Tierbezeichnungen (Unterklasse [+ pers] der Klasse [− hum] ∧ [+ anim]) herrschen im Prinzip dieselben Regularitäten wie bei [+ hum]. Man vergleiche die folgenden Beispiele von [+ pers] ∧ [+ def]:

(76)   ka'i o.mosã aguara.pe
Affe 3A.anbinden Fuchs.OBJ'
‚Le singe attacha le renard.'⁴⁹   (nach Bareiro Saguier)

(77)   aguara o.hexa kuevo jaguarete'i.pe he.'i
Fuchs 3A.sehen als Jaguar.OBJ' 3A.sagen
‚On seeing the tiger, the vixen said (...)'   (Gregores &
Suárez 205)

Während in einem Fall wie (78) die Postposition kaum je akzeptabel wäre,

(78)   ja.juka.ta kure.∅
1pl/inclA.töten.FUT Schwein
‚Vamos a matar el cerdo.'   (nach Bareiro Saguier)

zeigt ein Vergleich von (79) gegen (80):

(79)   ai.nupã xe renda.∅
3A.schlagen mein Pferd
‚Pego a mi caballo.'   (nach Bareiro Saguier)

(80)   a.mongaru⁵⁰ xe renda.pe
1sgA.füttern mein Pferd.OBJ′
‚Doy de comer a mi caballo.‘   (nach Bareiro Saguier)

in welcher Weise bei Tierbezeichnungen nach dem Kriterium
[± pers] differenziert wird: ‚füttern‘ impliziert persönliche Zuwendung, ‚schlagen‘ verdinglicht. Man vergleiche das folgende instruk-
tive Beispiel:

(81)   korapý.gui a.muatã xe renda.∅ ha a.momaitei peteĩ te-
kove xe.kuaa.hára.pe
Patio.aus 1sgA.holen mein Pferd und 1sgA.grüßen ein
Person 1sgZ.kennen.NOM.OBJ′
‚Saco mi caballo del patio y le saludo como a una
persona que me conoce.‘⁵¹   (Antonio Rodríguez, nach
Guasch 337)

Von den auf denselben Referenten bezogenen Nominalsyntagmen
ist eines verdinglichend, das andere personifizierend. Dementsprechend wird die Postposition eingesetzt.

Auch besondere syntaktische Bedingungen können die positive
Markierung von Tierbezeichnungen bewirken. So muß es zwar stets
heißen:

(82)   mbarakaja o.juka mberu.∅
Katze 3A.töten Fliege
‚El gato mata moscas.‘   (nach Bareiro Saguier)

bei thematisierender Objektsinversion (zugleich rhematisierende
Subjektsinversion) pflegen indessen die syntaktischen Verhältnisse
mittels der Postposition verdeutlicht zu werden:

(83)   mberu.pe o.juka mbarakaja
Fliege.OBJ′ 3A.töten Katze
‚Las moscas las mata el gato.‘   (nach Bareiro Saguier)

Bei Vorliegen des Merkmals [+ pers] kann, ebenso wie bei
[+ hum], auch bei explizit indefiniten Nominalsyntagmen (für den

Fall [− def] = [+ ident ego ∧ − ident tu]) gelegentlich *pe* erscheinen, so etwa in der folgenden affektisch betonten Äußerung:

(84)   ro.juhu.mi peteĩ jaguarete pytã.me
        1pl/exclA.treffen.,ein=wenig'⁵² ein Jaguar rot.OBJ′
        „¿Y quién diría que encontramos? ¡Un tigre rojo!'⁵³
        (Germán Fariña, nach Guasch 342 f.)

Bei Nominalsyntagmen, die Unbelebtes bezeichnen, steht niemals die Postposition, gleichgültig, ob es sich um [+ discr] ∧ [+ def] handelt:

(85)   Xiko o.mbo.guata i.koxe.∅
        Francisco 3A.CAUS.gehen sein.Wagen
        ‚François met sa voiture en marche.'   (Dessaint 204)

(86)   pe Ñandeyára remimbou o.mbu.apayaerei pe itá guasú.∅
        dieser Gott Bote 3A.CAUS.umkippen jener Stein groß
        ἄγγελος γὰρ κυρίου ἀπεκύλισεν τὸν λίθον   (Mt. 28.2)

oder aber um [+ discr] ∧ [− def]:

(87)   o.meê.ne ichu.pe itá.∅
        3A.geben.FUT er.DAT Stein
        μὴ λίθον ἐπιδώσει αὐτῷ   (Mt. 7.10)

Erst recht gilt dies für Nomina der Klassen [− discr] ∧ [± def]:

(88)   ha'e ho.'u so'o.∅
        er 3A.essen Fleisch
        ‚Il a mangé de la viande.'⁴⁹   (nach Bareiro Saguier)

(89)   ei.apo ñande.ve algun tembi.'u paraguai.∅
        IMPERsgA.machen uns/incl.DAT irgend Sache.Essen
        paraguayisch
        ‚Make us some Paraguayan food.'   (Gregores & Suárez
        19)

und [− concr] ∧ [± def]:

(90)   i.catu jaguâ o.jecha pene rembi.apo porâ.∅
        3Z.möglich=sein damit 3A.sehen euer Sache.machen gut
        ὅπως ἴδωσιν ὑμῶν τὰ καλὰ ἔργα   (Mt. 5.16)

(91)   ai.kuaa peê nda pe.reco.i.ja Tupâ Ñandeyára mborayju.∅
       1sgA.wissen ihr NEG.2plA.besitzen.NEG. NOM Gott
       Unser=Vater Liebe
       ἔγνωκα ὑμᾶς ὅτι τὴν ἀγάπην τοῦ θεοῦ οὐκ ἔχετε
       (Joh. 5.42)

Anmerkungen

1. Der Begriff wird zunächst in seinem vorwissenschaftlichen, nicht präzisierten Sinn (,direktes Objekt' in der Übersetzungsäquivalenz mit SAE-Sprachen (Standard Average European, nach Whorf) verwendet, ähnlich wie z. B. bei Keenan & Comrie 1977. Er wird im folgenden genauer bestimmt.
2. Binäre Unterscheidungen sind zwar die Regel, doch müßte man eigentlich sagen ,mindestens zwei', da auch weitergehende Differenzierungen auftreten.
3. Der m. W. älteste mehr als nur eine Sprachfamilie umfassende Problemaufriß ist Thomson 1912; cf. auch Velten 1932.
4. Ich denke besonders an die Forschungen von Comrie 1978, 1979 und Lazard 1984.
5. Zu dem Begriff des ,Objekts' in diesem Ausdruck s. u.
6. Cf. Bossong 1980c, 1982b, c, 1985a, b.
7. Cf. zuletzt Heger in diesem Band.
8. Zu der Unterscheidung von zentralen und peripheren Aktanten siehe jetzt genauer Bossong 1982a.
9. ,Objekt' in diesem Sinne dürfte mindestens dem Hegerschen F(C) (Final-Funktion in syntagmatischem Kontrast mit der Kausal-Funktion) entsprechen.
10. Cf. Silverstein 1976 und die Bemerkungen dazu in Bossong 1985b, Anm. 8.
11. Cf. Lazard 1984.
12. Die folgenden Ausführungen entsprechen Bossong 1982b.
13. Näheres zum Begriff der Dimension und des Wendepunkts in Bossong 1980c, 1985b.
14. Näheres hierzu in Bossong 1982b, 1985b.
15. Cf. in diesem Zusammenhang Mayerthaler 1981.
16. ,Potentiell universal' in dem gegenüber Coseriu 1975 präzisierten Sinne, daß die Erscheinung zwar keineswegs in jeder Sprache auftreten muß, daß sie aber, wenn sie vorkommt, genau die soeben beschriebene Form annimmt, und keine andere.
17. Cf. u. a. Bossong 1980b: 6–8.
18. Ich verzichte bei der folgenden summarischen Typologisierung auf nähere Erläuterungen und Literaturhinweise, da dies den Umfang dieses Beitrags übermäßig erweitern würde.
19. Cf. vor allem Klimov 1977.
20. Es handelt sich mithin um den Fall $[+ \Delta(N_X, N_X')] \wedge [+ \Delta(N_0, N_0')]$ und nicht um den hier allein interessierenden $[- \Delta(N_X, N_X')] \wedge [+ \Delta(N_0, N_0')]$. Natürlich beruht die gespaltene Ergativität so vieler australischer (und anderer) Sprachen auf denselben Prinzipien wie die differentielle Objektmarkierung, insbesondere auf der Skala der Inhärenzmerkmale; diese Tatsache darf jedoch nicht dazu verleiten, daß man die beiden Erscheinungen einfach gleichsetzt. Cf. Bossong 1985a.
21. Cf. Bossong 1980a; Heger in diesem Band.

22. Cf. zum Hindi und zum Gurung auch die Ausführungen bei Tchekhoff 1979.
23. Die Frage der verbalen Kongruenz, die natürlich von höchster Wichtigkeit ist, bleibt hier der Einfachheit und Kürze halber ausgeklammert. Bekanntlich kongruiert im Standard-Hindustani das Verb mit N_0, während es bei N_0' eine neutrale, unveränderliche Form annimmt. Für das Pañjābī gilt übrigens dasselbe. An den theoretisch postulierten Schemata ändert sich bei Einbeziehung der Verbalkongruenz nichts.
24. Cf. hierzu Bossong 1982 a, besonders S. 361.
25. In Bossong 1980 a.
26. Zur Frage der Inkorporation im Tupi cf. Lemos Barbosa 1956: 67 f.
27. Oder jede andere Wortstellung.
28. Wie aus dem Vergleich mit der Übersetzung deutlich wird, steht die Sprache des Apapokuva-Stammes dem Avañe'ẽ so nahe, daß man sie ohne weiteres als Dialekt klassifizieren kann.
29. Recalde, der Übersetzer des berühmten deutschen Originals von Curt Unkel (der als in die Stammesgemeinschaft der Apapokuva Aufgenommener den Namen Nimuendajú erhielt und sich unsterbliche Verdienste um die Erforschung der geheimen sakralen Überlieferung dieses Volkes erworben hat), schreibt selbst über die von ihm angefertigte Übersetzung des Apapokuva-Textes ins Avañe'ẽ: „Ha procurado conservar la forma y el léxico del texto apapokuva ... en paraguayo se podría dar al texto original una forma más literaria y agradable, pero hemos preferido conservar la exposición sintética y sin flores del original" (S. 98).
30. Das Fehlen der Postposition *pe* bei den nominalen Objekten der folgenden Sätze in der Avañe'ẽ-Übersetzung wird von heutigen Sprechern als befremdlich bis ungrammatisch empfunden (lt. Auskunft von Miguel Gauto, München).
31. Man beachte, wie hier die Wortstellung nach spanischem Muster (SVO!) zur Desambiguierung eingesetzt wird. Cf. die folgende Anmerkung.
32. Auf S. 20 seiner Anmerkungen gibt Recalde stattdessen die folgende Übersetzung: Ho'upáma ypora jaguarete. Auch in dieser Übersetzung ist das Bestreben erkennbar, die Ambiguität des Apapokuva-Textes, die durch topikalisierende Voranstellung des Objekts entsteht, mittels der funktionalisierten Abfolge SO aufzuheben. Cf. die vorige Anmerkung.
33. Die Rektion von *porandu* ist eindeutig dativisch. S. u. (39), (59).
34. Das Mbyá scheint mir eher schon als eigene Sprache denn als Dialekt des Guaraní aufzufassen zu sein.
35. Die Formen mit *-y* und diejenigen mit *-e* scheinen frei zu alternieren, cf. die Bemerkung in Cadogan S. 34.
36. Das Subjekt *chivi* ‚jaguar' geht im selben Satzgefüge unmittelbar dem zitierten Passus voran.
37. Also nicht in den eine ältere Sprachstufe repräsentierenden Texten der geheimen sakralen Überlieferung.
38. Mit *Ava-ñe'ẽ*, ‚Menschen-Sprache', bezeichnen die Guaraní selbst ihre Idiom (im Gegensatz zum Spanischen, dem *Karai-ñe'ẽ* oder ‚Herren-Sprache'). Ich verwende den Ausdruck hier im Sinne von ‚Guaraní als Nationalsprache des heutigen Paraguay'. Zur Situation dieser Sprache cf. u. a. Rubin 1974; Corvalán 1977.
39. Die Vereinfachung liegt darin, daß ich hier aus Raumgründen nicht darauf eingehen kann, nach welchen Regeln sich die Kombination von x- und y-Präfixen beim transitiven Verb im einzelnen vollzieht. Ich verweise auf Bossong 1980 a.
40. Cf. die Bemerkungen hierzu in Bossong 1982 b.
41. Wie auch schon bisher, gebe ich die Übersetzung zur Vermeidung jeglicher Reibungsverluste in der jeweiligen Kontaktsprache.

42. Ich danke Rubén Bareiro Saguier für seine Geduld bei der Beantwortung meiner Fragen.
43. Ich danke Miguel Gauto für die Überlassung dieses Werks. Man beachte, daß hier hispanisierende Orthographie verwendet wird, also ⟨j⟩ = [h]; ⟨V̂⟩ statt [Ṽ]; ⟨y⟩ statt ⟨j⟩ für [dʒ], etc. Der griechische Text nach Nestle/Aland, *Novum Testamentum graece*, Stuttgart, Württembergische Bibelanstalt 1963[25].
44. Aus der Verbform ebenso wie aus der Etymologie (Kaus. ,groß/viel machen') geht eindeutig hervor, daß *mbuete*, im Gegensatz zu προσκυνεῖν, transitiv ist.
45. Auch hier handelt es sich um ein etymologisch kausatives transitives Verb (zum *karaí*, ,Herren/Spanier/Christen' machen).
46. Dieser Satz wurde nach Porterie-Gutierrez 1980: 8 übersetzt. Man beachte, daß im Aymará anscheinend bezüglich der differentiellen Objektmarkierung ganz ähnliche Verhältnisse herrschen wie im Guaraní: das Suffix *-ru* wird gebraucht wie die Postposition *pe*.
47. Diese Entlehnung aus dem Spanischen, deren Gebrauch keineswegs mit der des gleichlautenden spanischen Artikels übereinstimmt, ist in der gesprochenen Sprache von Paraguay (*jopará*, ,Mischung' aus Spanisch und Guaraní) ungemein häufig, ist aber bei Puristen wie Guasch streng verpönt. Cf. Morínigo 1931: 52.
48. Wohl wegen der großen Bezeichnungsvielfalt für ,Bruder' hat der Übersetzer ἀδελφός mit dem neutralen *kuimba'e* ,Mann' wiedergegeben.
49. Auch dieses Beispiel wurde nach Porterie-Gutierrez (1980: 9) übersetzt.
50. *Mongarú* ist als kausativ zu ,fressen' (*karú*) transitiv. Cf. auch Dessaint 189: *Karaí omongaruka ikavajupe* ,Le monsieur fait donner à manger à son cheval' (doppelt kausativ, *mo + (u)ka*).
51. Meine Übersetzung.
52. Hier exklamativ. Cf. Guasch, Diccionario 611.
53. Meine Übersetzung.

Literatur

1. Tupi-Guaraní (und andere lateinamerikanische Sprachen)

Adam, Lucien
    1896   *Matériaux pour servir à l'établissement d'une grammaire comparée des dialectes de la famille Tupi* (Paris).
Anchieta, Joseph de
    1595   *Arte de Gramática da Língua mais usada na Costa de Brasil* (Coimbra). Zitiert nach der Edition von Julio Platzmann, Leipzig 1874.
Aragona, Alonso de
    ca. 1625   *Breve introducción para aprender la lengua guaraní* (Asunción). Zitiert nach der Edition von Bartomeu Melià, *Amerindia* 4 (1979): 23–61.
Bottignoli, Justo
    1926   *Gramática razonada de la lengua guaraní* (Asunción-Torino).
    1926   *Diccionario guaraní–castellano y castellano–guaraní* (Asunción–Torino).
Cadogan, León
    1959   *Ayvu rapyta. Textos míticos de los Mbyá-Guaraní del Guairá* (São Paulo: Universidade. Facultade de Filosofia, Ciências e Letras).

Cadogan, León & Alfredo López Austin
1978   *La literatura de los guaraníes* (México: Editorial Joaquín Mortiz).
Corvalán, Graziella
1977   *Paraguay: nación bilingüe* (Asunción: Centro Paraguayo de Estudios Sociologicos).
Dessaint, Michel
1981   *La langue Guaraní. Esquisse d'une typologie interne du Guaraní para-guayen contemporain* (Paris: Thèse pour le doctorat du 3ᵉ cycle sous la direction de B. Pottier, Ecole Pratique des Hautes Etudes, 4ᵉ section).
Edelweiss, Frederico
1969   *Estudos tupis e tupi-guaranis. Confrontos e revisões* (Rio de Janeiro).
Figueira, Luis
1611   *Arte de gramática da língua brasílica* (Lisboa). Zitiert nach der Edition von Julio Platzmann, Leipzig 1878.
Gregores, Emma & Jorge Suárez
1967   *A description of Colloquial Guarani* (The Hague-Paris: Mouton).
Guasch, Antonio
1976   *El idioma guaraní. Gramática y antología de prosa y verso* (Cuarta edición, refundida y acrecentada. Asunción).
1978   *Diccionario Castellano=Guaraní y Guaraní=Castellano, sintáctico, fraseológico, ideológico* (Cuarta edición, renovada y acrecentada. Asunción).
Jover Peralta, Anselmo & Tomás Osuna
1950   *Diccionario guaraní–español y español–guaraní* (Buenos Aires).
Lemos Barbosa, A.
1956   *Curso de Tupi antigo. Gramática, exercícios, textos* (Rio de Janeiro).
Montoya, Antonio Ruiz de
1640   *Arte, bocabulario, Tesoro y catecismo de la lengua guaraní* (Madrid). Zitiert nach der Edition von Julio Platzmann, Leipzig 1876.
Morínigo, Marcos
1931   *Hispanismos en el guaraní. Estudio sobre la penetración de la cultura española en la guaraní, según se refleja en la lengua* (Bajo la dirección de Amado Alonso. Buenos Aires).
Nimuendajú Unkel, Curt & Juan Francisco Recalde (trad.)
1944   *Leyenda de la Creación y Juicio Final del Mundo como Fundamento de la Religión de los Apapokuva-Guaraní* (São Paulo: edición mimeografada del traductor, ejemplar n° 028). Original in: *Zeitschrift für Ethnologie* 1914.
Porterie-Gutierrez, Liliane
1980   „Les relations actancielles en aymara", *Amerindia* 5: 7–29.
Rubin, Joan
1974   *Bilingüismo nacional en el paraguay* (México: Instituto Indigenista Interamericano).
Tupâ
1955   *Tûpâ Nandeyára nêê Nandeyára Jesu Cristo recocue ja remimboecue rejeguare umi evangelio marangatú cuera ja umi apóstoles rembiapocue ja remimboecue rejeguare* (London: The British and Foreign Bible Society).

2. Andere Sprachen und allgemeine Sprachwissenschaft

Barker, Muhammad Abd-al-Rahman et al.
1975   *Spoken Urdu. A course in Urdu* (Ithaca N. Y., 3 vols.).

Bossong, Georg
1980 a   „Syntax und Semantik der Fundamentalrelation. Das Guaraní als Sprache des aktiven Typus", *Lingua* 50: 359–379.
1980 b   „Aktantenfunktionen im romanischen Verbalsystem", *Zeitschrift für romanische Philologie* 96: 1–22.
1980 c   „L'objet direct prépositionnel dans les langues romanes. Contribution à une typologie des relations syntaxiques de base", 16ᵉ Congrès International de Linguistique et Philologie Romanes, Palma de Mallorca.
1982 a   „Actance ergative et transitivité. Le cas du système verbal de l'oubykh", *Lingua* 56: 353–386.
1982 b   „Der präpositionale Akkusativ im Sardischen", in: *Festschrift für Johannes Hubschmid zum 65. Geburtstag* (Bern: Francke), 579–599.
1982 c   „Historische Sprachwissenschaft und empirische Universalienforschung", *Romanistisches Jahrbuch* 33: 17–51.
1985 a   „Animacy and markedness in universal grammar", *Glossologia* 3.
1985 b   *Empirische Universalienforschung. Differentielle Objektmarkierung in den neuiranischen Sprachen* (Tübingen: Narr).
Coseriu, Eugenio
1975   „Die sprachlichen (und die anderen) Universalien", zitiert nach: Brigitte Schlieben-Lange (ed.), *Sprachtheorie* (Hamburg), 127–161.
Comrie, Bernard
1978   „Subjects and direct objects in Uralic languages: a functional explanation of case-marking systems", *Etudes Finno-Ougriennes* 12: 5–17.
1979   „Definite and animate direct objects: a natural class", *Linguistica Silesiana* 3: 12–21.
Keenan, Edward & Bernard Comrie
1977   „Noun phrase accessibility and universal grammar", *Linguistic Inquiry* 8: 63–99.
Klimov, Georgij A.
1977   *Tipologija jazykov aktivnogo stroja* (Moskva: Nauka).
Lazard, Gilbert
1984   „Actance variations and categories of the object", in: *Objects. Towards a theory of grammatical relations*, edited by F. Plank (London: Academic Press), 269–292.
Mayerthaler, Willy
1981   *Morphologische Natürlichkeit* (Wiesbaden: Athenaion).
McGregor, R. S.
1972   *Outline of Hindi grammar. With exercises* (Oxford: Clarendon Press).
Shackle, C.
1972   *Punjabi* (London: English Universities Press, Teach yourself).
Silverstein, Michael
1976   „Hierarchy of features and ergativity", in: *Grammatical categories in Australian languages*, edited by R. M. W. Dixon (Canberra: Australian Institute of Aboriginal Studies), 112–171.
Tchekhoff, Claude
1979   „Opposition animé ~ inanimé et construction du verbe", in: *Relations prédicat − actants dans des langues de types divers*, éd. par C. Paris (Paris: SELAF), II: 187–204.
Thomson, Alexander
1912   „Beiträge zur Kasuslehre IV. Über die Neubildung des Akkusativs", *Indogermanische Forschungen* 30: 65–79.
Velten, H. V.
1932   „The accusative case and its substitutes in various types of languages", *Language* 8: 255–270.

ALICE CARTIER

Discourse analysis of ergative and non-ergative sentences in formal Indonesian

1. Introduction

In Cartier (1979) I attempted to sketch some morphological, syntactic and semantic properties of what I called 'de-voiced transitive verb sentences' in formal Indonesian.[1] Applying Keenan's notions of an accessibility hierarchy and subject coding properties, the conclusion was drawn that the so-called de-voiced transitive verb sentences are in fact ergative sentences.[2] Needless to say that what I intend to do in the present paper, viz. to study the contextual distribution of ergative and non-ergative, especially active, sentences in a functional perspective, will be based upon this new interpretation.

The following short summary of some characteristics of active and ergative sentences will help the reader to distinguish between these two constructions.

A transitive active sentence is a sentence in which the verb is prefixed by *meN*[3] and in which *a pronoun as well as a noun* may function as subject. Not only the noun but also the pronoun is necessarily a free morpheme. An ergative sentence is a sentence in which the verb — itself necessarily prefixable by *meN* — lacks the prefix *meN*. Only *clitic pronouns*[4] may function as subject. The canonical word-order is SVO. In active sentences, but not in ergative sentences, adverbs may be inserted between the subject and the verb. Compare (1a) and (1b).[5]

(1) a. $\begin{Bmatrix} \text{Aku} \\ \text{*Ku} \end{Bmatrix}$ / Parman (tadi pagi) mem-baca buku.

   I   / Parman this morning *meN*-read book
   'I / Parman read a book this morning.'

b. $\begin{Bmatrix} \text{Ku} \\ \text{Aku} \end{Bmatrix}$ / *Parman (*tadi pagi) baca buku.

    I   / Parman (this morning) read book

    'I read a book.'

The nature of the cliticized subject involves other syntactic features, for instance the compulsory character of the subject, the impossibility of topic and focus assignment, etc. Other phenomena, such as the communicative function of ergative sentences, however, cannot be explained exclusively in terms of the nature of the subject.

In this study ergative sentences are opposed to active sentences in particular, since these two sentence-types are semantically synonymous. I shall attempt to explain the communicative function of ergative and active (or non-ergative) sentences using the distinction between FOREGROUND and BACKGROUND as developed by Hopper & Thompson (1980). BACKGROUND, according to these authors, is "That part of a discourse which does not immediately and crucially contribute to the speaker's goal, but which merely assists, amplifies, or comments on it ... By contrast, the material which supplies the main points of the discourse is known as FOREGROUNDING" (p. 280).

In Indonesian the ergative construction is used for foregrounding, whereas non-ergative constructions achieve backgrounding. In the following connected text from Sakti Alamsjah's *Helena* the foregrounded sequences (ergative sentences) are italicized.

(2) a. *Ku-ketuk pintu*, tidak ada yang me-nyahut.

        I-knock door NEG be REL ACT-answer

        'I knocked at the door; nobody answered.'

    b. *Ku-tarik satu botol* dari peti itu.

        I-pull one bottle from box that

        'I took one bottle from the box.'

    c. *Ku-palu-kan pecah pada kunci pintu*, tidak juga ada balasan dari dalam.

        I-hammer-CAUS broken at key door NEG also be answer from inside

        'I broke it against the key on the door, (but) there was no answer from inside.'

d. *Ku-lihat ke atas,* atap rumah terlalu tinggi.
   I-look at above roof house too high
   'I looked above, the roof of the house was too high.'

e. *Ku-cari jalan dari belakang* ...
   I-look-for way from behind
   'I looked for a path from behind ...'

The distribution of foregrounded and backgrounded clauses in the preceding text fits in well with Hopper & Thompson's (1980: 281) metaphorical characterization: "The foregrounded portions together comprise the backbone or skeleton of the text, forming its basic structure; the backgrounded clauses put flesh on the skeleton, but are extraneous to its structural coherence."

2. Occasions of foregrounding

Unlike active and other non-ergative sentences, ergative sentences do not occur in all kinds of discourse. They have to be avoided in *neutral objective descriptions*, such as scientific treatises, documentary descriptions, abstracts or reviews, but are used exclusively for *subjective account of events*, such as personal experiences, opinions or arguments.

In any kind of discourse, performative verbs such as *rasa* 'feel', *kira* 'think', *lihat* 'see', *anggap* 'consider', usually occur in the ergative form:

(3)   Kata-kata seperti 'kwalitas', 'kwantitas', ... *kita anggap* kata dasar baru.
       word-PL like   quality   quantity   we consider word base new
       'Words such as 'quality', 'quantity', we consider (them) as new basic words.'

(4)   *Ku-lihat* badan-nya seperti kedinginan.
       I-see body-his/her like cold
       'I see that she is looking like somebody who is feeling cold.'

Example (3) is from an article about Indonesian lexicography, example (4) from Sakti Alamsjah's novel *Helena*. We will see, however, that narrations and statements do not foreground in the same way.

2.1. Narration

In narrations, the ergative construction is used to describe a *set of actions* (as in 2). Secondly, a narration cannot start or finish with an ergative sentence, i.e. with foregrounding.[6] Thus, passage (2) cannot represent the beginning or the end of the novel.

Foregrounded clauses are necessarily ordered in a temporal sequence correlated with the temporal sequence of events in the real world (Hopper & Thompson 1980, Labov 1972), whereas backgrounded clauses are not. The order of the following backgrounded sentences is not relevant; thus (5b) could precede (5a) (adapted from McCarry & Sumargono 1974: 31):

(5) a. Tuan Johnson ... tidak meng-alami kesukaran dengan barang-barang-nya.
         Mister Johnson NEG ACT-experience difficulty with thing-PL-his
         'Mister Johnson did not have any difficulty with his luggage.'

     b. Pemeriksaan oleh pegawai-pegawai doane tidak me-merlukan waktu terlalu lama.
         control by employee-PL customs NEG ACT-
         need time too long
         'The control by the employees of the customs did not take too much time.'

2.2. Statements/Arguments

Only personal opinions where one is sure that they correspond to reality are foregrounded, whereas facts or suppositions about whose correspondence to reality one is not sure are backgrounded. Compare (6a) and (6b).

(6) a. Tidak usah *saya terakan* bahwa saya bukan ahli bahasa.
         NEG need I insist that I NEG-be expert language
         'I don't need to insist that I am not a linguist.'

b. *Saya meng-hajati* kehidupan bahasa   Indonesia sebagai
faktor penstabilisasi segala.
I ACT-wish life   language Indonesia as
factor stabilizer everything
'I wish that the Indonesian language will develop as a
stabilizer of everything.'

Foregrounding in a hypothetical clause suggests that the speaker
believes that what has been supposed or what he has argued corresponds to reality. The verb in the hypothetical clause may be a
performative as in (7a).[7]

(7) a. Kalau *ku-katakan* aku kejam maka maksud-ku, aku
tidak usah hidup tanpa me-nyakit-i orang lain.
when I-say   I   cruel   then   meaning-my I
NEG need live without ACT-sick-CAUS people other
'When I say I'm cruel I can't get on without making
people suffer.'

(8) a. Aku punya kaca dalam tas-ku. (Ia mem-buka tas.)
Sudah tidak ada lagi. Rupa-rupa-nya sudah *mereka am-
bil* tadi di pintu masuk.
I have mirror in bag-my. (she ACT-open bag.) already
NEG be anymore. probably already they take just-now
at door entrance
'I've a mirror in my bag. (She opens her bag.) ... It's
gone! They must have taken it (from me) at the entrance.'

On the other hand, if in a hypothetical clause the speaker is not
sure whether what has been supposed or argued corresponds to
reality, then the clause is backgrounded.

(7) b. G.: Kalau *aku mem-bunyikan* lonceng itu kau harus
datang?
if I ACT-ring bell that you must come
'If I ring, you're bound to come?'

P.: Sebetulnya, memang begitu. Cuma lonceng itu tidak
bisa di-harapkan betul. Sambungan-nya ada yang
salah, hingga dia tidak selalu mau berbunyi.
in=fact indeed like=this. only bell that NEG
can PASS-expect right. wiring-the be REL

wrong so=that he NEG always want=sound
'Well, yes, that'so — in a way. But you can never
be sure about that bell. There's something wrong
with the wiring, and it doesn't always work.'

(8) b. Kalau *kita me-lihat*-nya dalam hubungan pemetaan
konsonen konsep itu, maka kita dapat me-nyangka
bahwa istilah 'tambahan' di sini se-jenis dengan
'semivokal'.
if we ACT-consider-him in relation chart
consonant concept that then we can ACT-suppose
that term 'addition' at here one-kind with
'semi-vowel'
'If we are considering the concept in relation to the
consonant table, then we could suppose that the
terminology 'addition' here (refers to things of) the same
category as 'semi-vowels'.'

3. Correlation between grounding and transitivity

Hopper & Thompson (1980) give some evidence about a correlation
between grounding and transitivity. They consider the notion of
transitivity as a cluster of several components. The question arises
whether active sentences that cannot be foregrounded are less transitive than ergative sentences. Let us investigate these two types of
sentences in the light of the transitivity parameters proposed by
Hopper & Thompson (1980).

3.1. Participants

Transitivity is taken in the sense of an action that is 'transferred'
(term used by Hopper & Thompson 1980) from an agent to a
patient. This means that (i) a transitive sentence must have (at least)
two participants and that (ii) its subject has to be an animate noun.
   (i) Sentences in narrative texts and scenic descriptions, i.e. backgrounded texts, can have one argument, since the verb can be a
stative verb. This can also be the case with active sentences; see the
italicized sequence of a passage from Dini (1978):

(9) a. *Ibu-ku mem-batik* di ruang makan, tidak jauh dari pintu
yang meng-hadap pelataran.
mother-my ACT-batik at room eat NEG far from door
REL ACT-face front-yard
'My mother is making a batik in the dining-hall, not far
from the door facing the front-yard.'

The following example is ungrammatical:

(9) b. **Ku-batik* di ruang makan.
I-batik at room eat

Secondly, only active verbs can occur in complements after the
application of EQUI:

(10) Aku$_i$ kembali untuk $\emptyset_i$ meng-ambil / *ambil kau.
I return to ACT-take / take you
'I returned to take you.'

Thirdly, only active verbs can be nominalized:

(11) Me-ngerjakan pekerjaan itu me-merlukan banyak
waktu.
ACT-perform work that ACT-need much time
'The performing of that work needs much time.'

Thus, backgrounding in Indonesian appears to resemble backgrounding in English (Hopper & Thompson 1980: 285).
(ii) The subject of active sentences can be a concrete inanimate
noun; see the italicized sequences in (12), quoted from Rosidi (1955).

(12) a. Dan perempuan kecil yang ber-mata kecil ... mem-bikin
senyuman dengan *lingkaran bibir* yang meng-hias wajah-
nya.
and woman small REL STATE-eye small ACT-make
smile with rim lip REL ACT-decorate face-his
'And the small woman with small eyes smiled with her
lips ornating her face.'

b. Kemudian *mulut kecil itu* me-ngeluar-kan suara
yang arti-nya tak kurang empuk daripada suara-nya.

afterwards mouth small that ACT-go-out-CAUS sound
REL meaning-his NEG less soft than voice-his
'Then that small mouth produced a sound implying a
meaning which is not less delicate than her voice.'

It goes without saying that these sentences do not alternate with
ergative sentences.

3.2. Kinesis, punctuality, aspect

Most active verbs with two arguments may be passivized; this means
that they possess a high degree of transitivity. However, active verbs
such as *me-nonton* 'watch, see' (a show, movie, etc.), *me-ngajar*
'teach', *me-nyanyi* 'sing', *me-nurut* 'follow', *meng-abdi* 'serve', cannot
be passivized. Verbs of this type also cannot be ergativized. These
are verbs which neither express telicity nor punctuality.
   Active sentences can express the progressive/durative aspect, ergative sentences cannot.

(13) a. Waktu Parman datang, saya *sedang* mem-baca buku.
        when Parman come I PROGR ACT-read book
        'When Parman came in, I was reading a book.'

     b. Waktu itu saya (*sedang*) mem-baca-*baca* majalah.
        moment that I PROGR ACT-read-PROGR review
        'At that moment I was reading a review.'

3.3. Volitionality, agency

The agent in active sentences may be non-human or inanimate (e. g.
may refer to natural phenomena), whereas that of an ergative
sentence is necessarily a human being (see 14 and also 10).[8]

(14)   Hujan mem-banjiri Jakarta.
        rain ACT-inundate Jakarta
        'The rain is flooding Jakarta.'

3.4. Affirmation and mode

Generally ergative sentences are not negated except to weaken suppositions (see 15) and in foregrounded prohibitions (see 21). Clauses such as 'I don't think', 'I didn't say', i.e. expressions putting forward counter-arguments, invalidations of hypotheses etc., are construed actively if the negation is not foregrounded. Conversely, the ergative form is used if the negation is foregrounded. In that case, the negation has to be stressed and/or fronted. Compare (15a–b) to (15c).

(15) a. Hal itu *tidak pernah* dia pikirkan.
  matter that NEG ever he think
  'That matter, he never thought (it) about.'

  b. *Tidak-lah* samasekali ku-katakan bahwa yang mem-bunuh S. adalah saya sendiri.
  NEG-EMPH entirely I-say that REL ACT-kill S. be I self
  'I didn't say at all that I myself was the one who killed S.'

  c. Saya *tidak* me-mikirkan hal itu.
  I NEG ACT-think matter that
  'I didn't think about that matter.'

Among 111 occurrences of ergative sentences in Rosidi (1955) I found only four cases of negated sentences. All these four sentences are cases in which the negation is foregrounded.

  In § 2.2 we saw that for a hypothetical clause the ergative construction is used if the speaker is sure that what he supposes to be true corresponds to reality. This mode is called *aspek hadir* 'aspect of presence' by B. K. Purwo (1981, cf. also 1979, forthcoming). Let us investigate some details of this mode. A performative verb requires the ergative construction if its embedded clause refers to a fact or a reality, i.e. to an event that did happen or of which the speaker is sure that it will happen. In (16a) the embedded clause refers to an event about which one cannot be sure whether it will become a reality, whereas in (16b) the embedded clause refers to a fact.

(16) a. *Saya men-doakan / *doakan* supaya kami *nanti* menang.
  I ACT-bid / bid so=that you later win
  'I bid that you will win.'

b. *Saya *men-doakan / doakan* supaya kamu menang tetapi
  ternyata kamu kalah.
  I ACT-bid / bid so=that you win but
  come=out you lose
  'I bade that you would win but (it) came out that you
  lost.'

The reason why wishes are usually expressed in the ergative is to
be attributed to the fact that the speaker makes explicit his hope
as to their realization.

(17) a. Atas sukses-nya simposium, *saya ucapkan* selamat!
  on success-the symposium I pronounce good=luck
  'I wish good luck for the success of the symposium!'

(18)   Mari(-lah) *kita tinjau!*
  let-EMPH we observe
  'Let us observe (it)!'

The following example (Purwo 1981, ex. 18) helps to illustrate the
difference:

(19)   Kalau waktu itu dia bisa *me-ngatakan*, pasti-lah *dia
  katakan* bahwa sesungguhnya ...
  if moment that he can ACT-say certain-EMPH he
  say that really
  'If he could have told (it) then, he would certainly have
  said that really ...'

The first clause, where the active has to be used, refers to a non-
realizable possibility in the past, and the second clause, where the
ergative is used, expresses a supposition of which the speaker asserts
the reality.

This mode implies a direct communication between a speaker
and a hearer. Thus, orders have to be expressed in the ergative (20)
whereas prohibitions not specifically addressed to a person have to
be expressed in the active (21).

(20)   *Baca*(-lah) buku itu!
         read-EMPH book that
         'Read that book!'

(21)   *Jangan*(-lah) (*meng-*)*ucapkan* kata itu!
         PROHIB-EMPH ACT-pronounce word that
         'Don't pronounce that word!'

For the same reason direct speech is in the ergative and indirect speech in the active.

(22) a. *Saya tanya*: "Apa Parman akan datang?"
         I ask INTERR Parman FUT come
         'I asked: "Will Parman come?"'

     b. *Saya me-nanya* apa Parman akan datang.
         I ACT-ask whether Parman FUT come
         'I asked whether Parman would come.'

We can deduce the following points from our data:
— the ergative expresses the indicative, not the subjunctive (see 16–18), or the optative in the past (see 19);
— the ergative implies direct speech (see 20–22).

3.5. Affectedness and individuation

These two parameters concern the object more than the verb.
    (i) Active verbs, but not ergative verbs, may have one argument:

(23)   Parman (sedang) me-nulis / mem-baca / me-nyanyi.
         Parman PROGR ACT-write / ACT-read / ACT-sing
         'Parman is writing / reading / singing.'

    (ii) Objects of active sentences can be concrete as well as abstract nouns, whereas those of ergative sentences must be concrete nouns. The following active sentence, thus, does not have an ergative counterpart:

(24) a. Rachmat   mem-berikan   perspektif   kemungkinan-
         kemungkinan baru.
         Rachmat ACT-give-to perspective possibility-PL new

'Rachmat('s case) offers a perspective of new possibilities.'

b. *Dia berikan perspektif kemungkinan-kemungkinan
baru.
he give=to perspective possibility-PL new

(iii) Both active and ergative sentences may have an indefinite
object which can be modified by quantifiers such as *banyak* 'many',
beberapa 'several'. However, if the object is topicalized, and thus
fronted to the head of the sentence, the active is practically avoided.
Objects of this type are necessarily definite (see 15a and 25).

(25)   *Nama-nya* dia tulis dengan hati-hati.
name-his he write with prudence
'His name, he wrote (it) prudently.'

3.6. Summary

I hope to have demonstrated the correlation between foregrounding
and transitivity in Indonesian. Transitivity involves the compulsory
character of human nouns as subject, the constraints against nominalizations of the verb, against the progressive or durative aspect,
against negation in canonical sentences, against the subjunctive and
optative in the past and against the selection of abstract nouns or
the fronting of the definite object.

4. Conclusion: The communicative role of the Indonesian ergative

In Indonesian the three constructions — active, passive and ergative
— are very productive. The ergative construction can be considered
as derived from the passive, and the passive is produced from the
active (Cartier 1979). As in other languages, the difference between
active and passive may be seen in terms of a difference in topic
assignment. A canonical active sentence is a sentence where the
topic is the agent, and a canonical passive sentence is a sentence
where the patient has been promoted to topic status. In both cases
the topic (the sentence-level topic, that is) functions as subject. In
the case of the Indonesian ergative, topic and subject are dissociated.
The patient (which functions as object) or the subject-verb unit can
be chosen as topic, but the agent, i.e. the subject, cannot. From

this point of view, active and ergative belong to two different grammatical patterns. We have seen, however, that these two constructions are often semantically synonymous.

The second difference between these two constructions lies in the fact that the ergative itself can function as topic on the discourse level, whereas the active cannot. This has been presented in terms of foregrounding and backgrounding. In fact, the strategy of foregrounding in Indonesian consists of a strategy of assertions either about the narrator's personal concrete actions in the past (where the autobiographical 'I' is used) or about facts ascribed to somebody else (where 'he/she' is used). The Indonesian narrator uses a specific stylistic method to present these actions: they are not presented as accomplished actions but as actions taking place in front of the hearer. This stylistic method is not an idiosyncrasy. The resemblance with French passages in the *passé simple* is very striking. Benveniste (1966: 241), who calls it *récit historique*, describes it as follows: "Les événements sont posés comme ils se sont produits à mesure qu'ils apparaissent à l'horizon de l'histoire. ... les événements semblent se raconter eux-mêmes." For Benveniste the *récit historique* expresses necessarily the aorist. This interpretation, however, cannot account for the Indonesian case. Unlike the French *passé simple*, the Indonesian ergative functions also as topic at the sentence level (cf. the cases listed in §§ 2–3). This does not only involve events which have taken place, but also events which the speaker wishes to take place. In other terms, crucial for the Indonesian ergative is not tense but assertion. This notion allows us to explain why the ergative sentence has to be a complete sentence, i.e. why it cannot be nominalized (see § 3.1), why it cannot occur in prepositional clauses after the application of EQUI, and why it must have a clitic subject (Cartier 1979). Assertion explains why performative verbs, the matrix clauses of direct speech, and those of wishes need the ergative. Assertion also explains the constraint against the ergative for hypotheses unlikely to realize and for indirect speech. Assertion explains why the imperative needs the ergative.

Linguistic research about ergative- and active-type languages has not developed far enough to enable us to conclude whether the situation described in this article is particular to Indonesian or more or less general. However, it is very likely that whenever two constructions are synonymous in some contexts, each will be found to have specific functions of its own when seen from other points of view.

Notes

1. The de-voicing device does not occur under the same conditions in *informal* Indonesian.
2. This interpretation (see also Cartier 1976, 1978) does not correspond to the traditional one. It has recently been accepted by John Verhaar (1981).
3. Concerning the shape of the prefix *meN*, its final /N/, roughly, is deleted in front of /r/, /l/ and /ɲ/; is realized as /m/ before /b/, /p/ or /m/; as /n/ before / d/, /t/ or /n/; as /ŋ/ before a vowel, /g/, /k/ or /ŋ/.
4. This cliticization requirement does not mean that *tonic* pronouns, i. e. free morphemes, cannot occur in ergative sentences. Nevertheless, the use of a tonic pronoun such as *aku* 'I' instead of its atonic counterpart *ku* in this sentence-type does not imply important differences in syntactic constraints.
5. However, an action which is not expected as the natural result of an action mentioned before cannot be expressed in the ergative construction. Thus (ii), which is not the expected result of (i), is in the active, whereas (iii) and (iv) — expected results of (i) — are in the ergative.
    (i)   Johnny *men*-dorong piring kosong-nya ...
           Johnny ACT-push-aside plate empty-his
           'Johnny put aside his empty plate ...'
    (ii)   Dia tidak *meng*-ambil pisang tapi *me*-ngeluarkan rokok dari saku.
           he NEG ACT-take banana but ACT-take-out cigarette from pocket
           'He did not take a banana but a cigarette from his pocket.'
    (iii) *Di*-ambil-*nya* se-batang.
           ERG-take-he one-CLASSIFIER
           'He took out a cigarette.'
    (iv)   *Di*-nyalakan-*nya.*   (Purwo's ex. 27)
           ERG-light-he
           'He lit it.'
6. That a narration cannot start or close with foregrounding may be a universal. On an analogous constraint in vernacular Black English see Labov (1972).
7. Examples (7) and (8) are quoted from Sani's (1979) Indonesian translation of Sartre's *Huis clos*. The English translations are from Gilbert (1957).
8. Indonesian pronouns refer only to human beings.

References

Benveniste, Emile
    1966   "Les relations de temps dans le verbe français", in his *Problèmes de linguistique générale* (Paris: Gallimard), 237–250.
Cartier, Alice
    1976   "Une langue à double construction objective et ergative: l'indonésien", *La Linguistique* 12,1: 99–130.
    1978   "Verbes orientés et non-orientés en Indonésien", *Cahiers de Linguistique Asie Orientale* 3: 5–15.
    1979   "De-voiced transitive verb sentences in formal Indonesian", in: *Ergativity. Towards a theory of grammatical relations*, edited by F. Plank (London: Academic Press), 161–183.
Hopper, Paul J. & Sandra A. Thompson
    1980   "Transitivity in grammar and discourse", *Language* 56: 251–299.

Labov, William
1972   "The transformation of experience in narrative syntax", in his *Language in the inner city* (Philadelphia: University of Pennsylvania Press), 354–405.
Purwo, B. K.
1979   "On the Indonesian *telah* and *sudah*: two perspectives of looking at the past time", Seminar of the Linguistic Society of Indonesia, Yogyakarta, March 22–24, 1979.
1981   "The verbal aspect: a case of the Indonesian 'passives'", paper read at 3rd International Conference on Austronesian Linguistics, Bali, January 19–24, 1981.
forthc.   "Kekorelatifan dan aspek hadir dalam konstruksi passif Bahasa Indonesia [Correlation and the aspect of presence of the passive construction in Indonesian]", in: *Pelangi Bahasa*, edited by K. Harimurti & A. M. Moeliono.
Verhaar, John W. M.
1981   "Grammatical relations in Indonesian", unpublished manuscript.

Data References

Dini, Nh.
1978   *Sebuah lorong di kotaku* [A lane in my town] (Jakarta: Pustaka Jaya).
Gilbert, S.
1957   "No exit", in: *Twenty best European plays on the American stage*, edited by J. Gassner (New York: Crown Publ.), 278–299.
Lukman, Ali (Ed.)
1967   *Bahasa dan kesustraan Indonesia sebagai cermin manusia Indonesia baru* [Indonesian language and literature as a mirror of the modern Indonesian] (Jakarta: Gunung Agung).
McCarry, J. D. & Sumargono
1974   *Learn Indonesian*, 3 vols. (N. S. W. Australia: Modern Indonesian Publ.).
Rosidi, Ajip
1955   *Sebuah rumah buat hari tua. Kumpulan tjerita pendek* [A house for the old days. Selection of short stories] (Jakarta: Gunung Agung).
Sakti, Alamsjah
1950   "Helena", *Mimbar Indonesia* 4.8.
Sani, A.
1979   *Pintu tertutup* [Huis clos] (Jakarta: Pustaka Jaya).

SCOTT DELANCEY

On active typology
and the nature of agentivity

This volume, and the Symposium from which it resulted, are among the signs of a welcome resurgence of interest in morphosyntactic typology and its relation to general linguistic theory. In this paper I hope to make a modest contribution to this movement, in the form of some new data on a language, Lhasa Tibetan,[1] not hitherto identified as an example of the active case marking type, and a few general remarks on the semantics of the active pattern. Although much of the paper is devoted to the discussion of specific data, it is intended to be, in a sense, programmatic. It is my opinion that most current typological work pays far too little attention to the semantics of the systems being classified. My own work in this area is quite preliminary, and I certainly have nothing to present here which will revolutionize current typological schemata; what I hope to do is simply to exemplify what seems to me a fruitful line of inquiry. The investigation reported here leads to a suggestion about the definition of Agent as a universal case role, and a related suggestion concerning the place of the notions 'ergative' and 'active' in universal typology. Both of these suggestions require considerable further research, and my main hope in writing this paper is that it might inspire some readers to pursue such research.

1. Vector representations

A series of recent papers (DeLancey 1981 a, b, 1982 a, b, to appear) have been devoted to developing a cognitively based linguistic model in which any event defines and is characterized by a number of vector representations, schematically

$$X \longrightarrow Y$$

where X represents temporal onset, transitive subject, and cause, and Y temporal conclusion, transitive object, and effect. I have argued elsewhere (DeLancey 1981 a, b) that within a single clause a given actor may be an instance of X, that is, Source, with respect to one representation, and Y, that is, Goal, with respect to another, and that a language may have morphosyntactic mechanisms for labelling Source and/or Goal with respect to several different vector representations. In this paper we will examine certain manifestations of the Cause-Effect vector, which we will see can be further analyzed. Two subcomponents of the notion Cause, and likewise of the closely related notion Agent, are control and, when (as typically) the Cause is an action carried out by a human or at least animate entity, volition.

2. The active case marking pattern

I will use the standard Sapirean definition of active structure, according to which active languages are those which distinguish transitive subjects and active (roughly, agentive or volitional) intransitive subjects as a class from transitive objects and inactive intransitive subjects. (Note, however, that there are probably no perfect examples of this general description, and that by insisting on the identical marking of arguments of transitive and intransitive clauses it excludes some interesting active-like phenomena, such as the volitionality system of Bengali (Klaiman 1980, 1981) and Sinhala (Gair 1970, 1976).) In DeLancey (1981 b) I have developed some arguments for considering the active class (i.e. transitive and agentive intransitive subjects) as an instance of Source, and the inactive class as Goal. Here I present only one argument for the general conclusion, before proceeding to a consideration of the Tibetan data.

In DeLancey (1981 b, 1982 b) I have shown that the aspectual categories perfective and imperfective represent, respectively, representation of an event as viewed from the terminal and the onset point of the time vector. This is nicely illustrated by a case marking pattern found in several Mayan languages (and also apparently in the Caucasian language Mingrelian, according to Dešeriev 1953) where we find intransitive subjects indexed in the verb by the same pronominal series as transitive subjects in imperfective aspect, and by the same series as transitive objects in perfective aspect. An example is Yucatec (Nida & Romero 1950):

(1)   t-in lúṗ-s-eč
        PERF-1Ag fall-CAUS-2Pa
        'I made you fall.'

(2)   t-a lúṗ-s-en
        PERF-2Ag fall-CAUS-1Pa
        'You made me fall.'

(3)   máʔaloṗ in ṗin
        well 1Ag go
        'I go/was going well.'

(4)   máʔaloṗ ṗin-en
        well go-1Pa
        'I went well.'

We can see the logic of this system, highly reminiscent of more familiar aspectual split ergative patterns, if we consider case marking in both transitive and intransitive sentences to be assigned in terms of a vector representation — either the transitivity vector

$$\text{AGENT} \longrightarrow \text{PATIENT}$$

or the temporal vector

$$\text{ONSET} \longrightarrow \text{TERMINUS}$$

and assume that the semantic representation of the perfective aspect places the single actor of an intransitive clause at the terminal point of the temporal vector, where it is assigned the same case marking as the occupant of the terminal point of the transitivity vector.

There is a striking similarity between this pattern and the canonical active case marking pattern. Compare the Yucatec data with the pattern of pronominal indices in the verb in the best-known active language, Dakota (Schwartz 1979):

(5)   wa-kte
        1Ag-kill
        'I killed him.'

(6)   ma-kte
        1Pa-kill
        'He killed me.'

(7)   wa-nĩwã
        'I swim.'

(8)   ma-t'a
        'I die.'

Following the logic which we applied to the Yucatec examples, we conclude that, just as *wa-* indicates the Source of the transitivity vector in (5), and *ma-* in (6) its Goal, so *wa-* and *ma-* in (7) and (8) are respectively Source and Goal. Since we have neither the time nor the data for a detailed investigation of Dakota semantics, we will label the relevant vector here CAUSE ——→ EFFECT and not attempt to refine the analysis further. The general claim is that just as the killer is the cause of a killing, so a swimmer is the cause of his swimming — one does not swim without making a conscious effort to do so. Death, on the other hand, must have an external cause; the deceased is not ordinarily the cause of his own dying.

Note that in Dakota neither the active nor the inactive case is marked with respect to the other. This is not universally the case. Students of active typology are familiar with the pattern in which the active case is marked and the inactive unmarked, resulting in an ergative-like pattern. We will see an example of this in the Tibetan data discussed below. There are also examples of a nominative-like pattern, in which inactive case is marked, and active unmarked. An example is Eastern Pomo (McLendon 1978). The significance of the unmarked case is discussed in DeLancey (1981 b); for present purposes it is enough to point out that since there are attested examples of active marked as Source, inactive marked as Goal, and both (e.g. Dakota) we can assume these values even when case marking is inexplicit.

3. Volitionality and control in Lhasa Tibetan

Lhasa Tibetan, though it has often been referred to as an ergative or split ergative language, is in fact a fairly typical representative of the active type,[2] as we can see from examples (9)–(11):[3]

(9)   ṅa-s stag bsad-pa-yin
        I-ERG tiger kill-PERF/VOL
        'I killed a tiger.'

(10)   ṅa-s ṅus-pa-yin
        I-ERG cry-PERF/VOL
        'I cried.'

(11)   ṅa śi-byuṅ
        I die-PERF/INVOL
        'I died.'

It is clear from (10) that the distribution of what I have glossed as
ergative case is not dependent upon syntactic transitivity, that is,
the presence of a direct object. The question which we must answer,
and which is fundamental to an understanding of active structure,
is what is it that does determine the presence or absence of ergative
case?

3.1. The dimension of aspect

Although the occurrence of ergative case in intransitive clauses
makes it clear that Lhasa Tibetan is not an ergative language of
any sort, it does manifest an aspectually-governed case marking
split which parallels the well-known split ergative type. Ergative
case is required, in those clause types in which it occurs, only in
perfective aspect (as in exx. 9–11). It can occur in imperfective and
future tense clauses, but frequently does not. There appears to be a
semantic difference between non-perfective clauses with and without
ergative case, but available sources shed little light on the nature of
the distinction, and my own data is not sufficient to allow an
explication of the problem. The requirement of ergative case in
perfective aspect, at any rate, is consistent with the hypothesis
advanced below about the semantic nature of ergative case in Lhasa,
given the results of DeLancey (1981 b, 1982 b). This is, of course,
exactly the pattern of case marking with respect to aspect which is
found in the much-discussed aspectual split ergative languages, and
I have argued that in that pattern the conditioning factor for
ergative case is that the Source of the transitivity vector, i.e. the
transitive agent, is not also linguistic viewpoint. If, as I suggest
below, the function of ergative case in Lhasa and other active

languages is to mark Source with respect to another vectoral representation, in this case the control vector, which like the transitivity vector is associated with the cause-effect complex, then it is perfectly natural that we should find the same aspectual split there. (It is worth noting that it now appears that another of the famous split ergative languages, Georgian, is in fact a split active language like Lhasa Tibetan; see Harris 1982.)

3.2. The dimension of volition

In Lhasa, as in Newari (Hale 1980) and probably in Sherpa and other Tibetan dialects, the category of volition or *conscious* control is overtly marked in the verb complex when subject is first person.[4] Thus the choice of *-pa-yin*[5] or *byun* as perfective marker in (12)–(13) indicates that the event is or is not under the conscious control of the subject (cp. exx. 10–11):

(12)   ṅa-s ñal-ba-yin
       I-ERG sleep-PERF/VOL
       'I went to sleep.'

(13)   ṅa gñid=k'ug byuṅ
       I sleep=get PERF/INVOL
       'I fell asleep.'

The choice of volitional or non-volitional auxiliary is completely independent of transitivity, as we can see from examples (14)–(15):

(14)   ṅa-s yi=ge bri-ba-yin
       I-ERG letter write-PERF/VOL
       'I wrote a letter.'

(15)   ṅa-s yi=ge mtoṅ byuṅ
       I-ERG letter see PERF/INVOL
       'I saw the letter.'

In fact, transitive clauses with first person object are marked like non-volitional clauses with first person subject:

(16)   T'ub=bstan-gyis ṅa-la nes byuṅ
       Thubten-ERG I-DAT hit PERF/INVOL
       'Thubten hit me.'

This does not indicate that the act was not volitional as far as the subject was concerned (the volitional/non-volitional distinction is never grammatically indicated for third person) but that it occurred irrespective of the intentions of the first person object.

Thus we have here a rather interesting variation on the canonical active pattern, in that the choice of auxiliary distinguishes the class of non-volitional subjects and transitive objects from the class of volitional subjects. The nature of the semantic distinction being marked is elucidated by what at first seems to be a puzzling use of the non-volitional auxiliaries. These are used not only when there is a transitive construction with first person object, but also when there is a motional verb with first person or deictic center as goal (example from Jin 1979: 177):

(17)   k'oṅ ṅa'i rtsa la phebs byuṅ
         he(HON) my near to go/come PERF/INVOL
         'He came to me.'

Now, what *ṅa'i rtsa* in (17) and *ṅa* in (16) have in common is that both are instances of the abstract category of Goal postulated in localist case theory (see e.g. Anderson 1971: 173 ff.). I would argue that the occurrence of *byuṅ* in (11), (12) and (16) is evidence that the non-volitional actors in those sentences are likewise instances of the Goal case category at some level of semantic structure. (Further evidence for the identification of non-volitional actor, as identified by choice of auxiliary, with Goal is presented in DeLancey (to appear).) Thus examples (16), (17) and (11) can be schematically represented as (18)–(20):

(18)   THUBTEN · $\xrightarrow{\quad \text{HIT} \quad}$ · I

(19)   · $\xrightarrow{\quad \text{HE} \quad}$ · I

(20)   · $\xrightarrow{\quad \text{DIE} \quad}$ · I

In (17/19) the Source of the subject's motion is not given, though the grammar would allow it to be; likewise in (11/20) the Source, i.e. the cause of the subject's death, is not mentioned, although again it could be.

Since volitionality *per se* does not directly affect case marking (note e.g. the ergative case in (15) with the non-volitional verb 'see') we need not consider here the argument for volitional actor as an instance of underlying Source; the outline of this argument has been presented alsewhere (DeLancey [to appear]). However, the argument in the next section will perhaps be clearer if the reader will accept the provisional claim that, at least in the kinds of sentences which we will be discussing, every actant must be identifiable as either a Source or a Goal at some level of representation.

3.3. The dimension of control

On the basis of examples like (10)–(11) one might be tempted to infer that the distribution of ergative case correlates with the occurrence of volitional verbs. This is not the case, as can be seen from (14)–(15) and from the fact that the alternation of ergative and nominative case, unlike the alternation of volitional and non-volitional auxiliaries, applies to other than first persons:

(21)   k'o-s ñal-ba-red
       he-ERG sleep-PERF/INFER
       'He went to sleep (inferential).'

(22)   k'o gñid꞊k'ug-pa-red
       he sleep꞊get-PERF/INFER
       'He fell asleep (inferential).'

The data presented so far suggests a distribution of ergative case along the lines of the canonical active pattern, with all transitive and some intransitive subjects marked as ergative. There are, however, a number of exceptions to the general pattern of transitive subject marking (see also DeLancey 1982 a). One unsurprising set of exceptions consists of two-argument verbs which require two in-animate arguments, and do not predicate a semantically transitive event, as:

(23)   deb 'di-la sgo꞊mo gsum gnas-soṅ
       book this-DAT rupee three cost-PERF/EVIDENTIAL
       'This book cost three rupees (speaker having first-hand knowledge of the fact).'

More interesting is the contrast in case marking between (24) and (25):

(24)   k'o-s deb brlags soṅ
         he-ERG book lost PERF/EVIDENTIAL
         'He lost the book (first-hand knowledge).'

(25)   k'o-la deb rñed soṅ
         he-DAT book find PERF/EVIDENTIAL
         'He found the book (first-hand knowledge).'

Both of the verbs, 'lose' and 'find', are non-volitional in Lhasa, i.e. both require non-volitional auxiliaries with first person. Both are transitive, i.e. they can accommodate two syntactic arguments. Nevertheless 'lose' requires ergative case on the loser, while 'find' governs dative case on the finder. The significant difference between losing and finding is that finding must be a fortuitous event, while losing can be controlled. That is, one cannot guarantee finding a lost object; one can only look and hope. One can, however, guarantee *not* losing something; someone who exercises sufficient care will not lose things, so that the carelessness which results in loss constitutes a lapse of control.

Chang & Chang (1980) provide a nice minimal pair illustrating the complementary distinction, where control, indicated by ergative case, is held constant, and volition, illustrated by choice of auxiliary, varies:

(26)   ṅa-s goṅ gčag-pa-yin
         I-ERG price lower-PERF/VOL
         'I lowered the price.'

(27)   ṅa-s gčag-pa-red
         I-ERG lower-PERF
         'I lowered it [the price].'

Example (27), according to Chang & Chang, implies that the seller/speaker "has not been in complete control of his actions, but has been acting under pressure from the buyer" (1980: 18). The ultimate control of the price rests with the seller, and thus its lowering is an event which is under the agent's control; however, the act may be performed under duress, i.e. with reduced volition, and this is signalled by the shift from the volitional auxiliary *yin* to *red*. Note that we do not have here the normal first person non-volitional perfective *byuṅ*, but the *pa-red* perfective, which ordinarily occurs only with non-first person (for details see Jin 1979 or DeLancey [to appear]).[6] This suggests that volition is not an all-or-none category — the use of *pa-red* here indicates reduced volition, rather than its complete absence. This is, of course, consistent with the meaning of the clause; losing an object, as in example (24), is an event of which the loser is ordinarily unaware until it has occurred, whereas a merchant who lowers his asking price must make a conscious decision to do so, even if the decision is made under pressure and thus has an ultimate causal source outside of the actor's volition.

The identification of the semantic content of ergative marking and auxiliary choice as specifying, respectively, control and volition explains the fact that the auxiliary alternation is restricted to clauses with a first person participant (n. b. *not* first person 'subject' in any independently definable sense of that term; see exs. 16–17), while the ergative-nonergative alternation occurs in all persons. Control is, at least to some extent, objectively observable; volition, on the other hand, is perceptible only to its possessor, and thus can be accurately reported only with respect to the speaker.

The association of ergative case with a controlling, as opposed to intentionally acting, actor is consistent with the pattern of occurrence with intransitive verbs. The difference between *ñal* 'go to sleep', which takes ergative subject (as in exs. 12 and 21), and *gñid⸗k'ug* 'fall asleep', which does not (as in exs. 13 and 23), can be interpreted as a difference in control; the former describes a decision on the part of the subject, the latter an uncontrolled lapse into a state of sleep. (Here as in most cases control and volition coincide.) Chang & Chang present several examples of intransitive verbs, primarily motion verbs,[7] which in perfective aspect can appear with either ergative or non-ergative subjects, as:

(28)   ṅa-s lha⸗sa-r p'yin-pa-yin
        I-ERG Lhasa-to went-PERF/VOL
        'I went to Lhasa.'

(29)   ṅa lha⸗sa-r p'yin-pa-red
        I Lhasa-to went-PERF/INVOL
        'Idem.'

(29) would be the appropriate form for a speaker to use in describing having been taken to Lhasa as a child. (Here again control and volition coincide; I have no examples of intransitive verbs with

ergative subject and non-volitional auxiliaries, and I am not sure that such a construction can occur.)

While the identification of controller with cause and hence as an instance of Source seems fairly straightforward, Written Tibetan provides particularly interesting evidence for it. The ergative case marker in most of our examples, -*s*, is in Written Tibetan a phonologically regular allomorph of the ergative/instrumental post-position *gyis*. This is etymologically bimorphemic, as can be seen by comparing it with the genitive postposition *gyi*, the locatives *na* and *la*, and the ablatives *nas* and *las*. The obvious proportion *gyi : gyi-s = na : na-s* establishes the existence of an -*s* morpheme indicating abstract Source, subsuming both agent and starting point of motion.[8]

Thus, in an example like (24), repeated here,

(24)   k'o-s deb brlags soṅ
         he-ERG book lost PERF/EVID
         'He lost the book.'

where we have a controlling subject and a lexically non-volitional verb, we must identify the subject as simultaneously Source with respect to the control vector and Goal with respect to the volition vector. This brings us to the question of whether or not such a subject should be considered an agent.

4. Toward a universal definition of agent

If we consider the notion 'active' to be defined by the occurrence of active case, then we can now identify the semantic content of the notion as control. Of course this identification is only valid for Lhasa Tibetan; there may well be languages with very similar case marking patterns where the determining dimension is volition, or perhaps some other undiscovered component of agentivity. (The description of the use of active case in Bats given by Dešeriev (1953) is more consistent with the concept of control than volition; on the other hand the description of Eastern Pomo by McLendon (1978) suggests that the controlling factor there may be volition.) The fact that both control and volition are overt grammatical categories in Lhasa, and that they are kept track of by separate morphosyntactic mechanisms, suggests that we may well find it impossible to establish a single cross-linguistically valid definition of the notion AGENT except in the most general terms. All of the relevant notions — the transitive subject which is marked in ergative languages, the volitional actor, and the controlling actor — have in common that they are instances of the general Source category, and this will have to be part of a general definition of agentivity. It seems probable at this point, however, that a universal definition will have to be a multi-factor definition which includes at least these three components. (This has the interesting and, I think, useful result that we will be able to analyze particular NPs in particular clauses as more or less agentive than others, rather than simply as agents or non-agents. See Lakoff (1977) or Hopper & Thompson (1980) for similar conclusions arrived at by very different lines of argument.)

This in turn suggests that the current typological scheme which sharply distinguishes ergative and active types (see especially Klimov 1973, 1977) may need to be replaced by a subtler and more fluid classification of case-marking strategies. Both patterns serve to distinguish underlying Source and Goal; they differ in which Source-Goal configuration case marking is assigned with respect to which kind of clause. But, since there are more than two possibilities, an either-or classification of languages in terms of the superficial question of whether or not any intransitive subjects are marked as agents may turn out to be of limited use.

Notes

1. Much of the data presented here appears, with other data and additional argumentation for the conclusions suggested in this paper, in DeLancey 1982a and to appear. Like the present paper, both of these, but especially 1982a, must be regarded as preliminary in nature.
2. Part of the reason for the confusion surrounding the classification of Tibetan is that apparently among various modern dialects and various stages of the classical language several different case marking patterns occur, including active, aspectually split ergative, and consistent ergative, and minor variations on all three. Thus any statement which characterizes 'Tibetan' as being of one or another type, without a more specific identification of the language being referred to, is necessarily inaccurate.
3. All Tibetan data are presented in a transliteration of standard orthography, which bears a direct but distant relation to modern Lhasa pronunciation. Note that ṅ represents a velar nasal, and ś a palatal fricative.
4. It is indicated for second person subjects in yes/no questions.
5. -ba-yin after vowels and liquids.
6. It is interesting to note that pa-red is the inferential non-first person perfective, i. e. it labels a clause with non-first person actors as representing the speaker's

inference from circumstantial evidence rather than a report of his direct experiential knowledge. I cannot usefully speculate here on how the use of this form in this example relates to that aspect of its usual meaning.

7. Chang & Chang's data thus disprove the statement made in DeLancey (1982 a) to the effect that volitional motion verbs do not take ergative case. Since I made this claim on the basis of a direct statement to that effect by my informant (which, however, I did not check by detailed elicitation), and since Goldstein (1973: 43) makes a similar statement that these motion verbs "are somewhat irregular in that their subjects normally do not take the instrumental postposition", it is possible that there is some prescriptive rule which attempts to rationalize the distribution of ergative case on the basis of lexical verb classes.

8. It should be noted that this relationship, and the existence of the *-s morpheme, are by no means transparent in modern spoken Lhasa Tibetan. Note also that the orthographic/historical -s ergative suffix used in many of my examples is almost certainly a reduced form of *gyis* rather than a survival of the original uncompounded *-s.

References

Anderson, John
1971   *The grammar of case: Towards a localistic theory* (Cambridge: Cambridge University Press).
Chang, Betty Shefts & Kun Chang
1980   "Ergativity in Spoken Tibetan", *Bulletin of the Institute of History and Philology, Academia Sinica* 51,1: 15–32.
DeLancey, Scott
1981 a   "Parameters of empathy", *Journal of Linguistic Research* 1,3: 41–49.
1981 b   "An interpretation of split ergativity and related patterns", *Language* 57: 626–657.
1982 a   "Lhasa Tibetan: A case study in ergative typology", *Journal of Linguistic Research* 2,1: 21–31.
1982 b   "Aspect, transitivity and viewpoint", in: *Tense-Aspect: Between semantics and pragmatics*, edited by P. Hopper (Amsterdam: Benjamins), 167–183.
to appear "Evidentiality and volitionality in Tibetan", in: *Evidentiality: The linguistic coding of epistemology*, edited by W. Chafe and J. Nichols (Norwood, N. J.: Ablex).
Dešeriev, Junus D.
1953   *Bačbijskij jazyk* (Moskva: Nauka).
Gair, James
1970   *Colloquial Sinhalese clause structures* (The Hague: Mouton).
1976   "Is Sinhala a subject language? (or, How restricted is your PNP?)", in: *The notion of subject in South Asian languages*, edited by M. K. Verma (Madison: University of Wisconsin), 39–64.
Goldstein, Melvyn C.
1973   *Modern Literary Tibetan* (= *Occasional Papers of the Wolfenden Society on Tibeto-Burman Linguistics*, vol. 5) (Urbana: University of Illinois).
Hale, Austin
1980   "Person markers: Finite conjunct and disjunct verb forms in Newari", in: *Papers in South-East Asian linguistics*, no. 7, edited by Ronald Trail (Canberra: Australian National University), 95–106.

Harris, Alice
1982   "Georgian and the Unaccusative Hypothesis", *Language* 58: 290–306.
Hopper, Paul & Sandra A. Thompson
1980   "Transitivity in grammar and discourse", *Language* 56: 251–299.
Jin, Peng
1979   "Lun Zang-yu Lasa-ko dungci-de tedian yu yufa jiegou-de guanxi [On the relations between the characteristics of the verb and syntactic structure in spoken Lhasa Tibetan]", *Minzu Yuwen* 3: 173–181.
Klaiman, Miriam
1980   "Bengali dative subjects", *Lingua* 51: 275–295.
1981   "Volitionality and subject in Bengali: A study of semantic parameters in grammatical processes", Bloomington, Indiana: Indiana University Linguistics Club.
Klimov, Georgij A.
1973   *Očerk obščej teorii ėrgativnosti* (Moskva: Nauka).
1977   *Tipologija jazykov aktivnogo stroja* (Moskva: Nauka).
Lakoff, George
1977   "Linguistic gestalts", in: *Papers from the Thirteenth Regional Meeting of the Chicago Linguistic Society*, 236–287.
McLendon, Sally
1978   "Ergativity, case, and transitivity in Eastern Pomo", *International Journal of American Linguistics* 44: 1–9.
Nida, Eugene & Moises Romero C.
1950   "The pronominal series in Maya (Yucatec)", *International Journal of American Linguistics* 16: 193–197.
Schwartz, Linda
1979   "The order of Dakota person affixes: An evaluation of the alternatives", *Glossa* 13: 3–12.

ZYGMUNT FRAJZYNGIER

On two hypotheses regarding stativity

1. Introduction

The purpose of this paper is to examine the relationship between a semantic feature and the grammatical system of language. I have chosen the feature 'stative' because it appears to have been grammaticalized in languages from many families.[1] The paper has three specific aims:

a) to develop a methodology for examining the grammaticalization of a semantic feature;
b) to examine the hypothesis that agents cannot be subjects of stative verbs;
c) to examine the hypothesis that verbs in ergative languages are inherently stative.

Because of these limitations on the scope of the paper, I will not deal with all the syntactic and/or semantic properties and implications of verbs and constructions having the feature 'stative'. There is some literature on the subject, e.g. Lakoff 1966, Vendler 1967, Miller 1970, Sag 1973 and especially Holisky 1978, the latter of which also contains a bibliography related to the syntactic and semantic properties of 'stative'.

In my research I will isolate those morphemes or constructions in a language which pertain to the feature 'stative', and I will describe the lexical properties of the verbs based not on their relationship to reality, but rather on their behaviour with respect to the morphemes and constructions whose function is specifically related to the feature 'stative'.

2. Theoretical framework

Holisky (1978: 157) makes a distinction between the term 'state', which refers 'to a situation in the real world' and 'stative' as a grammatical term: a verb which refers to 'a real world state'. This is a distinction which has been more or less maintained by linguists, and the definition of the term 'stative' is the one that is shared in the contemporary literature.

I will assume that the term 'stative' describes a semantic feature which may or may not be grammaticalized in a language. Thus, a verb may have the feature 'stative', and then it is, of course, a stative verb.

As a semantic feature, 'stative' cannot be further divided by componential analysis, and in other analyses it can be described only by its properties, as has been done in Lakoff 1966, Vendler 1967, Dowty 1975, Holisky 1978, etc. I claim, however, that not only verbs may have the semantic feature 'stative'; grammatical constructions may have it as well. While there is already some literature on the grammatical properties of 'stative' verbs, very little work has been done on stativizing devices, such as stativizing morphemes or constructions. We are going to define as stativizing a morpheme or a construction whose function, primary or secondary, is to change a non-stative verb into a 'stative' verb or a non-stative construction into a stative one. An inherently stative verb can, however, be destativized, and often languages will have morphemes or constructions which will have the destativizing function. In English this is one of the functions of *get*-passives (see Visser 1973, Frajzyngier 1978).

The presence of stativizing and destativizing morphemes and constructions and their scope in the structure of a language will indicate the degree to which the semantic feature 'stative' has been grammaticalized. While one can expect stative verbs to occur in every language and, moreover, one can expect them to have similar syntactic properties such as non-occurrence in primarily stativizing constructions, restrictions on their co-occurrence with some sentential adverbs, non-occurrence with specifically reflexive constructions (for patients only) and probably a few others, there is no reason to expect that every language will grammaticalize the semantic feature 'stative'. One can imagine that a language will not, in fact, have any morphemes to change the inherent value of the feature 'stative' of verbs.

If a semantic feature has been grammaticalized rather than merely lexicalized in a particular language one should find grammatical morphemes or constructions to realize this feature. Moreover, if a construction or a grammatical morpheme is productive in a language, it will be used whenever there is a need to express the semantic content carried by it. Certain lexical items, however, will inherently have the semantic features which are otherwise carried by the specialized construction or morpheme. In such cases, the construction or morpheme having function X will not be used with the lexical items which already have the meaning X among their inherent features. It is thus a common feature of inherently stative verbs that they do not occur in constructions whose primary function is to stativize, i. e. constructions that change an inherently non-stative verb into a stative verb.

From these theoretical assumptions a heuristic method can be devised. In order to find out whether a given construction or verb has a certain semantic feature, such as 'stative' for instance, one does not analyze its referent, in this case a situation or action to which it refers, but rather whether or not such a verb or construction is capable of changing the value of the semantic feature in question. In the case of the feature 'stative', if a construction can occur with a stativizing device, then it is inherently non-stative. If it can occur with a destativizing device, then it is inherently stative.

From the same theoretical assumptions yet another heuristic method may be drawn, and that is a method to find out whether or not a semantic feature has been grammaticalized in a given language. If there is no morpheme or construction to realize a certain semantic feature, then this feature has not been incorporated into the grammatical system of the language and cannot be considered a grammatical category in that language, although it may be incorporated as a feature of some lexical items in the language. The methodology outlined above will be used in the present paper.

3. The scope of the feature 'stative'

In the great majority of papers dealing with statives, the question of the scope of stative is never posed explicitly. For example, Holisky (1978: 150) repeats the frequent assumption that subjects of stative verbs cannot be agents. But there is no a priori reason why a language should not allow for the expression of the fact that an agent is in the state of performing an action, or in the state of having performed an action. Not allowing for the content of such an expression would be to put an artificial constraint on the communicative power of language — a constraint that nobody is willing to impose. One can claim that the lack of agentive NPs in stative constructions is an empirical fact, but no evidence to support this claim has ever been presented.

There is no difference between 'agents performing an action (dynamic predicate)' and 'agents in the state of performing an action (stative predicate)'. In both cases we are dealing with the same agent and the same relationship between the agent and the verb. The difference lies rather in the meaning of a larger construction, which in the case of the stative predicates includes the agent in its scope. One can of course assume by definition that agents cannot occur in a stative construction but that would contradict the data, such as those from Akkadian quoted later in the paper where the stative construction has either patient or agent as its scope.

In what follows, I will show that although it is usually the verb, or to be more exact the predicate, that is inherently stative or is marked for stative, the scope of the feature 'stative' may include either patient or agent, and that one should expect languages to have some devices to indicate which argument is in the scope of the feature 'stative', if this feature has been grammaticalized.

In a typical nominative-accusative language, when the patient is the grammatical object of the sentence, it is not in any way in the scope of the feature 'stative'. In fact, there are no means in Indo-European languages to indicate that the grammatical object is in the scope of the stative. If one wants to indicate that the patient is in the scope of the stative, one has to use a construction in which it will become grammatical subject.

If, however, the patient is the only argument of the transitive verb, thus becoming the surface structure subject, the verb may be, and often has to be, marked with respect to the stative/non-stative distinction if the latter is grammaticalized in the language. Accordingly, most of the IE languages have two constructions for passive sentences, one indicating stative and the other non-stative passive. For stative constructions in IE languages often the principal device involves the use of a stativized form of the verb (stative participle, etc.) as a predicate of an equational sentence of the type 'X is Y'. Among the non-stative markers are reflexive morphemes, auxiliary verbs such as 'to come', 'to get', 'become' etc. (cf. Frajzyngier 1978).

Since the possibility for patients to be in the scope of the feature 'stative' has never been questioned, there is no need to provide evidence for it. There is, however, a need to provide evidence for agents being in the scope of the stative because of the erroneous claims made in this respect. In order to show that the claim about the agent not being in the scope of the stative is false, it is enough to show that there is at least one language for which this claim is not true. I will show this for English, Russian, Akkadian and some Caucasian languages. The analysis will begin with intransitive sentences. In such sentences there is only one grammatical relationship possible between the NP and the verb. This relationship is the subject, which from the point of view of the real world may be either patient or agent. The subject of an intransitive verb may represent some other semantic relationships in the real world, but we will leave these aside.

The term 'agent' is used here in the same sense in which it has been used in the linguistic literature for the last 50 years (cf. Karcevski 1927). The usual definition of the controller of the predicate (cf. Kalmár 1978) is quite acceptable for the present paper.

The intransitive verb may be inherently stative or non-stative. If the feature 'stative' were grammaticalized in a particular language, then there should be some means to indicate any change from the inherent value of this feature. I would like to propose that the progressive aspect in English has, among others, a stativizing function.

The fact that stative verbs do not occur in the progressive aspect in English has always been known to linguists. Quirk and Greenbaum (1973: 15) only state the fact, but do not offer an explanation. Comrie (1976: 35) explains the usual non-occurrence of statives in the progressive by "internal contradiction between the stativity of the verb and the non-stativity essential to the progressive". The criteria which Comrie has used to reach his conclusion about the 'progressive meaning' are not spelled out explicitly, and cannot even be deduced from the examples he gives. Presumably they are based on the relationship between language and reality. Palmer (1974: 71 f.) lists a group of verbs which he labels 'private', which, along with stative verbs, do not normally occur in the progressive aspect. The verbs involved are: *think, imagine, hope, plan, forget, believe, see, smell, hear, taste* and *feel.* "Private verbs are those that refer to states or activities that the speaker alone is aware of" (Palmer 1974: 71). The fact that the speaker alone is aware of the states or activities is supposed to be the reason why they are not used in the progressive. This explanation too can be shown to be invalid. If it were 'speaker-only' awareness that does not allow these verbs to be used in the progressive aspect, then we would expect other verbs which are also 'private' to behave in the same way.

Following Palmer's criteria we could say that the verbs *recall, include, learn* and *count* are also private verbs. The verb *to count* may indicate an activity of which both the speaker and hearer are aware, when one counts on fingers, paper, calculator, etc.; or it may be a private verb of which the hearer is not aware, such as counting sheep at night. And yet in this second usage one can ask *Are you counting sheep?* Similarly one can ask *Are you including, envisaging, etc.?* Thus it cannot be 'speaker awareness' that prevents a verb from occurring in the progressive aspect but must be some other fact. One can add another piece of evidence against Palmer's hypothesis — evidence drawn from another language, which nevertheless will be valid for our claim about English.

The Polish equivalent of the English progressive aspect is a clumsy periphrastic construction *być w trakcie*. As with the English progressive it cannot be used with inherently stative verbs, such as the verbs involving completed mental or sensory activity:

(1)   *On jest w trakcie pamiętania.* 'He is remembering.'

If, however, one replaces the completed verb *pamiętać* 'remember' by its non-completed form *rozpamiętywać* 'to recall, search in memory', the use of this verb in the Polish counterpart of the English progressive is perfectly acceptable, giving:

(2)   On jest w trakcie rozpamiętywania.

If the private nature of these verbs were the deciding factor for not allowing them to be used in the progressive, the last sentence in Polish should not be grammatical.

Instead of Comrie's and Palmer's explanations for the reasons why statives do not occur in the progressive in English I would like to present an explanation based mainly on language structure, and only partially on the relationship between language and reality.

The progressive aspect does not occur with verbs that have the semantic feature 'stative' because it is a grammatical device to mark stativity, and therefore its use with stative verbs would be redundant. This explanation has, to a certain degree, been anticipated by Lyons (1968: 315): "Since the most common function of the progressive is to indicate duration one might say that it is only 'natural' for stative verbs not to combine with the progressive: the implication of duration is already contained in the general meaning of these verbs."

I believe that the proposed explanation for the non-occurrence of certain verbs in the English progressive aspect is preferable to the explanations provided by Comrie and by Palmer. The main value of this explanation is that it can predict, from the semantic features of verbs, when the progressive aspect cannot occur. I will repeat once again the theoretical foundation of this claim: If a construction or a morpheme is productive in a language, it will be used to change the inherent semantic features of lexical items or semantic implications of a construction. Thus, to use the most trivial examples, a plural marker changes the inherently singular meaning of a noun, a transitivizing suffix changes an inherently intransitive verb into transitive. There are, however, no instances in which a productive plural marker is added to an inherently plural noun or a transitivizing morpheme to an inherently transitive verb.[2]

Some inherently stative verbs can, however, in certain circumstances occur in the progressive aspect, as in (3) and (4).

(3)   What are you thinking about?

(4)   I am hearing noises.

This fact does not contradict our conclusions concerning the nature of these verbs, for the meaning involved in these progressive constructions is different from the progressive aspect of non-stative verbs. It appears that the English progressive has at least two functions: one stativizing, as described above, and the other temporal, indicating identity of the time of one verb with the time of utterance or some other well-determined time. Thus the difference between *X is silly* and *X is being silly* consists in the fact that while the former indicates the state without any constraints in time, the second is limited to the time of the utterance. Thus, one can say both (5) and (6):

(5)   What are you thinking about?

(6)   What were you thinking about when ...?

In both of these sentences the time is well-defined, in the first as that of the time of speech and in the second by the adverbial clause introduced by *when*.

Now, having established that the progressive form in English is a stativizing construction, it is important to determine the scope of the feature 'stative' in the progressive.

Neither in (7a) nor in (7b) is the subject agentive, although that in (7b) is human:

(7)   a.   The tree is floating.
       b.   John is floating.

These sentences indicate the states which John and the tree are in. In (8), however, the subject is agentive:

(8)   John is swimming.

The implication of agentivity here is due not to the grammatical structure of English, but rather to the semantic features of the verb *to swim*, which requires an agentive subject. The syntactic structure indicates only that 'the subject is in a state X'.

We thus see that agentivity does not by definiton, nor empirically, contradict the feature 'stative', as the stativizing construction may have agentive subjects in English.

We can now extend this analysis to transitive sentences. There are two arguments that can be put into the scope of the feature 'stative'. When the verb is inherently stative the problem is simple to solve; the most neutral construction in the language will convey the intended meaning, e.g.

(9)   John knows mathematics, Mary, etc.

When the verb is not inherently stative, one of the devices for expressing stativity, and probably the one most frequently used, is the progressive aspect in English and other languages that have it. In languages that do not have a progressive aspect, periphrastic constructions are used. Thus, compare (10) and its periphrastic equivalents (11a–c) in French, Polish, and Hausa, respectively, where the scope of 'stative' includes the subject 'John':

(10)   John is building/painting ... the house.

(11) a.   Jean est en train de construir la maison.
      b.   Jan jest w trakcie budowy domu.
      c.   John yana gina daaki.
         'John is in the process of building the house.'

That agents can be in the scope of the feature 'stative' has been known for a long time to scholars of Semitic languages. In Akkadian there exists a special morphological category, called Stative by Riemschneider (1969), which can have as its subject either the agent or the patient. If it is the agent the meaning is 'the agent is in the state of doing X'. If it is the patient, the meaning is 'The patient is in the state X'. Thus *sabit* may mean either 'he is/was/will be imprisoned' or 'he is/was/will be imprisoning' (Riemschneider 1969: 30). In Russian there are two past participles, one indicating the state of the patient and the other indicating the state of the agent, e. g. *vipityj* 'drunk (of a beverage)' and *vipivšij* 'one in a state of having drunk', *sjedennij* 'eaten' and *sjevšij* 'one in a state of having eaten smth'. Both participles can be used as predicates in nominal sentences whose logical structure is 'X is Y', e.g. *vino vipito* 'the wine is drunk up' and *on čelovek vipivšij* 'he has drunk somewhat'.

The existence of nominative sentences with the predicate in the form of active past participles is evidence for the hypothesis that agents may be subjects of stative constructions. In fact I think that this hypothesis would never have been in doubt but for the fact that early universal statements of the sixties were based mainly on analyses of English, and not always on the correct ones at that.

Most of the Caucasian languages also have devices to indicate that the agent is in the scope of the stative. In some languages the same participial form is used for both agent and patient. Thus, compare forms such as *ig-ibu* 'made or having made' and *ukv-a-mu* 'eaten or having eaten' in Godoberi (where *bu* and *mu* are variants of the participial marker; Gudava 1967: 318). In Avar the two morphemes are different. The following description of the device to put the agent in the scope of the feature 'stative' is due to Bokarev (1949: 54 ff.). Avar has a suffix *-ler* which forms the tense traditionally called 'continuative' (*dlitel'nyj*). When this suffix is added to a transitive verb no semantic patient can occur in the sentence. Bokarev illustrates this with the verb *betsize* 'to mow grass':

(12) a. dos betsuleb bugo xxer
         'He is cutting the grass.' (Transitive)

    b. dov vugo vetsariler
         'He is mowing.' (Continuative)

In (12a), the verb agrees with the patient as in most of the ergative languages of the area. In (12b), however, it agrees with the agent, a situation usually not expected in an ergative language. Note also that in the second sentence one cannot add *xxer* 'grass'. The most important feature of the meaning of the continuative verb is not a description of the action in itself but rather the relationship of the subject (i.e. agent) to the action. It indicates that the subject is in the process of completing an action. A good translation of such a sentence would be 'to be in the state of such and such an action' or 'in the state of completing an action' (Bokarev 1949: 58).

4. Stative in ergative languages

4.1. Hypotheses

The interesting question is what happens in ergative languages, where the subject, i.e. the least marked relationship in the construction with the transitive verb, is the patient rather than the agent.[3] The question essentially boils down to whether or not the constructions with patient in ergative languages are inherently marked for stativity or not. The following are some of the possibilities:

a) The distinction stative/non-stative has not been grammaticalized in the language. However, if the distinction is not grammaticalized, i.e. if there are no morphemes whose function consists in changing the inherent value of the feature 'stative', there is no way one can prove the inherent value of transitive verbs.

b) If the semantic feature 'stative' has been grammaticalized there are two possibilities: (1) The inherent stativity value for transitive verbs is negative, i.e. these verbs are inherently non-stative. In such a case, one should find morphemes or constructions which will change the inherently non-stative verbs into stative verbs, so that the scope of the feature 'stative' would include the patient. Further, one should not find morphemes that can be added to transitive verbs and whose function is to destativize a construction. (2) Transitive verbs are inherently stative. In this case, one should find morphemes whose function is to destativize, and these morphemes should be able to occur with transitive constructions. One should not, however, find morphemes that could occur with transitive constructions and whose function is to make a verb or construction stative.

The latter two possibilities have some further consequences for the grammatical system of language. Thus, if transitive verbs are inherently non-stative, one can expect equational sentences with equivalents of the past-participle as a predicate. This participial form should be derived. If transitive verbs are inherently stative, one should expect such a construction to consist of the subject and the least marked form of the verb, usually non-derived.

The only hypothesis concerning the feature 'stative' in ergative languages is the one that is very tentatively postulated by D'jakonov (1967 a, b) for Urartean, Hurrian, Elamite and Sumerian. He proposes the following scenario for the emergence of the ergative construction in those languages. The minimal construction consisting of verb and one argument only is stative, regardless of the verb, which may even indicate movement, like the verbs 'to go' or 'to come', e.g. in Hurrian (D'jakonov 1967a: 105):

(13) a. un-a tta
         lit. coming I
         'I came.'

    b. un-a lla
        coming they
        'They came.'

    c. adi-nin ta ze-n un-oz-t-a
        and-so the gift-he coming
        'And so the gift came.'

Since this construction indicates only the state of the patient or a subject, D'jakonov asks what would happen in the language if there were a need to indicate action. In such cases, he says, the agent is added to the construction. This additional argument may be marked by its position within the sentence (as is the case in Elamite and in Abkhaz), or it may be marked by inflectional devices, which at this early stage are locative markers rather than fully grammaticalized case markers. Such a sentence with two arguments will mean that the state expressed by the predicate originated from the agent of the action, occurs for the agent of the action or belongs to the agent of the action. Thus D'jakonov claims that the ergative construction originated from a stative construction consisting of subject and stative verb. This model is rather similar to the synchronic description of Lakhota proposed by Boas & Deloria (1941) to be discussed in the following section. D'jakonov further (1967 a: 113) states that this scenario may apply to other ergative languages as well, in particular to the Caucasian languages, which may differ in their present state from the ancient Eastern languages by having 4000 years more of linguistic change.

D'jakonov does not provide evidence for his hypothesis apart from translations of several examples like the ones quoted above from Hurrian. It is, however, a hypothesis worth checking, not merely because it has been postulated but because it proposes a coherent and well motivated explanation for the emergence of the grammatical category 'ergative'. Given that the meaning of individual lexical items is completely arbitrary, we cannot rule a priori that some verbs in some languages will have certain semantic features which are absent in similar verbs in other languages. If we then look at syntax and morphology as a device which, among other functions, supplements the lexical meaning of verbs, D'jakonov's hypothesis may well be justified.

Another reason for checking the grammaticalization of the feature 'stative' in ergative languages is the fact that in nominative-accusative languages, whenever the patient is the subject it is marked as being subject either of the stative or the non-stative construction. Since in many ergative languages the least marked argument is the patient, it is only natural to ask whether it is also marked as occurring in a stative or a non-stative construction.

In the process of this examination I will follow the theoretical assumptions and their implications as outlined in section 1. In particular, if it were true that the verb in an ergative language is inherently stative, one should not find stativizing devices in such a language. One may, however, find destativizing devices. If the hypothesis were not correct, one might find stativizing devices in the language.

4.2. Survey of ergative languages

In the following survey only some ergative languages have been taken into consideration, mainly those languages that have usually been considered typical, i.e. languages in which the ergative characteristics permeate the whole structure. The survey will thus include: Australian languages, Caucasian languages, Basque, and Eskimo. In addition, languages which show some of the ergative characteristics, such as Lakhota and some Paleo-Siberian languages, will be examined as well.

4.2.1. Lakhota (Siouan)

The data for this language come from Boas & Deloria (1941). I consider this to be an especially valuable source since it is one of the few grammars of ergative languages written, at least partially, by a native speaker. Boas and Deloria postulate the existence of two types of verbs in Lakhota, which they call 'neutral' and 'active'. Morphologically the two groups differ in prefixes that may be attached to them. They state (p. 23):

> By far the majority of verbal stems are neutral. The concept or a condition extends over nearly all inanimate objects that may be brought into condition. 'To scratch' is not primarily an activity; the active verb is derived from the condition of a scratched surface. These verbs can be made active only by adding in-strumental prefixes which express the means by which the con-dition is brought about, or by locative elements which apply the condition to a certain object.

One may conclude from this that the neutral verbs are stative and the active verbs inherently non-stative. The conclusion is not only supported by the translations that Boas and Deloria provide in their grammar but also by the morphological facts of Lakhota. Thus, we have seen that the 'instrumental' prefixes have the function of changing a stative verb into a non-stative. But there are no morphemes in Lakhota which change an active verb into a stative, i.e. there are no stativizing devices for the category patient.

The list of active, i.e. non-stative, verbs which Boas and Deloria provide contains both transitive and intransitive verbs. "Active verbs are almost exclusively performed by or on living beings only" (Boas & Deloria 1941: 23). These, in other words, are verbs semantically marked, whose grammatical properties do not depend so much on the grammatical system of the language as on the particular semantic features — in this case a feature 'animate'. The number of these verbs is probably not very large, since the list that Boas and Deloria provide contains only 104 items. Thus, the transitive verbs in Lakhota are inherently stative, and there are devices to destativize the patient.

4.2.2. Australian languages

As representative of Australian languages I will take Dyirbal and Yidiny. Neither of the two languages has morphological devices to stativize the verb. The only nominalization processes that exist derive agentive nominals. This situation appears to be common to all Australian languages as asserted by Dixon (1980: 323), who says that "Every Australian language has derivational affixes which derive transitive and intransitive verb stems from nominal roots and stems ... There are usually also one or two suffixes for deriving nominals from verbal roots — generally agentive nominals like 'hunter' from 'hunt', and sometimes other types of deverbal noun like 'the vomit' from 'to vomit' and 'a fight' from 'to fight'. Processes of nominalization are not used as much as those of verbalization and may be entirely lacking from some languages." Apparently instead of stativizing devices Australian languages have lexical suppletive forms that correspond to the stativized verbs in Indo-European languages. Neither in the grammar of Dyirbal nor in the grammar of Yidiny can one find constructions whose logical structure is 'X is Y', i.e. equivalents of English equational sentences of the type *The house is burned, The wood is split*, etc. The absence of such constructions is conspicuous. It can either indicate that stative constructions of the type 'X is Y' are not possible in the language or that these logical statements are realized by some other means. No instances are given in which the adjectives corresponding to verbs occur in the role of the nominal predicate.

Although the absence of stativizing devices may indicate that the verb is inherently stative, it may also indicate that the feature 'stative' has not been grammaticalized in the language. In order to ascertain which is the case, it is necessary to find out whether there are destativizing devices built into the grammatical system of the language.

Dixon (1972: 86) describes two morphemes which verbalize a noun or an adjective, viz. *-bil* and *-(m)bal*: the stem may be transformed into an intransitive verbal stem by the addition of *-bil*; it may be transformed into a transitive verbal stem by the addition of *-mal* to a stem of two syllables, or *-(m)bal* to a stem of more than two syllables. Dixon describes the function of *-bil* as deriving verbs from nouns or adjectives, and he provides many examples to support his analysis, e.g.:

(14) a. bayi yaṟa bulgan
'The man is big.'

b. bayi yaṟa bulganbin
'The man has become big.'

Dixon (loc. cit.) says: "The difference between [the two sentences] lies entirely in the active/stative contrast (in the traditional sense), between verbal form *bulganbil* ... and nominal form *bulgan*". There is, however, at least one example in Dixon where the suffix *-bil* is added to a verbal rather than nominal stem. Dixon (1972: 87) states: "Whereas verb *ḍanaɲ*u refers to an actual act of standing, for some time (note: NOT 'coming into standing position'), *ḍanaybin* implies that the subject has the habit of standing around, that he has recently acquired this habit".

The fact that *-bil* can be added to nominal stems to derive verbs indicates that it is a destativizing device, even if only in its secondary function. The fact that it can be added to verbal stems with the change of meaning as in the example *ḍanaybin* further supports the destativizing function of this morpheme. There are no instances of *-bil* added to a transitive verb to derive a structure of the type 'the house became/got destroyed'. As a matter of fact no devices realizing this type of logical structure are given by Dixon (1972). The simplest sentence consisting of patient NP and a transitive verb does not have any stativizing or destativizing affixes, e.g.:

(15) a. balan ḍugumbil balgan
'Woman is being hit.'

b. naygunna balgan
'I am being hit (by someone).'

Note, however, that the same verb *balgan* is in other places translated as 'hit' (past), e.g.:

(16) balan ḍugumbil baŋgul yaṟaŋgu balgan
'Man hit woman.' (Dixon 1972: 150)

The different translations provided by Dixon are obviously not triggered by different morphological or syntactic facts of Dyirbal. Furthermore, although the form of the verb indicates both past and present, the indication of time is not its function. Having the two examples one may conclude that the past/present form of the verb *balgan* may indicate any number of semantic features, including the state of the patient. To sum up the situation in Dyirbal (and other Australian languages) we note the following facts:

a) There are no morphemes in Dyirbal whose function is to stativize an inherently non-stative construction.
b) There are devices whose function is to destativize an intranstitive sentence formed with an adjective.

4.2.3. Basque

Lafon (1972: 334) states that all verbs in Basque express a state or a change of state. Such 'actions' as 'go, come, walk' are treated in the same manner as states such as 'be, remain, lie'. Interestingly, Lafon does not give any examples of change-of-state verbs. Since, however, he considers such verbs as 'walk, go, come' to have the same status as other stative verbs, there is no reason to believe that he considers the change-of-state verbs to be any different. With respect to transitive verbs he states that "The processes are considered and expressed from the point of view of the patient, as states of the patient (*manières d'être*), which came about by somebody or something outside of the patient. One should not be astonished that such an action as 'see' is expressed in Basque from the point of view of the patient and not from the point of view of the agent" (Lafon 1972: 335). These statements by Lafon would thus indicate that the Basque transitive verb is inherently stative. He does not, however, provide any evidence for his statements.

In order to find evidence for a against the inherent stativity of these verbs we have to proceed in the same manner as in the other languages considered so far, viz. by concentrating on the following:

a) meaning of the least marked form of the verb;
b) devices for destativizing the verb;
c) devices for stativizing.

Lafitte (1944: 200 ff.) states that the least marked form of the verb is the one of 'root infinitive' (*l'infinitif radical*), which is the form devoid of any suffixes and, as he states, corresponds to the root of the French verb. He illustrates this in the following way: *bilha* corresponds to the root *cherch-* of the verb *chercher*. There also exists in Basque a participle which constitutes the usual citation form of the verb. In the modern language the participle is formed with the suffix -*tu*, but as Lafitte says on p. 201, certain 'old' verbs do not have a suffix in the participial form and consequently there is no difference between the form of the root and the participle. On the basis of Lafitte's statement that the participles are verbal adjectives one could conclude that the meaning of the least marked verbal form is inherently stative. But there is also language-internal evidence that the participle is indeed inherently stative. This evidence is presented in the following section dealing with stativizing devices.

There is in Basque a passive construction which has the same auxiliary as the intransitive periphrastic construction, but which takes only one type of nominalized verb, i.e. the participle in the definite form. Lafitte, who was very careful to make a distinction (albeit in translation only) between the stative and non-stative meaning of various sentences, translates all his examples of passive on p. 342 by their French stative counterparts, e.g.:

(17) a.   Sagarrak bilduak dira
          'Les pommes sont cueillies.'

This form is also described as having a stative meaning by Brettschneider (1979: 381). Another example of this construction is (17b):

(17) b.   Oporra hautsi-a da
          bowl (ABS) broken is
          'The bowl is broken.'

Since the auxiliary *izan* (*da* is the present form of this verb) appears in many other constructions in Basque it cannot be considered a stativizing device. What remains as a possible candidate for a stativizing device is the morpheme -*a*, which Lafitte calls, even in an environment as in (17b), a definite article. One could even find some evidence for the stativizing function of -*a*. Compare the following two sentences:

(18)   Hausta-a da
       'It is broken.' (stative)

(19)   Hausti da
       'It got broken.' (non-stative)

There is, however, an important piece of evidence to indicate that the primary function of the suffix -*a* is not that of stativizing but rather of forming an equational sentence, a function strongly linked to the definite suffix. Compare the passive sentences above with the following equational sentences:

(20)   Manech mahachturi-a da
        'Manech is a carpenter.'

(21)   Gizon-a da
        'It is a man.'   (Lafitte 1944: 72)

These sentences indicate that -*a*, a 'definite article' according to Lafitte, is not a stativizing device for neither *mahachturi* 'carpenter' nor *gizon* 'man' have to be stativized, both being nouns. We must conclude that -*a* is a component of an equational sentence in Basque. And rather obviously the so-called passive sentence in Basque is also an equational sentence which consists of

$$NP_{ABS\ (Patient)}\ Participle + a\ da$$

Two important conclusions can be drawn from this analysis. The first is that -*a* is not a stativizing device, and the second is that the participle is inherently stative for it behaves in exactly the same way as nouns. Since the participle is the basic form of the verb in Basque, being a constituent of most tense forms, we may also conclude that the basic form of the verb in Basque is inherently stative.

If the conclusion concerning the unmarked form of the verb is true, then one would expect in Basque some devices that would destativize the verb. There appears to be at least one construction by which an inherently stative verb can be destativized. This construction consists of the participle plus the auxiliary *da*, i.e. the same construction as in the passive above but, importantly, without the definite suffix -*a*. In addition to the example already quoted compare also:

(22)   Merina hautsi da sei orenetran
        'The window broke at six o'clock.'

(23)   Merina hautsi-a da
        'The window is broken.'

The situation in contemporary Basque may indicate a restructuring of the grammatical system with respect to the feature 'stative'. If one would take into account only the forms that differ in the presence of the suffix -*a*, obviously the suffix -*a* could be considered a stativizing device. It is likely, therefore, that in the future it will be reinterpreted as such. It is important, however, to remember that the stativizing function of this suffix is relatively new because it developed from the definite article.

To conclude, the following are the most important points concerning the feature 'stative' in Basque. We have seen that there are no constructions that have stativizing as their primary function. The only possible candidate for a stativizing morpheme is the suffix -*a*, whose primary function is that of a definite suffix. On the basis of the evidence provided by equational sentences we may state that the transitive verb in Basque is inherently stative only for the forms that have the participle identical in form with the 'root infinitive'. The statement by Lafitte about the inherent stativity of the verb in Basque may have been true for a previous stage in Basque, but it is not necessarily true for contemporary Basque where most of the participles are derived forms. A further argument against postulating an inherent stativity of the verb is the absence of destativizing devices in the language.

4.2.4. Caucasian languages

In the discussion of this family I will follow the order as in Bokarev et al. (1967). The sources for the data are, however, not limited to this volume.[4] Since all Caucasian languages are ergative to some degree, they potentially represent a very important group, because, having a large number of languages, one is more likely to find traces of grammatical categories that would be more difficult to detect if only one language were extant.

According to Rogava (1967: 98), in all Abkhazo-Adyghean languages the dynamic verbs are marked by the affix -*wa*, which in Abkhaz, Abaza and Ubykh is a suffix and in Adyghe a prefix. The fact that dynamic verbs are marked by a suffix and stative verbs are not, indicates that dynamic verbs are the marked category and stative verbs are unmarked. Unfortunately I did not have a more ample description of any of the languages of the group to find out about the operations in which the marker -*wa* is involved.

Most of the Caucasian languages have stativizing devices. In all the languages listed in Bokarev et al. there are forms of the past participles which indicate states such as 'broken, eaten' etc. What was not ascertainable from the works examined is whether or not these forms can function as predicates of nominal sentences, such as 'the bread is eaten'. In many languages, however, the participial forms did form a part of the predicate in conjunction with various auxiliaries. This, however, is not an unusual fact, and in many nominative-accusative languages the same phenomenom can be observed. The existing descriptions of Caucasian languages, especially those done in the Soviet Union, always stress the distinction between stative and dynamic verbs. This distinction is not only semantic but also morphological and syntactic. In particular, stative verbs cannot take all the tense affixes that dynamic verbs can, and they do not occur in all syntactic environments in which the dynamic verbs can occur. These constraints are, however, a direct result of the semantic characteristics of stativity. They cannot be taken as peculiar features of ergative languages or only of Caucasian languages, for in nominative-accusative languages there are also various constraints on the type of affixes that stative verbs can take and on the syntactic environments in which they can occur (cf. Lakoff 1966 and the first part of the present paper). Therefore in most of the Caucasian languages the grammaticalization of the feature 'stative' does not differ from that of nominative-accusative languages such as the Indo-European ones.

There are, however, some Caucasian languages in which the grammaticalization of the feature 'stative' is different from that described above. Because of this difference it is worthwhile to examine the situation in one such language, Kabardian, in more detail.

Among the many grammars of ergative languages, the grammar of Kabardian by Abitov et al. (1957) is distinguished by an explicit analysis of the feature 'stative' and by the recognition of its importance for the structure of the language. Verbs are first divided into transitives and intransitives, and then into dynamic and stative ones. Dynamic verbs have the prefix *o(we)*:

(24) a. se ar s-o-bzi (-r)
         'I am cutting (it).'

     b. se s-o-laz'e
         'I am working.'

This prefix can occur on both transitive and intransitive verbs:

(25)   si-k-okIwe
        'I am going (here).'

(26)   s-o-di
        'I am sewing (it).'

Another characteristic of dynamic verbs is the optional suffix *-r*, whose function is unfortunately not described. Stative verbs do not have the prefix *o-* nor the optional suffix *-r*. The only marker that the stative verbs have is the copulative suffix *-šč*, which according to Abitov et al. (1957: 95) is etymologically related to the verb 'to be'. In the past completed and the future tense the difference between stative and dynamic verbs is neutralized and all are characterized by the suffix *-šč*. As Abitov et al. say, in the past completed and the future tense all forms are stative, including the intransitive verbs of motion, e.g.:

(27)   kIyašč
        'This one went.'
        (which is formed from the past participle *kIya* 'gone' and the copulative suffix *-šč* to give the literal meaning 'is gone').

The important question now is which form of the verb is the least marked in Kabardian? Abitov et al. claim that the stative verbs are derived from dynamic ones. They base this conclusion on the following facts: Dynamic verbs form the aorist (claimed to be the simplest tense in Kabardian) with the suffix *-r* when followed by another verb, or with the suffix *-šč*, i. e. the copulative suffix, in all other environments. Thus the form of the aorist of the dynamic verbs is the same as the form of the present tense of the stative verbs. I do not see how this statement supports the conclusion that the stative verbs are derived from dynamic ones. Instead of the conclusion reached in Abitov et al. I propose a reverse derivation, viz. that in Kabardian the least marked form of the verb is the one that occurs in the stative construction minus the copula *-šč*. From this form the dynamic verbs are formed through the addition of the affix *o-*. It is apparent that the suffix *-šč* is not a formative to derive stative verbs but rather a copula to form nominal sentences, i.e.

sentences with nominal predicates. That this is indeed so is supported by the fact that this suffix is added to nouns, pronouns and adjectives:

(28) a. ar studentšč
        'He is a student.'

    b. ar daxešč
        'He is nice.'

    c. studentir aršč
        'The student is this one.'

It appears that there are no Kabardian affixes or other devices that would convert a non-stative verb or construction into a stative one. However, I did not find an explicit statement to that effect in Abitov et al. (1957), so there is still a possibility that such devices actually exist but were not listed in the source consulted.

Thus, not only do we have here evidence for the inherently stative value of the unmarked form of the verb in Kabardian, but also a device to destativize the verbs. An extremely interesting fact about Kabardian is that the intransitive verbs of motion are also inherently stative, analogous to what Lafon claimed for Basque.

4.2.5. Paleo-Siberian

Our source for Koriak, the only Paleo-Siberian language to be treated here, is Žukova (1972). Koriak appears to have some of the characteristics of an ergative language, for the unmarked form of the noun indicates either the subject of the intransitive verb or the patient of the transitive verb. The agent of the transitive verb is marked by instrumental affixes (Žukova 1972: 106f.). However, ergativity in this language is limited to one tense only, the so-called Past II (non-witnessed tense). This tense is built on the participial form of the verb, the only tense to be so formed, and differs from other tenses by having a special set of affixes indicating person. Thus the first person marker in Past II is the suffix -*gim*, while in all other tenses it is the prefix *t*-, e.g.:

(29)   ga-tva-y-gIm
        '(It seems to me that) I was (there).'

(30)   ti-kotvan
         'I am (there).'

(31)   ti-yatvan
         'I will be (there).'

The person markers in the ergative construction are the same as in equational sentences with adjectives and nouns, e.g.:

(32)   InpIklavol-e-gim
         'I am an old man.'

(33)   nIketgu-y-gIm
         'I am strong.'

Thus, the markers of Past II, the only ergative construction in Koriak, belong to the same set as those of the clearly stative constructions formed with nouns and adjectives.

There is in Koriak a suffix whose function appears to be stativizing and which Žukova (1972: 207) translates 'to be in the process of an action'. The examples she provides are all intransitive and the opposition there is between entering a state and being in the state. Compare the following examples:

(34)   vagalik   vs.   vagalI-tva-k
         'sit down'   'be seated'

(35)   yiccilIk   vs.   yiccelI-tva-k
         'lie down'   'lie'

The fact that the stativizing suffix *tva* cannot be added to transitive verbs in Past II indicates that the verbs in this tense are already stative. However, Past II forms can also be derived from intransitive verbs. I was not able to discover what difference there would be between an intransitive verb in Past II and an intransitive verb with the suffix *-tva*.

4.2.6. Eskimo (Inuktikut dialect)

Eskimo is one of the languages for which the ergative construction was shown to have a semantic (or pragmatic) function. Kalmár

(1978: 93) indicates that if the patient is the theme the clause must be passive. If the patient is not the theme, one must determine whether it is given or new. A given patient will have to be realized in an ergative clause, while a new patient will result in the accusative construction. Eskimo has a stativizing marker *sima* which occurs in the Eskimo equivalent of equational sentences, e.g.:

> (36)   titirar:vi qqai makpiq:sima:u:uq
> write:place perhaps open:state=of:MOOD:place
> 'Perhaps the post office is open.'   (Kalmár 1978: 89)

4.3. Summary of the correlation between ergativity and stativity

The following chart contains the results of the checks for the three morphological facts important for the study of stativity, viz. presence of stativizing morphemes, presence of destativizing morphemes, and meaning of the unmarked form of the verb.

language	*stativizing device*	*basic form of the verb*	*destativizing device*
IE	yes	not marked	yes
Australian	no	?	yes
Basque	no	stative	no
Caucasian	yes	—	no
Kabardian	yes	stative	yes
Eskimo	yes	?	?
Koriak		?	
Lakhota	no	stative	yes

The following facts provide some support for D'jakonov's hypothesis about the inherent stativity of verbs in ergative languages.

Stativizing morphemes are not found in Australian languages and in Basque. This result may be interpreted ambiguously, i.e. as indicating that the basic constructions are indeed stative or that the languages do not grammaticalize the feature 'stative'. Even if one were to subscribe to the second possibility, it would be interesting to note that the lack of grammaticalization of the feature 'stative' occurs in languages which are ergative.

In Kabardian (and possibly in Abkhaz, Abaza and Ubykh) and Basque the basic form of the verb is stative. Some languages which have this characteristic also have destativizing devices that are added to the various verbal forms. In Koriak the ergative construction has the same form as a nominal sentence.

In Eskimo and in most of the Caucasian languages, however, the facts contradict D'jakonov's hypothesis completely. These languages do not differ with respect to the grammaticalization of stativity from nominative-accusative languages as represented in the chart by Indo-European.

One may conclude therefore that D'jakonov's hypothesis is true for some ergative languages only. It explains therefore only some of the cases of the emergence of the ergative construction. But as the Eskimo data indicate, the ergative construction may also occur for a number of other reasons.

Notes

1. The work on this paper was supported by a grant from the Council on Research and Creative Work, University of Colorado. The help of the Council, and of the University of Reading, which provided hospitality for the academic year 1979/80, is gratefuly acknowledged. In the initial stages ot this work David Sudbeck contributed towards the section dealing with Dyirbal. I would like to thank Scott DeLancey, John Lyons, Richard Coates and David Rood, with whom I have discussed certain aspects of the present paper. I am grateful to R. M. W. Dixon and R. L. Trask, who made important comments on a previous version of this paper. To R. L. Trask I am grateful for detailed comments on Basque. None of the people who helped me is responsible in any way for the methodology, analysis or conclusions reached in this paper.
2. One might object that there are indeed plural morphemes added to nouns that are inherently plural, e.g. *people-peoples, fish-fishes*, and a few others, e.g. *sands, waters* etc. But as these examples indicate, the meaning of the plural morpheme here differs from its meaning in such words as *ants, tables,* etc. While in the later group the plural marker indicates simply a quantity greater than one, in the case of *fishes, sands,* etc. it also indicates different varieties of the object. We are dealing with a secondary function of the plural marker in English.

Similarly, when the transitivizing marker is added to inherently transitive verbs, its function becomes causative, producing a sentence of the type 'cause X to do Y'. (Cf. Amharic and other Semitic languages, and also some Chadic languages, where causative is realized morphologically.)

3. I fully realize that the use of the term 'subject' will raise objections in view of the controversy surrounding this term in the recent literature. A full defense of the present use involves much more general issues which are outside of the scope of the present paper. I therefore ask the reader to bear with me, or to substitute for 'subject' any term that may be more appropriate.

4. In addition to the short descriptions in Bokarev et al. 1967 the following works on Caucasian languages were consulted: Arči — Kibrik et al. 1977; Avar — Uslar 1883, Saidov 1967, Žirkov 1925, Bokarev 1949; Bats — Dešeriev 1953; Georgian — Holisky 1978; Kabardian — Abitov et al. 1957.

References

Abitov, J. L., B. Balkarov, Ju. D. Dešeriev, G. V. Rogava, B. M. Kardanov, & T. X. Kauševa
    1957   *Grammatika kabardino-čerkesskogo literaturnogo jazyka* (Moskva: Akademija Nauk).
Boas, Franz & Ella Deloria
    1941   *Dakota grammar* (Washington: National Academy of Science).
Bokarev, A. A.
    1949   *Sintaksis avarskogo jazyka* (Moskva-Leningrad: Akademija Nauk).
Bokarev, E. A. et al.
    1967   *Iberijsko-Kavkazskie jazyki* (= Vol. 4 of *Jazyki narodov S. S. S. R.*) (Moskva: Nauka).
Brettschneider, Gunter
    1979   "Typological characteristics of Basque", in: *Ergativity*, edited by F. Plank (London: Academic Press), 371–384.
Comrie, Bernard
    1976   *Aspect* (Cambridge: Cambridge University Press).
Dešeriev, Ju. D.
    1953   *Bacbijskij jazyk* (Moskva: Akademija Nauk).
Dixon, Robert M. W.
    1972   *The Dyirbal language of North Queensland* (Cambridge: Cambridge University Press).
    1980   *The languages of Australia* (Cambridge: Cambridge University Press).
D'jakonov, Igor M.
    1967a   "Ėrgativnaja konstrukcija i subjektno-objektnye otnošenija", in: *Ėrgativnaja konstrukcija predloženija v jazykax različnix tipov*, edited by V. M. Žirmunskij (Leningrad: Nauka), 95–115.
    1967b   *Jazyki drevnej perednej Azii* (Moskva: Nauka).
Dowty, David
    1975   "The stative in the progressive and other essence/accidence contrasts", *Linguistic Inquiry* 4: 579–588.
Frajzyngier, Zygmunt
    1978   "An analysis of *be* passives", *Lingua* 46: 133–156.
Gudava, T. E.
    1967   "Godoberinskij jazyk", in: Bokarev et al., 293–306.

Holisky, Dee A.
1978   "Stative verbs in Georgian and elsewhere", *International Review of Slavic Linguistics* 3: 139–162.
Kalmár, Ivan
1978   *Case and context in Inuktitut (Eskimo)* (Ottawa: National Museum of Canada).
Karcevski, Serge
1927   *Système du verbe russe* (Prague: Plamja).
Kibrik, Aleksandr E., S. V. Kodzasov, I. P. Olovjannikova & D. S. Samedov
1977   *Opyt strukturnogo opisanija arčinskogo jazyka* (Moskva: University Press).
Lafitte, Pierre
1944   *Grammaire basque* (Bayonne: 'Amis du Musée Basque'/'Ikas').
Lafon, René
1972   "Ergatif et passif en basque et en georgien", *Bulletin de la Société Linguistique* 63,1: 327–343.
Lakoff, George
1966   "Stative verbs and adjectives in English", *Harvard Computational Laboratory Report* NSF 0–17.
Lyons, John
1968   *Introduction to theoretical linguistics* (Cambridge: Cambridge University Press).
Miller, Jim E.
1970   "Stative verbs in Russian", *Foundations of Language* 6: 488–504.
Palmer, F. R.
1974   *The English verb* (London: Longman, 2nd edn.).
Quirk, Randolph & Sidney Greenbaum
1973   *A short grammar of contemporary English* (London: Longman).
Riemschneider, Kaspar K.
1969   *Lehrbuch des Akkadischen* (Leipzig: VEB Verlag Enzyklopädie).
Rogava, G. V.
1967   "Introduction", in: Bokarev et al., 95–100.
Sag, Ivan A.
1973   "On the state of progress on progressives and statives", in: *New ways of analyzing variation in English*, edited by C. J. Bailey & R. Shuy (Washington D. C.: Georgetown University Press), 83–95.
Saidov, Muḥamadsajid
1967   "Kratkij grammatičeskij očerk avarskogo jazyka", in his *Avarsko-Russkij slovar'* (Moskva: Sovetskaja Ènciklopedija), 705–806.
Uslar, Petr K.
1883   *Avarskij jazyk* (Tiflis).
Vendler, Zeno
1967   *Linguistics in philosophy* (Ithaca: Cornell University Press).
Visser, F. T.
1973   *An historical syntax of the English language*. Part 3, Second half (Leiden: Brill).
Žirkov, Lev
1925   *Grammatika avarskogo jazyka* (Moskva: Nauka).
Žukova, A. N.
1972   *Grammatika koriakskogo jazyka* (Leningrad: Nauka).

T. GIVÓN

Ergative morphology and transitivity gradients in Newari

1. Ergativity and transitivity

The *ergative* case-marking typology is sensitive primarily to the transitivity properties of clauses. In contrast, the *nominative* typology is sensitive to the discourse-pragmatic role of the NPs in the clause, primarily in terms of whether they are or are not the *subject/ topic*. And the *active-stative* typology, in turn, is sensitive to the propositional-semantic case-role of the NPs in the clause, primarily in terms of their being *agent, patient* or *dative* in the event or state coded by the proposition. In terms of the morphology of the two major arguments in the clause, subject and (direct) object, the three case-marking typologies may be characterized schematically as:[1]

(1) case-marking	transitive clause		intransitive clause
	subject	object	subject
nominative	NOM	ACC	NOM
active-stative	$\left\{\begin{matrix}\text{AGT}\\\text{PAT}\\\text{DAT}\end{matrix}\right\}$	$\left\{\begin{matrix}\text{PAT}\\\text{DAT}\end{matrix}\right\}$	$\left\{\begin{matrix}\text{AGT}\\\text{PAT}\\\text{DAT}\end{matrix}\right\}$
ergative	ERG	ABS	ABS

The best expression of the sensitivity of the ergative morphology to the transitivity of clauses is revealed in the phenomenon of *split ergativity*. All ergative languages display this phenomenon in some manner or another. And if one defines the major sub-components of the complex clausal property of 'transitivity' as scales or gradients, an ergative language then will display its ergative morphology most strongly and consistently the higher the clause is on these transitivity scales. But toward the lower reaches of the scale, an ergative language is more likely to display either the nominative or, somewhat partially, the active-stative case-marking morphology.

The three major components of the *semantic* complex of transitivity, the ones from which most others may be predicted by various semantic or pragmatic general principles,[2] are:

(2) a. *Agent-related:* The prototypical transitive clause has a visible, salient, volitional, controlling *agent-cause* which initiates the event.

b. *Patient-related:* The prototypical transitive clause has a visible, salient, non-volitional, non-controlling *patient-effect* which registers the bulk of the change associated with the event.

c. *Verb-related:* The prototypical transitive clause has a *compact, perfective, realis* verb or verbal tense-aspect-modality.

In Newari, a Tibeto-Burman language of Nepal,[3] split ergativity may be illustrated along all three major parameters of transitivity. This grammatical behavior of the language will be discussed first. Following, I will show a number of cases where transitivity properties of embedded complement clauses and those of main clauses interact with each other in ways that are at first surprising. Ultimately, though, this interaction only serves to re-confirm our notion of the ergative case-marking type as being a sensitive laboratory for the study of transitivity.

2. Split ergativity in Newari

2.1. Patient-related scales

The most grammaticalized of the transitivity properties in Newari, and those least sensitive to fine semantic gradation, are patient-related properties. In main clauses, the rule may almost be stated in purely syntactic terms:

(3)   If a clause has a *direct object*, the subject will be ergative marked.

Thus, consider first the prototypical patient direct-object of 'cut':

(4)   wō manu-nạ sĩ pal-ạ
        the man-ERG wood cut-PERF
        'The man cut (the) wood.'

Now compare (4) with the prototypical object-less intransitive clause in (5) or the patient-less one in (6):

(5)   wō manu den-ạ
        the man(ABS) sleep-PERF
        'The man went to sleep.'

(6)   wō manu kursi-ye phetul-ạ
        the man(ABS) chair-LOC sit-PERF
        'The man sat in (the) chair.'

The object may not be visible at all, as in the following examples with 'cognate' objects (though not etymologically cognate ones):

(7) a. wō misa-nạ mē hal-ạ
        the woman-ERG song sing-PERF
        'The woman sang (a song).'

    b. wō manu-nạ ca hil-ạ
        the man-ERG walk walk-PERF
        'The man walked.'

    c. wō misa-nạ ja nạl-ạ
        the woman-ERG rice eat-PERF
        'The woman ate (rice).'

    d. wō manu-nạ jya yat-ạ
        the man-ERG work do-PERF
        'The man worked.'

One could of course argue that the subjects in all these examples (7a–d) are highly agentive, and that this may tip the scale toward ergative subject marking. However, the same is shown with semantically-dative subjects with similar 'dummy', 'incorporated' non-referential objects, as in:

(8) a. wō misa-ną wō manu-ną nąl-ą *dha-ka* bicat yat-ą
        the woman-ERG the man-ERG eat-PERF *say-make*
        thought do-PERF
        'The woman thought that the man had eaten.'

    b. wō misa-ną wō manu-ną nąl-ą *dha-ka* sanka yat-ą
        the woman-ERG the man-ERG eat-PERF *say-make*
        doubt do-PERF
        'The woman doubted/suspected that the man had eaten.'

    c. wō misa-ną wō manu-ną nąl-ą *dha-ka* pąkką yat-ą
        the woman-ERG the man-ERG eat-PERF *say-make*
        rigid do-PERF
        'The woman was sure that the man had eaten.'

    d. wō misa-ną wō manu-ną nąl-ą *dha-ka* mąti tal-ą
        the woman-ERG the man-ERG eat-PERF *say-make*
        mind put-PERF
        'The woman felt/believed that the man had eaten.'

As the data in (7) and (8) clearly indicate, the object need not be *referential* or even semantically or pragmatically a *discourse-topic* in order for Newari to consider it a *bona fide* direct object. In many ergative languages, such non-referential, non-topical objects will automatically precipitate *de-transitivization* via the *antipassive* construction.[4] But such is not the case in Newari, where 'dummy' or 'incorporated' objects continue to count as objects for the purpose of deciding on ergative morphology.

As we shall see further below, some patient-related properties of embedded complement clauses seem to systematically figure in determining the ergative or non-ergative marking of their respective *main* clauses.

2.2. Agent-related scales

A relatively small number of verbs with a semantically-dative subject do not display ergative-marked subject even if a direct object seems present. Rather, their subjects are marked as dative. Thus consider:

(9) a. wō manu-yatą ja mal-ą
the man-DAT rice want/need-PERF
'The man wanted/needed rice.'

b. wō misa-yatą ã yal-ą
the woman-DAT mango like-PERF
'The woman liked mangoes.'

c. wō manu-ya ni-mhã mąca du
the man-DAT two-body child be
'The man has two children.'

One could argue, however, that — most particularly in the case of
(9c) — these are 'reverse-transitivity' examples whose 'impersonal'
translation is perhaps better warranted (e.g.: 'Rice is needed to the
man', 'Mangoes are liked by the woman', 'There are two children
to the man', respectively). And at any rate, examples (8a–d) illustrate
how many other semantically-dative subjects of semantically-in-
transitive verbs nonetheless receive ergative case-marking.

2.3. Verb/aspect-related scales

Here again, unlike in other — sometimes related — ergative languages within the Tibeto-Burman group (e.g. Sherpa),[5] the
aspectual determination of ergative morphology in Newari is relatively subtle. A prototypical transitive verb such as 'cut', for example, takes an obligatorily ergative subject in both the *perfect/past*
and the *future/irrealis* tense-aspects, as in:

(10) a. wō manu-ną sĩ pal-ą
the man-ERG wood cut-PERF
'The man cut (the) wood.'

b. wō manu-ną sĩ pal-i
the man-ERG wood cut-FUT
'The man will cut (the) wood.'

Only in the durative/progressive is an option possible, one which is
sensitive to the *pragmatic focus* of the utterance. Thus consider:

(11) a. *Agent focus:*
Question: 'Who is cutting (the) wood?'
Response: wō manu-ną sī̃ pal-ą con-ą   [ERG subject]
the man-ERG wood cut-IMP be-IMP
'*The man* is cutting (the) wood.'

b. *Non-agent focus:*
Question: 'What is the man cutting?' or 'What is the man doing?'
Response: wō manu sī̃ pal-ą con-ą   [ABS subject]
the man(ABS) wood cut-IMP be-IMP
'The man is *cutting wood.*'

The tense-aspect split shown above is typical of highly transitive verbs. Less transitive ones may show the option of non-ergative morphology in other tense-aspects as well. Thus, for example, the complement-taking verb 'can' — with specific complement verbs (see further below) — requires an ergative subject in the perfective, but allows an option of nominative subject in the habitual, along similar functional lines as in (11) above. Thus consider:

(12) a. *Perfective:* wō manu-ną na-e phą-ą   [ERG subject]
the man-ERG eat-INF can-PERF
'The man was able to eat.'

b. *Habitual:* wō manu(ną) na-e phu [either ERG or NOM
subject]
the man(ERG) eat-INF can-HAB
'The man can eat.'

While much further work with specific verbs remains to be done, the examples above illustrate an interesting general point: Split ergativity along the perfectivity, compactness and realis lines as predicted on general grounds seldom works mechanically across the entire verbal lexicon. Rather, one would expect it to be sensitive to the *degree of transitivity* of specific verbs, i.e. their position on our transitivity scales (2). The *lower* a verb is on the transitivity scale, the wider is the range of environments where its subject will be marked as *nominative* rather than ergative.[6]

3. Transitivity of complement verbs and subject marking in main clauses

3.1. Modality verbs and their complements

One of the most striking effects of the transitivity of verbs in Newari is seen in the interaction between complement verbs and the ergative vs. non-ergative subject marking in main clauses. We will begin the presentation here with modality verbs, which require a coreferential subject in their complement. Consider first the verb 'want'/'need', which as a simple transitive verb takes a *dative* subject (cf. (9) above), and is low on our transitivity scales (2a–c) in spite of having a syntactic direct object:

(13)   wō misa-yata ja mal-ạ
        the woman-DAT rice want/need-PERF
        'The woman wanted/needed rice.'

If 'want' takes an intransitive complement, the subject remains marked as dative, as in:

(14) a. wō misa-yata khusi ju-i mal-ạ
        the woman-DAT happy be-INF want-PERF
        'The woman wanted to be happy.'

    b. wō misa-yata den-e mal-ạ
        the woman-DAT sleep-INF want-PERF
        'The woman wanted to (go to) sleep.'

The subject marking remains non-ergative even with an active-transitive complement verb such as 'eat', with or without its overt syntactic object. Thus consider:

(15)   wō misa-yata (ja) na-e mal-ạ
        the woman-DAT (rice) eat-INF want-PERF
        'The woman wanted to eat (rice).'

However, when a highly transitive verb, such as 'kill', 'break' or 'cut', is used in the complement, it forces *ergative* marking on the subject of the main clause, as in:

(16) a. wō misa-nạ kạp tajya-e mal-ạ
        the woman-ERG cup break-INF want-PERF
        'The woman wanted to break the cup.'

    b. wō misa-nạ dugu sya-e mal-ạ
        the woman-ERG goat kill-INF want-PERF
        'The woman wanted to kill the goat.'

    c. wō misa-nạ sĩ pa-e mal-ạ
        the woman-ERG wood cut-INF want-PERF
        'The woman wanted to cut (the) wood.'

One could of course argue that what the data in (16) represent is *backward equi-NP deletion*. That is, the ergative subject of the embedded complement clause is retained, while the non-ergative subject of the main verb is deleted. There are many reasons why such a purely syntactic way of 'explaining' this phenomenon is inadequate. But a single example would suffice to rule it out on purely syntactic grounds. The verb 'work' in Newari, much like 'eat' (see (15) above), is syntactically transitive and — much like 'eat' — requires an ergative subject in the perfective tense-aspect, when used as a main verb. Thus:

(17) a. wō manu-nạ jya yat-ạ
        the man-ERG work do-PERF
        'The man worked.'

    b. wō manu-nạ ja nal-ạ
        the man-ERG rice eat-PERF
        'The man ate (rice).'

But semantically neither verb is strong enough on the transitivity scale to effect ergative subject marking when embedded as complement of 'want'. So that, much like (15) above, the subject of (18) below is still *dative*:

(18)   wō manu-yata jya ya-e mal-ạ
        the man-DAT work do-INF want-PERF
        'The man wanted to work.'

Clearly, in neither (15) nor (18) could equi-NP deletion have occurred in the main clause, since the subject of the embedded clause — cf. (17) — was ergative. Thus, the dative subject is clearly due to the low-transitive main verb 'want'. As we shall see further below, there are other facts which make the 'backward-deletion' description untenable.

The verb 'can', just like 'want', is rather low on the transitivity scale both in general and also in Newari. When its complement verb is a prototypical *intransitive*, the subject is non-ergatively marked, as in:

(19) a. wō manu den-e phạt-ạ
         the man(ABS) sleep-INF can-PERF
         'The man was able to (go to) sleep.'

  b. wō manu khusi ju-i phạt-ạ
         the man(ABS) happy be-INF can-PERF
         'The man could be happy.'

The fact that 'can' does not under any circumstances take a dative subject, however, may suggest that it is a bit higher than 'want' on the transitivity scale. And indeed, if one embeds 'eat' under 'can', one will already induce *ergative* subject marking obligatorily in the perfective and optionally in the habitual. Thus consider:

(20) a. wō misa-nạ (ja) na-e phạt-ạ
         the woman-ERG (rice) eat-INF can-PERF
         'The woman was able to eat (rice).'

  b. wō misa(-nạ) (ja) na-e phu
         the woman(-ERG) (rice) eat-INF can-HAB
         'The woman can eat (rice).'

Similarly with the syntactically-transitive verb 'work', which could not induce ergative subject marking as complement of 'want'. It does induce obligatory ergative subject marking as complement of 'can', as in:

(21)   wō manu-nạ jya ya-e phạt-ạ
         the man-ERG work do-INF can-PERF
         'The man was able to (do) work.'

Since 'can' cannot appear as a simple transitive verb without a verbal complement, it is of course a moot question to ask whether it 'initially' takes a *non-ergative* subject but embedded transitives then impose on it their ergative subject; or alternatively whether it 'initially' takes an *ergative* subject but embedded intransitives then impose on it their non-ergative subject. No data thus exist to support a particular 'backward equi-NP deletion' description. Rather, one must say that the main-clause subject marking is *sensitive to* the transitivity of the embedded complement verb, and leave it at that.

Unlike 'want' and 'can', verbs such as 'start' and 'finish' are much more transitive semantically, on general grounds. Their subject is not always a dative-experiencer but quite commonly a volitional *agent-initiator*. In many languages, they can be used — via some semantic extension, no doubt — as simple transitive verbs with a direct object. As such, in Newari they require an ergative subject in the perfective. Thus consider:

(22) a. wō manu-nạ jya tel-ạ
         the man-ERG work start-PERF
         'The man started the work/job.'

    b. wō manu-nạ jya dhung kal-ạ
         the man-ERG work finish cause-PERF
         'The man finished the work/job.'

In fact, 'finish' in (22b) is an inherently-transitive verb syntactically, using the main verb 'cause'/'make' together with the nominal direct object *dhung* 'end'. One is thus justified in considering these two verbs as transitive by themselves, thus requiring an ergative subject.

When their complements are highly-transitive verbs, such as 'kill', 'break' or 'cut', the subject remains obligatorily ergative in the perfective, as in:

(23) a. wō misa-nạ sĩ pa-e tel-ạ
         the woman-ERG wood cut-INF start-PERF
         'The woman started to cut (the) wood.'

    b. wō misa-nạ dugu sya-e tel-ạ
         the woman-ERG goat kill-INF start-PERF
         'The woman started to butcher the goat.'

    c. wō misa-nạ kạp tajya-e tel-ạ
         the woman-ERG cup break-INF start-PERF
         'The woman started to break the cup.'

    d. wō manu-nạ sĩ pa-e dhung kal-ạ
         the man-ERG wood cut-INF end cause-PERF
         'The man finished cutting (the) wood.'

e. wō manu-nạ dugu sya-e dhung kal-ạ
   the man-ERG goat kill-INF end cause-PERF
   'The man finished butchering the goat.'

f. wō manu-nạ kạp tajya-e dhung kal-ạ
   the man-ERG cup break-INF end cause-PERF
   'The man finished breaking the cup.'

If one embeds under these two verbs the less-transitive verb 'eat',
subject marking can be either ergative or non-ergative. Thus consider:

(24) a. wō misa(-nạ) (ja) na-e tel-ạ
        the woman(-ERG) (rice) eat-INF start-PERF
        'The woman started to eat (rice).'

     b. wō misa(-nạ) (ja) na-e dhung kal-ạ
        the woman(-ERG) (rice) eat-INF cause-PERF
        'The woman finished eating (the rice).'

Since the verb 'eat' by itself requires an ergative subject in the
perfective, again the effect on the subject marking of 'start' and
'finish' − i.e. *lowering* their ergativity/transitivity − cannot be
ascribed to a purely syntactic 'backward equi-NP deletion' which
would have preserved the 'original' ergative subject marking of the
complement verb. Once again, one must consider this a case where
the subject marking of the main clause is being *sensitive to* or
affected by the inherent transitivity properties of the complement
verb. But here, rather than strengthening the transitivity of the main
clause, the less-transitive complement *weakens* the initially-higher
transitivity of the main clause.

The effect of lowered transitivity is even more pronounced when
the embedded complement is a prototypical *intransitive* verb. Here
the main-clause subject must take non-ergative marking, with no
other option. Thus consider:

(25) a. wō manu den-e tel-ạ
        the man(ABS) sleep-INF start-PERF
        'The man began to (go to) sleep.'

     b. wō manu den-e dhung kal-ạ
        the man(ABS) sleep-INF end cause-PERF
        'The man finished sleeping.'

　　c.　wō manu khusi ju-i tel-ą
　　　　the man(ABS) happy be-INF start-PERF
　　　　'The man started to be happy.'

　　d.　wō manu khusi ju-i dhung kal-ą
　　　　the man(ABS) happy be-INF end cause-PERF
　　　　'The man stopped being happy.'

The effect which the complement verb has on the transitivity −
and thus ergative subject marking − of the main clause follows
transitivity gradients that are established on general semantic
grounds quite independent of the syntactic facts of Newari. The
beauty of a split ergative morphology, such as that of Newari, is
that it affords us a highly sensitive research tool in the investigation
of transitivity − and transitivity scales.

3.2. Other complement-taking verbs

Newari displays a strong reflection of the cross-linguistic pre-
dictability of the systematic relationship one tends to find between
the syntactic structure of verbal-sentential complements and the
semantic properties of the main verbs which govern them. These
semantic properties were described elsewhere (Givón 1980 b) in
terms of the scale of *binding strength* holding between the main
and subordinate propositions. While the scale of binding is indeed
semantically and pragmatically complex, it turns out to correspond
rather directly to our transitivity scales, so that main verbs that are
high on the binding scale are also the most transitive of this group,
while others that are lower on the binding scale are also less
transitive.

　　The complements of the more transitive − or more binding −
verbs in this group require coreference between the object of the
main verb and the subject-agent of the complement. When the main
verb is prototypically high on the binding scale, the following
predictions can be made about the syntactic form of its complement
clause:

(26)　a.　The complement-clause agent will tend to be coded
　　　　　grammatically as an *object* of the main clause;

b. the main verb itself will have a higher probability of *co-lexicalizing* with the complement verb; that is, the complement verb is more likely to undergo so-called 'predicate raising';

c. the complement verb will be less likely to display independent-clause *tense-aspect modality*, but may appear more infinitival, nominalized or otherwise 'noun-like'; and

d. there is a lower likelihood that a *subordinator* word will appear to separate the main clause from the complement clause.

In Newari, at the top of the binding — and thus transitivity — scale one finds the verb-morpheme 'cause'/'make', which may become a co-lexicalized suffix on the complement verb. A human object of 'cause' will always take the human-dative object suffix, and the main-verb subject in the perfective will be obligatorily marked as ergative. As also predicted from the binding scale (Givón 1980b), a subtle distinction exists in the use of 'make' as a manipulative verb. If the manipulation is done *directly* and by pure *physical force*, and the manipulee is powerless to resist, the most co-lexicalized form of the two verbs is used, as in (27a) below. While if the manipulation is by verbal or other subtle or *indirect* means and the manipulee has some choice in the matter, the complement verb remains in the *infinitive* form and is not co-lexicalized with the main verb, as in (27b).

(27) a. wō misa-nạ wō manu-yata nạ-kạl-ạ   [co-lexicalized]
the woman-ERG the man-DAT eat-make-PERF
'The woman fed the man (physically).'

b. wō misa-nạ wō manu-yata na-e kal-ạ [infinitival complement]
the woman-ERG the man-DAT eat-INF make-PERF
'The woman got the man to eat (by whatever means).'

The equivalent of English 'force', which in general is considered lower on the binding hierarchy than 'make' (Givón 1980b), is achieved in Newari by combining one additional verb in the chain of complementation. Thus consider:

(28)   wō misa-nạ wō manu-yata na-e ya-kal-ạ
         the woman-ERG the man-DAT eat-INF do-make-
         PERF
         'The woman forced the man to eat.'

In the next step down the binding hierarchy, the verb 'tell', already
a non-implicative one, requires an added *complementizer* suffix on
the infinitival complement verb, thus abiding by condition (26d)
above:

(29)   wō misa-nạ wō manu-yata na-e-ta dhal-ạ
         the woman-ERG the man-DAT eat-INF-COMP tell-
         PERF
         'The woman told the man to eat.'

And the same syntactic form is also used in the complements of
'ask' and 'invite'.

A contrast in *implicativity* between 'let' and 'permit' can be
obtained by using the two complement forms seen in (28) and (29)
contrastively, with the same lexical main verb. Thus compare:

(30) a. wō misa-nạ wō manu-yata na-e bil-ạ   [without a
                                                   complementizer]
         the woman-ERG the man-DAT eat-INF give-PERF
         'The woman let the man eat (and he did).' [implicative]

     b. wō misa-nạ wō manu-yata na-e-ta bil-ạ   [with a
                                                   complementizer]
         the woman-ERG the man-DAT eat-INF-COMP give-
         PERF
         'The woman permitted the man to eat (and he may or
         may not have).' [non-implicative]

Lower on the binding scale is the verb 'want', which actually
does not have a real manipulee object, semantically. In Newari, the
complement verb of 'want' is further nominalized, and an additional
verb is also added to the complementation chain, as in:

(31)   wō misa-nạ wō manu-yata nạ̄-gu su-e mal-ạ
         the woman-ERG the man-DAT eat-NOM see-INF
         want-PERF
         'The woman wanted to see the man eat.'/
         'The woman wished that the man would eat.'

The use of the dative suffix on the 'object' of 'want'/'wish' above is done purely by syntactic analogy with verbs of higher binding/transitivity, since no direct contact or manipulation is at all required for the sense of (31).

At the lowest end of the binding — and transitivity — scale in Newari is a verb such as 'fear'. To begin with, no coreference condition holds between the complement subject and any argument of the main clause. This verb is clearly intransitive in the sense of having no nominal direct object. Further, a complementizer word, itself a composite of 'say' and 'make', must separate the complement verb from the main verb. The complement verb displays finite tense-aspect modalities. Finally, since at least historically the complement clause is an object of 'say', its syntactic form is that of *direct quote* complement. The latter means that if the complement verb is transitive, its subject is marked as *ergative*. Thus consider:

(32) a.   wō misa wō manu-nạ dugu nay-i *dha-ka* gyat-ạ
the woman(ABS) the man-ERG goat eat-FUT *say-make*
fear-PERF
'The woman was afraid that the man would eat the goat.'

b.   wō misa wō manu-nạ dugu nal-ạ *dha-ka* gyat-ạ
the woman(ABS) the man-ERG goat eat-PERF *say-make* fear-PERF
'The woman was afraid that the man had eaten the goat.'

The fact that the subject of the main-verb 'fear' above is non-ergative obviously has little to do with the transitivity of the complement clause, which itself takes an ergative subject in (32a, b). Rather, it has to do with the semantic intransitivity of 'fear' itself. Other verbs in this lower end of the scale are — at least in Newari — syntactically transitive, many of them with incorporated 'dummy' objects (see (8) above). Thus, for example, 'know' is in Newari more transitive semantically, and requires an ergative subject in the perfective, even if the complement verb is intransitive, as in:

(33)   wō misa-nạ wō manu den-ạ *dha-ka* sil-ạ
the woman-ERG the man(ABS) sleep-PERF *say-make* know-PERF
'The woman knew that the man had slept.'

In sum, then, the subject marking − and thus transitivity − of the main clauses containing manipulative [(27) through (31)] and cognition [(32), (33)] verbs is not at all affected by the transitivity properties of their respective complement verbs. The main verbs themselves may be graded on either the binding or transitivity scale. The majority of them are semantically transitive and take an ergative subject.

4. Discussion

It is reasonably clear that the effect that complement verbs have on the subject marking morphology of their respective main clauses cannot be explained away by purely formal tricks such as a syntactic 'rule' of backward equi-NP deletion. The data surveyed in section 3.1 above make such a 'solution' untenable, so that a more obvious and surface-bound interpretation of the facts is called for, regardless of the consequences such a 'superficial' interpretation may have for various syntactic formalisms. Such consequences could indeed be far reaching, depending on whatever formal assumptions one wishes to make about the way grammars work and the reasons why they work the way they do. Briefly, what we see here is that as 'independent' a property as the case-marking of the subject of a main clause may be systematically affected, in a predictable way, by semantic properties of embedded-clause verbs. What this does to a 'theory' of grammatical relations that is clause-based is a matter of conjecture. One way such a grammatical 'theory' could wiggle out of the potential impact of the Newari facts is by suggesting that − especially in an SOV language − the main and complement verbs in all these cases are contiguous within the sentence and may thus be considered already *co-lexicalized*. There are two objections one may wish to raise against such a 'solution':

(a) It disregards the fact that in Newari − and elsewhere − one can establish some criteria for deciding which main verbs are and which are not co-lexicalized with their complements. Thus, interpreting *all* modality verbs in Newari as co-lexicalized is nothing more than sophistry, in the absence of solid criteria.

(b) It disregards the fact that when Newari manipulative verbs are considered (cf. section 3.2), co-lexicalization does not seem to increase the complement's chance of affecting the ergativity/transitivity of the main clause.

The alternative approach is to admit that the transitivity properties of complement/subordinate clauses can indeed 'filter upward'
to affect those of main clauses, so that at least for modality verbs
— whose complements are semantically strongly integrated with
('bound to') the main clause — it is possible for the transitivity
properties of the part to affect those of the whole. What this may
do to our notion of which clause is 'independent' and which is
'dependent' is again a matter of speculation at this point.[7] But it is
clear that a more 'holistic' approach to transitivity and case-marking, one that recognizes effects which cross clause boundaries in
ways that have not been anticipated before, must be entertained.

Next one would like to ask why the 'filtering up' effect of transitivity shows up only in the complements of modality verbs but
not in those of manipulative or cognition verbs. It seems to me that
the answer to this may be given as follows:

(a) The equi-subject condition and ensuing 'deletion' so typical of
modality verbs creates a strong incentive to interpret the entire
complex construction as a whole, especially in terms of two
adjacent verbs having a single surface subject.

(b) In a strict SOV language, which Newari is, the complement
verb *precedes* the main verb and is thus closer to the subject.
Such a *proximity* effect is only natural; and one would therefore
predict that in SVO languages, where complement verbs *follow*
main verbs and the latter are thus closer to the subject, similar
effects would be harder to find.

(c) In manipulative and cognition verbs (section 3.2) no such equi-
subject phenomenon exists, and the complement verb is never
proximate to the main-clause subject, given the presence of a
manipulee-object.

(d) Manipulative verbs have a clear syntactic object, and are thus
highly transitive both semantically and syntactically.

(e) The complements of cognition verbs, even the highly intransitive
ones such as 'fear', are of the least integrated ('least bound')
type. In Newari further, they are at least historically of the
direct-quote variety. One would expect such loose bond — loose
both semantically and syntactically — to minimize the effect the
complement verb has on its main clause.

The comparison of the two complement-taking verb types is thus
rather instructive, since it tends to corroborate our interpretation

of what makes the 'filtering up' of transitivity, from embedded to main clause, natural. Briefly, the following prediction emerges:

(34)   The more 'bound' a complement clause is to the main-clause *semantically*, and thus — iconicity prevailing[8] — the more integrated it is *syntactically* into the main clause, the more likely it is that the semantic properties of the complement clause will play a role in determining the grammatical behavior of the main clause.

The Newari facts thus serve to illuminate this general prediction, in a manner, that was — at least initially — rather surprising.

Notes

1. For more details see Givón (1983: ch. 5) or Cooreman et al. (1984).
2. Hopper & Thompson (1980) list the entire complex of semantic and pragmatic properties associated with transitivity in one unhierarchized list. It is clear, nonetheless, that the core-semantic properties of the transitive *event* are those given in (2), and that other properties are predicted from them by various inferences. For details see Givón (1984: chs. 4, 5) or Cooreman et al. (1984).
3. The data for this study were obtained from Harsha Dhaubhadel (in personal communication).
4. As in Dyirbal (Dixon 1972), Eskimo (Kalmár 1979a, b), Nez Perce (Rude 1982, 1983) or Chamorro and Tagalog (Cooreman et al. 1984).
5. For the Sherpa situation, see Givón (1980a).
6. A similar phenomenon in Sherpa was discussed in Givón (1980a) in the context of diachronic reanalysis of an ergative system drifting toward nominativity.
7. The 'dependent' status of so-called subordinate clauses has been under certain doubt for other reasons as well, especially in regard to what clause-type carries the bulk of new information on transitive events in connected discourse (Givón 1979, Hopper & Thompson 1980).
8. As noted in Givón (1980b), the observations summarized in (26a–d) concerning the correlation between the strength of semantic bond between main and subordinate clause and the strength of their syntactic bond or integration, reveal a clear *iconic relation*, and are thus not isolated facts. The 'filtering up' effect of transitivity properties from complement to main clause is thus made natural by a single — though complex — set of facts.

References

Cooreman, A., B. Fox & T. Givón
    1984   "The discourse definition of ergativity", *Studies in Language* 8.
Dixon, Robert M. W.
    1972   *The Dyirbal language of North Queensland* (Cambridge: Cambridge University Press).

Givón, T.
1979   *On understanding grammar* (New York: Academic Press).
1980 a   "The drift away from ergativity: Diachronic potentials in Sherpa",
            Folia Linguistica Historica 1: 41–60.
1980 b   "The binding hierarchy and the typology of complements", *Studies in
            Language* 4: 333–377.
1984   *Syntax: A functional-typological introduction.* Vol. 1 (Amsterdam:
            Benjamins).
Hopper, Paul & Sandra A. Thompson
1980   "Transitivity in grammar and discourse", *Language* 56: 251–299.
Kalmár, Ivan
1979 a   *Case and context in Inuktitut (Eskimo)* (Ottawa: National Museum
            of Man, Mercury Series, No. 49).
1979 b   "The antipassive and grammatical relations in Eskimo", in: *Ergativity.
            Towards a theory of grammatical relations,* edited by F. Plank (London:
            Academic Press), 117–143.
Rude, N.
1982   "Promotion and topicality of Nez Perce objects", in: *Proceedings of
            the 8th Annual Meeting of the Berkeley Linguistics Society.*
forthc.   "Ergativity, topicality and promotion and demotion of direct objects",
            International Journal of American Linguistics.

KLAUS HEGER

Akkusativische, ergativische und aktivische Bezeichnung von Aktantenfunktionen

0. Das Ziel der folgenden Betrachtungen besteht weniger in der Lieferung eines prinzipiell neuen Beitrags, sei es zur Unterscheidung akkusativischer, ergativischer und aktivischer Konstruktionstypen oder sei es zu derjenigen verschiedener Aktantenfunktionen (cf. hierzu Heger 1976: § 4.1.2), als vielmehr im Nachweis der Brauchbarkeit der letzteren als eines ‚noematischen‘ — d. h. von je einzelsprachlichen Gegebenheiten unabhängigen — tertium comparationis für den Vergleich der ersteren und ihrer verschiedenen Sub-Typen. Im Rahmen dieser Zielsetzung ist es legitim, die folgenden Betrachtungen auf die Frage nach den Bezeichnungen der Prädikativ-Funktion (die einem Aktanten eine Eigenschaft, einen Zustand oder eine Zustandsveränderung zuschreibt), der Kausal-Funktion (die einen Aktanten als denjenigen theoretischen Ort charakterisiert, von dem die Ursache eines Zustands oder Vorgangs ausgeht) und der Final-Funktion (die einen Aktanten als denjenigen theoretischen Ort charakterisiert, an dem sich die Wirkung eines Zustands oder Vorgangs vollzieht) einzuschränken. Dennoch ist der einleitende Hinweis auf die zumindest theoretisch unbegrenzte Unterscheidbarkeit weiterer Aktantenfunktionen wichtig, da er die naheliegende Frage beantwortet, warum in keiner Sprache eineindeutige Bezeichnungen von Aktantenfunktionen anzutreffen sind: im Fall der Bezeichnung von Aktantenfunktionen durch Kasusgramme am Nomen würde eine derartige Lösung kaum mehr handhabbare Flexionsparadigmen entstehen lassen und im Fall ihrer Bezeichnung durch Kongruenzmarkierung am Verb darüber hinaus zu monströsen Konjugationsformen führen.

1. Angesichts dieses Zwangs zu ökonomischeren Lösungen kann es nicht überraschen, daß praktisch alle Sprachen in irgendeiner Weise davon profitieren, daß das Fehlen einer eindeutigen Bezeichnung einer Aktantenfunktion nur dort zu Verwechslungsgefahren führt,

wo die in paradigmatischer Opposition stehenden Aktantenfunktionen auch in syntagmatischem Kontrast erscheinen. Die Frage nach je einzelsprachlichen Bezeichnungen für die Prädikativ-, die Kausal- und die Final-Funktion hat somit nicht nur diese drei Aktantenfunktionen selbst zu unterscheiden, sondern muß darüber hinaus auch berücksichtigen, ob und, wenn ja, in welchen syntagmatischen Kontrasten sie erscheinen. Bei der in einem ersten Schritt vorzuführenden ausschließlichen Berücksichtigung der Prädikativ- und der Kausal-Funktion sind daher statt zweier vier Fälle zu unterscheiden, je nachdem ob

- die Prädikativ-Funktion in syntagmatischer Isolierung: P,
- die Prädikativ-Funktion in syntagmatischem Kontrast mit der Kausal-Funktion: P(C),
- die Kausal-Funktion in syntagmatischer Isolierung: C und/oder
- die Kausal-Funktion in syntagmatischem Kontrast mit der Prädikativ-Funktion: C(P)

erscheinen. Entsprechend sind bei der in einem zweiten Schritt vorzunehmenden Einbeziehung der Final-Funktion statt dreier zwölf verschiedene Fälle zu unterscheiden:

- für die Prädikativ-Funktion P, P(C), P(F), P(C, F),
- für die Kausal-Funktion C, C(P), C(F), C(P, F) und
- für die Final-Funktion F, F(P), F(C), F(P, C).

Ein besonderes Problem wirft hierbei die Unterstellung der Möglichkeiten C (Kausal-Funktion in syntagmatischer Isolierung), C(F) (Kausal-Funktion in syntagmatischem Kontrast nur mit Final-Funktion), F (Final-Funktion in syntagmatischer Isolierung) und F(C) (Final-Funktion in syntagmatischem Kontrast nur mit Kausal-Funktion) auf. Es sind dies diejenigen Fälle, in denen syntagmatisch keine Prädikativ-Funktion erscheint und die somit der Definition der Kausal- und der Final-Funktion im Rahmen von Aktantenmodellen, die außer einem Aktanten in Kausal- bzw. Final-Funktion mindestens einen weiteren in Prädikativ-Funktion enthalten, zu widersprechen scheinen. Mindestens die beiden folgenden Möglichkeiten zwingen dennoch zur Berücksichtigung dieser Fälle.

1.1. Es kann sich um Aktantenmodelle handeln, deren unterstem Prädikator (oder Temporal-Funktor) ein Aktant in Prädikativ-Funktion untergeordnet ist, der schon durch das — ohne zusätzliche Unterordnung unter weitere Aktantenmodell-Komponenten: ‚avalente' — Verballexem selbst bezeichnet wird und daher syntagmatisch nicht nochmals eigens zu erscheinen braucht; Beispiele hierfür sind *Juppiter pluit* (mit *Juppiter* in Kausal-Funktion) oder *mir ist kalt* (mit *mir* in Final-Funktion).

1.2. Es kann sich um Aktantenmodelle mit mehreren Aktantenpositionen und demzufolge mehreren Aktantenfunktionen handeln, bei denen eine referenz-identische Besetzung dieser Positionen schon implizit durch ein entsprechendes Verballexem bezeichnet wird, welches daher auch bei mehreren Aktantenfunktionen nur eine einzige Aktantenbezeichnung erfordert; Beispiele hierfür sind *John is swimming* (mit *John* in Prädikativ- *und* Kausal-Funktion, im Gegensatz zu *John is floating* mit *John* ausschließlich in Prädikativ-Funktion) oder *Hans betrachtet den Baum* (mit *Hans* in Kausal- *und* Final-Funktion, im Gegensatz zu *Hans sieht den Baum* mit *Hans* ausschließlich in Final-Funktion). Sowohl das, was sich theoretisch aus der Struktur von Aktantenmodellen ablesen läßt, als auch die praktische Erfahrung mit einer großen Anzahl von Sprachen legen es nahe, in derartigen Fällen einer Kumulation mehrerer Aktantenfunktionen auf einen einzigen Aktanten für die Frage nach der Bezeichnung dieser Aktantenfunktionen von einer Priorität der Kausal-Funktion sowohl vor der Prädikativ- als auch vor der Final-Funktion auszugehen.

2. Der grundsätzliche Unterschied zwischen der akkusativischen, der ergativischen und der aktivischen Bezeichnung von Aktantenfunktionen läßt sich auf der Grundlage einer ausschließlichen Berücksichtigung der Prädikativ- und der Kausal-Funktion darstellen, wobei sich als Darstellungsmittel die vierstellige Schemastruktur (a) anbietet:

Schemastruktur (a):

	Prädikativ-Funktion	Kausal-Funktion
in syntagmatischer Isolierung	P	C
in syntagmatischem Kontrast	P(C)	C(P)

Da weder eine nach syntagmatischer Isolierung versus syntagmatischem Kontrast unterschiedene Bezeichnung ein und derselben Aktantenfunktion noch eine unterschiedliche Bezeichnung der Prädikativ- und der Kausal-Funktion im Fall der syntagmatischen Isolierung sehr ökonomisch wären, und da andererseits eine gleichzeitige Nicht-Bezeichnung beider Oppositionen zur Nicht-Unterscheidung von P(C) und C(P) und damit zu gravierenden Verwechslungsgefahren führen würde, kann es nicht überraschen, daß weder Beispiele für einen alle vier Fälle differenzierenden noch solche für einen überhaupt nichts differenzierenden Bezeichnungstyp bekannt sind. Wofür Beispiele vorliegen, sind die in den folgenden Schemata 1 bis 4 wiedergegebenen vier Bezeichnungstypen und die in ihnen gefundenen Kompromißlösungen zwischen dem Bestreben nach Ökonomie und dem nach der Vermeidung von Verwechslungsgefahren.

Die in diesen und den weiteren Schemata eingetragenen Kasusnamen dienen der leichteren Orientierung und implizieren

— weder die Unterstellung, die Unterscheidung zwischen akkusativischem, ergativischem und aktivischem Bezeichnungstyp gelte nur für den Fall der Bezeichnung von Aktantenfunktionen durch Kasusgrammeme am Nomen,

— noch die Unterstellung, Kasus als Bezeichnungen von Aktantenfunktionen und die durch sie bezeichneten Aktantenfunktionen stünden in einer eindeutigen Abbildungsbeziehung zu einander.

Vielmehr stehen die verwendeten Kasusnamen repräsentativ für je einzelsprachliche ‚Normalbezeichnungen‘, wobei die folgenden Zuordnungen zugrunde gelegt werden:

— Akkusativ = ‚Normalbezeichnung‘ der Prädikativ-Funktion,
— Ergativ   = ‚Normalbezeichnung‘ der Kausal-Funktion,
— Dativ   = ‚Normalbezeichnung‘ der Final-Funktion und
— Nominativ = ‚Normalbezeichnung‘ mindestens der im Fall der syntagmatischen Isolierung nicht unterschiedenen Aktantenfunktionen.

Daß selbst diese Zuordnungen nicht überall durchzuhalten sind, ließe sich am Beispiel des Finnischen illustrieren.

2.1. Eine ternäre Opposition der Bezeichnungsmittel und somit eine nur eingeschränkt ökonomische Lösung liegt in Schema 1 vor, für das als Beispiel — ob zu Recht oder Unrecht, bleibe hier dahingestellt — das Motu zitiert zu werden pflegt.

Schema 1:

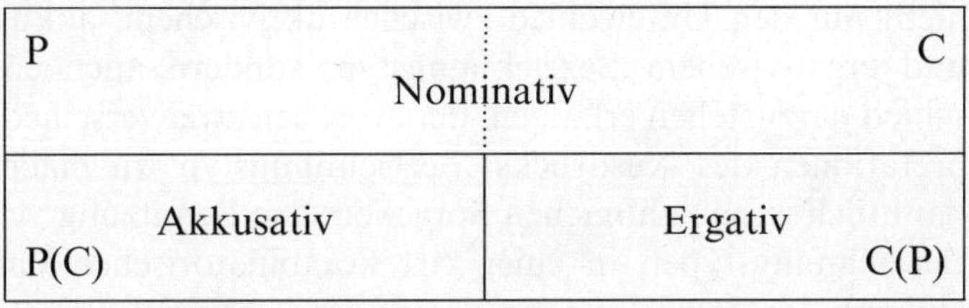

P		C
	Nominativ	
Akkusativ P(C)		Ergativ C(P)

2.2. Binäre Oppositionen der Bezeichnungsmittel und somit optimale ökonomische Lösungen liegen in den folgenden drei Schemata vor, von denen Schema 2 den aktivischen, Schema 3 den akkusativischen und Schema 4 den ergativischen Bezeichnungstyp wiedergeben.

Schema 2:

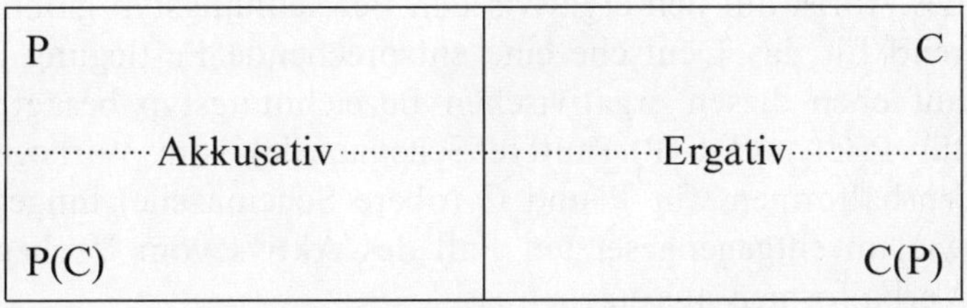

P		C
···········Akkusativ···········	···········Ergativ···········	
P(C)		C(P)

Schema 3:

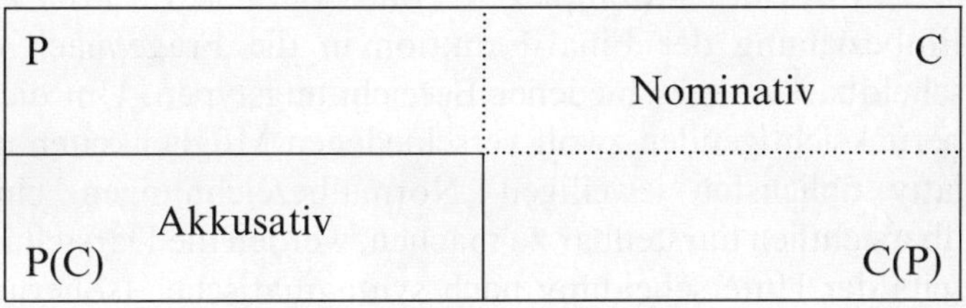

P		C
		Nominativ
Akkusativ P(C)		C(P)

Schema 4:

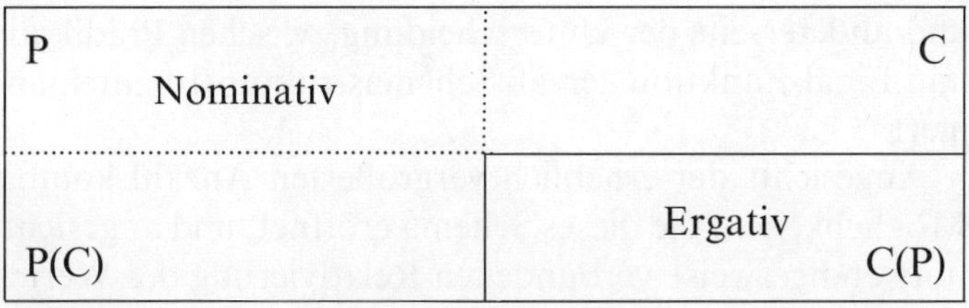

P		C
	Nominativ	
P(C)		Ergativ C(P)

Beispiele für diese drei Bezeichnungstypen sind hinlänglich bekannt und brauchen hier nicht wiederholt zu werden. Worauf jedoch ausdrücklich hinzuweisen ist, ist der Umstand, daß diese Schemata nicht nur den Unterschied zwischen aktivischem, akkusativischem und ergativischem Bezeichnungstyp, sondern auch einen Unterschied darzustellen erlauben, der zwischen zwei verschiedenen Interpretationen des Ausdrucks ‚Bezeichnungstyp' zu machen ist. Bekanntlich ist in zahlreichen Sprachen eine Benutzung verschiedener Bezeichnungstypen in einer Art kombinatorischer Variation mit anderen Unterscheidungen anzutreffen, beispielsweise im Georgischen mit der Unterscheidung zwischen den Tempusgruppen des Praesens (akkusativischer Bezeichnungstyp, Schema 3) und des Aorist (ergativischer Bezeichnungstyp, Schema 4). In partieller Analogie hierzu läßt sich durchaus auch für Sprachen wie das Deutsche von dem Vorliegen einer kombinatorischen Variation mit der Diathesen-Opposition sprechen. Jedoch ist diese Analogie insofern nur partiell, als für das Georgische die Festlegung der Tempusgruppe des Aorist auf den ergativischen Bezeichnungstyp global gilt, während für das Deutsche eine entsprechende Festlegung des Passivs auf eben diesen ergativischen Bezeichnungstyp besagt, daß zwar für P(C) und C(P) (untere Schemazeile) vom Vorliegen passiver Verbalformen, für P und C (obere Schemazeile) hingegen ebenso wie im entgegengesetzten Fall des Aktivs vom Vorliegen aktiver Verbalformen auszugehen ist.

3. Ein wesentlich komplexeres Bild ergibt sich bei der zusätzlichen Einbeziehung der Final-Funktion in die Frage nach der Unterscheidbarkeit verschiedener Bezeichnungstypen. Um die hierbei zu berücksichtigenden zwölf verschiedenen Möglichkeiten und ihre relativ üblichsten jeweiligen ‚Normalbezeichnungen' einigermaßen übersichtlich darstellbar zu machen, werden die Darstellungen einerseits der Unterscheidung nach syntagmatischer Isolierung, syntagmatischem Kontrast mit nur einer anderen Aktantenfunktion und syntagmatischem Kontrast mit beiden anderen Aktantenfunktionen und andererseits der Unterscheidung zwischen Prädikativ-, Kausalund Final-Funktion gemäß Schemastruktur (b) miteinander kombiniert.

Angesichts der erheblich vergrößerten Anzahl kombinatorischer Möglichkeiten, die dieses Schema eröffnet, und angesichts der damit notwendigerweise verbundenen Relativierung des Wertes möglicher Antworten auf die Frage nach dem, was je einzelsprachlich als ‚Normalbezeichnung' einzelner Schemastellen angesehen werden kann, empfiehlt es sich, vorab zu fragen, von welchen kombinatori-

Schemastruktur (6):

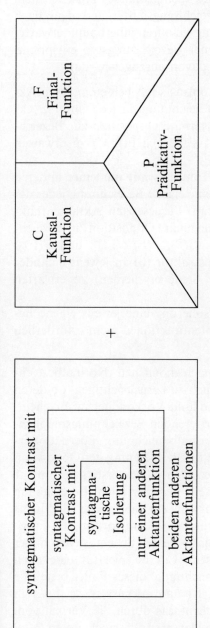

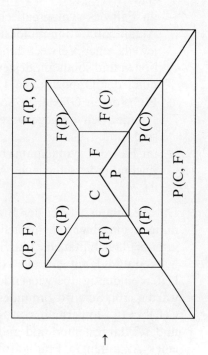

schen Möglichkeiten im Sinne eines Kompromisses zwischen dem Streben nach Ökonomie der Bezeichnungsmittel und dem nach der Vermeidung von Verwechslungsgefahren überhaupt erwartet werden kann, daß ihnen ein eigener Bezeichnungstyp entspricht. Eine Antwort auf diese Frage hat davon auszugehen, daß

- im Fall des syntagmatischen Kontrasts mit beiden anderen Aktantenfunktionen eine eigene Bezeichnung für jede einzelne Aktantenfunktion und somit eine ternäre Opposition zur Bezeichnung der Opposition P(C, F) : C(P, F) : F(P, C) zu erwarten sind,
- im Fall des syntagmatischen Kontrasts mit nur einer anderen Aktantenfunktion mindestens eine eigene Bezeichnung jeder der jeweils einer Verwechslungsgefahr ausgesetzten Aktantenfunktionen und somit mindestens eine binäre Opposition zur Bezeichnung der Oppositionen P(C) : C(P), P(F) : F(P) und C(F) : F(C) (deren Glieder in Schemastruktur (b) an jeweils einander symmetrisch entgegengesetzter Stelle erscheinen) zu erwarten sind, und
- im Fall der syntagmatischen Isolierung eine jeweils eigene Bezeichnung verschiedener Aktantenfunktionen nicht erforderlich ist.

Darüberhinaus ist bei der Frage nach möglichen ‚Normalbezeichnungen‘ einzelner Schemastellen auch zu berücksichtigen, ob deren interne Plausibilität eine hinreichend hohe Vorkommenswahrscheinlichkeit und damit eine alle konkurrierenden Bezeichnungsmöglichkeiten eindeutig überwiegende ‚Normalbezeichnung‘ überhaupt erwarten läßt. So wird zumindest für die Bezeichnung der Opposition C(F) : F(C) außerhalb von Sonderfällen wie einerseits den in 1.1 und 1.2 dargestellten und andererseits dem der Nicht-Bezeichnung eines Aktanten in Prädikativ-Funktion ein besonderes Bedürfnis nicht gerade sehr häufig vorliegen und die Beantwortung der Frage nach einer ‚Normalbezeichnung‘ dieser beiden Schemastellen daher in besonderem Maße erschwert sein. Ein Beispiel für eine noch relativ wohl etablierte ‚Normalbezeichnung‘ dieses Falles bietet die Kasusverteilung Nominativ $\cong$ C(F) und Akkusativ $\cong$ F(C) in demjenigen Subsystem des Deutschen, das durch die Verben vom Typ *beliefern, beschenken* etc. gebildet wird (cf. noch unten 3.2.2 und 3.2.3).

Auf der Grundlage dieser Überlegungen lassen sich die folgenden Gruppen von erwartbaren Bezeichnungstypen bilden:

3.1. Der konsequenten Weiteranwendung des dem aktivischen Bezeichnungstyp (Schema 2) zugrundeliegenden Prinzips der Priorität der eindeutigen Bezeichnung von Aktantenfunktionen entspricht der in Schema 5 wiedergegebene Bezeichnungstyp. Unter den üblicherweise als Beispiele für den aktivischen Bezeichnungstyp aufgeführten Sprachen dürften Fälle, die dieser seiner konsequenten Variante entsprechen, am ehesten in den Golf-Sprachen (cf. Klimov 1974: 19–23) aufzufinden sein.

Schema 5:

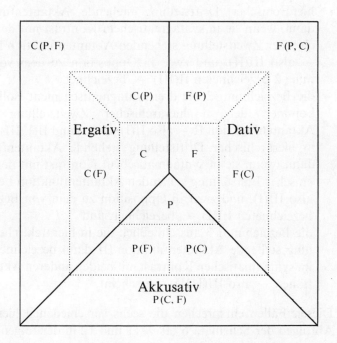

3.2. Der konsequenten Weiteranwendung des sowohl dem akkusativischen als auch dem ergativischen Bezeichnungstyp zugrunde liegenden Prinzips der Priorität der ökonomischen Ausnutzung der wegen fehlender syntagmatischer Kontraste entfallenden Bezeichnungsbedürfnisse entsprechen alle diejenigen Lösungen, in denen P, C und F nicht unterschieden werden, für P(C) : C(P), P(F) : F(P) und C(F) : F(C) eine einzige binäre Opposition benutzt wird und lediglich für P(C, F) : C(P, F) : F(P, C) eine ternäre Opposition vorliegt. Da bei drei zu unterstellenden verschiedenen Bezeichnungen insgesamt sechs verschiedene hierarchische Abfolgen möglich sind, ergeben sich hierbei automatisch die in den Schemata 6 bis 9, 11 und 12 wiedergegebenen sechs homogenen Varianten.

Als ‚homogene' Varianten werden diejenigen Verteilungen der
drei verschiedenen Bezeichnungen angesehen, in denen die jeweilige
hierarchische Abfolge ausnahmslos eingehalten ist. Dieser Fall liegt
vor, wenn

— die Bezeichnung 1 sämtliche Vorkommen der in hierarchischer
  Spitzenstellung stehenden Aktantenfunktion I — also I, I(II),
  I(III) und I(II, III) —, die beiden übrigen Aktantenfunktionen
  in syntagmatischer Isolierung — also II und III — und die in
  hierarchischer Drittstellung stehende Aktantenfunktion III
  dann, wenn sie in syntagmatischem Kontrast mit der in hierarchischer Zweitstellung stehenden Aktantenfunktion II erscheint
  — also III(II), und zwar in Opposition zu dem von Bezeichnung 2 bezeichneten II(III) —, bezeichnet,
— die Bezeichnung 2 die drei syntagmatisch nicht isolierten Vorkommen der in hierarchischer Zweitstellung stehenden
  Aktantenfunktion II — also II(I), II(III) und II(I, III) — und die
  in hierarchischer Drittstellung stehende Aktantenfunktion III
  dann, wenn sie in syntagmatischem Kontrast mit der in hierarchischer Erststellung stehenden Aktantenfunktion I erscheint —
  also III(I), und zwar in Opposition zu dem von Bezeichnung 1
  bezeichneten I(III) —, bezeichnet, und
— die Bezeichnung 3 ausschließlich die in hierarchischer Drittstellung stehende Aktantenfunktion III dann bezeichnet, wenn sie
  im syntagmatischen Kontrast mit beiden anderen Aktantenfunktionen — also III(I, II) — erscheint.

Diesen Fällen entsprechen die sechs verschiedenen hierarchischen
Abfolgen der Schemata 6 bis 9, 11 und 12 in der folgenden Verteilung der Aktantenfunktionen P, C und F:

Schema	6	7	8	9	11	12
Aktantenfunktion I	P	P	C	C	F	F
Aktantenfunktion II	C	F	P	F	P	C
Aktantenfunktion III	F	C	F	P	C	P

Schemata 10 und 13 hingegen bieten zwei Beispiele für die zahlreichen heterogenen Mischformen, die aus diesen sechs homogenen
Varianten gebildet werden können.

3.2.1. Bei hierarchischer Spitzenstellung der Bezeichnung der Prädikativ-Funktion ergeben sich die in den Schemata 6 und 7 wiedergegebenen beiden Varianten des ergativischen Bezeichnungstyps.

Schema 6:

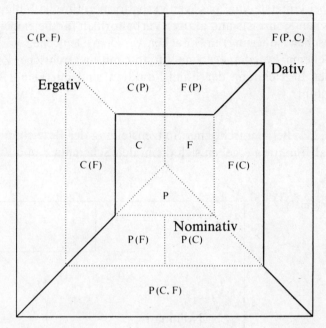

Schema 7:

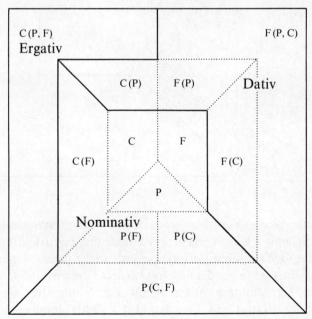

Die in Schema 6 wiedergegebene Variante mit hierarchischer Zweitstellung der Bezeichnung der Kausal-Funktion liegt beispielsweise
im Baskischen sowie in kombinatorischer Variation mit dem Passiv
(bei Unterstellung passiver Verbalformen für alle Fälle syntagmatischen Kontrasts und aktiver Verbalformen für diejenigen syntagmatischer Isolierung) in Sprachen wie dem Deutschen vor. Für die in
Schema 7 wiedergegebene Variante mit hierarchischer Zweitstellung
der Bezeichnung der Final-Funktion sind mir keine Beispiele bekannt.

3.2.2. Bei hierarchischer Spitzenstellung der Bezeichnung der Kausal-Funktion ergeben sich die in den Schemata 8 und 9 wiedergege-

Schema 8:

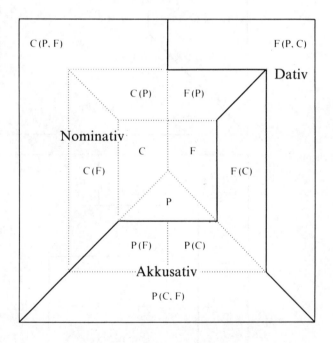

benen beiden Varianten des akkusativischen Bezeichnungstyps. Die
in Schema 8 wiedergegebene Variante mit Zweitstellung der Bezeichnung der Prädikativ-Funktion entspricht genau derjenigen hierarchischen Abfolge, die der von Lucien Tesnière (1959) vorgeschlage-
nen Terminologie ‚prime actant' (≅ Nominativ), ‚second actant'
(≅ Akkusativ) und ‚tiers actant' (≅ Dativ) implizit zugrunde liegt.

Bezogen auf die Frage nach der Herkunft dieser Hierarchie ist es
gewiß kein Zufall, daß Beispiele für die ihr entsprechende Variante
des akkusativischen Bezeichnungstyps in den romanischen und ger-

Schema 9:

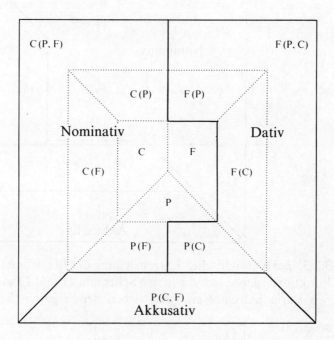

manischen Sprachen (in kombinatorischer Variation mit dem Aktiv)
den Normalfall bilden. Für die in Schema 9 wiedergegebene zweite
Variante des akkusativischen Bezeichnungstyps mit hierarchischer
Zweitstellung der Bezeichnung der Final-Funktion sind mir keine
ihr vollständig entsprechenden Beispiele bekannt. Hingegen findet
sich für die in Schema 10 wiedergegebene Kompromißlösung, die
für die Fälle des syntagmatischen Kontrasts mit nur einer anderen
Aktantenfunktion der in Schema 8 wiedergegebenen, im übrigen
jedoch der in Schema 9 wiedergegebenen Variante entspricht, ein
Beispiel in dem oben erwähnten Subsystem, das im Deutschen die
Verben vom Typ *beliefern, beschenken* etc. bilden — allerdings mit
einer in zwei von drei Fällen von der sonst gültigen Terminologie
abweichenden Kasusverteilung: nur dem Nominativ in Schema 10
entspricht der deutsche Nominativ, dem dortigen Dativ hingegen
der deutsche Akkusativ und dem dortigen Akkusativ eine Art Instrumentalis (*der C beliefert den F mit dem P*).

Schema 10:

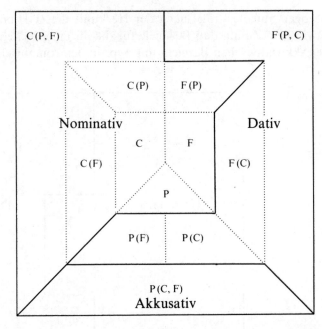

3.2.3. Bei hierarchischer Spitzenstellung der Bezeichnung der Final-Funktion ergeben sich die in den Schemata 11 und 12 wiedergegebenen Varianten eines erst jetzt neben dem ergativischen und dem

Schema 11:

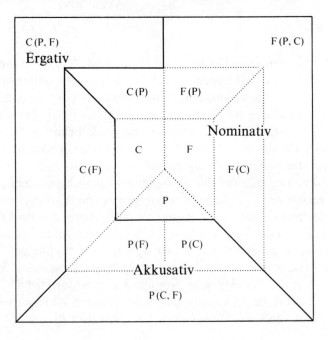

Schema 12:

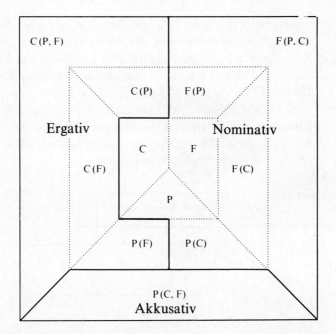

akkusativischen zusätzlich auftauchenden Bezeichnungstyps, der mangels eines besseren Terminus einstweilen ‚dativisch' genannt sei. Während mir für die in diesen beiden Schemata wiedergegebenen Varianten selbst (mit hierarchischer Zweitstellung der Bezeichnung der Prädikativ-Funktion in Schema 11 und derjenigen der Kausal-Funktion in Schema 12) keine Beispiele bekannt sind, läßt sich auch hier wieder eine in Schema 13 wiedergegebene Kompromißlösung, die in den Fällen des syntagmatischen Kontrasts mit nur einer anderen Aktantenfunktion der hierarchischen Spitzenstellung der Bezeichnung der Final-Funktion widerspricht, im übrigen jedoch mit der in Schema 12 wiedergegebenen Variante mit hierarchischer Zweitstellung der Bezeichnung der Kausal-Funktion übereinstimmt, durch zwei Sonderfälle im Deutschen illustrieren. Es sind dies

— einerseits diejenige kombinatorische Variation mit der Diathesenopposition, bei der für den Fall des syntagmatischen Kontrasts mit beiden anderen Aktantenfunktionen das ‚bekommen'-Passiv (*der F hat den P von dem C geliefert bekommen*), für die Fälle des syntagmatischen Kontrasts mit nur einer anderen Aktantenfunktion das normale (‚werden'-)Passiv und für diejenigen syntagmatischer Isolierung aktive Verbalformen zu unterstellen sind; und

– andererseits das schon für die Exemplifizierung von Schema 10 herangezogene Subsystem der Verben vom Typ *beliefern, beschenken* etc. in diesmal zusätzlicher kombinatorischer Variation mit dem Passiv (d. h. bei Unterstellung passiver Verbalformen für alle Fälle syntagmatischen Kontrasts und aktiver Verbalformen für diejenigen syntagmatischer Isolierung) sowie mit dem Eintreten der als Instrumentalis eingestuften P(C, F)-Bezeichnung an der Stelle des Akkusativs in Schema 13 (*der F ist von dem C mit dem P beliefert worden*).

Schema 13:

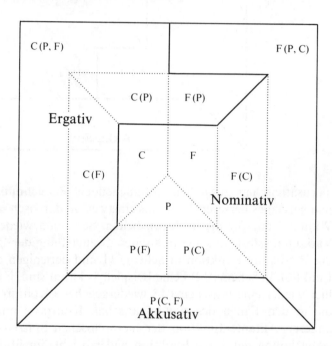

3.3. Neben einerseits der konsequenten Weiterbildung des aktivischen Bezeichnunstyps und andererseits den sechs homogenen Varianten einer konsequenten Weiterbildung des ergativischen und des akkusativischen Bezeichnungstyps sowie den in den Schemata 10 und 13 nur angedeuteten von diesen eröffneten Kompromißmöglichkeiten stehen zahlreiche weitere Kombinationsmöglichkeiten, die sich als Kompromißlösungen zwischen der konsequenten Weiteranwendung der Prinzipien der Priorität einerseits der eindeutigen Bezeichnung von Aktantenfunktionen (Schema 5) und andererseits der ökonomischen Ausnutzung der wegen fehlenden syntagmatischen Kontrasts entfallenden Bezeichnungsbedürfnisse (Schemata 6 bis 13) beschreiben lassen. Unter ihnen scheinen am ehesten diejenigen eine Aussicht auf Exemplifizierbarkeit mit tatsächlichen Beispielen zu eröffnen, die für die Final-Funktion dem ersten und für die Prädikativ- und die Kausal-Funktion dem zweiten Prinzip folgen. Diese somit als Kombinationen aus einem aktivischen Bezeichnungstyp für die Final-Funktion und entweder einem ergativischen oder einem akkusativischen Bezeichnungstyp für die Prädikativ- und die Kausal-Funktion einzustufenden Bezeichnungstypen liegen virtuell überall dort vor, wo Verben, die auf Grund ihrer semantischen Analyse einen Aktanten in Prädikativ-Funktion und einen in Final-Funktion implizieren, − oder zumindest bestimmte Subklassen von ihnen wie die verba sentiendi oder die Possessiv-Verben (*haben*) − eine andere Kasusrektion aufweisen als die ‚transitiven' Verben mit Aktanten in Prädikativ- und in Kausal-Funktion. Gewissermaßen als Standardformen dieser kombinierten Bezeichnungstypen ist das zu erwarten, was als Kombination von ergativischem und aktivischem Bezeichnungstyp in Schema 14 und als Kombination von akkusativischem und aktivischem Bezeichnungstyp in Schema 15 wiedergegeben ist. Beide Schemata − oder hinsichtlich der Schemastellen F, F(C) und C(F) gebührend zu modifizierende Varianten von ihnen − dürften sich als geeignete Darstellungen der im Georgi-

Schema 14:

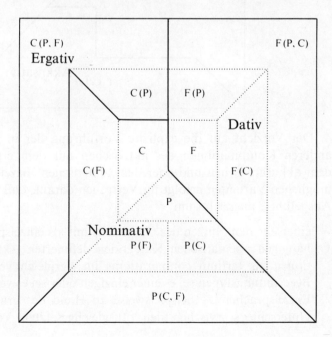

schen in kombinatorischer Variation mit der Opposition von aoristischer und praesentischer Tempusgruppe als Normalfall vorliegenden Bezeichnungstypen und entsprechend Schema 14 als geeignete Darstellung des beispielsweise im Avarischen als Normalfall vorliegenden Bezeichnungstyps erweisen. Schema 15 kann an den von Schema 8 abweichenden Stellen durch die — allerdings kaum mehr als ,Normalfälle' einstufbaren — deutschen Kasusverteilungen in *dem F ist kalt, der P(F) gehört dem F(P)* und *der C(F) liefert dem F(C)* illustriert werden.

Schema 15:

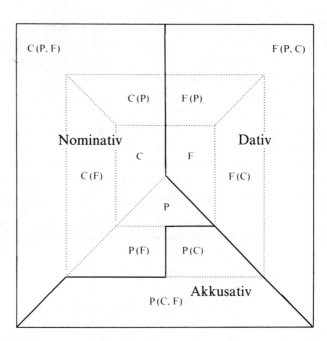

4. Der Verzicht auf die explizite Vorführung der in dieser oder anderen Kombinationen des aktivischen mit dem ergativischen, dem akkusativischen und/oder dem ,dativischen' Bezeichnungstyp möglichen Varianten erfolgt im Vertrauen darauf, daß das bislang Ausgeführte ausreicht, um

— einerseits den Nutzen des Operierens mit als einzelsprach-unabhängigen noematischen Kategorien definierten Aktantenfunktionen als tertium comparationis im Vergleich verschiedener Bezeichnungstypen sei es einer einzigen oder sei es verschiedener Einzelsprachen — beispielsweise an Hand des grundlegenden Unterschieds zwischen den oft gleichgesetzten Verhältnissen

einerseits im Baskischen (Schema 6) und andererseits in kaukasischen Sprachen (Schema 14) — sichtbar zu machen,
— andererseits aber auch deutlich werden zu lassen, daß bei der schnell wachsenden Zahl theoretisch denkbarer kombinatorischer Möglichkeiten, wie sie hier an Hand der Berücksichtigung nur dreier verschiedener Aktantenfunktionen schon hinreichend sichtbar wurde, nur mehr in sehr eingeschränktem Maße damit gerechnet werden kann, daß in einer gegebenen Einzelsprache charakteristische ‚Normalbezeichnungen' anzutreffen seien.

Ein noch weitergehend differenzierendes Vorgehen dürfte sich daher wesentlich eher als für eine Sprachtypologie für eine Typologie einzelner Verbalrektionen als angemessen erweisen. Als Andeutung des Ausmaßes, in welchem schon die hier im dritten Abschnitt gebotenen Darstellungen zwischen diesen beiden Bereichen stehen, mag die abschließende Übersicht über die im Deutschen im nur in den Beispielsätzen (2), (18b), (19) und (20b) durchbrochenen Rahmen eines einzigen semantischen Bereichs anzutreffenden Bezeich-

	Nominativ	Akkusativ	Ergativ	Dativ
P	1	2		
P(C)	3	4		
P(F)	5, 6	7		
P(C, F)	8	9, 10, (11)		
C	12		13	
C(P)	4		3	
C(F)	14, 15		16, 17	
C(P, F)	9, 11		8,10	
F	18	19		20
F(P)	7		5	6
F(C)	16	14		15, 17
F(P, C)	10	(11)		8, 9, (11)

nungsmöglichkeiten dienen: der Ausschluß von Ergativ und Dativ als Bezeichnungen der Prädikativ-Funktion und von Akkusativ und Dativ als Bezeichnungen der Kausal-Funktion kann als (einzel)-sprach-spezifisch angesehen werden, während alle übrigen Verteilungen bestimmte morphologisch definierbare Subsysteme und/oder nicht minder morphologisch definierbare Diathesenoppositionen betreffen.

Die Einklammerung des Verweises auf Beispielsatz (11) betrifft die im Zusammenhang mit Schema 10 in 3.2.2 erwähnten Abweichungen von der normalen Kasus-Terminologie.

Beispielsätze:

(1)		Der P ist bekannt.
(2)		Es regnet Hunde und Katzen (= P).
(3)		Der P wird von dem C verkündet.
(4)		Der C verkündet den P.
(5)		Der P wird von dem F gekannt.
(6)		Der P ist dem F bekannt.
(7)		Der F kennt den P.
(8)		Der P wird dem F von dem C mitgeteilt.
(9)		Der C teilt dem F den P mit.
(10)		Der F bekommt den P von dem C mitgeteilt.
(11)		Der C unterrichtet den F über den P.
(12)		Der C predigt.
(13)		Von dem C wird gepredigt.
(14)		Der C unterrichtet den F.
(15)		Der C predigt dem F.
(16)		Der F wird von dem C unterrichtet.
(17)		Dem F wird von dem C gepredigt.
(18)	a.	Der F bekommt gepredigt.
	b.	Der F friert.
(19)		Den F friert.
(20)	a.	Dem F wird gepredigt.
	b.	Dem F ist kalt.

Literatur

Heger, Klaus
 1976   *Monem, Wort, Satz und Text* (Tübingen: Niemeyer).
Klimov, Georgij A.
 1974   „On the character of languages of active typology", *Linguistics* 131:
          11–25.
Tesnière, Lucien
 1959   *Eléments de syntaxe structurale* (Paris: Klincksieck).

THOMAS HEROK

Über Sinn und Bedeutung von Prädikaten

0. Die Deutung von Akkusativität und Ergativität (sowie, wenn auch mehr am Rande, von Aktivität [= aktivischer Kodierung]), die wir im folgenden vorstellen,* beruht auf einer Reihe von Vorannahmen und Vorüberlegungen.[1]

0.1. Syntaktische Ergativität, d. h. syntaktische Privilegiertheit[2] (Vorrangigkeit) des Patiens-Aktanten gegenüber dem Agens-Aktanten im transitiven Ergativprädikat ist die Ausnahme. In der Regel ist der Agens-Aktant des Ergativprädikats der syntaktisch privilegierte(re) Aktant: er − und nicht der Patiens-Aktant − ist Mel'čuks „syntactically ‚highly privileged' S[urface] S[yntactic] actant"; er − und nicht der Patiens-Aktant − ist ‚syntactic pivot' im Sinne Dixons[3] oder S[ubject] im Sinne der ‚Relational Grammar'. Seine syntaktische Stellung ist somit keine andere als die des Agens-Aktanten im transitiven Akkusativprädikat.

Angesichts dieses Umstands können wir eine Sprache mit syntaktischer Ergativität wie das Dyirbal (vgl. Dixon 1972) nicht als ‚Ergativsprache par excellence' (Katz 1980: 1) betrachten, und auch nicht Sasses Auffassung teilen, wonach sich Sprachen mit ‚Oberflächenergativität', diachron gesehen, notwendig ‚auf dem Weg vom einen zum anderen System' befänden (Sasse 1978: 240). Es sind unserer Auffassung nach vielmehr die syntaktischen Verhältnisse im Dyirbal, welche die Ausnahme bilden und als eine Ausnahme erklärt werden müssen. (Also: Wie/weshalb kommt eine Ergativsprache zu syntaktischer Ergativität? und nicht: Wie/weshalb verliert eine Ergativsprache die syntaktische Ergativität?) Dieser Aufgabe werden wir uns an anderer Stelle widmen (vgl. Herok, in Vorbereitung); im Rahmen des gegenwärtigen Beitrags beschäftigen wir uns nur mit dem, was wir als den Regelfall ansehen: Ergativität *ohne* syntaktische Ergativität[4] (oder, um es anders auszudrücken: Ergativität mit syntaktischer Akkusativität).

0.2. Die Existenz von Sprachen mit ‚gespaltener Ergativität' (bzw.
‚gespaltener Akkusativität'),[5] genauer gesagt: der Umstand, daß
manche Sprachen in Abhängigkeit von bestimmten semantischen
Bedingungen (wie Verbalaspekt und nominaler Semantik) im einen
Teil ihres Verbalparadigmas ergativisch, im anderen Teil dagegen
akkusativisch kodieren, und daß es — quer durch die Sprachen
dieses Typs hindurch — immer wieder dieselben semantischen Bedingungen sind, unter denen Akkusativität, und immer wieder dieselben semantischen Bedingungen, unter denen Ergativität auftritt,
dieser Umstand kann weder von sogenannten ‚Discriminatory Theories',[6] wie sie z. B. in Dixon (1979: 68 ff.) und in Comrie
(1978: 379 ff.) vorgestellt wurden, noch von ‚Characterizing Theories',[7] wie z. B. denen von Antinucci (1977: 94 ff.) und Kibrik
(1979), befriedigend erklärt werden. Denn erstere, welche ja bekanntlich behaupten, daß es mit der Kodierung von Prädikatsaktanten nichts weiter auf sich habe, als daß durch sie die Unterscheidung
von Agens-Aktant und Patiens-Aktant dort gewährleistet werden
soll, wo diese Aktanten gemeinsam auftreten und daher verwechselt
werden könnten (eine Aufgabe, die Akkusativität und Ergativität
im gleichen Maße zu erfüllen imstande sind), wissen keine Antwort
auf die Frage zu geben, warum in manchen Sprachen Akkusativität
und Ergativität offensichtlich semantisch bedingt sind. Letztere,
indem sie einerseits Ergativität als Ausdruck semantischer Aktanteneigenschaften (konkret: semantischer Rollen) deuten, gleichzeitig
aber an der herkömmlichen Deutung von Akkusativität als Ausdruck satz- bzw. text-syntaktischer Aktanteneigenschaften (also Status wie S[ubject] bzw. ‚Topic') festhalten, versagen hingegen vor der
Frage, warum die einen semantischen Bedingungen (z. B. imperfektiver Aspekt) in besagten ‚Misch'-Sprachen stets die Signalisierung
satz- bzw. text-syntaktischer Aktanteneigenschaften (per akkusativischer Kodierung) hervorrufen sollten, während die komplementären, aber prinzipiell gleichgearteten semantischen Bedingungen
(z. B. perfektiver Aspekt) stets die Signalisierung semantischer Rol-
leneigenschaften (per Ergativität) bedingen sollten.

0.3. Aus dem eben Angeführten wird deutlich: behält man — so
wie Antinucci und Kibrik — die herkömmliche(n) Deutung(en) von
Akkusativität bei, und glaubt, ausschließlich Ergativität erklären
zu müssen, versperrt man sich den Weg zu einer befriedigenden
Erklärung des Auftretens beider unter komplementären semantischen Bedingungen in ein und derselben Sprache.[8]

Somit gilt es einerseits, die altvertraute(n) Auffassung(en), Akkusativität bringe satz- bzw. text-syntaktische Aktanteneigenschaften zum Ausdruck, als Vor-Urteil, das einem Verständnis des Phänomens der Kodierungsmischung im Wege steht, zu durchschauen und andererseits für eine *gemeinsame* Deutung von Akkusativität und Ergativität zu sorgen, die genau dieses Verständnis schafft. Der Umstand, daß sowohl Akkusativität als auch Ergativität eine deutliche Affinität zu (einander komplementären) semantischen ‚Kontexten' zeigen, legt es nahe, *beide* als Ausdruck semantischer Aktanteneigenschaften zu deuten (also nicht nur Ergativität, wie dies bei Antinucci und Kibrik der Fall ist). Bei diesen semantischen Aktanteneigenschaften wird es sich freilich nicht um semantische Rollen[9] handeln können, sondern um Bedeutungsfaktoren anderer Art. Eben diese wollen wir im nun folgenden offenlegen.

1. Prädikate sind Benennungen von (Namen für) Sachverhalte(n).[10] Sachverhalte bestehen in semantischen Rollen (gespielt von Entitäten).

Transitive Prädikate sind Namen für Agens&Patiens-Sachverhalte, d. h. Sachverhalte, die sowohl in einer Agens-Rolle als auch in einer Patiens-Rolle (und, eventuell, noch in weiteren Rollen, wie z. B. Rezipient-Rolle, Instrument-Rolle, etc.) bestehen.

Intransitive Prädikate sind dagegen Namen für Sachverhalte, die entweder in einer Agens-Rolle (und, eventuell, in noch weiteren Rollen, ausgenommen die Rolle ‚Patiens') oder in einer Patiens-Rolle (und, eventuell, in noch weiteren Rollen, ausgenommen jedoch die Rolle ‚Agens') bestehen. Entsprechend dieser Unterscheidung sprechen wir in Hinkunft von *Agens-Intransitiva* bzw. *Patiens-Intransitiva*.

In ihrer Eigenschaft als Sachverhalts-Benennungen *denotieren* die Prädikate einer Sprache Sachverhalte nicht nur, sondern sie *präsentieren* diese Sachverhalte auch auf bestimmte Art und Weise. Die Prädikate der Aktivsprache einerseits, der Akkusativsprache bzw. Ergativsprache andererseits unterscheiden sich voneinander durch eben diese Art und Weise ihrer *Sachverhalts-Präsentation* (und *nur* durch diese Art und Weise ihrer Sachverhalts-Präsentation).

Die Sachverhalts-Präsentation des Prädikats in einer Aktivsprache ist eine *kumulierende*: das heißt, das Prädikat präsentiert seinen (= den von ihm denotierten) Sachverhalt einfach als Summe seiner Teile, d. h. als Summe der ihn konstituierenden Rollen.

Dagegen ist die Sachverhalts-Präsentation des Prädikats in Akkusativsprachen sowie in Ergativsprachen eine *zentrierende*:[11] sowohl das Prädikat der Akkusativsprache als auch das Prädikat der Ergativsprache präsentiert seinen Sachverhalt mit einer Rolle als *semantisch zentraler Rolle* und mit jeder weiteren Rolle als *semantisch dezentraler Rolle*.

Worin sich die Prädikate der Akkusativsprache (genauer: ein Teil der Prädikate der Akkusativsprache, nämlich die transitiven Prädikate) von den Prädikaten der Ergativsprache (wiederum genauer: von den transitiven Prädikaten der Ergativsprache) unterscheiden, ist nun nicht die Art und Weise ihrer Sachverhalts-Präsentation — diese ist hier wie dort eine zentrierende —, sondern vielmehr die Wahl der Rolle, die als semantisch zentrale Rolle des Sachverhalts präsentiert wird (und damit zwangsläufig auch die Wahl der Rolle(n), die als semantisch dezentrale Rolle(n) des Sachverhalts präsentiert wird (werden)): das transitive Prädikat der Akkusativsprache (kurz: *Akkusativprädikat*) ist *Agens-zentrierend* (präsentiert seinen Agens&Patiens-Sachverhalt mit der Rolle ‚Agens‘ als semantisch zentraler Rolle — und folglich mit jeder weiteren Rolle inklusive der Rolle ‚Patiens‘ als semantisch dezentraler Rolle), das transitive Prädikat der Ergativsprache (kurz: *Ergativprädikat*) hingegen *Patiens-zentrierend* (präsentiert seinen Agens&Patiens-Sachverhalt mit der Rolle ‚Patiens‘ als semantisch zentraler Rolle, mit jeder weiteren Rolle, die Agens-Rolle inbegriffen, als semantisch dezentraler Rolle).

2. Es sind die eben angeführten unterschiedlichen Präsentationsweisen bzw. die unterschiedliche Rollen-Wahl bei zentrierender Präsentation, welche die Unterschiede zwischen aktivischer, akkusativischer und ergativischer Kodierung bedingen.

Das Prädikat der Aktivsprache, so sagten wir eben, präsentiert den von ihm denotierten Sachverhalt kumulierend, d. h. es liefert uns seinen Sachverhalt einfach als ‚in einer (oder mehreren) bestimmten semantischen Rolle(n) wie „Agens", „Patiens", etc. bestehend‘. Die Prädikatsaktanten, die die Träger dieser Rollen bezeichnen, werden diesen ihren Rollen entsprechend kodiert: der Agens-Aktant per Activus-Kodierung, der Patiens-Aktant per Inactivus-Kodierung, etc.

Dahingegen postulierten wir für die Prädikate von Akkusativsprache wie von Ergativsprache eine zentrierende Sachverhalts-Präsentation, und dies heißt nichts anderes, als daß sie die von ihnen denotierten Sachverhalte als ,vorrangig in einer Rolle (nämlich der semantisch zentralen), und erst dann (nachrangig) in weiteren Rollen bestehend' präsentieren. Die Kodierung der Prädikatsaktanten drückt nun diesen (nicht einfach naturgegebenen,[12] sondern eben erst durch die zentrierende Präsentation des Prädikats zustandekommenden) Rangunterschied zwischen den einzelnen Rollen dadurch aus, daß der *semantisch zentrale Aktant* (bezeichnend den Träger der vom Prädikat semantisch zentral präsentierten Rolle) *nominativisch* (= absolutivisch), *semantisch dezentrale Aktanten* (bezeichnend die Träger von semantisch dezentral präsentierten Rollen) dagegen *oblique*, also z. B. akkusativisch, ergativisch, dativisch, etc., kodiert werden.

3. Lassen wir nun die — wohl ohne weiteres verständliche — kumulierende Sachverhalts-Präsentation der Aktivsprache und ihren Reflex in der Activus/Inactivus-Kodierung beiseite, und verfolgen wir anhand einzelner Beispiele, wie die zentrierende Sachverhalts-Präsentation der Prädikate von Akkusativsprache und Ergativsprache ihren Niederschlag findet.

3.1. Wird ein Sachverhalt von einer Agens-Rolle allein bzw. von einer Patiens-Rolle allein konstituiert, dann präsentiert ihn sowohl sein Prädikat in der Akkusativsprache als auch sein Prädikat in der Ergativsprache zwangsläufig gleich: *Agens-zentral* bzw. *Patiens-zentral.*

So präsentieren sowohl das deutsche — Akkusativsprache — Agens-Intransitivum *tanzt* in (1) als auch das ihm bedeutungsgleiche tscherkessische — Ergativsprache — Agens-Intransitivum *mewəǯ'ə* in (2) ihren nur in der Agens-Rolle (Tätigkeit): ,Tanz-Bewegungen vollführen' bestehenden Sachverhalt mit eben dieser Rolle als semantisch zentraler Rolle, und der Agens-Aktant *Der Bauer* in (1) bzw. der ihm bedeutungsgleiche Agens-Aktant *meq°əmeš'əś'er* in (2) wird — als semantisch zentraler Aktant — nominativisch markiert:[13]

(1)   Der Bauer$_{\text{nom}}$ tanzt

(2)   meq°əmeš'əś'er$_{\text{nom}}$ mewəǯ'ə

Analog präsentieren sowohl das deutsche Patiens-Intransitivum *verdorrt* in (3) als auch das ihm bedeutungsgleiche tscherkessische Patiens-Intransitivum *meɣ°ə* in (4) ihren nur in der Patiens-Rolle

(Objektsveränderung), ‚den Saft verlieren und dürr werden', bestehenden Sachverhalt mit genau dieser Rolle als semantisch zentraler Rolle, weswegen der den Träger dieser Rolle bezeichnende Aktant *Das Gras* in (3) bzw. bedeutungsgleiches *wəcər* in (4) nominativisch kodiert werden:

(3)   Das Gras$_{nom}$ verdorrt
(4)   wəcər$_{nom}$ meɣ°ə

3.2.   Wird ein Sachverhalt von einer Agens-Rolle sowie von weiteren Rollen – unter ihnen jedoch keine Patiens-Rolle – konstituiert, dann präsentiert ihn sowohl sein Prädikat in der Akkusativsprache als auch sein Prädikat in der Ergativsprache gleich, nämlich *Agenszentral* (und, beispielsweise, *Ziel-dezentral*).

So präsentieren sowohl das deutsche Agens-Intransitivum *griff hinunter nach* in (5) als auch das gleichbedeutende tscherkessische Agens-Intransitivum *ye'ebeχəɣ* in (6) den von ihnen benannten Sachverhalt (bestehend in einer Agens-Rolle und einer Ziel-Rolle, jedoch keiner Patiens-Rolle) mit der Agens-Rolle (Tätigkeit): ‚einen Griff tun in Richtung auf einen Gegenstand' als semantisch zentraler Rolle, mit der Ziel-Rolle: ‚zum Ziel einer Greifbewegung werden' als semantisch dezentraler Rolle. Folglich werden die gleichbedeutenden Agens-Aktanten *Der Bauer* in (5) und *meq°əmeš'əš'er* in (6) nominativisch, die gleichbedeutenden Ziel-Aktanten *nach dem Stein* in (5) und *məź°em* in (6) oblique markiert:

(5)   Der Bauer$_{nom}$ griff nach dem Stein$_{obl}$ hinunter
(6)   meq°əmeš'əš'er$_{nom}$ məź°em$_{obl}$ ye'ebeχəɣ

Wird ein Sachverhalt von einer Patiens-Rolle sowie von weiteren Rollen – unter ihnen jedoch keine Agens-Rolle – konstituiert, dann präsentiert ihn sowohl sein Prädikat in der Akkusativsprache als auch sein Prädikat in der Ergativsprache gleich, nämlich *Patienszentral* (und, beispielsweise, *Ausgangsort-dezentral*).

Mithin präsentieren sowohl das deutsche Patiens-Intransitivum, *fiel herunter von* in (7) als auch das tscherkessische Patiens-Intransitivum *qyefeχəɣ* in (8) den von ihnen denotierten, in einer Patiens-Rolle (Objektsveränderung): ‚einem Sturz unterliegen' und in einer Ausgangsort-Rolle: ‚aufhören, Ort einer Entität zu sein' bestehenden Sachverhalt mit ersterer als semantisch zentraler, letzterer als semantisch dezentraler Rolle. Also erhält hier wie dort der Agens-

Aktant als Träger der semantisch zentralen Rolle nominativische Markierung (*Der Bauer* in (7), *meqᵒəmešʼəśʼer* in (8)), der Ausgangs-Aktant als Träger der semantisch dezentralen Rolle oblique Markierung (*vom Pferd* in (7) bzw. — gleichbedeutendes — *šəm* in (8)):

(7) Der Bauer$_{nom}$ fiel vom Pferd$_{obl}$ herunter

(8) meqᵒəmešʼəśʼer$_{nom}$ šəm$_{obl}$ qyefeχəγ

3.3. Wird ein Sachverhalt sowohl von einer Agens-Rolle als auch von einer Patiens-Rolle, sowie — eventuell — von weiteren Rollen (Instrument-Rolle, Ziel-Rolle, Rezipient-Rolle, etc.) konstituiert, dann präsentiert ihn sein Prädikat in der Akkusativsprache anders als das ihn benennende Prädikat in der Ergativsprache. Während ersteres ihn *Agens-zentral* (und *Patiens-dezentral*; sowie, beispielsweise, Instrument-dezentral, Ziel-dezentral, Rezipient-dezentral, etc.) präsentiert, präsentiert ihn letzteres *Patiens-zentral* (und *Agens-dezentral*; sowie, beispielshalber, Instrument-dezentral, Ziel-dezentral, Rezipient-dezentral, etc.).

Es präsentiert also das deutsche Akkusativprädikat *pflügt* in (9) den Sachverhalt ‚Pflügung‘ mit der Agens-Rolle (Tätigkeit): ‚den Pflug führen‘ als semantisch zentraler Rolle, mit der Patiens-Rolle (Objektsveränderung): ‚zum Acker werden‘ (sowie, beispielsweise, der Instrument-Rolle: ‚als Werkzeug zum Pflügen dienen‘ etc.) als semantisch dezentraler Rolle. Deshalb ist in (9) der Agens-Aktant *Der Bauer* nominativisch markiert, der Patiens-Aktant *das Feld* (sowie der Instrument-Aktant *mit dem Holzpflug*) hingegen oblique.

Umgekehrt präsentiert das tscherkessische Ergativprädikat *yeźᵒə* in (10) den Sachverhalt ‚Pflügung‘ mit der Patiens-Rolle (Objektsveränderung): ‚zum Acker werden‘ als semantisch zentraler, mit der Agens-Rolle (Tätigkeit): ‚den Pflug führen‘ (sowie, beispielshalber, der Instrument-Rolle: ‚als Werkzeug zum Pflügen dienen‘ etc.) als semantisch dezentraler Rolle. Somit wird in (10) der Patiens-Aktant — als Träger der semantisch zentralen Rolle — nominativisch (*gᵒəbγᵒer* ‚das Feld‘), der Agens-Aktant (sowie der Instrument-Aktant) — als Träger semantisch dezentraler Rollen — oblique markiert (*meqᵒəmešʼəśʼem* ‚der Bauer‘ bzw. *pxeʼašemčʼʼe* ‚mit dem Holzpflug‘).

(9)   Der Bauer$_{nom}$ pflügt das Feld$_{obl}$ mit dem Holzpflug$_{obl}$

(10) meqᵒəmešʼəśʼem$_{obl}$ gᵒəbγᵒer$_{nom}$ pxeʼašemčʼʼe$_{obl}$ yeźᵒə

Auf den einfachsten Nenner gebracht bedeutet das eben Gesagte:
Akkusativprädikate, die transitiven Prädikate der Akkusativspra-
che, präsentieren ihre Agens&Patiens-Sachverhalte als ‚in erster
Linie Tätigkeit (Agens-zentral), und dann erst Objektsveränderung
(Patiens-dezentral)'. Ergativprädikate, die Transitiva der Ergativ-
sprache, präsentieren ihre Agens&Patiens-Sachverhalte als ‚in erster
Linie Objektsveränderung (Patiens-zentral), und dann erst Tätigkeit
(Agens-dezentral)'.

4. Wir haben damit, unseren eingangs formulierten Intentionen
entsprechend, sowohl Akkusativität als auch Ergativität als semantisch motivierte Kodierungsformen (jedoch *nicht* als *Rollen-seman-
tisch* motivierte Kodierungsformen − man vergleiche die Kritik zu
Beginn unseres Beitrags −) gedeutet. Mehr noch: wir haben beide
als Ausdruck ein und desselben semantischen Strukturierungsprin-
zips, nämlich der zentrierenden Sachverhalts-Präsentation durch die
Prädikate von Akkusativsprache und Ergativsprache gedeutet und
ihnen damit engste Verwandtschaft − eine grundlegende Voraussetzung für das von uns angestrebte Verständnis des Phänomens der
‚gespaltenen Ergativität' − attestiert: beide weisen sie ja Prädikatsaktanten entweder als Träger der vom Prädikat zentral präsentierten Rolle oder als Träger einer vom Prädikat dezentral präsentierten
Rolle aus; beide setzen sie die gleichen Formmittel für gleich Präsen-
tiertes ein: nominativische Kodierung für den semantisch zentralen
Aktanten, oblique Kodierung für jeden semantisch dezentralen Aktanten. Daß Akkusativität und Ergativität überhaupt als voneinander verschiedene Kodierungen begegnen, beruht einzig und allein
darauf, daß das besagte semantische Strukturierungsprinzip der
zentrierenden Sachverhaltspräsentation bei Agens&Patiens-Sach-
verhalten zwei Varianten kennt: zum einen die Agens-zentrierende,
die ihren Ausdruck in der akkusativischen Kodierung findet, und
zum anderen die Patiens-zentrierende, die als Ergativität zum Ausdruck gelangt.

5.1. Am Beginn unserer Erörterungen stand die Feststellung, daß
ein Prädikat seinen Sachverhalt nicht nur *denotiert*, sondern auch
(in bestimmter Weise) *präsentiert*. Hierin (nämlich: daß sie Elemente
der Wirklichkeit einerseits überhaupt vermitteln, und andererseits:
in einem bestimmten Licht vermitteln) gleichen nun Prädikate unseres Erachtens völlig anderen sprachlichen Benennungsmitteln. Denn
auch für Benennungen von Entitäten trifft es zu, daß sie diese ihre

Entitäten sowohl denotieren als auch präsentieren, zwei Eigenschaften, die Frege bekanntlich als ‚Bedeutung‘ beziehungsweise ‚Sinn‘ von Sprachzeichen einander gegenüberstellt.[14]

Es liegt nun nahe, mit einem Zeichen (Namen, Wortverbindung, Schriftzeichen) außer dem Bezeichneten, was die Bedeutung des Zeichens heißen möge, noch das verbunden zu denken, was ich den Sinn des Zeichens nennen möchte, worin die Art des Gegebenseins enthalten ist... Es würde die Bedeutung von ‚Abendstern‘ und ‚Morgenstern‘ dieselbe sein, aber nicht ihr Sinn. (Frege 1892: 26 f.)

Es entspricht dabei das, was wir — in unserem speziellen Fall des Benennungsmittels ‚Prädikat‘ — ‚Präsentation‘ eines Sachverhalts (genauer — siehe Anm. 10 — eines Sachverhalts-Typus) durch ein Prädikat nennen, dem Fregeschen ‚Sinn‘ eines Sprachzeichens, das, was bei uns ‚Denotation‘ eines Sachverhalts durch ein Prädikat heißt, Freges ‚Bedeutung‘ eines Sprachzeichens. Und wenn wir oben ausführten, daß durch die Prädikate von Akkusativsprache, Ergativsprache, und Aktivsprache ein und derselbe Sachverhalt jeweils verschieden[15] präsentiert werde, so könnten wir nun mit Frege sagen, daß ein und dieselbe ‚Bedeutung‘ in diesen Prädikaten in jeweils verschiedenem ‚Sinn‘ vorliege.[16] Daß also — um bei unseren Beispielen aus § 3.3 zu bleiben — die ‚Bedeutung‘ ‚Pflügung‘ vom deutschen Akkusativprädikat *pflügen* vorrangig als Tätigkeit (Agens-Rolle) ‚Pflugführen‘ (und erst in zweiter Linie als Objektsveränderung (Patiens-Rolle) ‚zum Acker werden‘) wiedergegeben wird, macht den ‚Sinn‘ dieses Prädikats aus; und analog besteht in der Wiedergabe derselben ‚Bedeutung‘ durch das tscherkessische Ergativprädikat *ž°ən* als ‚vorrangig in der Objektsveränderung (Patiens-Rolle) „zum Acker werden", und erst in zweiter Linie in der Tätigkeit (Agens-Rolle) „Pflugführen" bestehend‘ der spezifische ‚Sinn‘ dieses tscherkessischen Prädikats. Es sind diese Prädikate somit ‚Bedeutungs‘-semantisch (hinsichtlich ihrer ‚Bedeutung‘) einander gleich, jedoch ‚Sinn‘-semantisch (hinsichtlich ihres ‚Sinns‘) voneinander verschieden.

5.2. Es ist hier der geeignete Ort, um auf einen bezeichnenden Irrtum hinzuweisen, dem viele um die Analyse der Semantik von Prädikaten bemühte Sprachwissenschaftler seit jeher erliegen. Bezeichnend insofern, als er Zeugnis ablegt für die von uns behauptete semantische Zentralität der Agens-Rolle im Akkusativprädikat bzw.

der Patiens-Rolle im Ergativprädikat. Irrtum insofern, als die ihn
vertretenden Linguisten das *eine* vom Akkusativprädikat bzw. Ergativprädikat als semantisch zentral präsentierte Bedeutungs-Element
(nämlich: je *eine* [1!] semantische Rolle) für die *gesamte* Bedeutung
des Prädikats halten. Beim Akkusativprädikat springt ihnen (um es
so bildhaft wie nur irgend möglich zu bezeichnen) die Tätigkeit,
also die Rolle ‚Agens‘ ins Auge; und dies so heftig, daß sie darüber
übersehen, daß diese Tätigkeit oder Agens-Rolle ja nur *ein* Bestandteil der Bedeutung des Akkusativprädikats ist (nämlich eben jener
Bedeutungsbestandteil, den das Prädikat semantisch zentral präsentiert). Und so kommen denn für das Akkusativprädikat Bedeutungs-
Definitionen wie die folgende der Duden-Grammatik (1966: 69)
zustande:

> Von der *Bedeutung* her lassen sich alle Verben in drei große
> Gruppen einteilen, in die Zustands-, Vorgangs- und *Tätigkeitsver-*
> *ben.* (Hervorhebungen von uns)

Von letzteren heißt es dann weiter:

> Verben dieser Art bezeichnen ein Geschehen, das von dem zu-
> gehörigen Subjekt Aktivität verlangt ... In sehr vielen Fällen ... ist
> diese Aktivität so groß, daß dadurch ein außerhalb des Subjekts
> stehendes Wesen oder Ding von der Handlung getroffen wird.

Wir zitieren diese Passage nicht, um das Ungenügen der semantischen Metasprache der Duden-Grammatiker zu dokumentieren.
Uns geht es nur darum zu zeigen, wie hier die *Agens-Lastigkeit*
des Akkusativprädikats (letzteres ist es ja, das im zweiten Zitat
angesprochen wird) ganz offensichtlich die Verfasser dazu verführt,
nur mehr von ‚Tätigkeit (Aktivität, Handlung)‘, die ‚ein Wesen oder
Ding trifft‘, als der Bedeutung des Akkusativprädikats zu sprechen,
und dabei zu übersehen, daß es da noch (mindestens) etwas gibt,
was sie unter anderen Umständen (nämlich ohne den Agens-Bias des
Akkusativprädikats) als *Vorgang* würden bezeichnet haben (beim
Sachverhalt ‚Pflügung‘ etwa das nicht-aktive, unwillentliche ‚zum
Acker werden‘ des Feldes, welches ja von der Handlung nicht bloß
‚getroffen wird‘, sondern infolge dieser Handlung eine beträchtliche
Veränderung durchmacht: ein *Vorgang*, der prinzipiell kein anderer
ist als ein von *Vorgangsverben* wie *fallen, wachsen, erfrieren, verblu-
ten, einschlafen* — dies die Beispiele der Duden-Grammatik (ebenda)
für Vorgangsverben — bezeichneter). Aber dieser Vorgang innerhalb des Agens&Patiens-Sachverhalts ‚Pflügung‘ hat eben dem Vor-

gang innerhalb des von einem Patiens-Intransitivum (oder — in Termini der Duden-Grammatik — ‚Vorgangsverb‘) bezeichneten Sachverhalts gegenüber den entscheidenden Nachteil, daß er vom Akkusativprädikat semantisch dezentral (gewissermaßen ‚im Schatten der Tätigkeit‘) präsentiert wird, während letzterer vom Vorgangsverb (Patiens-Intransitivum) semantisch zentral vermittelt wird. Und dies — so unterstellen wir — führt dazu, daß ersterer bei Bedeutungsdefinitionen wie der eben zitierten unter den Tisch fallen gelassen wird (während letzterer sehr wohl in Bedeutungsdefinitionen Eingang findet).

Das genaue Pendant zu dieser unzureichenden Bedeutungsdefinition des Akkusativprädikats liefert Mel'čuk für das Ergativprädikat des Lezgischen:

The peculiarity of the Lezgian sentences of type (3) [(3) *Ali-di$_{erg}$ kič$_{nom}$* q̇ena$_{killAor}$ ‚Ali killed the dog‘] when compared to, e.g. their English equivalents, resides not in syntax — but rather is to be found on a much deeper level, namely in their SEMANTICS. In such Lezgian sentences, all the verbs *denote states, not genuine actions; action verbs simply do not exist in the language.* Thus instead of ‚kill‘, Lezgian actually says ‚die (maybe from somebody's hand)‘; ‚eat‘ is in Legian ‚disappear swallowed‘, ‚bake‘ — ‚change (= become different) under the action of heat‘, and ‚plough‘ — ‚undergo ploughing‘. (Mel'čuk 1981: 233, Hervorhebungen von uns)

So wie die Verfasser der Duden-Grammatik von der Zentralstellung, die die Tätigkeit (Agens-Rolle) dank dem Akkusativprädikat bekommt, geblendet werden, genauso steht Mel'čuk im Banne der Patiens-zentralen (Objektsveränderungs-zentralen)[17] Sachverhaltspräsentation durch das Ergativprädikat. Hier wie dort wird jenes Bedeutungselement, das vom Prädikat als semantisch zentral präsentiert wird (im einen Fall die Agens-Rolle, im anderen Fall die Patiens-Rolle) als alleinige und ausschließliche Bedeutung des Prädikats miß-deutet.[18] Und dies ist geradewegs so, als wollte man behaupten, die Bedeutung des Ausdrucks *der Sieger von Jena und Auerstedt* sei ausschließlich der Napoleon vom 14. Oktober 1806 (nicht aber der Napoleon vom 13. oder 15. desselben Monats bzw. der Napoleon zu jedem anderen Zeitpunkt zwischen dem Datum seiner Geburt und dem seines Todes); in Wahrheit aber kann kein Zweifel darüber bestehen, daß die Bedeutung des Ausdrucks *der Sieger von Jena und Auerstedt* als auch die von *der Geschlagene von*

Waterloo als auch die von einfachem *Napoleon* ein und derselbe Mann ist, der am 15. August 1768 in Ajaccio geboren wurde und am 5. Mai 1821 auf St. Helena starb. Unterscheiden sich nun diese Ausdrücke auch nicht in ihrer ‚Bedeutung‘, so unterscheiden sie sich doch in der Art, in der diese Bedeutung von ihnen ‚gegeben‘ (präsentiert) wird, also kurz: in ihrem ‚Sinn‘. Im ersten Ausdruck erscheint uns der Betreffende vorrangig als militärischer Triumphator, hinter den alle anderen Rollen, die er sein Leben hindurch zu spielen hatte, zurücktreten (welche aber gleichwohl – und dies ist der entscheidende Punkt – *mit-bedeutet* werden); im zweiten Ausdruck wird er vorrangig in der Rolle des geschlagenen Feldherrn präsentiert (ohne daß dadurch die übrigen Episoden seines Lebens von der Bedeutung dieses Ausdrucks ausgeschlossen würden; sie werden nur in den Hintergrund gedrängt); *Napoleon* schließlich gibt ihn uns als Summe der Episoden seines Lebens, ohne daß eine besonders hervorgehoben und andere damit zurücktreten müßten.

　Die drei verschiedenen ‚Arten des Gegebenseins‘ ein und derselben historischen Persönlichkeit in den eben genannten drei Ausdrükken bilden damit eine recht genaue Entsprechung zu den von uns postulierten drei verschiedenen Sachverhalts-Präsentationen durch das transitive Prädikat von Akkusativsprache, Ergativsprache und Aktivsprache: die Agens-zentrierende, die Patiens-zentrierende, und die kumulierende (auf Rollen-Gleichrangigkeit bedachte) Sachverhalts-Präsentation.

6.　Da nun ein Akkusativprädikat den von ihm denotierten Sachverhalts-Typus Agens-zentral und Patiens-dezentral (sowie Instrument-dezentral, sowie Ort-dezentral etc.) präsentiert, muß der Sprecher der Akkusativsprache jedes unter diesen Sachverhalts-Typus fallende Sachverhalts-Token (also beispielsweise jeglichen ‚Fall von „Pflügung“‘, etwa die ‚Pflügung$_i$‘) mit der Tätigkeit (Agens-Rolle) als semantisch zentraler, jeder weiteren Rolle dagegen als semantisch dezentraler Rolle wiedergeben. Dies hat aber zwangsläufig zur Folge, daß der Sprachbenutzer bestimmte Sachverhaltseinzelfälle anders wiedergeben muß, als sie sich ihm in seiner Vorstellung präsentieren (als sie vor sein ‚geistiges Auge‘ treten[19]), denn nicht jeder mitzuteilende Agens&Patiens-Sachverhaltseinzelfall wird ihm Agens-zentral und Patiens-dezentral im Bewußtsein präsent. So wird er erstens *abgeschlossene* Agens&Patiens-Sachverhalte typischerweise Agens-dezentral und Patiens-zentral imaginieren: denn die Objektsveränderung (Patiens-Rolle) ist nach Beendigung eines Sachverhalts dank dem typischerweise vorliegenden Neu-Zustand der Patiens-Entität bewußtseinspräsenter als die Tätigkeit (Agens-Rolle), welche ja an der Agens-Entität spurlos vorüberzugehen pflegt.[20] Zweitens wird er Agens&Patiens-Sachverhalte stets dann Agens-dezentral und Patiens-zentral imaginieren, wenn *er selbst* oder — in geringerem Maße — der *Hörer* Träger der Patiens-Rolle ist,[21] während Drittes Träger der Agens-Rolle ist: denn das Ich ist bewußtseinspräsenter als das Du, und dieses wiederum bewußtseinspräsenter als Drittes.

In solchen Fällen stellt die Wiedergabe des Agens&Patiens-Sachverhalts als ‚in erster Linie‘ Tätigkeit einer Agens-Entität, ‚und dann erst‘ Objektsveränderung einer Patiens-Entität, zu der der Sprachbenutzer aufgrund der einmal feststehenden Sachverhalts-Präsentation des Akkusativprädikats gezwungen ist, eine Verzerrung dessen dar, wie er, der Sprachbenutzer, dieses Sachverhalts inne wird.[22] Aus diesem Umstand (der Diskrepanz zwischen akkusativischer Sachverhalts-Präsentation und bewußtseinsmäßiger Sachverhaltspräsenz) erwächst ein Bedürfnis nach einem Prädikat, das denselben Sachverhalts-Typus wie das Akkusativprädikat denotiert, ihn jedoch umgekehrt präsentiert: *Agens-dezentral* und *Patiens-zentral*, ‚in erster Linie‘ Objektsveränderung einer Patiens-Entität, ‚und dann erst‘ Tätigkeit einer Agens-Eintität: nach einem Prädikat also, das — in Freges Termini — gegenüber dem Akkusativprädikat ‚Bedeutungs‘-gleich, aber ‚Sinn‘-verschieden ist. Das Prädikat, das solches leistet, ist das *Passivprädikat*: es wird im Rahmen der Akkusativsprache nachträglich entwickelt, um eine unverzerrte Wiedergabe der Art und Weise, wie dem Sprachbenutzer bestimmte einzelne Sachverhalte in der Vorstellung gegenwärtig werden,[23] zu ermöglichen.

Analog zum Problem, das der Sprecher der Akkusativsprache mit dem Akkusativprädikat hat, hat auch der Sprecher der Ergativsprache mit dem Ergativprädikat sein Problem: hier ist es genau die komplementäre Teilmenge von Sachverhalts-Einzelfällen, die vom Ergativprädikat anders (nämlich konstant Agens-dezentral und Patiens-zentral) präsentiert werden, als sie sich dem Sprecher in dessen Vorstellung präsentieren (nämlich Agens-zentral und Patiens-dezentral). Es handelt sich dabei erstens um *nicht-abgeschlossene* (noch in Ablauf befindliche) Sachverhalte: denn bei parallelem Gegebensein von Tätigkeit und Objektsveränderung ist die Tätigkeit (als im Regelfall menschliche Verhaltensstruktur) bewußtseinspräsenter[24] als die Objektsveränderung (als, typischerweise, Strukturwandel

einer unbelebten Entität), sowie zweitens um Agens&Patiens-Sach-
verhalte, in denen der *Sprecher* oder auch der *Hörer* Träger der
Agens-Rolle, hingegen Drittes Träger der Patiens-Rolle ist: hierfür
ist die gleiche stärkere Bewußtseinspräsenz des Ich und auch des
Du gegenüber der von Dritten ausschlaggebend, die wir oben
anläßlich der Beziehung Akkusativprädikat-Passivprädikat für den
Fall ,1. (2.) Person Patiens gegenüber 3. Person Agens' beschrieben
haben.

Alle diese Fälle lassen im Rahmen der Ergativsprache das Bedürfnis nach einem Prädikat aufkommen, welches die betreffenden
Agens&Patiens-Sachverhaltseinzelfälle − dem Erleben ihrer Sprecher gemäß − Agens-zentral und Patiens-dezentral präsentiert, und
damit deren verzerrende Wiedergabe durch das Ergativprädikat
umgehen hilft: diesem Bedürfnis entspricht das nachträglich im
System der Ergativsprache entwickelte sekundäre *Antipassivprädikat.* In strenger Analogie zur Beziehung ,sekundäres Passivprädikat
− primäres Akkusativprädikat' teilt es mit dem ihm entsprechenden
primären Ergativprädikat die ,Bedeutung', aber nicht den ,Sinn'.

7. Mit dieser unserer Deutung der Raison d'être der sekundären
Prädikate Passivprädikat und Antipassivprädikat sind wir nun in
der Lage zu erklären, wie eine ursprünglich reine Akkusativsprache
(Ergativsprache) zu ,gespaltener Akkusativität' (,gespaltener Ergativität') kommt. Ist es nämlich einmal im Rahmen einer Akkusativsprache (Ergativsprache) zur Entwicklung eines sekundären Passivprädikats (Antipassivprädikats) gekommen, so kann der Gebrauch
dieses sekundären Prädikats im Laufe der Zeit bestimmte Wandlun-
gen durchmachen. Am Beginn eines jeden solchen Gebrauchswan-
dels steht der häufige (aber keineswegs ausschließliche − man
vergleiche Anm. 22) Gebrauch zur Wiedergabe jener (und nur jener)
Sachverhaltseinzelfälle, um deretwillen das sekundäre Prädikat entwickelt wurde (siehe oben § 6). Sodann kann der Gebrauch des
sekundären Prädikats einerseits auf prinzipiell alle unter einen
Agens&Patiens-Sachverhalts-Typus fallende Sachverhalts-Token
erweitert werden (man vergleiche den Gebrauch des Passivprädikats
in Sprachen wie dem Deutschen),[25] andererseits kann er für den
Bereich jener Sachverhaltseinzelfälle, für die das sekundäre Prädikat
ursprünglich entwickelt wurde, also gewissermaßen für dessen
,Stammgebiet', obligat werden (man vergleiche den obligaten Gebrauch des Antipassivprädikats bei 1. negierten praeteritalen sowie

2. irrealen futurischen — mithin im weitesten Sinn abschluß-losen — Sachverhalten ohne andersweitigen fakultativen Gebrauch im Yukulta; vgl. McConvell 1976). Zu beiden Weiterentwicklungen ist es z. B. im Arči (vgl. Kibrik 1977)[26] gekommen: obligater Gebrauch des Antipassivprädikats in den vier Zeiten mit kontinuativem (d. h. nicht-abgeschlossenem) Aspekt steht neben fakultativem Gebrauch anderswo, wenn Tätigkeit und Agens-Entität betont werden sollen. Ebenso ist hier das Süd-Tiwa (vgl. Allen & Frantz 1978) zu erwähnen: obligater Gebrauch des Passivprädikats für die Konstellationen 3. Person Agens/1. oder 2. Person Patiens, fakultativer Passivgebrauch für die Konstellation 3. Person Agens/3. Person Patiens.

Werden sodann solche obligat gebrauchten Passivprädikate (Antipassivprädikate) hinsichtlich ihrer Aktantensyntax den ihnen entsprechenden Akkusativprädikaten (Ergativprädikaten) angeglichen (denn an und für sich haben sie, wie sogleich noch zu besprechen sein wird, die strukturellen Eigenschaften — darunter eben auch die Aktantensyntax — von Patiens-Intransitiva [Agens-Intransitiva]), werden sie zu *sekundären Ergativprädikaten* (*Akkusativprädikaten*), und wir halten bei Sprachen mit ‚gespaltener Akkusativität‘ (‚gespaltener Ergativität‘), eine Entwicklung, die sich für die neu-indischen Sprachen nachweisen (man vergleiche Anderson 1977), für die Karthwelsprachen zumindest plausibel machen läßt (man vergleiche Comrie, Ms.).

8. Diese eben zur Sprache gekommene Möglichkeit eines diachronen Wandels ‚Passivprädikat → Ergativprädikat‘ (bzw. ‚Antipassivprädikat → Akkusativprädikat‘) legt es nahe, Passivprädikat und Ergativprädikat einerseits, sowie Antipassivprädikat und Akkusativprädikat andererseits einem genaueren Vergleich zu unterziehen. Hier lassen sich folgende Ähnlichkeiten und Unterschiede konstatieren.

8.1. Das deutsche Passivprädikat in (11) *ist gepflügt worden* präsentiert den Agens&Patiens-Sachverhalt ‚Pflügung‘ sekundär so, wie ihn das gleichbedeutende tscherkessische Ergativprädikat *ǝźʰǝɣ* in (12) immer schon präsentiert, nämlich Agens-dezentral und Patiens-zentral (weshalb auch der Agens-Aktant des Passivprädikats, *vom Bauern*, genauso kodiert wird wie der gleichbedeutende Agens-Aktant des Ergativprädikats, *meqʰǝmešǝś'em*, nämlich oblique, und der Patiens-Aktant des Passivprädikats, *Das Feld*, ebenso wie der gleichbedeutende Patiens-Aktant des Ergativprädikats, $g^oəbɣ^oer$, nominativische Kodierung erhält):

(11)   Das Feld$_{nom}$ ist vom Bauern$_{obl}$ gepflügt worden
(12)   meq^{o}əmeš'əś'em$_{obl}$ g^{o}əbɣ^{o}er$_{nom}$ əž^{o}əɣ

8.2. Das tscherkessische Antipassivprädikat *yež^{o}e*[27] in (13) präsentiert den Agens&Patiens-Sachverhalt ‚Pflügung' sekundär so, wie ihn das gleichbedeutende deutsche Akkusativprädikat *pflügt* in (14) immer schon präsentiert, nämlich Agens-zentral und Patiens-dezentral (weshalb auch der Agens-Aktant *meq^{o}əmeš'əś'er* des Antipassivprädikats so wie der ihm bedeutungsgleiche Agens-Aktant *Der Bauer* des Akkusativprädikats nominativisch kodiert werden, und die beiden − bedeutungsgleichen − Patiens-Aktanten, $g^oəbɣ^oem$ in (13) und *das Feld* in (14), oblique kodiert werden):

(13)   meq^{o}əmeš'əś'er$_{nom}$ g^{o}əbɣ^{o}em$_{obl}$ yež^{o}e
(14)   Der Bauer$_{nom}$ pflügt das Feld$_{obl}$

8.3. Hinsichtlich ihrer *Sachverhalts-Präsentation* sind also Passivprädikat und Ergativprädikat auf der einen Seite, Antipassivprädikat und Akkusativprädikat auf der anderen Seite einander *völlig* gleich (daher auch gleiche Kodierungsverhältnisse bei den Prädikatsaktanten der beiden ersteren einerseits, sowie der beiden letzteren andererseits): *ein* ‚Sinn' ist dem Passivprädikat und dem Ergativprädikat gemeinsam (nämlich: Agens-Dezentralität und Patiens-Zentralität), *ein anderer* ‚Sinn' (nämlich: Agens-Zentralität und Patiens-Dezentralität) dem Antipassivprädikat und dem Akkusativprädikat. Und allen vier Prädikaten − dies sei nachdrücklich hervorgehoben − eignet ein und dieselbe ‚Bedeutung', alle vier sind sie gleich hinsichtlich ihrer Sachverhalts-Denotation.

8.4. Andererseits sind Passivprädikat und Ergativprädikat voneinander verschieden hinsichtlich ihrer Stellung im System der Akkusativsprache bzw. der Ergativsprache: denn das Passivprädikat bildet ein nachträgliches Korrektiv zur Agens-Lastigkeit des systemintern vorgegebenen Akkusativprädikats, wogegen das Ergativprädikat innerhalb der Ergativsprache vorgegeben ist und seinerseits eines nachträglichen Korrektivs gegen seine Patiens-Lastigkeit (nämlich des Antipassivprädikats) bedarf.

Es ist diese vom (primären) Ergativprädikat verschiedene sekundäre Stellung des Passivprädikats innerhalb des Systems der Akkusativsprache, aus der seine strukturelle Verschiedenheit gegenüber dem ersteren resultiert. Zum einen nämlich weist es, anders als das primäre Ergativprädikat, (zumeist[28]) eine ausdrückliche *Kennzeichnung seiner Abgeleitetheit* auf (vgl. Sanskrit *dveṣ-ṭi* ,er haßt' gegenüber *dviṣ-ya-te* ,er wird gehaßt'; Altgriechisch *épausan* ,sie beendeten' gegenüber *epaú-thē-san* ,sie wurden abgehalten'); zum anderen eignen ihm *alle Struktureigenschaften eines primären Patiens-Intransitivums*[29] (zu dessen Definition vergleiche man oben § 3.1–3.2), in Sonderheit: die Aktantensyntax eines solchen. Man vergleiche (15) − Passivprädikat − mit (16), (17) und (18) − Patiens-Intransitiva −:

(15)   Das Feld$_{nom}$ ist vom Bauern$_{obl}$ gepflügt worden
(16)   Die Kinder$_{nom}$ sind vom Regen$_{obl}$ naß geworden
(17)   Die Kinder$_{nom}$ sind an Unterernährung$_{obl}$ gestorben
(18)   Die Kinder$_{nom}$ sind aus Unachtsamkeit$_{obl}$ gestolpert

So hat der Patiens-Aktant *Das Feld* in (15) denselben syntaktischen Status wie die Patiens-Aktanten *Die Kinder* in (16), (17) und (18): er ist, gleich jenen, der syntaktisch zentrale Aktant. Und analog weist der Agens-Aktant *vom Bauern* in (15) denselben syntaktischen Status wie die Ursachen-Aktanten *vom Regen* in (16), *an Unterernährung* in (17) und *aus Unachtsamkeit* in (18) auf: er ist im gleichen Maße wie jene syntaktisch dezentral.

Indem aber das sekundäre Passivprädikat die Aktantensyntax (bzw. überhaupt *alle* Struktureigenschaften) eines primären Patiens-Intransitivums kopiert, weicht es − bei aller semantischer Gemeinsamkeit (man vergleiche das unter § 8.1 Gesagte) − in syntaktischer Hinsicht vom primären Ergativprädikat entscheidend ab: denn letzteres hat ja (nicht anders als das primäre Akkusativprädikat, vgl. § 0.1) einen syntaktisch zentralen Agens-Aktanten und einen syntaktisch dezentralen Patiens-Aktanten.

8.5. Völlig analoge strukturelle Unterschiede wie zwischen primärem Ergativprädikat und sekundärem Passivprädikat bestehen auch zwischen primärem Akkusativprädikat und sekundärem Antipassivprädikat. Letzteres weist, so wie das Passivprädikat und im Unterschied zum primären Akkusativprädikat, (zumeist, vgl. Anm. 28) eine positive *Kennzeichnung seiner Abgeleitetheit* auf (vgl. Bežti

(NO-Kaukasus) *Rart:olc'a* ‚bringt zum Sieden' (Ergativprädikat) →
Rart:ol-ḏā̱-c' ‚ist dabei, zum Sieden zu bringen' (Antipassivprädikat); Tscherkessisch (dialektal, vgl. Anm. 27) *ź°ən* ‚pflügen' → *ź°ẹn*
‚am Pflügen sein'), daneben eignen ihm *sämtliche Struktureigenschaften eines primären Agens-Intransitivums* (zu dessen Definition vgl. wiederum § 3.1–3.2), – ganz so wie dem Passivprädikat
die Struktureigenschaften eines primären Patiens-Intransitivums zu
eigen sind.

Als Illustration hierfür diene der Vergleich des tscherkessischen
Antipassivprädikats *yeź°e* ‚er ist am Pflügen' in (19) mit den tscherkessischen Agens-Intransitiva *yepłə* ‚er blickt auf' in (20), *ye'ebeχə*
‚er greift hinunter nach' in (21) und *yet'e* ‚er gräbt nach' in (22):

(19)   meq°əmeš'əš'er$_{nom}$ g°əbγ°em$_{obl}$ yeź°e
        ‚Der Bauer ist das Feld am Pflügen'

(20)   meq°əmeš'əš'er$_{nom}$ g°əbγ°em$_{obl}$ yepłə
        ‚Der Bauer blickt auf das Feld'

(21)   meq°əmeš'əš'er$_{nom}$ məź°em$_{obl}$ ye'ebeχə
        ‚Der Bauer greift hinunter nach dem Stein'

(22)   meq°əmeš'əš'er$_{nom}$ dəśem$_{obl}$ yet'e
        ‚Der Bauer gräbt nach dem Gold'

Es hat der Agens-Aktant *meq°əmeš'əš'er* ‚der Bauer' im Antipassivprädikat in (19) denselben syntaktischen Status wie in den Agens-
Intransitiva in (20), (21) und (22): hier wie dort ist er syntaktisch
zentraler Aktant. Und es hat der Patiens-Aktant *g°əbγ°em* ‚das Feld'
des Antipassivprädikats denselben – syntaktisch dezentralen –
Status wie die Ziel-Aktanten *g°əbγ°em* ‚auf das Feld', *məź°em* ‚nach
dem Stein hinunter' und *dəśem* ‚nach dem Gold' in (20), (21) und
(22).

Indem auch das sekundäre Antipassivprädikat die Struktureigenschaften eines primären intransitiven Prädikats, im konkreten
Fall die Struktureigenschaften eines Agens-Intransitivums kopiert,
weicht auch dieses sekundäre Prädikat strukturell vom ihm entsprechenden, ‚Sinn'-gleichen primären Transitivum, dem Akkusativprädikat, ab. Der syntaktische Unterschied zwischen Antipassivprädikat und Akkusativprädikat ist freilich viel geringer als der zwischen
Passivprädikat und Ergativprädikat: beide haben ja einen syntaktisch zentralen Agens-Aktanten sowie einen syntaktisch dezentralen

Patiens-Aktanten. Worin sie sich voneinander unterscheiden, dies ist der unterschiedlich dezentrale syntaktische Status ihrer Patiens-Aktanten: relativ wenig dezentral (entsprechend etwa dem DO-Status der ‚Relational Grammar') der Patiens-Aktant des Akkusativprädikats, stark dezentral der Patiens-Aktant des Antipassivprädikats.

9. Warum aber kopieren das sekundäre Passivprädikat der Akkusativsprache (das sekundäre Antipassivprädikat der Ergativsprache) überhaupt primäre Prädikate der Akkusativsprache (der Ergativsprache), und warum kopieren sie gerade primäre Patiens-Intransitiva (Agens-Intransitiva)?

Die Antwort auf die erste Frage lautet: weil Sekundärbildungen sich in ihren Struktureigenschaften generell an primäre Strukturen anlehnen (man vergleiche sekundäre Kausativprädikate, die strukturell an primären transitiven bzw. ditransitiven Prädikaten orientiert sind; weiteres dazu findet sich bei Comrie 1976).

Die Antwort auf die zweite Frage lautet: weil auf der einen Seite Patiens-Intransitiva wie die in (16), (17) und (18) die einzigen Prädikate der Akkusativsprache sind, die ihre Sachverhalte Patiens-zentral und Ursache-dezentral präsentieren (was zwar nicht dasselbe wie Patiens-zentral und Agens-dezentral, aber immerhin etwas Ähnliches ist) und die damit genau das leisten, was mit der Sekundärbildung erreicht werden soll: einen Sachverhalt mit der Rolle ‚Patiens' als semantisch zentraler, mit jeder weiteren Rolle als semantisch dezentraler zu präsentieren; und weil auf der anderen Seite Agens-Intransitiva wie die in (20), (21) und (22) die einzigen Prädikate der Ergativsprache sind, die ihre Sachverhalte Agens-zentral und Ziel-dezentral präsentieren (was auch nicht dasselbe wie Agens-zentral und Patiens-dezentral, aber diesem immerhin ähnlich ist) und die damit ihrerseits genau das leisten, was in der Sekundärbildung angestrebt wird: die Präsentation eines Sachverhalts mit der Agens-Rolle als semantisch zentraler, jeder weiteren Rolle als semantisch dezentraler Rolle.

Wir möchten ausdrücklich betonen, daß wir den Existenzgrund der Sekundärbildungen Passivprädikat und Antipassivprädikat also in deren *Semantik* sehen: sie kopieren Patiens-Intransitiva bzw. Agens-Intransitiva deren alternativer Sachverhalts-Präsentation (deren alternativer ‚Sinn'-Semantik) wegen, *und nicht* weil diese primären Intransitiva eine alternative Aktantensyntax haben. Aber da bei ihnen das eine (die alternative Sachverhalts-Präsentation)

mit dem anderen (der alternativen Aktantensyntax) untrennbar
verbunden ist, muß eine Sekundärbildung, die diese primären Prädikate des einen wegen kopiert, auch das andere mit in Kauf nehmen.
Im übrigen kein schlechter Kauf: denn die miteingehandelte alternative Aktantensyntax kann Weiter-Verwertung finden, etwa dann,
wenn es gilt, bei Koordination größere syntaktische Fügungsenge
zu erzielen: man vergleiche ‚enger gefügtes': *Der Sozialdemokrat$_i$
kam und $\emptyset_i$ wurde von den Kommunisten verprügelt* gegenüber ‚weniger eng gefügtem': *Der Sozialdemokrat$_i$ kam und die Kommunisten
verprügelten ihn$_i$.* Wesentlich ist jedoch, daß es sich bei diesem
syntaktisch motivierten Gebrauch des Passivprädikats (bzw. einem
analogen syntaktisch motivierten Gebrauch des Antipassivprädikats) um eine sekundäre Weiter-Verwertung (gewissermaßen unter
dem Motto: ‚Ausnützung aller Möglichkeiten') handelt, vor bzw.
neben der in jedem Fall der (‚Sinn'-)semantisch motivierte Gebrauch
existiert. Dies wird schon daran deutlich, daß es sehr wohl Sprachen
gibt, die nur den semantisch motivierten Gebrauch kennen — wir
erinnern an das in § 7 erwähnte Süd-Tiwa —, Sprachen also, die
auf eine Weiter-Verwertung verzichten, daß aber umgekehrt keine
Sprachen bekannt geworden sind, die nur syntaktisch motivierten
Passivgebrauch (Antipassivgebrauch) kennen.[30]

10. Es hatten also — so lautet unser Resumé — Schuchardt (und
andere nach ihm) durchaus Recht, einerseits Ergativprädikat und
Passivprädikat, sowie andererseits Akkusativprädikat und Antipassivprädikat nebeneinanderzustellen: denn tatsächlich leisten ja erstere beide und letztere beide ‚Sinn'-semantisch jeweils dasselbe. Sie
schossen aber — wenn man so sagen darf — über das Ziel hinaus,
indem sie diese Prädikate nicht nur nebeneinanderstellten, sondern
auch einander gleichsetzten. Ausgehend von der (richtigen) Erkennt-
nis der (‚Sinn'-)semantischen Äquivalenz von Ergativprädikat und
Passivprädikat (bzw. Akkusativprädikat und Antipassivprädikat)
nahmen sie es für gegeben, daß diese Prädikate auch strukturell
(also v. a. syntaktisch) äquivalent wären; dies aber ist — wie wir
gesehen haben — keineswegs der Fall: der Patiens-Aktant des Ergativprädikats ist nicht ‚SUBJECT' (syntaktisch zentraler Aktant), so
wie es der Patiens-Aktant des Passivprädikats ist, und der Patiens-
Aktant des Antipassivprädikats ist nicht ‚DIRECT OBJECT' (erster
Anwärter auf syntaktische Zentralität), so wie es der Patiens-Aktant
des Akkusativprädikats ist. Es gilt mithin zu berücksichtigen, daß
Ergativprädikat und Passivprädikat (bzw. Akkusativprädikat und

Antipassivprädikat) in *verschiedenen Sprachsystemen*, und an *verschiedenen Stellen* (primär vs. sekundär) dieser Systeme („Sinn'-) semantisch dasselbe leisten, und daß aus eben dieser ihrer verschiedenen Stellung im jeweiligen System strukturelle (v. a. syntaktische) Unterschiede zwischen ihnen resultieren.

Anmerkungen

* Für ihre Kritik und Anregungen sind wir Wolfgang U. Dressler, Jost Gippert, Hubert Haider, Edith A. Moravcsik, sowie dem Herausgeber dieses Bandes, Frans Plank, zu tiefstem Dank verpflichtet.
1. Unter *Akkusativität* verstehen wir nominativische Kodierung des Agens-Aktanten bzw. des Patiens-Aktanten intransitiver Prädikate sowie des Agens-Aktanten transitiver Prädikate (gegenüber obliquer Kodierung des Patiens-Aktanten transitiver Prädikate); unter *Ergativität* die nominativische Kodierung des Agens-Aktanten bzw. des Patiens-Aktanten intransitiver Prädikate sowie des Patiens-Aktanten transitiver Prädikate (gegenüber obliquer Kodierung des Agens-Aktanten transitiver Prädikate); unter *Aktivität* die Activus-Kodierung des Agens-Aktanten sowohl intransitiver als auch transitiver Prädikate und Inactivus-Kodierung des Patiens-Aktanten sowohl intransitiver als auch transitiver Prädikate. Diese Definitionen gelten unabhängig davon, ob die Kodierung durch nominale Kasusmarkierung, Verbalkongruenz oder Wortstellung geleistet wird.
2. Zum Begriff der ‚syntaktischen Privilegiertheit' oder, wie wir späterhin sagen werden, *syntaktischen Zentralität*, vergleiche man Mel'čuk (1977: 8): „ ... I propose to call grammatical subject ... that S[urface]S[yntactic] actant of the main verb which is, in a sense, syntactically distinguished by the language in question, i. e. ‚highly privileged', or, to put it somewhat differently, which possesses a unique set of syntactic properties not possessed as a whole by any other SS-actant." Eine solche Definition von syntaktischer Zentralität trägt der Kritik der sogenannten ‚Role & Reference Grammar' von Van Valin und Foley (1980) Rechnung, daß das ‚Grammatische Subjekt' keine universelle Größe in dem Sinn ist, daß es in jeder Sprache dieselben syntaktischen Potenzen hätte. Wohl aber ist für jede Sprache ein Aktant anzunehmen, der allen anderen Aktanten syntaktisch ‚etwas voraus hat': wieviel er ihnen voraus hat, das mag von Sprache zu Sprache verschieden sein.
3. Zum Begriff des ‚syntactic pivot' (in der Tendenz Mel'čuks ‚highly privileged actant' verwandt, wenn auch nicht in jedem Punkt) vgl. Dixon (1979: 120): „It is at the level of shallow structure that operations of coordination and subordination apply ... Typically, each operation of this type may impose a syntactic condition on the coreferential NP's in the clauses of the construction. We can describe this possibility in terms of a ‚syntactic pivot'."
4. Man vergleiche dazu die eindeutige Aussage Dixons, des wohl besten Kenners des Phänomens der syntaktischen Ergativität: „It is undoubtedly the case that MOST syntactic operations of this type [nämlich Koordinationsoperationen und ihnen verwandte Prozesse] across the 4000 or so currently spoken languages, equate S and A functions ... perhaps the majority of languages which mark S and O in the same way in some part of the morphology ... rely exclusively on S/A as syntactic pivot." (Dixon 1979: 125).

5. Ob man im Einzelfall von einer Sprache mit ‚gespaltener Ergativität' oder von einer Sprache mit ‚gespaltener Akkusativität' zu sprechen hat, ist von Daten aus Sprachgeschichte, interner und externer Rekonstruktion, sowie zu guter Letzt wohl auch von arealtypologischen Daten abhängig zu machen. So wird man im Fall der neu-indischen Sprachen angesichts der sprachgeschichtlichen Belege von ‚gespaltener Akkusativität', beim Georgischen aufgrund interner Rekonstruktion und wohl auch aus arealtypologischen Erwägungen heraus von ‚gespaltener Ergativität' sprechen.

6. Terminus nach Mallinson & Blake (1981: 91).

7. Terminus nach Mallinson & Blake (1981: 93).

8. Freilich kann, wer die Möglichkeit einer Koexistenz von Akkusativität und Ergativität in ein und derselben Sprache einfach nicht berücksichtigt, ad infinitum damit fortfahren, ‚isolationistische' Deutungen von Akkusativität einerseits und Ergativität andererseits zu entwerfen. Wie lange er damit Anspruch auf wissenschaftliches Interesse wird beanspruchen können, bleibe dahingestellt.

9. Eine solche Deutung hat Kibrik zuletzt (Kibrik 1981) in Abweichung von seinem ursprünglichen (Kibrik 1979) Konzept unternommen. Aber wenn man wie er die nominativische Kodierung in der Akkusativsprache als Ausdruck der ‚semantischen Hyperrolle' AKTOR ($=_{def}$ ‚Hauptheld der Situation'), in der Ergativsprache hingegen als Ausdruck der Hyperrolle FAKTITIV ($=_{def}$ ‚Beteiligter, der am unmittelbarsten von der Situation betroffen wird') deutet — womit man natürlich gleichzeitig die prinzipielle Universalität semantischer Rollen bestreitet (ein an sich schon wenig attraktiver Zug) —, wird man naturgemäß Schwierigkeiten haben zu erklären, warum in manchen Sprachen z. B. imperfektiver Aspekt stets das Auftreten des ‚Haupthelden der Situation' (Hyperrolle AKTOR) — und damit akkusativische — Kodierung, perfektiver Aspekt dagegen stets das Auftreten der Hyperrolle FAKTITIV (‚am unmittelbarsten betroffener Beteiligter') — und damit ergativische Kodierung hervorrufen.

10. Genauer: Benennungen von Sachverhalts-Typen; sie sind ja keine Eigennamen für diesen Sachverhalt hier oder jenen Sachverhalt dort, sondern benennen diesen oder jenen Sachverhalt als ‚Fälle' (Verkörperungen) von Sachverhalts-Typen.

11. Die von uns gewählte Bezeichnung ‚zentrierende Präsentation' leitet sich vom gestaltpsychologischen Konzept der ‚Zentrierung' her. Man vergleiche hierzu Metzger (1968: 193): „Jedes seelische Gebilde, jedes Ding, jeder Vorgang, jedes Erlebnis im engeren Sinn, bis hinunter zu den einfachsten Wahrnehmungsgestalten, weist eine bestimmte Gewichtsverteilung und Zentrierung auf; unter seinen Teilen, Stellen, Erstreckungen besteht eine Rangordnung ..." Das Konzept der ‚Zentrierung' wurde erstmals in einem beachtenswerten Artikel von Ertel (1975) in die Analyse sprachlicher Strukturen, darunter auch schon ‚Subjektswahl' und ‚Passivierung', eingebracht. Seine systematische Operationalisierung für Deutungen sprachlicher Strukturen steht allerdings noch aus.

12. Mit ‚naturgegebener Gleichrangigkeit' meinen wir: daß z. B. für einen Sachverhalts-Typus ‚Pflügung' die Agens-Rolle ebenso konstitutiv ist wie die Patiens-Rolle, und diese ebenso konstitutiv wie die Instrument-Rolle; denn damit ein Sachverhalt ‚Pflügung' konstatiert werden kann, muß (von einer Entität) eine Agens-Rolle, (von einer weiteren Entität) eine Patiens-Rolle und (von einer dritten Entität) eine Instrument-Rolle gespielt werden. Aber selbstredend sind diese Rollen nicht gleichrangig hinsichtlich ihrer Fähigkeit, den Sachverhalt zu initiieren bzw. ihn in seinem Ablauf zu kontrollieren.

13. Im Tscherkessischen ist *-r* das definite Nominativsuffix, *-m* das definite Obliquussuffix. Bei Indefinitheit fallen Nominativ und Obliquus in einer Nullform zusammen. Beispiel: *meqᵒəmešʼəśʼe* = ‚Bauer(indef.)' (Nominativ oder

Obliquus); *meqᶜəmešʼəśʼe-r* = ‚Bauer(def.)' (Nominativ); *meqᶜəmešʼəśʼe-m* = ‚Bauer(def.)' (Obliquus).

14. Wir greifen hier die Fregeschen Termini aufgrund ihres hohen Bekanntheitsgrades auf, vermerken aber, daß sich entsprechende begriffliche Unterscheidungen bei nahezu allen modernen ‚Zeichen-Theoretikern' finden: noch vor Frege bei Stuart Mill (*denotation* vs. *connotation*), später etwa bei Carnap (Extension vs. Intension) oder Morris (*denotation* vs. *designation*).

15. ‚Jeweils verschieden': so formulieren wir hier der Kürze halber. Die genaueren Unterschiede (und auch die partiellen Analogien) haben wir ja in § 3 angeführt.

16. Diese von uns aufgestellten Entsprechungen bedürfen einer Präzisierung: denn während Freges Termini ‚Sinn' und ‚Bedeutung' zwei verschiedene Aspekte der Ausdruck-Inhalts-Beziehung bei Sprachzeichen statisch beschreiben, geben ‚Präsentation' (= ‚Das Präsentieren') und ‚Denotation' (= ‚Das Denotieren') diese Aspekte dynamisch wieder. ‚Bedeutung' und ‚Sinn' meinen etwas, das ein Sprachzeichen *hat*: erstens einen Inhalt und zweitens diesen Inhalt in einer bestimmten ‚Art des Gegebenseins'. ‚Denotation' und ‚Präsentation' meinen etwas, das ein Sprachzeichen *leistet*: erstens das Vermitteln eines Elements der Wirklichkeit, und zweitens das Vermitteln ‚in einem bestimmten Licht'. Um genau zu sein, hätten wir also — unter Anpassung entweder der Fregeschen Terminologie an die unsere oder unserer an die Freges — zu sagen: „Es entspricht also das, was wir ‚Präsentation' eines Sachverhalts durch ein Prädikat nannten, der Fregeschen ‚*Sinn-Gebung*' (‚der Art des Gegebenwerdens') einer ‚Bedeutung' *durch* ein Sprachzeichen" oder „Es entspricht also das, was wir ‚*Präsentat*' eines ‚*Denotats*' nennen wollen, dem Fregeschen ‚Sinn' (der Art des Gegebenseins) einer Bedeutung *in* einem Sprachzeichen."

17. Mel'čuk spricht nicht von Objektsveränderung (Patiens-Rolle), sondern vielmehr von ‚states': eine denkbar ungünstige Bezeichnung für Phänomene wie — ich zitiere Mel'čuk — ‚disappear swallowed', ‚change under the action of heat'.

18. Zur Kritik an Mel'čuks Deutung der lezgischen Ergativkonstruktion vergleiche man weiter den — in seiner Argumentation nicht so sehr auf die semantischen als vielmehr auf die syntaktischen Struktureigenschaften der lezgischen Prädikate eingehenden — Beitrag von Job in diesem Band. Bei aller Kritik ist aber Mel'čuk darin zuzustimmen, daß der Unterschied zwischen Akkusativprädikat und Ergativprädikat in der Semantik zu finden ist: nur eben nicht in der ‚Bedeutungs'-Semantik, wie Mel'čuk glaubt, sondern vielmehr in der ‚Sinn'-Semantik (was natürlich den Unterschied viel weniger dramatisch erscheinen läßt).

19. Es scheint dies der Normalfall zu sein, daß der Sprecher Imaginiertes, d. h. aus der Erinnerung Reproduziertes mitteilt; daß die umgangssprachliche Rede vom ‚geistigen Auge' ihre Berechtigung hat, darüber hat Metzger (1968: Kapitel 1, §§ 5–18, und passim) ausführlich gehandelt; zur prinzipiell gleichartigen Organisation von Perzeption und Vorstellung vergleiche man auch Paivio (1971: Kapitel 3 und 4).

20. Zum Regelfall, daß das Resultat eines Agens&Patiens-Sachverhalts mit der Patiens-Rolle verbunden erlebt wird, vgl. zuletzt Comrie (Ms: 2 ff.); schon lange davor Regamey (1954: 373). Ausnahmen von dieser Regel pflegen sich sprachlich in einer Kategorie ‚affected agent' (Saksena 1980) niederzuschlagen.

21. Die hier angedeutete ‚Empathie'-Hierarchie wird sich eventuell noch erweitern lassen: 1. Person > 2. Person > 3. Anwesendes > 3. Vorerwähntes > 3. Nicht-Anwesendes/Nicht-Vorerwähntes (mit weiteren möglichen Differenzierungen innerhalb des ‚Dritten', etwa in 3. Menschliches vs. 3. Nicht-Menschliches, oder in 3. Belebtes vs. 3. Nicht-Belebtes).

22. Es ist ergänzend anzumerken, daß hohe Bewußtseinspräsenz eines Vorstellungsinhalts (bzw. eines Erlebnisinhalts im allgemeinen) wohl in erster Linie, aber nicht ausschließlich von diesem selbst abhängig ist, sondern auch auf besonderer

Zuwendung seitens des imaginierenden (allgemeiner: des erlebenden) Subjekts beruhen kann. So kann denn auch der in den angeführten Sachverhaltseinzelfällen an und für sich hohen objektseitig bedingten Bewußtseinspräsenz der Patiens-Rolle durch erhöhte Zuwendung des Sprachbenutzers auf die Agens-Rolle (er konzentriert sich auf letztere, ist — ihrer objektseitig bedingten Dezentralität zum Trotz — vorrangig mit ihr befaßt) entgegengewirkt werden. In einem solchen Fall bedeutet dann die Wiedergabe des Sachverhalts mit dem Agens-zentralen Akkusativprädikat durchaus keine Verzerrung dessen, wie der Sprachbenutzer ihn ,vor Augen hat'. Diese Möglichkeit subjektsseitig gesteuerter Bewußtseinspräsenz ist zu berücksichtigen, will man verstehen, warum zur Wiedergabe von Sachverhaltseinzelfällen der erwähnten Art das Passivprädikat — dazu siehe das Folgende — zwar häufig, aber keineswegs immer Verwendung findet.

23. Die bis zum gegenwärtigen Zeitpunkt nicht eben umfangreiche experimentalpsychologische und psycholinguistische Literatur zum Thema der (unterschiedlich hohen) Bewußtseinspräsenz von Vorstellungsinhalten unterschiedlicher Art (allgemeiner: von kognitiven Inhalten unterschiedlicher Art) läßt immerhin bereits erkennen, daß unsere phänomenologisch-psychologische Behandlung dieses Themas auf dem richtigen Weg ist: zur experimentellen Überprüfung des imaginativen und perzeptuellen Erlebens von Sachverhalten in den verschiedenen Stadien ihres Ablaufens (Planung — ,Mitten drinnen' — Abschluß: dazu vergleiche man nun auch die erhellenden Ausführungen in Plank 1982) leisten die Experimente von Werner & Kaplan (1963: 425 ff.) einen wesentlichen Beitrag; zum experimentellen Nachweis der unterschiedlich hohen Bewußtseinspräsenz der diversen Entitäten auf der in Anm. 21 angeführten ,Empathie'-Hierarchie verweise ich auf Ertel (1977) sowie auf Osgood & Bock (1977).

24. Will sagen: beim Erleben eines in Ablauf befindlichen Sachverhalts ,Pflügung' springt der den Pflug führende-hebende-senkende Bauer mehr und vorrangig ins Auge als die parallel dazu zu Scholle und Furche aufbrechende Erde. Eine experimentelle Studie dazu, wie verschieden geartete Entitäten (Menschen — Tiere — Unebenheiten), und weiters die Veränderungen, die diese Entitäten aufweisen, verschieden stark bewußtseinspräsent werden, steht unseres Wissens noch aus.

25. Weshalb überhaupt eine solche Gebrauchserweiterung statthaben kann, wird klar, wenn man das in Anm. 22 Gesagte weiterdenkt: genauso wie der Gebrauch des Akkusativprädikats angemessen ist, wenn die Agens-Rolle aufgrund besonderer subjektsseitiger Zuwendung in hohem Maße bewußtseinspräsent erlebt wird (trotz objektseitig bedingter hoher Bewußtseinspräsenz der Patiens-Rolle), genau so ist auch der Gebrauch des Passivprädikats dann angemessen, wenn die Patiens-Rolle nur durch subjektsseitige Zuwendung erhöht bewußtseinspräsent wird (wenn der Sprecher sich auf die Patiens-Rolle in besonderer Weise konzentriert, ohne daß diese von sich aus, objektsseitig, in hohem Maß bewußtseinspräsent werden könnte). Analoges gilt natürlich auch für den Gebrauch von Ergativprädikat und Antipassivprädikat.

26. Hier ist anzumerken, daß es sich beim arčinischen Antipassivprädikat seiner Form nach nicht um ein prototypisches Antipassivprädikat handelt; denn sowohl der Agens-Aktant als auch der Patiens-Aktant sind nominativisch kodiert. Die für ein Antipassivprädikat typische Leistung dieses arčinischen Prädikats berechtigt uns jedoch, es hier als Beispiel anzuführen.

27. Das Antipassivprädikat des Tscherkessischen ist eigentlich ein zu ,unterentwikkelter' Prädikatstyp, um ein wirklich gutes Beispiel für ein Antipassivprädikat abgeben zu können. Andererseits ist es mit Sicherheit das in der Literatur am häufigsten zitierte Antipassivprädikat, und hauptsächlich aus diesem Grunde ziehen wir es als Beispiel heran. Daneben ist spätestens hier ausdrücklich darauf hinzuweisen, daß der Vokalwechsel zwischen $\acute{z}^o{}_\partial n$ (Ergativprädikat) und $\acute{z}^o en$

(Antipassivprädikat) dialektal ist: wir haben ihn bei Sprechern einer anatolischen Abdzach-Mundart feststellen können. Die literatursprachliche (Temirgoi-)Form lautet für beide Prädikate *ź°en*, ist also ein Beispiel für ein nullabgeleitetes Antipassivprädikat (vgl. die folgende Anmerkung).

28. Weist es eine solche Kennzeichnung nicht auf (liegt also, mit anderen Worten, Null-Ableitung vor), so ist es dennoch durch den Umstand, daß es seltener als das Akkusativprädikat die ‚erste Wahl‘ der Sprachbenutzer bei der Wiedergabe eines Agens&Patiens-Sachverhalts bildet, zur Genüge als sekundäres Prädikat charakterisiert.

29. Daß es sich bei Passivprädikaten und Antipassivprädikaten ihren Struktureigenschaften nach um Patiens-Intransitiva bzw. Agens-Intransitiva handelt, ist in der Vergangenheit wiederholt konstatiert worden; zuletzt hat dies Dixon (1979: 119) in ausdrücklichster Weise bekräftigt: „Both passive and antipassive are taken to be syntactic derivations (transformations) that derive an intransitive sentence ...“; sowie Dixons Fußnote 84 (ebenda): „For all languages that have strict marking of transitivity (with which I am acquainted), passives and antipassives are clearly intransitive ... For languages with more fluid transitivity (e. g. English), it has not been the custom to comment on the transitivity of passives. However, I do not believe that the treatment here is inconsistent with any properties of English passives (or with other treatments of them).“

30. Dies mögen alle jene bedenken, die wie Dixon (1979: 119) behaupten: „Passivization (/antipassivization) is largely motivated by a need to place a deep O(/A) NP in derived S function, in order to meet certain syntactic requirements.“ Hier wird, was *Weiter-Verwertung* ist, fälschlich als *Existenzgrund* gedeutet.

Literatur

Allen, Barbara J. & Donald H. Frantz
  1978   „Verb agreement in Southern Tiwa“, in: *Proceedings of the 4th Annual Meeting of the Berkeley Linguistics Society*, 11–17.
Anderson, Stephen R.
  1977   „On mechanisms by which languages become ergative“, in: *Mechanisms of syntactic change*, edited by C. N. Li (Austin: University of Texas Press), 317–363.
Antinucci, Francesco
  1977   *Fondamenti di una tipologia del linguaggio* (Bologna: Il Mulino).
Comrie, Bernard
  1976   „The syntax of causative constructions: cross-language similarities and divergences“, in: *Syntax and semantics 6: The grammar of causative constructions*, edited by M. Shibatani (New York: Academic Press), 261–312.
  1978   „Ergativity“, in: *Syntactic typology. Studies in the phenomenology of language*, edited by W. P. Lehmann (Austin: University of Texas Press), 329–394.
  Ms.   „Aspect and voice. Some reflections“, unpublished manuscript.
Dixon, Robert M. W.
  1972   *The Dyirbal language of North Queensland* (Cambridge: Cambridge University Press).
  1979   „Ergativity“, *Language* 55: 59–138.
Duden
  1966   *Grammatik der deutschen Gegenwartssprache*. Bearbeitet von P. Grebe (Mannheim/Zürich: Bibliographisches Institut, 2. Auflage).

Ertel, Suitbert
1975   „Gestaltpsychologische Denkmodelle für die Struktur der Sprache",
        in: *Gestalttheorie in der modernen Psychologie*, herausgegeben von
        S. Ertel, L. Kemmler & M. Stadler (Darmstadt: Steinkopf), 94–105.
1977   „Where do the subjects of sentences come from?", in: *Sentence produc-
        tion*, edited by S. Rosenberg (Hillsdale, N. J.: Erlbaum), 141–167.

Frege, Gottlob
1892   „Über Sinn und Bedeutung", *Zeitschrift für Philosophie und philosophi-
        sche Kritik* NF 100: 25–50.

Herok, Thomas
in Vorbereitung.   *Studien zur Ergativität* (Dissertation Universität Wien, Insti-
        tut für Sprachwissenschaft).

Katz, Hartmut
1980   „Das Ururalische — eine Ergativsprache", in: *Akten des Internationa-
        len Finnougristenkongresses Turku 1980.*

Kibrik, Aleksandr E.
1977   *Opyt strukturnogo opisanija Arčinskogo jazyka*, Tom II (Moskva: Izd.
        Moskovskogo universiteta).
1979   „Canonical ergativity and Daghestan languages", in: *Ergativity. To-
        wards a theory of grammatical relations*, edited by F. Plank (London:
        Academic Press), 61–78.
1981   „Syntaktische Typologie, Ergativität und die daghestanischen Spra-
        chen", *Georgica* 4: 76–79.

McConvell, Patrick
1976   „Nominal hierarchies in Yukulta", in: *Grammatical categories in
        Australian languages*, edited by R.M.W.Dixon (Canberra: Australian
        Institute of Aboriginal Studies), 191–200.

Mallinson, Graham & Barry J. Blake
1981   *Language typology* (Amsterdam: North-Holland).

Mel'čuk, Igor A.
1977   „The predicative construction in the Dyirbal language", Indiana Uni-
        versity Linguistics Club.
1981   „Grammatical subject and the problem of the ergative construction
        in Lezgian", in: *Studies in the languages of the USSR*, edited by
        B. Comrie (Carbondale: Linguistic Research, Inc.), 231–276.

Metzger, Wolfgang
1968   *Psychologie* (Darmstadt: Steinkopf, 4. Aufl.).

Osgood, Charles & J. Kathryn Bock
1977   „Salience and sentencing", in: *Sentence production*, edited by
        S. Rosenberg (Hillsdale, N. J.: Erlbaum), 89–140.

Paivio, Allan
1971   *Imagery and verbal processes* (Hillsdale, N. J.: Erlbaum).

Plank, Frans
1982   „Coming into being among the Anglo-Saxons", *Folia Linguistica* 16:
        73–118.

Regamey, Claude
1954   „A propos de la ‚construction ergative' en indo-aryen moderne", in:
        *Sprachgeschichte und Wortbedeutung, Festschrift Albert Debrunner.
        Gewidmet von Schülern, Freunden und Kollegen* (Bern: Francke),
        363–381.

Saksena, Anuradha
1980   „The affected agent", *Language* 56: 812–826.

Sasse, Hans Jürgen
  1978   „Subjekt und Ergativ: Zur pragmatischen Grundlage primärer grammatischer Relationen", *Folia Linguistica* 12: 219–252.
Van Valin. Robert. D.. Jr. & William A. Foley
  1980   „Role and Reference Grammar", in: *Syntax and semantics 13: Current approaches to syntax,* edited by E. A. Moravcsik & J. R. Wirth (New York: Academic Press), 329–352.
Werner, Heinz & Bernard Kaplan
  1963   *Symbol formation: An organismic development approach to the psychology of language and the expression of thought* (New York: Wiley).

MICHAEL JOB

Ergativity in Lezgian

Lezgian is part of the Daghestan or North-East Caucasian family of languages,[1] which traditionally are all considered to show at least ergative case-marking; many of them are considered also to show verb-agreement on an ergative-nominative basis. Lezgian, however, is peculiar in that it does not inflect verbs for person, nor for grammatical class, a feature shared, among the Caucasian languages, only by closely related Aghul (cf. Magometov 1970).

Thus, in both languages, the identification of actant rôles solely depends on case-marking, cf. (1):

(1) a. gada-di k^{h}ic' q'ena
        boy-ERG dog(NOM) killed
        'The boy killed the dog.'

    b. k^{h}ic' k^{h}sana
        dog(NOM) slept
        'The dog slept.'

    c. gada-di buba-diz č^{h}ar raqurna
        boy-ERG father-DAT letter(NOM) sent
        'The boy sent father a letter.'

Until recently, these data did not provoke serious doubts with regard to Lezgian sharing ergative constructions. However, in a paper presented at the Second Conference on Non-Slavic Languages of the USSR (Chicago, April 1981), Igor A. Mel'čuk[2] maintained that Lezgian does not have ergative constructions at all. As the consequences that would have to be drawn from Mel'čuk's reasoning are very far-reaching, it is worthwhile to examine his arguments more closely, from the side of linguistic facts as well as from a methodological point of view.

Mel'čuk's main line of argument runs as follows: Given that the ergative construction is a specific syntactic phenomenon and that

Lezgian uses constructions like (1a), then Lezgian has no ergative constructions at all, because the peculiarity of sentences of type (1a) is not of a syntactic kind, but of a semantic kind, since all Lezgian verbs "denote states, not genuine actions; action verbs simply do not exist in the language" (p. 3). Accordingly, Lezgian verbs that are rendered by English transitive verbs, as in (1), have to be reinterpreted semantically, cf. (2).

(2)   *kill* 'die (maybe from somebody's hand)'
        eat 'disappear swallowed'
        bake 'change (= become different) under the action of heat'
        plough 'undergo ploughing'

As a result of this, the ergative NP is considered an agentive complement or circumstantial, but not the grammatical subject, which in turn has to be indentified rather with the nominative NP usually declared the direct object in type (1a) sentences.

Accordingly, in (1a) the nominative NP *kʰic'* is assumed to denote 'the thing being in the state of dying', with the English rendering of (1a) appropriately modified as in (3):

(3) (cf. 1a)   gada-di kʰic' q'ena
               'Caused-by-the-boy the-dog died.'

If we accept this analysis, then (1a) "exhibits a quite common intransitive construction, with no syntactic specificity at all — and the wind is taken out of the sails of those who would call it an ergative construction" (p. 3).

This conclusion indeed is new to Caucasian linguistics, though the premises sound familiar insofar as they remind us of the first nineteenth-century attempts to explain the ergative construction, attempts undertaken by P. K. Uslar and H. Schuchardt, who both identified the nominative NP with the grammatical subject (= GS) or, in Schuchardt's terms, with the ideal or psychological subject. But, in contrast to Mel'čuk, his forerunners identify the ergative NP with an indirect object or the, as Schuchardt puts it, "ideale Objekt im weitesten Sinne" (1895: 2), because of the assumed passive nature of the transitive verb, whereas Mel'čuk denies the verb's transitivity.

Let us now take a closer look at Mel'čuk's arguments! His first point is that the ergative NP in sentences like (1a) is not the GS. Although the notion 'GS' is notoriously difficult to handle, it appears that there are several criteria for the identification of GS which seem to be generally accepted. Among these we find deletability, which serves to determine the privileged status of a syntactic item, i.e., the one syntactic item which cannot be deleted without affecting the sentence's grammaticality or its independence from the linguistic context, is syntactically privileged. In English this is the GS.

Now Mel'čuk is able to show that sentences like those under (4) occur in Lezgian:

(4) a. gada-di kʰic' q'ena
         boy-ERG dog(NOM) killed
         'The boy killed the dog.'

     a'. kʰic' q'ena
         dog(NOM) died
         'The dog died.'

     b. za get'e xana
         I-ERG pot(NOM) broke
         'I broke the pot.'

     b'. get'e xana
         pot(NOM) broke
         'The pot broke.'

     c. a-da zi pʰerem qazunna
         he-ERG my shirt(NOM) tore
         'He tore my shirt.'

     c'. zi pʰerem qazunna
         my shirt(NOM) tore
         'My shirt got torn.'

These sentences are "perfectly grammatical and context independent" and are formed by deleting the ergative NP in (a), (b), and (c) to get (a'), (b'), and (c'). However, the examples given here happen to be of quite a delicate nature, as the verbs used are all members of the class of *labile verbs*, a peculiarity which is rather common among the NE Caucasian languages, as will be seen presently.

An example taken from a language which is of the type considered by Mel'čuk to have ergative constructions, viz. Avar, provides us with an interesting parallel (5):

(5) a. di-ca ğadaro b-ekana
I-ERG dish(NOM) broke
'I broke the dish.'

a'. ğadaro b-ekana
dish(NOM) broke
'The dish broke.'

(5) constitutes a parallel to (4b) and (4b'), differing though in that the Avar verb agrees with the nominative NP in grammatical class, expressed by the prefix *b* in *b-ekana*.

In connection with this parallel, a remark made by Saidov in his *grammatičeskij očerk* of Avar seems revealing to me: "Glagolov, imejuščix tol'ko perexodnoe značenie, ne tak mnogo" and "bol'šinstvo glagolov v avarskom jazyke predstavljaet soboj tip perexodno-neperexodnogo glagola" (Saidov 1967: 773).

Of quite the same kind are a number of Lezgian verbs, ranging from a very limited number according to Gadžiev (1954: 100) up to more than 150, if we follow Mejlanova & Talibov (1977: 269), who convincingly reject Gadžiev's count.

Thus, (4) and (5) give evidence of a class of verbs which are unstable with regard to their transitivity, a phenomenon widely known as pseudointransitivity (Lyons 1968: 363 ff.).

The labile verbs have not received Mel'čuk's particular attention, although their importance for the discussion of transitivity should have been evident from the fact that in languages with this peculiarity by no means all verbs are of the 'labile' type (cf., e.g., Gišev 1968: 36 f. with 94 labile verbs for Adyghe[3]).

Thus it is hard to see how deletability of a NP could tell us about the predicate's transitivity, which seems to be at least in part, if not exclusively, semantically determined. If, however, the determination of GS and of a predicate's transitivity are completely independent procedures, then it becomes difficult to understand what bearing the deletability of a purely surface-syntactic entity like the ergative NP may have on the question of the identification of ergative constructions, which even by Mel'čuk are conceived of as having to do with the causer (this will be treated in more detail below).

But the relevance of transitivity for determining ergativity is not only imposed by the facts of Lezgian and other languages with ergative constructions, which will be analyzed in more detail presently, but also by Mel'čuk's classification of (1a) as "a quite common intransitive construction" (p. 3). It will become clear from what follows that transitivity plays a decisive rôle in the identification of ergativity.

In addition to verbs exhibiting the labile construction, Lezgian has constructions with transitive verbs and a nominative NP, but without ergative NP, cf. (6):

(6) a. hažibuǧda-yar gatfariz cʰada
        corn-NOM.PL in=spring(ADV) sow
        'Corn is sown in spring.', 'They sow corn in spring.'

     b. pʰanbag-dikʰay pʰarčʰa žrada
        cotton-ABL.3 cloth(NOM) weave
        'Cloth is woven out of cotton.'

These sentences again are taken by Mel'čuk as evidence for the intransitive nature of Lezgian verbs. Gadžiev, on the other hand, identifies this type as 'konstrukcija s obobščennym sub-ektom' (Gadžiev 1954: 100 ff.). The difference between this generalized subject construction and the construction with labile verbs lies in the fact that verbs in the generalized subject construction express a transitive meaning and that the nominative NP encodes the real object, 'das Ziel', of the verbal action. The logical subject, the agent, is not expressed, it 'podrazumevaetsja' (Gadžiev 1954: 101).

The generalized subject construction is also differentiated from incomplete sentences ('bessub-ektnaja konstrukcija'), where the logical subject can be restored. The introduction of an ergative NP in sentences of type (6) would change the functional sentence perspective, since an ergative NP (e.g., *kolxozči-yr-i* 'kolkhoznik-PL-ERG' in (6a) or *ruš-ar-i* 'girl-PL-ERG' in (6b)) introduces a new topic and inevitably renders the sentence more concrete, at the same time preventing it from functioning as an answer to the questions (6a') and (6b'):

(6) a'. kʰü žür-e hažibuǧda-yar mus cʰada?
         your village-LOC.1 corn-NOM.PL when sow
         'When is corn sown in your village?'

b′. kü-kʰay pʰarčʰa x̌rada?
what-ABL.3 cloth(NOM) weave
'Cloth is woven out of what?'

which by themselves are perfect instances of the generalized subject construction.

The construction is quite easily understood, if we take a contrastive description of Lezgian and Russian provided by Mel'čuk as a clue to its analysis. A Lezgian sentence such as (7) renders circumstances which are open to three different expressions in Russian, cf. (8), depending on whether an impersonal third person construction or a passive construction is used:

(7)   reqʰ basmišna
        road(NOM) blocked
        'The road got blocked.'

(8) a. dorog-u zasypal-i
         road-ACC blocked-3PL
         (agent: people)

     b. dorog-u zasypal-o
         road-ACC blocked-3SG.NEUT
         (agent: wind, snow, etc.)

     c. dorog-a byl-a zasypan-a
         road-NOM was-3SG.FEM blocked-PPP-SG.FEM
         (agent: indefinite)

As becomes clear from (8) in comparison with (6) and (7), the common feature of these constructions is not so much the GS, but rather the expression of an agent. Lacking personal inflection of the verb as well as any voice distinction, Lezgian uses the (what preferably should be called) generalized agent construction in (6) and (7) to express the idea of indefinite agent or impersonal agentivity.

A striking parallel is provided by so-called *notional passives*[4] in languages like English, where they constitute a third kind of passive beside *full passives* and *truncated passives* (cf. Freidin 1975: 386 f.), the latter being, with 80–85% of all passive constructions (Stein 1979: 35), in an overwhelming majority.

Truncated passives and notional passives are characterized by an *unspecified argument*, which "is always one that is semantically implied by a predicate; it is a genuine subject or object that is semantically 'there' but happens not to be elaborated by lexical or referential content" (Langacker & Munro 1975: 819).

In our case, the unspecified argument is the logical subject or agent. This is clearly shown with notional passives like *His new book sells well*, where, of course, the book is not the agent of *sell*, but the logical object, and where any *by*-agent is excluded (cf. Stein 1979: 166). This is easily explained by the fact that "it is often observed that passive sentences are used when the speaker wants to say something about the logical object of the predicate" (Langacker & Munro 1975: 820) and that "in active sentences the [semantic — M. J.] term OBJECT is marginal, while the term AGENT is nonmarginal. In passive sentences the AGENT is marginal, the OBJECT nonmarginal" (Seiler 1973: 840). That is to say, voice distinction may serve as a means of topicalization.

But how, then, do languages without voice distinction topicalize their logical objects? One way is demonstrated by a language that is known as having not only ergative case-marking, but also syntactic ergativity to an extent alien to Indo-European and Caucasian languages, viz. Dyirbal, where in a sentence like (9) "the indispensable NP ... is always the absolutive and never the ergative NP" (Van Valin 1977: 691):

(9)   balan ḍugumbil baŋgul yaṛaŋgul balgan
        woman-ABS man-ERG hit
        'Man hits woman.'

Sentence (10), without overt agent, shows the same characteristics as the generalized agent construction of Lezgian:

(10)   balan ḍugumbil balgan
       woman-ABS hit
       'Someone hit woman.'

Another example is provided by Creole languages, which generally lack inflectional or syntactically marked passives, but frequently manifest notional passives as may be found in Saramaccan (11, from Glock 1972) or Jamaican Creole (12).

(11) a. dí mujέε díki dí kasába
the woman dig the cassava
'The woman digs the cassava.'

b. dí kasába díki
the cassava dig
'The cassava is dug.'

(12) a. mi kot di gra:s
'I cut the grass.'

b. di gra:s kot
'The grass has-been-cut.'

In these instances, as in Avar, Dyirbal, and Lezgian, a generalized agent construction is used to compensate for the lack of an inflectional or syntactically marked passive. In this context I think it appropriate to equate 'unspecified agent' and 'generalized agent', both terms covering the notional passive as well as the impersonal agent (corresponding to the German *man*) construction.

Now Mel'čuk's conclusion, drawn in chapter B of his paper, that in Lezgian "there is not even the slightest trace of anything smelling of voice" fails to take into account the possibility of the notional passive, which even in languages with an elaborate voice-system (such as English or German) develops perceptible qualities of fragrance. The alleged lack of voice distinctions, however, is the crucial source for Mel'čuk's claim that all Lezgian verbs are intransitive, which clearly crosses the border of syntax and leads us into semantic spheres. But it provides us with an opportunity to explain the difference between labile verbs and the generalized agent construction.

One characteristic feature of the labile verbs is that they are found with transitive and intransitive meaning, whereas the other verbs very often do not allow of an intransitive reading at all, a fact which may account for the assumed unspecified agent. But then, what is 'transitivity'? Definitions are mostly given in terms of syntax, but this inevitably leads to some sort of circularity, possibly of the kind that the question 'what is a transitive verb?' is answered by 'a verb which requires a direct object' and that the direct object is defined as "le syntagme nominal complément d'un verbe transitif non précédé d'une préposition" (Dubois et al. 1973: 344, s. v. *objet*).

Such circular reasoning can be avoided by using additional, independent criteria to define transitivity, as has been attempted by Alekseev, who presents in Klimov & Alekseev (1980: 173 ff.) a semantic characterization of typically intransitive and of typically transitive verbs, which admittedly is of a very preliminary nature, but nevertheless exemplifies the direction in which to go. As these findings are based on the data of the Nakh-Daghestan languages, additional material on a cross-language basis has to be considered to really break out of the circle of syntactic arguments usually appealed to for the identification of transitive verbs and direct objects.

With this in mind, I have considerable difficulty, to say the least, conceiving of an intransitive reading of such Lezgian verbs as that in (13), not to mention a state instead of an action reading:

(13) a. itim-di sur eğünawa
        man-ERG grave(NOM) dug
        'The man dug the grave.'

    b. sur eğünawa
        grave(NOM) dug
        'The grave was dug.'

It would have been an advantageous move if Mel'čuk had tried to produce evidence for his claim that all Lezgian verbs are intransitive, since, as we have seen, deletability of NP_{erg} cannot be regarded as a sufficient condition for the identification of an ergative construction. However, beyond confronting pairs of sentences like those quoted in (4) no evidence whatsoever has been adduced in favor of the all-intransitivity hypothesis of Lezgian verbs.

The application of Mel'čuk's GS model to Lezgian moreover leads to the counterintuitive identification of that NP in a sentence containing NP_{erg} and NP_{nom} as GS which is neither agent nor topic. Furthermore, a sentence like (14):

(14)   ruš-a k'el-izwa
        girl-ERG read/study-PRES
        'The girl reads/studies.'

in Mel'čuk's analysis has no GS, since the 'original' NP_{nom} is a fused part of the predicate, which is composed of *k'el* 'reading' and the verb *awun* 'to do'. However, if we consider (15) with the nominative NPs functioning as direct objects, we have to state that this verb (like other comparable compounds, cf. Žirkov 1941: 87), in its fused form, does not show any difference from 'regular' transitive verbs:

(15) a. ruš-a kʰtab k'el-izwa
         girl-ERG book(NOM) read-PRES
         'The girl reads a book.'

     b. ruš-a dux̌tirwil-in ilim k'el-izwa
         girl-ERG medicine-GEN science(NOM) study-PRES
         'The girl studies medicine.'

Its syntactic peculiarity lies in the preservation of the ergative construction as if the compound predicate were not fused. In the 'objectless' construction (14) the NP_{nom} of the compound predicate is felt as the logical object: 'the girl does a reading'. The same construction is used with verbs like *z°erun* 'to run off' < *z°er* 'a run' + *awun* 'to do', cf. (16):

(16)   ruš-a z°er-na
         girl-ERG run=off-PRET
         'The girl ran off.'

(16), unlike (14), cannot be expanded by introducing a direct object,[5] whereas in (15) the expansion of (14) is based on the creation of a new V_{tr} from NP_{nom} + V_{tr}, with the regular valence-pattern of a two-place transitive verb.

It may be interesting to note that NP_{erg} cannot be omitted in (14) without making the sentence ungrammatical. Here the only NP that must not be deleted and thus appears to be privileged, is NP_{erg}. Only Mel'čuk's doubtful claim that the one who reads is not the causer prevents him from stating that NP_{erg} is the GS.

A similar situation obtains in closely related Tabasaran, cf. (17):

(17) a. du-ǧu urx̌-ura-y-k'a
         he-ERG read/study-PRES-Q-PRTCL
         'Does he read/study?'

     b. du-ǧu mu kʰitʰab urx̌-ura-y-k'a
         he-ERG this book(NOM) read-PRES-Q-PRTCL
         'Does he read this book?'

And also quite similar is the behavior of 'labile' verbs in Lezgian and Tabasaran, cf. (18):

(18) a. du-ǧu žanuwar yik'-ura
he-ERG wolf(NOM) kill/die-PRES(-3.SG/PL)
'He kills the wolf.'

b. žanuwar yik'-ura
wolf(NOM) kill/die-PRES(-3.SG/PL)
'The wolf dies.'

We must admit, however, that this common trait of Lezgian and Tabasaran is restricted to sentences of type (18), since Tabasaran has developed a personal inflection in the first and second persons, which disambiguates the respective verbal forms, cf. (19):

(19) a. uzu žanuwar yik'-ura-za
I(NOM/ERG) wolf(NOM) kill/die-PRES-1.SG.
'I kill the wolf.'

b. uzu yik'-ura-zu
I(NOM/ERG) kill/die-PRES-1.SG.ITR
'I die.'

With regard to the development of verbal inflection Lezgian and Aghul hold an intermediate position between the ancient Daghestan system of class inflection, preserved in both languages by few vestiges only, and the Tabasaran personal inflection system. To be more precise, we must make a difference between Northern Tabasaran, where class inflection has survived beside the development of personal inflection, and the Southern dialect, where only relics of the class system can be found and personal inflection has reached the stage of optional polypersonalism (cf. Magometov 1965: 202 f.).

The only difference indeed between Lezgian and Tabasaran lies in the absence vs. presence of a personal inflection, but not in the transitivity of transitive verbs.

Thus it turns out that Mel'čuk's all-intransitivity claim for Lezgian does not stand up to closer scrutiny, nor does his criterion of deletability lead to convincing results with regard to the identification of the GS. This may also be due to the fact "that 'subject' is *not* a valid universal linguistic category" (Van Valin 1977: 690).

Instead, the ergative construction should be described in terms of an actant-rôle model, such as has been presented by Comrie (1981 a: 51 ff.) or by Heger (this volume). We could, then, redefine the ergative construction in terms of such a model, basing the definition on that of Mel'čuk, referred to earlier:

(20)   "an ergative construction is any predicative construction where an NP *A* prototypically corresponds to the agent and an NP *P* prototypically corresponds to the patient of a transitive verb and where *P* is marked by the same case as the only NP of an intransitive verb ('nominative' or 'absolutive') and where *A* is marked by a case other than the nominative."

Against this background sentences of construction-type (1a) have to be seen as ergative constructions, not by themselves, of course, but by comparison with a sentence of construction-type (1b). The difference between Lezgian and Tabasaran or, say, Georgian, resides in the absence or presence of additional traits of ergativity beyond ergative case-marking. In all of these languages, however, the only NP of an intransitive verb and the nominative/absolutive NP of a transitive verb are treated alike, whereas the agent NP of the transitive verb is treated differently, viz. it is marked by a different case, irrespective of verb agreement, which by the way is ergative in Avar and nominative-accusative in Georgian.

Only very few aspects of Mel'čuk's detailed discussion could be touched upon in this paper, many more need and deserve a thorough treatment. Even his main claim about Lezgian being an exclusively intransitive language might, in a weaker version, find some support on a different level: In a recent paper Nichols (1982) made a difference between *fundamentally intransitive* (e.g., NE Caucasian Ingush) and *fundamentally transitive* (e.g., Indo-European, South Caucasian) languages, basing this characterization on "the preferred direction of valence-changing processes, and about the prototypical input and output verbs for such processes" (Nichols 1982: 458). Although a detailed study of Lezgian in this respect is still missing, we can predict that it will not lead to an analysis of Lezgian as a purely intransitive language, since "languages of both types have in their lexicons etymologically opaque, monomorphemic intransitive roots and etymologically opaque, monomorphemic transitive roots" (Nichols, loc. cit.).

It may be worth adding that Ingush is a language with immaculate ergative constructions, showing verb-agreement on a gender/ grammatical-class basis. This can be interpreted as an indication that the problem of the ergative construction has to be kept apart from the question of fundamental intransitivity or transitivity, unless Nichols' statement about the presence of both transitive and intransitive roots in either of the two fundamental types can be disproved.

Notes

1. A comprehensive survey of the Caucasian languages written by B. G. Hewitt is now available in Comrie 1981 b: 196 ff.
2. I am most grateful to Igor A. Mel'čuk, who kindly provided me with a preprint of his remarkable paper, which will be published in the proceedings of the conference mentioned, edited by H. Aronson and B. Darden. Reference to this paper is made by quoting the page of the preprint.
3. This relatively small number — if compared with Saidov's statement about Avar, quoted earlier — may be due to a difference in morphology between Adyghe and Avar: Adyghe has a morphological transitive vs. intransitive distinction, illustrated in (i) vs. (ii):

   (ii)   c'ifi-r me-wič'i
          war-ERG man-NOM 3SG.ERG-DYN-kill/die
          'The war kills the man.'

   (ii)   c'ifi-r me-wič'i
          man-NOM 3SG.DYN.ITR-kill/die
          'The man dies.'

   which is lacking in Avar, where no morphological distinction can be made between labile verb constructions and other specific semanto-syntactic constructions like the generalized agent construction and the notional passive (cf. infra), whereas Adyghe distinguishes the labile verb construction from the antipassive (cf. Hewitt 1982).
4. The 'notional passive' is, as a rule, defined by quoting appropriate examples, cf. e.g. Stein 1979: 166 f. or Quirk et al. 1979: 811 n., where the term 'notional passive' is used without any further attempt at defining it more formally. A more satisfactory approach is followed by Wołczyńska-Sudół 1976. She identifies the notional passive with what Lyons calls 'pseudo-intransitive', or at least with one kind of pseudo-intransitive predicates (cf. Lyons 1968: 376) which satisfy the first of Lyons' three conditions concerning the relationship between corresponding active and passive sentences (loc. cit.), viz. that "the object of the active sentence becomes the subject of the corresponding passive sentence". The remaining two conditions are not fulfilled: (ii) "The verb is 'active' in 'form' in the more basic (active) 'version', and 'passive' in 'form' in the less basic (passive) 'version'"; and (iii) "The subject of the active sentence is not necessarily 'expressed' (overtly represented) in the passive 'version' of the 'same' sentence; but, if it is 'expressed', it takes the form of an adjunct marked as 'agentive' by means of case-inflexion or by the use of a particular preposition."
5. Cf. Gadžiev 1954: 98, where he states that "glagol *zverun* (< *zver* + *avun*) vovse ne dopuskaet vvedenija v predloženie prjamogo dopolnenija ...".

References

Comrie, Bernard
1981 a   *Language universals and linguistic typology* (Oxford: Blackwell).
1981 b   *The languages of the Soviet Union* (Cambridge: Cambridge University Press).
Dubois, Jean et al.
1973   *Dictionnaire de linguistique* (Paris: Larousse).
Freidin, Robert
1975   "The analysis of passives", *Language* 51: 384–405.
Gadžiev (= Hadžiev), M. M.
1954   *Sintaksis lezginskogo jazyka. Čast' 1. Prostoe predloženie* (Maxačkala: Dagučpedgiz).
Gišev, Nux.
1968   *Glagoly labil'noj konstrukcii v adygejskom jazyke* (Majkop: Adygejskoe otd. Krasnodarsk. kniž. izd.).
Glock, Naomi
1972   "Clause and sentence in Saramaccan", *Journal of African Languages* 11: 45–61.
Hewitt, B. George
1982   "The 'antipassive' and 'labile' constructions in North Caucasian", *General Linguistics* 22: 158–171.

Klimov, Georgij A. & Mixail Alekseev
1980   *Tipologija kavkazskix jazykov* (Moskva: Nauka).
Langacker, Ronald & Pamela Munro
1975   "Passives and their meaning", *Language* 51: 789–830.
Lyons, John
1968   *Introduction to theoretical linguistics* (Cambridge: Cambridge University Press).
Magometov, Aleksandr
1965   *Tabasaranskij jazyk* (Tbilisi: Mecniereba).
1970   *Agul'skij jazyk* (Tbilisi: Mecniereba).
Mejlanova, Unejzat & Bukar Talibov
1977   "Konstrukcii predloženija s perexodno-neperexodnymi glagolami v lezginskom jazyke", in: *Voprosy sintaksičeskogo stroja iberijsko-kavkazskix jazykov*, edited by T. Kuaševa and X. Taov (Nal'čik: Kabardino-Balkarskij Institut Istorii, Filologii i Ėkonomiki), 265–272.
Nichols, Johanna
1982   "Ingush transitivization and detransitivization", in: *Proceedings of the Eighth Annual Meeting of the Berkeley Linguistics Society*, 445–462.
Quirk, Randolph et al.
1979   *A grammar of contemporary English* (London: Longman).
Saidov, Muḥamadsajid
1967   "Kratkij grammatičeskij očerk avarskogo jazyka", in: *Avarsko-russkij slovar'*, sost. M. Saidov (Moskva: Sovetskaja ėnciklopedija), 705–806.
Schuchardt, Hugo
1895   "Über den passiven Charakter des Transitivs in den kaukasischen Sprachen", *Sitzungsberichte der Kaiserlichen Akademie der Wissenschaften Wien, phil.-hist. Kl.*, 133,1: 1–91.
Seiler, Hansjakob
1973   "On the semantico-syntactic configuration 'possessor of an act' ", in: *Issues in linguistics. Festschrift H. & R. Kahane*, edited by B. Kachru et al. (Urbana: University of Illinois Press), 836–853.

Stein, Gabriele
  1979   *Studies in the function of the passive* (Tübingen: Narr).
Van Valin, Robert D., Jr.
  1977   "Ergativity and the universality of subjects", in: *Papers from the 13th Regional Meeting, Chicago Linguistic Society*, 689–705.
Wołczyńska-Sudół, Anna
  1976   "Notional passive in English and in Polish", *Papers and Studies in Contrastive Linguistics* 5: 153–164.
Žirkov, Lev
  1941   *Grammatika lezginskogo jazyka* (Maxačkala: Dagestanskoe gosud. izd.).

GEORGIJ A. KLIMOV

Zur kontensiven Typologie

Eine allgemeine Charakteristik der kontensiven Typologie der Sprachen, wie sie sich in vielen zeitgenössischen Untersuchungen präsentiert, muß mit einer terminologischen Erläuterung begonnen werden. Mit dem terminus technicus ‚kontensive Typologie' werden
darin nicht typologische Untersuchungen der inhaltlichen Seite von
Sprachen bezeichnet (woran sich die Auslegung dieses Terminus in
den Arbeiten von S. D. Kacnel'son weitestgehend nähert), sondern
ein Bereich der linguistischen typologischen Forschung, in dem auf
eine recht unmittelbare Weise die Form und der Inhalt der Sprache
miteinander verknüpft werden. Man kann es noch deutlicher formulieren: die kontensive Typologie ist eine Art Disziplin, die die formale Seite der Sprache unter dem Blickwinkel des mit ihr auszudrük-
kenden Inhalts betrachtet und die wohl als eine höhere Untersu-
chungsebene im Vergleich zu formalen Betrachtungen zu verstehen
ist, die sich mit der Sprachstruktur befassen, wobei diese von dem
darin enthaltenen Inhalt losgelöst betrachtet wird. Im Sinne der
terminologischen Präzision müßte die kontensive Typologie als in-
haltsbezogene Typologie der Sprachen bezeichnet werden.

Die Versuche, die inhaltliche Seite der Sprache in die ihr historisch
vorangegangenen formalen Typologien auf diese oder jene Weise
einzubeziehen, lassen sich zumindest seit den 20er Jahren unseres
Jahrhunderts verfolgen. Einer der frühesten Versuche dieser Art
stand bekanntlich mit dem Namen von E. Sapir im Zusammenhang,
der nicht ohne Grund vermutete, daß die formal-typologischen
Schemata in ihrer Reinkultur nur oberflächlich seien, da sie lediglich
auf Grund einer formalen Ähnlichkeit Sprachen in eine Gruppe
einordnen, die sich ihrem Geist nach voneinander beträchtlich unterscheiden. Das typologische Schema von Sapir, das auf einer etwas
mechanistischen Kombination von formellen und inhaltlichen Kriterien beruhte, fand allerdings kaum nennenswerte Verbreitung.
(Einige der späteren Forscher verwiesen sogar darauf, daß Sapir,
obwohl er in seiner Sprachenklassifikation von Begriffen auszuge-

hen schien, seiner Gliederung in Wirklichkeit formbezogene, keinesfalls aber semantische Kriterien zugrunde legte.)

Auch die vom australischen Sprachforscher A. Capell entwickelte Typologie der sogenannten ‚begrifflichen Dominanz' konnte sich nicht umfassend durchsetzen. Nach der ihr zugrunde liegenden Konzeption können die Sprachen der Welt in zwei große Gruppen gegliedert werden: die sogenannten ‚object dominated' Sprachen (worunter Sprachen mit der dominierenden Entwicklung der nominalen Morphologie verstanden werden) und die ‚event dominated' Sprachen (zu denen Sprachen gezählt werden, in denen die verbale Morphologie dominierend ist). Als innere Stimuli für die beiden postulierten typologischen Sprachklassen dienen nach Auffassung von Capell die Unterschiede in der eigentlichen Konzeptualisierung der Welt durch die Muttersprachler: einerseits soll es eine Orientierung der Muttersprachler in manchen Sprachen auf die gegenständlichen Gesichtspunkte der Wirklichkeit, andererseits auf die handlungsbezogene Seite der Wirklichkeit geben (Capell 1965). Es fällt auf, daß als ein entscheidendes Kriterium für diese Typologie letzten Endes ein formales Merkmal des Entwicklungsgrades der nominalen bzw. der verbalen Morphologie verwendet wird. Nicht mehr Erfolg war auch dem bekannten Versuch des polnischen Sprachwissenschaftlers T. Milewski vergönnt, eine sich von der formalen Typologie unterscheidende syntaktische Typologie herauszuarbeiten, die auf den Unterschieden im Umfang der Funktionen einzelner Satzglieder beruhen sollte (des Aktionssubjekts, Aktionsobjekts, Prädikats, der Bestimmung und des zu bestimmenden Satzgliedes), die sicherlich von den ihr vorangegangenen kontensiv-typologischen Forschungen in der UdSSR angeregt wurde (Milewski 1967: 238–246).

Es dürfte kein Zufall sein, daß bereits seit über einem Jahrzehnt in der Sprachwissenschaft weltweit die typologischen Schemata offensichtlich Ansehen genießen, deren Grundlagen von mehreren sowjetischen Sprachwissenschaftlern bereits in den 30er und 40er Jahren gelegt wurden. Die intensive Zuwendung zu den inhaltlich-typologischen Problemen, die für die Sprachwissenschaft unseres Landes in der Vergangenheit typisch war, war Ausdruck der besonders auf die Untersuchung der dialektischen Wechselwirkung von Form und Inhalt der Sprache gerichteten Bemühungen der Sprachforscher.

Die moderne kontensive Typologie, die im Westen vorwiegend aus den Untersuchungen im Bereich der relationalen Grammatik bekannt ist, befaßt sich mit den Typen der formorientierten Sprachenstrukturen, die sich nach Art der Wiedergabe von Subjekt-Objekt-Beziehungen der Wirklichkeit jeweils voneinander unterscheiden. Somit wird die unterschiedliche Ausdrucksweise von Subjekt-Objekt-Beziehungen in einzelnen Sprachen der Welt zu dem Kriterium erhoben, das eine besondere Art von Typologie ermöglicht.

Wie die zur Zeit laufenden Forschungen zeigen, kann die grundlegende Rolle dieses empirisch ermittelten Kriteriums kaum überbewertet werden. Das geht auf den Umstand zurück, daß man ausgehend von diesem Kriterium wohl die größtmögliche Menge von systembedingten strukturellen Charakteristika der Sprachen nachweisen kann. (Es sei darauf verwiesen, daß bisher bei weitem nicht alle strukturellen Implikationen von konkreten Sprachtypen ermittelt werden konnten.) Darüber hinaus können die ihnen zugrunde liegenden (semantischen) Tiefenstimuli ausgewiesen werden, was seinerseits ermöglicht, das Problem der Wechselbeziehung von Sprache und Denken ins Blickfeld zu rücken. Aus den Formulierungen von mehreren Sprachforschern, die sich der außerordentlichen Bedeutung bewußt waren, die in der sprachlichen Struktur der Widerspiegelung von Subjekt-Objekt-Beziehungen zukommen muß, seien an dieser Stelle lediglich die zwei folgenden angeführt. Mit gutem Grund hat bereits E. Sapir hervorgehoben, daß man Zeit, Ort, Zahl und vielerlei andere Begriffe unausgedrückt bleiben lassen, nicht aber der Frage ausweichen kann, ,wer wen tötet'. Keine der uns bekannten Sprachen kann dieser Frage ausweichen. Andererseits sah V. M. Žirmunskij in dieser Art von Typologie „ein Beispiel für die typologische Forschung, die eventuell nicht vollständig die Sprachen als Typen erfaßt [gemeint sind wahrscheinlich die bekannten Schwierigkeiten mit der Eingliederung von Charakteristika der phonologischen Ebene in strukturelle Merkmale eines sprachlichen Typs − G. K.], dafür aber das für sie Wesentliche und nicht Zufällige ermittelt. Die Subjekt-Objekt-Beziehungen bilden eine der weitestgehend universellen Kategorien der Sprache, da sie mit dem sprachlichen Ausdruck von weitestgehend universellen Kategorien des menschlichen Denkens zusammenhängen" (Žirmunskij 1965: 109).

Worin liegen die Vorteile, die die kontensive Typologie gegenüber den verschiedenen Varianten der formalen Typologie aufweist?

Vor allem gibt es allen Anlaß anzunehmen, daß es die kontensive Typologie ist, die wohl am ehesten für sich in Anspruch nehmen kann, daß gerade die in ihrem Rahmen durchgeführten Untersuchungen die typologischen Eigenschaften von Sprachen im eigentlichen Sinne dieses Wortes zu Tage fördern. Das resultiert aus mehreren Umständen, von denen an dieser Stelle lediglich zwei hervorgehoben werden sollen.

Erstens kommt die formale Typologie bekanntlich oft überhaupt ohne den Typusbegriff aus (man vergleiche in dieser Hinsicht einige Äußerungen von Forschern wie J. Greenberg). Im Unterschied dazu betrachtet die kontensiv-typologische Forschung den Begriff des sprachlichen Typus als ein notwendiges Instrument. Unter dem sprachlichen Typus versteht man dabei eine ein System bildende Gesamtheit von bestimmten strukturellen Merkmalen einer Sprache. (Dieser Begriff bildet eine offensichtliche Analogie zum Begriff des ursprachlichen Modells in der genetischen Sprachforschung und zur Gesamtheit vor arealbezogenen Merkmalen in der Areallinguistik.) Die kontensive Typologie erkennt explizit die Notwendigkeit an, bei der Forschung auf eine der möglichen Formulierungen des Begriffs ‚Sprachtypus' Bezug zu nehmen. Daher wird zwischen dem in seinem Wesen abstrakten Begriff ‚Sprachtypus' (dieser stellt ein Konstrukt dar, zu dem eine Gesamtheit von logisch aufeinanderbezogenen strukturellen Merkmalen gehört) und dem konkreten Begriff einer auf der linguistischen Karte der Welt anzutreffenden typologischen Klasse von Sprachen streng unterschieden. (Letzterer Begriff ist mit dem der ‚Sprachfamilie' in der genetischen Forschung und dem des ‚Sprachbundes' in der Areallinguistik vergleichbar.)

Wenn aber das Gegenteil eintritt, d. h. sobald eine typologische Sprachforschungskonzeption den Begriff ‚Sprachtypus' ignoriert, entstehen günstige Voraussetzungen für ihre Vermischung mit anderen strukturellen Sprachforschungsrichtungen – der kontrastiven Linguistik, der linguistischen Charakterologie, der Universalienlinguistik. Sogar in den Fällen, wo eine formorientierte Sprachtypologie darauf verweist, daß der für die Forschung entscheidende Typusbegriff verwendet wird, darf solchen Behauptungen nicht immer vertraut werden. Um dieses zu untermauern, wollen wir lediglich zwei in dieser Hinsicht äußerst bemerkenswerte Beispiele anführen. In angesehenen Richtungen der zeitgenössischen formalen Typologie ist die Überzeugung verbreitet (u. a. in der von J. Greenberg angeführten Strömung), nach der die Sprachen der Welt allein durch Verwendung des Merkmals ‚Vorhandensein/Fehlen von labialisierten Vokalen' in zwei typologische Klassen gegliedert werden können, und zwar in Sprachen mit labialisierten Vokalen und Sprachen ohne solche. Es scheint allerdings paradox, daß ein solches Unterscheidungsverfahren als typologisch angesehen wird, obwohl weder die typologische Relevanz des gewählten Merkmals noch die Fähigkeit eines vereinzelten, in kein System integrierten (noch dazu willkürlich gewählten) Merkmals, einen Typusbegriff zu bilden, nachgewiesen sind. Ein weiteres Beispiel der gleichen Art bietet ein in der formalen Typologie weit verbreiteter Begriff des sogenannten ‚Mischtypus'. Im Bereich der kontensiven Typologie, die den Sprachtyp als Gesamtheit von miteinander systemhaft verknüpften strukturellen Merkmalen versteht, müssen die einzelnen Typen notwendigerweise logisch durch und durch homogene, ‚reine Konstruktionen' darstellen (im Unterschied zu konkreten Sprachen, die in sich häufig Züge verschiedener Typen miteinander vereinbaren können). Daraus muß abgeleitet werden, daß der für die formale Typologie so charakteristische Begriff ‚Mischtypus' (der sogar mit der Geschichte der Herausarbeitung der ‚morphologischen Klassifikation' der Sprachen, die ‚reine Typen' postulierte, in einem Widerspruch steht) nur widerspiegelt, daß sie kaum ernsthaftes Interesse für den Begriff ‚Sprachtypus' als solchen aufbringt, was letzten Endes die Grenzlinien dieser Disziplin zu nichttypologischen Arten der strukturellen Sprachforschung verwischen muß.

Ein weiterer, nicht weniger wesentlicher Unterschied der inhaltsbezogenen Typologie zu den meisten Arten der formalen Typologie, die vorwiegend auf die Kennzeichnung lediglich der morphologischen Sprachebene reduziert werden (es sei berücksichtigt, daß die Untersuchungen zur sogenannten phonologischen Typologie in der Regel Tatsachen aus einer geschlossenen Gruppe von Sprachen auswerten und daher eher zum Bereich der charakterologischen Forschungen gehören sollten), besteht darin, daß sie in einem wesentlich größeren Maße dazu geeignet ist, ganze Systeme zu erfassen, d. h. gesamtsprachlichen Charakter zu erlangen. Der kontensive Typ beschränkt sich nicht auf strukturelle Merkmale einer beliebigen Ebene, beispielsweise der morphologischen, sondern setzt sich aus der Gesamtheit von Koordinatenmerkmalen verschiedener sprachlicher Ebenen zusammen — der lexikalischen, syntaktischen, morphologischen und, wie heute vermutet werden kann, der phonologischen. Somit kann es sich im Bereich der kontensiven Typologie nur um einen Sprachtypus, nicht aber um einen sogenannten ‚Typ in der Sprache' handeln. Die kontensive Typologie stellt somit wohl die ‚whole system typology' im Sinne C. Voegelins dar und bildet eine direkte Analogie zur Vorstellung von der Sprache als einem ganzheitlichen System, die sich bereits in der genetischen (vergleichend-historischen) und der arealen Sprachwissenschaft durchgesetzt hat. Es scheint allerdings, daß eine konsequente Anwendung des Systemansatzes in der typologischen Forschung die wichtigste Voraussetzung für die Durchsetzung des Historismus als Prinzip in dieser darstellt. (Heute muß kaum bewiesen werden, daß synchronisch-typologische Forschungen zutiefst historisch, während diachronisch-typologische im Gegenteil ganz und gar antihistorisch sein können.) Es sei allerdings bemerkt, daß einige amerikanische Forscher die semantischen Grundlagen der kontensiven Sprachtypen negieren. Letztlich hängt das mit der unter ihnen verbreiteten Vorstellung von der Grammatik zusammen, die die semantischen Gesichtspunkte völlig ausklammert. Daher weigern sie sich, die lexikalischen Implikationen des kontensiven Sprachtyps anzuerkennen, und erachten es sogar für möglich, daß der syntaktische und der morphologische Aufbau einer Sprache zu verschiedenen Typen gehören können.

In Zusammenhang mit dem Dargelegten muß die Relevanz der phonologischen Kriterien in der hier zur Diskussion stehenden Beziehung erläutert werden. Erstens muß beachtet werden, daß die strukturellen Charakteristika der phonologischen Ebene als einer nicht-inhaltlichen und anderen Ebenen untergeordneten Ebene keinesfalls einen Widerspruch zu ihrer typologischen Spezifik bilden müssen. Zweitens können wohl direkte Argumente für ihre organische Integration in die typologische Spezifik angeführt werden. Wir meinen hiermit den aus der einschlägigen Literatur bekannten Umstand, daß manche Elemente der phonologischen Sprachstruktur unmittelbar auf eine bestimmte Art der Wiedergabe von für den gegebenen Sprachtypus charakteristischen Subjekt-Objekt-Beziehungen ausgerichtet sein können. Man vergleiche beispielsweise das System von morphonologischen Regeln der Sprache, d. h. den Phonemwechsel, der auf die Substitution von Morphemfunktionen ausgerichtet sein kann. (Bekanntlich wird in zahlreichen Richtungen der modernen Sprachwissenschaft die Morphonologie als ein Bestandteil der phonologischen Sprachstruktur betrachtet.) So stehen die Erscheinungen der phonetischen Assimilation in den abchasisch-adygischen Sprachen im Dienste des Mechanismus der Ergativität: wir haben es hierbei mit der Angleichung der Marker der 1. und 2. Person beider Numerusparadigmen in Nachbarschaft mit dem konsonantischen Stammanlaut des Agentivverbums zu tun, und zwar zum Unterschied von den gleichen Markern unter ähnlichen

Bedingungen in den Wortformen des Faktitivverbums; der Ablaut dient darüber hinaus der Unterscheidung von verbalen Lexemen nach dem Merkmal Agentivität ~ Faktitivität.

Wichtig erscheinen die Bemühungen der kontensiven typologischen Forschung darum, sich nicht auf willkürliche Kriterien zu stützen, wie es für formal-typologische Forschungen so typisch ist. Bekanntlich variiert in der formalen Typologie die Kombination der postulierten Typen ganz beträchtlich. So sind auch im Bereich der morphologischen Typologie, die eine recht wesentliche Seite der sprachlichen Struktur ins Licht rückt, verschiedene Schemata bekannt, die von den Gebrüdern Schlegel, W. Humboldt, A. Schleicher, H. Steinthal, M. Lazarus, F. Misteli, M. Müller, F. N. Finck, T. Milewski, V. Skalička, J. Greenberg und B. A. Uspenskij stammen. Daher ist der Umstand nicht verwunderlich, daß die Zahl der unterschiedlichen Schemata in der formalen Typologieforschung insgesamt weiter zunimmt. Es sei betont, daß in mehreren äußerst populären Richtungen der zeitgenössischen formal-typologischen Forschung der willkürliche Charakter der angewendeten Kriterien offen als Positivum hervorgehoben wird. Demzufolge kann eine Sprache zu verschiedenen typologischen Klassen gehören, je nach den gewählten Kriterien. (Daher wird verständlich, daß eine solche typologische Klassifikation mit der genetischen bzw. arealen Klassifikation nicht verglichen werden kann.)

Ganz andere Perspektiven bietet in dieser Hinsicht die kontensive Typologie. Sie weist darauf hin, daß die Möglichkeiten der die Wiedergabe von Subjekt-Objekt-Beziehungen der Wirklichkeit widerspiegelnden Kriterien nicht willkürlich sind. Eine gesetzmäßige Folge davon ist die Tatsache, daß alle in diesem Bereich tätigen Forscher im Grunde eine identische Palette von Sprachtypen voraussetzen – den nominativischen, den ergativischen, den aktivischen Typ und manchmal auch andere Typen der Sprachen. (In der einschlägigen Literatur findet man höchstens terminologische Schwankungen in der Bezeichnung von Sprachtypen.) Den streng determinierten (anstatt willkürlichen) Charakter des Subjekt-Objekt-Kriteriums, dessen sich die kontensive Typologie bedient, bestätigt die Geschichte der Herausarbeitung einiger ihrer Grundbegriffe eindeutig. Sie lassen eine gewisse Analogie zur Geschichte der Herausbildung von Grundbegriffen der genetischen (vergleichend-historischen) Sprachwissenschaft erkennen, was an sich schon bemerkenswert erscheint. Bekanntlich zeichneten sich die Begriffe der beiden besonders eingehend herausgearbeiteten Sprachtypen der inhaltsbezogenen Typologie — des nominativischen und des ergativischen — ursprünglich nicht erst dann ab, als ein für wesentlich erachtetes Klassifikationskriterium in bezug auf alle Sprachen der Welt angewendet wurde, sondern als in der Mitte des vorigen Jahrhunderts eine gewisse strukturelle Ähnlichkeit einiger europäischer und benachbarter Sprachen aufgefallen ist (der baskischen, der kaukasischen und der Eskimo-Sprache von Grönland), die diese von allen übrigen europäischen Sprachen eindeutig unterschied. Erst nach einer Spezialuntersuchung dieser Sprachen konnten spezifische strukturelle Merkmale des ergativischen und des nominativischen Aufbaus von Sprachen (und die ihnen zugrundeliegenden Stimuli) ermittelt werden. Und schließlich gelang es in der dritten Etappe, mit diesen Sprachtypen den typologischen Zusammenhang der meisten Sprachen der Welt nachzuweisen: sie näherten sich alle in größerem oder geringerem Maße dem einen (nominativischen) oder dem anderen (ergativischen) Typ.

Bevor wir uns der strukturellen Beschreibung von konkreten Sprachtypen zuwenden, die in der kontensiv-typologischen Konzeption postuliert werden, muß auf ihren Aufbau und ihre semantischen Grundlagen kurz eingegangen werden. Auf der Ebene der lexikalischen Struktur sind einige allgemeine sowie einige spezifische Prinzipien für den Aufbau des nominalen und des verbalen Wortbestandes relevant. Als allgemeine können einige ausschlaggebende (und demzufolge sich in der Syntax, der Morphologie und anderen Bereichen auswirkende) Arten der Gruppierung von Substantiven und der Lexikalisierung von Verben, sowie die Spezifik des Wortartbestandes (man vergleiche beispielsweise die Nicht-Universalität des Adjektivums) gelten, während zu den spezifischen die verschiedenen Besonderheiten der sie bildenden Wortklassen (man vergleiche die Nicht-Universalität von Possessiv-, Reflexiv- und manchen anderen Pronomina, von Possessivverben u. a. m.) gerechnet werden. Im Bereich des syntaktischen Aufbaus drücken sich die diagnostischen Typusmerkmale in der Eigenart von zweitrangigen Satzgliedern, wie des Objekts, aus. Im Bereich der Morphologie zeigen sich diese Unterschiede in den Funktionen von Personenmarkern der verbalen Konjugation und den Positionskasus der nominalen Deklination. Die inhaltlichen Charakteristika der einen Sprachtypus bildenden strukturellen Merkmale erlauben es, über die Eigenart seines inneren Stimulus — der semantischen Determinante — zu urteilen. (Der hier verwendete Begriff ‚semantische Determinante' entspricht seinem Umfang nach weitgehend dem Begriff ‚typologische Tiefenstruktur' von H. Birnbaum.) Die semantischen Grundlagen eines Sprachtypus sind es wohl, die das Vorhandensein aller ihrer charakteristischen Projektionen auf verschiedene Ebenen der betreffenden Sprachstruktur bedingen.

Der nominativische Sprachtyp ist auf der Lexikebene durch die Gliederung der verbalen Lexeme in transitive und intransitive gekennzeichnet (wobei eine inhaltlich bedingte Gliederung im nominalen Bereich fehlt). Auf der Syntaxebene fungiert eine einheitliche nominativische Satzkonstruktion und es wird zwischen direktem und indirektem Objekt unterschieden. In der Morphologie der nominativischen Sprachen geben solche markanten Größen den Ausschlag wie der Nominativus und Akkusativus in der Deklination der Nomina und die Subjekt-Reihe (zuweilen auch eine Objekt-Reihe) von Personalmarkern in der verbalen Konjugation. Die genannten Merkmale stehen in einem systemhaften Zusammenhang mit anderen Typkennzeichen. So ist beispielsweise bekannt, daß die Gegenüberstellung der aktiven und der passiven Konstruktionen mit der durch sie vorausgesetzten Unterscheidung der Formen von Aktiv und Passiv als Genera verbi nur in nominativischen Sprachen anzutreffen ist. Es gibt ernsthafte Gründe für die Annahme, daß solche Kasus wie Genitiv, Dativ und Instrumentalis ebenfalls zu den Implikationen des nominativischen Sprachaufbaus gehören. (Eine Herausbildung solcher Kasus in den ergativischen Sprachen ist nur möglich, wenn diese den Weg der Nominativierung fest beschritten haben.) Kürzlich wurde eine noch zu bestätigende Hypothese hervorgehoben, nach der es eine implikative Abhängigkeit zwischen der Kategorie des Geschlechts und der speziellen Akkusativform in der Sprache geben muß. Bereits aus den aufgezählten strukturellen Zügen läßt sich ableiten, daß sie auf eine recht direkte Art und Weise auf die Wiedergabe von Subjekt-Objekt-Beziehungen der Wirklichkeit zugeschnitten sind. Die Schlußfolgerung liegt nahe, daß das Nominativsystem insgesamt auf die Gegenüberstellung der semantischen Tiefenrollen von Subjekt und Objekt ausgerichtet ist.

Es fällt nicht schwer, im Ergativsystem ein sich von diesem grundsätzlich unterscheidendes Bild auszuweisen. Der verbale Wortbestand gliedert sich hier in zwei Wortklassen, die äußerlich mit der aus den nominativischen Sprachen bekannten Gliederung in transitive und intransitive Verben vergleichbar, aber mit dieser in der Tat nicht identisch sind. Besonders deutlich wirkt sich der Unterschied zwischen diesen Erscheinungen darin aus, daß recht zahlreiche bei unserer Auffassung transitive Verben (wie ,schlagen, stoßen, ziehen, greifen, stechen, beißen, küssen, kneifen, kratzen, bitten, erwarten' usw.) hier als intransitive eingestuft werden müssen. Es scheint nicht zufällig, daß zeitgenössische französische Forscher, die sich mit dem Ergativitätsproblem befassen (G. Dumézil, C. Paris, C. Tchekhoff), diese Wortklassen nicht als transitiv/intransitiv qualifizieren. Zugleich werden in manchen jüngsten Arbeiten sowjetischer Forscher diese Klassen terminologisch als agentive und faktitive Verben definiert (Kibrik 1976: 34–35). Auf der Syntaxebene existiert in den ergativischen Sprachen statt einer nominativischen Satzkonstruktion eine Opposition der ergativischen und der absoluten Konstruktionen mit Unterscheidung von Objekten, die nur unter großem Vorbehalt als direkte bzw. indirekte bezeichnet werden können. Im Bereich der Morphologie haben wir es hier mit der Opposition von besonderen Kasus − dem Ergativ und dem Absolutiv − zu tun, die mit den analogen Personenmarkern der ergativen und der absoluten Serie des Verbums funktional identisch sind. In der einschlägigen Literatur ist seit langem nachgewiesen, daß die strukturellen Komponenten des ergativischen Sprachaufbaus die Subjekt-Objekt-Beziehung synkretistisch zum Ausdruck bringen. So stellt der Ergativ nicht nur einen Kasus des Subjekts bei transitiver Handlung, sondern noch den Kasus des nicht-direkten Objekts dar (besonders des Aktionsinstruments), während der Absolutiv als Subjektkasus bei intransitiven Handlungen und als Kasus des direkten Objekts fungiert. Erkennt man an, daß die agentiven Verben der ergativischen Sprachen mit den transitiven Verben der nominativischen Sprachen nicht identisch sind, wird verständlich, warum diese Verben keine Gegenüberstellung von Formen des Aktivs und des Passivs kennen. Insgesamt ist anzunehmen, daß die Baukomponenten der Ergativität nicht auf den Ausdruck von Subjekt und Objekt, sondern auf die semantischen Tiefenrollen von Agentiv (Handlungsquelle bzw. -bedingung) und Faktitiv (Handlungsträger) ausgerichtet sind.

Eine äußerst auffällige strukturelle Spezifik weist der aktivische Sprachtyp auf. Der verbale Wortbestand ist hier in zwei große Klassen von aktiven und stativen Verben gegliedert, d. h. in Aktionsverben und Zustandsverben (hier ist darüber hinaus auch die Klasse von Verben für ‚unwillkürliche Aktion bzw. unwillkürlichen Zustand' vertreten). Eine dieser Gliederung analoge Unterscheidung gibt es auch im substantivischen Bereich, wo alle Substantive in aktive bzw. ‚belebte' (Bezeichnungen von Menschen, Tieren und Pflanzen) und inaktive bzw. ‚unbelebte' (zu denen nur Bezeichnun-

gen von Gegenständen gehören) gegliedert sind. Folgende Gesetzmäßigkeit fällt dabei auf: bei aktivem Prädikatsverbum fungiert
immer ein Substantiv der aktiven Gruppe als Subjekt, bei stativen
als Prädikat fungierenden Verben wird das Subjekt vorwiegend
durch Nomina der inaktiven Klasse ausgedrückt. Durch die Gliederung der Verben in aktive und stative ist im syntaktischen Aufbau
der aktivischen Sprachen die Opposition der aktiven und der inaktiven Satzkonstruktionen sowie die Unterscheidung der Objekte in
nahe und entfernte bedingt. Die nahen Objekte stehen für Objekte
der gerichteten Aktion (man vergleiche den Inhalt ‚trocknet die
Blätter‘ und ‚läuft zum Fluß‘), während das entfernte Objekt sich
funktional an die Umstandsbestimmung anlehnt. Für die Morphologie des Verbums in den Sprachen des aktivischen Typs sind die
morphologischen Kategorien der Version (bei aktiven Verben wird
zwischen den Formen der zentrifugalen und der zentripetalen Version unterschieden) und der Aktionsart charakteristisch. Die nominale Morphologie ist hier durch die Possessivitätskategorie vertreten, bei der die Formen des unentbehrlichen (organischen) und
des entbehrlichen (nicht-organischen) Besitzes, zuweilen aber auch
aktive und inaktive Kasus auseinandergehalten werden. Insgesamt
ist offensichtlich, daß die strukturellen Elemente des aktivischen
Systems in einem noch geringeren Maße dafür geeignet sind, die
Opposition von Subjekt und Objekt wiederzugeben, als dies in den
Sprachen des ergativischen Typs der Fall ist. Daher glauben wir,
hier eine offensichtliche Orientierung dieser Elemente auf die Wiedergabe der semantischen Oppositionen des Aktiven und des Inaktiven erkennen zu können.

Die hier kurz skizzierte kontensiv-typologische Klassifikation der
Sprachen weist einige der wichtigsten Eigenschaften einer natürlichen Klassifikation auf, was sie zumindest von den meisten formal-
typologischen Gliederungsschemata deutlich unterscheidet. Erstens
sind die strukturellen Merkmale der Sprachen in direkte Beziehung
zu dem durch sie verkörperten Inhalt gesetzt. Zweitens sind die
darin verwendeten Kategorien nicht als willkürlich zu bezeichnen.
Drittens versucht diese Gliederung, die Sprachen jeweils als ein
Ganzes zu erfassen. (Der letztere Umstand gibt uns Anlaß, diese
als eine Art generelle Klassifikation zu definieren, während die
formalen Gliederungen in ihrer überwiegenden Mehrheit nur als
spezielle Klassifikationen gelten können.) Ausgehend vom Dargelegten scheint ihre ontologische Bedeutung und insbesondere ihre
explanatorische Potenz wesentlich über der der verschiedenen for-

mal-typologischen Klassifikationen zu liegen. Infolge ihrer unvermeidlichen Beschränktheit gehen die formalen Klassifikationen bekanntlich über einen vorläufigen Charakter nicht hinaus. Wenn das bisher Ausgeführte anerkannt ist, so wird mit der Entwicklung der kontensiv-typologischen Klassifikation der Sprachen die in der Logik der Wissenschaftsentwicklung hervorgehobene Frage nach der Überwindung solcher Beschränktheit ihre Lösung finden. Es sei auch der Umstand unterstrichen, daß der ontologische Wert der kontensiv-typologischen Sprachenklassifikation mit den entsprechenden Potenzen der genealogischen (und höchstwahrscheinlich der arealen) Sprachenklassifikation durchaus vergleichbar ist.

Die letzte Frage, die mit dem hier zur Diskussion stehenden Problemkreis eng verbunden ist, bezieht sich auf die Möglichkeit, die kontensiv-typologische Sprachenklassifikation unter geschichtlichem Gesichtspunkt zu deuten. Diese Fragestellung ist durchaus legitim, zumal zum Unterschied von den aller geschichtlicher Bindungen entbehrenden künstlichen Klassifikationen eine „im wahren Sinne des Wortes natürliche Klassifikation in dieser oder jener Form genau die Bindungen und Beziehungen zwischen den zu klassifizierenden Objekten widerspiegelt, die sich im Ergebnis der historischen Entwicklung herausgebildet haben" (Kedrov 1961: 6). Aber die Forschungen in diesem Bereich stecken erst in den Anfängen, so daß allzu resolute Schlußfolgerungen jeder Art bestimmt noch verfrüht wären. (An dieser Stelle sei betont, daß die Sprachwissenschaft sich dem Problem der typologischen Rekonstruktion eigentlich erst in der jüngsten Zeit zuwandte.) Daher beschränken wir uns hier auf einige in dieser Hinsicht relevante allgemein theoretische Überlegungen, aus denen die Annahme abgeleitet werden kann, daß eine irreversible Entwicklung von einem Sprachtyp zum anderen denkbar wäre.

Vor allem muß die hohe explanatorische Potenz des in der skizzierten Gliederung der Sprachtypen dem nominativischen bzw. ergativischen Typ entgegengesetzt eingeordneten aktivischen Typs hervorgehoben werden. Wenn mehr oder weniger zuverlässige Daten aus den Sprachen des aktivischen, des ergativischen und des nominativischen Typs ausgewertet werden, fällt auf, welche beachtliche explanatorische Kraft die Struktur des aktivischen Typs bei der Deutung einer ganzen Menge von systemlosen Erscheinungen aufweist (die in erster Linie innerhalb einer solchen vom Standpunkt der kontensiven Typologie konservativen Ebene sichtbar werden, wie es die morphologische nun einmal ist). Diese treten in vielen

Sprachen des ergativischen und des nominativischen Typs auf und sind bereits in zahlreichen typologischen Forschungen der Vergangenheit adäquat verwertet worden. In ihrer noch undeutlichen Form wurden sie von C. C. Uhlenbeck erstmalig verwendet, der eine Hypothese über den vornominativischen Zustand des Protoindogermanischen herausarbeitete und dabei von einigen Besonderheiten der Morphologie der Nomina in mehreren historisch belegten indogermanischen Sprachen ausging. Wesentlich später wurde von S. L. Byxovskaja das höhere Alter der aktivischen Satzkonstruktion im Zusammenhang mit der Unfähigkeit der ergativischen Sprachen hervorgehoben, die objektlosen Verben der absoluten Satzkonstruktion zur Wortklasse der transitiven Verben umzugestalten, was eigentlich bei einer umgekehrten Hypothese vorauszusetzen wäre. (Bei den Sprachen des ergativischen Typs wurde eine entgegengesetzte Tendenz zum Übergang der unproduktiven Gruppe der sogenannten labilen Verben bei ihrem vorwiegend objektlosen Gebrauch zur Klasse der faktitiven Verben nachgewiesen.) Noch später entwickelte J. Lyons ein zusammenfassendes Modell des aktivischen Systems (von ihm als ‚ideales Ergativsystem' bezeichnet) zum Zwecke der diachronischen Erklärung von inneren Mechanismen sowohl des ergativischen als auch des nominativischen Satztyps. Und schließlich erschienen in der UdSSR kürzlich einige Abhandlungen, deren Autoren sich der Struktur des aktivischen Satzaufbaus bei der Betrachtung der Genese des Ergativ- und des Nominativsystems anhand einiger konkreter Sprachen zuwenden (z. B. die Arbeiten von G. K. Verner, T. V. Gamkrelidze, V. V. Ivanov, A. N. Savčenko, I. M. D'jakonov, L. M. Palmaitis u. a.). Das ergativische und das nominativische System sind dagegen für die Deutung von lediglich einigen Innovationen geeignet, die in den Sprachen des aktivischen Typs auftreten. Im Lichte der Struktur des nominativischen Typs können auch Innovationen erklärt werden, die in den ergativischen Sprachen beobachtet worden sind.

Als ein zweites theoretisches Argument für einen solchen Verlauf der typologischen Evolution wäre die dialektische Beziehung zwischen der Form und dem Inhalt der strukturellen Komponenten des ergativischen Sprachtyps zu nennen: wenn in formaler Hinsicht die ergativischen Sprachen zahlreiche Berührungspunkte zu den Strukturen des aktivischen Typs aufweisen (worauf übrigens der Umstand zurückgeführt werden kann, daß die Wissenschaft über längere Zeit diese beiden Sprachtypen nicht auseinanderhalten konnte), so lassen sich von der inhaltlichen Seite seine Bindungen

zum nominativischen Sprachtyp nachweisen. Das führte z. B. zur
Herausbildung einer heute recht verbreiteten Tendenz, die Unterschiede zwischen diesen beiden Typen als rein oberflächlich zu
deuten. Obwohl auf der Ausdrucksebene die ergativische Satzkonstruktion in vielerlei Hinsicht mit der dreigliedrigen Variante der
aktivischen Konstruktion übereinstimmt (man vergleiche die deutliche Dominanz des Prädikatsverbums im Vergleich zu den nominalen Satzgliedern, die übliche Wortfolge SOV, eine ganze Reihe von
Besonderheiten der morphologischen Gestaltung der sie bildenden
Komponenten), ist sie inhaltlich doch bereits in gewissem Sinne
für die Wiedergabe der Subjekt-Objekt-Beziehungen geeignet (man
vergleiche die Unterscheidung von Subjekten bei transitiven und
intransitiven Aktionen, die Unterscheidung des ‚direkten‘ und des
‚indirekten‘ Objekts u. a. m.), auf deren Ausdruck die Struktur der
nominativischen Konstruktion ausgerichtet ist:

Drittens zeugt davon auch die aus der einschlägigen Literatur
bekannte Beobachtung, nach der bei der Zusammenfügung der
Merkmale der Ergativität und der Nominativität in einer Sprachstruktur (d. h. im Falle der sogenannten ‚gespaltenen Ergativität‘)
die Ergativität in der Regel konsequenter auf einer so konservativen
Ebene wie der Morphologie aufrechterhalten bleibt, während in der
Syntax ein größerer Anteil von Nominativität vorliegen kann, was
manchmal dazu führt, daß die Sprache überhaupt als nominativisch
eingestuft wird. Ein solches Verhältnis ist im Lichte der üblichen
linguistischen Vorstellungen von Interesse, nach denen die Sprachstruktur eine Hierarchie von Ebenen darstellt, in der der Syntax im
Vergleich zur Morphologie eine höhere Stellung zukommt, so daß
diese daher eher für typologische Umwandlungen offen sein müßte,
sowie im Lichte der traditionellen Lehre von morphologischen
sprachlichen Mitteln als einer Transposition der ehemaligen lexikalischen und syntaktischen Mittel. Zugleich gibt es ernsthafte
Zweifel, daß die frühere Annahme des umgekehrten Verhältnisses
von typologischen Merkmalen zutreffend sind, denn bereits vor
mehr als zehn Jahren konnte bewiesen werden, daß die Konzeption
der Ergativisierung von ursprünglich und historisch nominativischen
Sprachen nicht stichhaltig ist (vgl. Pirejko 1968: 64).

Viertens wurde in der einschlägigen Literatur inzwischen nachgewiesen, daß es zahlreiche Sprachen gibt, wo die Kasusgestaltung im
nominalen Bereich ergativisch und die verbale Kongruenz nominativisch ist, während ein umgekehrtes Verhältnis nicht ausgewiesen
werden konnte (Comrie 1978: 340), was im Lichte der verbozentri-

schen Konzeption, die das Verbum synchronisch und diachronisch als Satzdominante anerkennt, von Interesse erscheint.

Mit den angeführten Überlegungen stimmen in der Regel auch die empirischen Zeugnisse aus den Sprachen überein, die Merkmale verschiedener Sprachtypen in sich vereinen. Bislang konnten bereits in mehreren ergativischen und nominativischen Sprachen mehr oder weniger deutliche Relikte des aktivischen Sprachtyps nachgewiesen werden. Einerseits wurden solche bei heute eindeutig nominativischen Sprachen wie den indogermanischen, afroasiatischen, den Jenissei-Sprachen, den türkischen und dravidischen Sprachen beobachtet, andererseits bei solchen heute ergativischen Sprachen wie den abchasisch-adygischen und den nachisch-dagestanischen. Zugleich sind kaum aktivische Sprachen bekannt, in denen Relikte des nominativischen bzw. ergativischen Sprachtyps zu beobachten wären. So wäre es wahrscheinlich müßig, in der nominalen Morphologie von aktivischen Sprachen nach Relikten von Nominativ, Akkusativ, Dativ, Genitiv oder Instrumentalis zu suchen, weil die Erscheinung der nominalen Flexion selbst frühestens auf den aktivischen Sprachtyp bezogen werden kann.

Abschließend sei die Bemerkung erlaubt, daß die weiteren Perspektiven der kontensiv-typologischen Forschungen vor allem wohl davon abhängen werden, wie konsequent auch künftig die Prinzipien der systemhaften Betrachtung und des Historismus bei der Auswertung der sprachlichen Tatsachen durchgesetzt werden. Für den weiteren Fortschritt dieser Forschungsrichtung kann die weitere Bereicherung des Tatsachenmaterials aus den Sprachen der Welt von großer Bedeutung sein.

Literatur

Capell, Arthur A.
1965   „A typology of concept domination", *Lingua* 15: 451–462.
Comrie Bernard
1978   „Ergativity", in: *Syntactic typology. Studies in the phenomenology of language*, edited by W. P. Lehmann (Austin: University of Texas Press), 329–394.
Kedrov, Bonifatij M.
1961   *Klassifikacija nauk. I. Engel's i ego predšestvenniki* (Moskva: Izdatel'stvo Akademii Nauk SSSR).
Kibrik, Aleksandr E.
1976   *Strukturnoe opisanie arčinskogo jazyka* (Avtoreferat doktorskoj dissertacii, Moskva).

Milewski, Tadeusz
1967   *Językoznawstwo* (Warszawa: Państwowe Wydawictno Naukowe).
Pirejko, Lija A.
1968   *Osnovnye voprosy ėrgativnosti na materiale indoiranskix jazykov*
          (Moskva: Nauka).
Žirmunskij, V. M.
1965   „O celesoobraznosti primenenija v jazykoznanii matematičeskix meto-
          dov", in: *Lingvističeskaja tipologija i vostočnye jazyki. Materialy sove
          ščanija* (Moskva: Izdatel'stvo Nauka).

JOHANN KNOBLOCH

Lokalvorstellung, Ergativ und Objektive Konjugation

Die Bedeutung der Lokalvorstellung für die Herausbildung der Morphologie ist in der Wiener Schule der Orientalistik (Viktor Christian) und Afrikanistik (Wilhelm Czermak) erkannt worden. Unabhängig davon kann sich die Indogermanistik auf Franz Specht, den Schüler Wilhelm Schulzes berufen, dessen Werk *Der Ursprung der Indogermanischen Deklination* (Göttingen: Vandenhoeck & Ruprecht, 1944) auf der Grundlage aufbaut, die Morpheme der indogermanischen Sprachen seien angewachsene deiktische Elemente und ihre ursprüngliche Funktion, die Lokalisierung des Gegenstandes in der Tiefe des Raumes genau anzugeben, sei anderen Bedürfnissen der Wortableitung dienstbar gemacht worden. Man kann hiermit die französische Angabe zweier verschiedener Distanzen durch *ce livre-ci* und *ce livre-là* vergleichen.

Jedenfalls zeigen die Reihen von Pronomina der dritten Person, daß die Orientierung im Raum für ein Naturvolk ungleich bedeutsamer ist: ja, man kann noch innerhalb der deutschen Sprache Verschiedenheiten der Geltungskreise für die Lokaladverbien *hier, da, dort* feststellen. Hinzu käme noch, was aber hier nicht weiter untersucht werden soll, daß die deutsche Sprache mit der Richtungsangabe beim Verbum (*herkommen, hingehen*) atavistische Züge aufweist, die in den Sprachen des ergativischen Typus wiederkehren.

Was nun den Ergativ betrifft, so muß hier an frühe Erklärungsversuche erinnert werden: die Alternative, ob man den Subjektskasus in transitiven Sätzen possessivisch oder passivisch verstehen solle, spielt in der Geschichte der typologischen Forschung eine große Rolle.

Wenn aber, wie in den nordwestkaukasischen Sprachen, der Ergativ zugleich zum Ausdruck des possessivischen Verhältnisses ausgenutzt wird, so muß dies nicht im Sinne einer Priorität der possessivischen Auffassung gedeutet werden. Wir gehen dabei wohl zu sehr von den Grundanschauungen unserer Leistungsgesellschaft aus:

Lerne was, so kannst du was, leiste was, dann hast du was. Der niedertscherkessische Dialekt (im obertscherkessischen Kabardinischen fehlt diese Erscheinung) belehrt uns über eine sehr urtümliche Unterscheidung des angeborenen und des erworbenen Besitzes: *she* ist ‚mein Arm‘: er ist mir angeboren, aber erworbener Besitz erfordert das erweiterte Possessivaffix *si-*: *siwune* ‚mein Haus‘. Verbale Sachverhalte lassen sich aber weder der einen noch der anderen Besitzform zuordnen. Es bleibt ein Drittes: die lokale Auffassung. Hier wäre wieder die Richtung der Auswirkung vom Ort der Einwirkung zu unterscheiden. Denn jede in transitiver Form der Satzgestaltung wiedergegebene Verbalhandlung stellt einen Wirkzusammenhang her zwischen Täter, Handlung und betroffenem Objekt. Wir betrachten diesen Zusammenhang als eine logische Verknüpfung, weil wir es so durch den Grammatikunterricht gelernt haben, der wieder von den Denkkategorien der Antike bestimmt ist. Aber wir dürfen die Kategorie des Hypokeimenon, des ‚gegenwärtigen (Satz)gegenstandes‘, wie er bei Sprachen des nominativischen Typus vorliegt, nicht verallgemeinern und keinesfalls in ihm den Urzustand der sprachlichen Aussage sehen. Auch ist die Ergänzung, das direkte Objekt im transitiven Satz, nicht eine Zutat zur Veranschaulichung des verbalen Vorgangs, wie es der Satzbau moderner westeuropäischer Sprachen glauben machen könnte, sondern vielmehr das vorgegebene Ding, an dem der Vorgang überhaupt erst zu beobachten ist, wie die Satzbauart SOV deutlich macht. Die Stelle dieses Objekts (*manus manum lavat*), also Gegenstandes ist aber auch der Ort für den Satz‚gegenstand‘ der intransitiven Sätze, der Ort der Einwirkung der Verbalhandlung.

Um den Gegensatz zwischen ergativischer und nominativischer Satzkonstruktion zu verdeutlichen, sei hier wiederholt: unsere Lehre, die unsere gramatischen Termini widerspiegeln, besagt, daß die Verbalhandlung ein Subjekt als Täter voraussetzt und dann auf das Objekt übergehe. Dagegen ist die ergativische Konstruktion dadurch gekennzeichnet, daß sich die Verbalhandlung bei Vorgängen am Täter manifestiert (intransitive Sätze: *Petrus currit*), bei transitiven an [unserem] Objekt (*Paulus Petrum vocat*); beide für uns verschiedenen Kasus angehörigen Satzglieder weisen in den Ergativsprachen das gleiche Kasuszeichen (des Absolutivs) auf. Hinzu kommt dann bei transitiv gebrauchten Verben ein weiterer Mitspieler, das Subjekt im Ergativ.

Anstelle unserer logischen Verknüpfung dieser Satzglieder hat man nun einen anderen Zusammenhang, wie ich glaube, auf der

Grundlage der Lokalvorstellung zu rekonstruieren. Verbalhandlungen mit konkret und unmittelbar wahrnehmbaren Wirkungen sind mit Bewegungen verbunden: Er geht. Er fällt. (Für die nachfolgenden Erörterungen mache ich mir die Homophonie der 3. Person von *fallen* und *fällen* zunutze.) Wer fällt? Der Baum. Alles Bewegungen. Nur kann man im letzten Fall weiter fragen: Von woher kommt die Auswirkung, deren Resultat (Einwirkung auf den Baum) das Fallen ist? Die Antwort gibt der Ergativ: Vom Waldarbeiter her. Diese lokale Auffassung liegt zeitlich und entwicklungsgeschichtlich lange vor der Entstehung der Tatverben. Charakteristisch für die ergativische Stufe der typologischen Sprachentwicklung ist die Auffassung der verbalen Inhalte als Vorgänge: Vom Waldarbeiter aus fällt der Baum = Er fällt den Baum.

So ergibt sich eine Stufenfolge der Entwicklung, die man ganz fälschlich als Übergang von passivischer Verbalauffassung in eine aktivische gedeutet hat. Für die Entwicklung des Verbalbaues läßt sich die Reihe der *Zustände* (Befindlichkeiten), *Vorgänge* (Bewegungen mit [Orts]veränderung des Subjekts) und *Tätigkeiten* (Auswirkung vom Täter und Einwirkung auf das Objekt = Veränderung dieses Objekts) im Sinne eines typologischen Wandels verwerten. Es gibt Sprachen, die verbale Sachverhalte statisch-zuständlich auffassen und so das Verbum konstruieren, solche, die Zustände und Vorgänge verschieden behandeln, wodurch der Ergativ als Subjektskasus in Erscheinung tritt, und schließlich solche, wo alle verbalen Aussagen ein einheitliches Subjekt erfordern, von dem man vermuten kann, daß es (a) auf den Ergativ oder (b) auf den Absolutiv (der unmarkiert ist) zurückgeht.

Wie es möglich ist, daß sich auch die Anwendung des Absolutivs als allgemeiner Subjektskasus analogisch ausbreitet, kann hier nicht näher untersucht werden. Ein Hinweis muß genügen. In den nordwestkaukasischen Sprachen gibt es Ausdrucksmöglichkeiten für den Unterschied des effizierten und des affizierten Objekts. Da nur zwei Kasus zur Verfügung stehen, wechseln sich diese ab: *naner žanem yede* ‚Mutter näht am Hemd‘, *nanem žaner yedə* ‚Mutter näht das Hemd‘. Der bloße Vorgang des Nähens erfordert anstelle der Objektshinweiser ein Präfix *ma-(de)*, das offenbar allgemein die räumlich-zeitliche Gegenwart ausdrückt und so die Stelle des Objekts einnimmt, an dem die durch den Vorgang bewirkte Veränderung sich manifestiert.

Sprachen des ergativischen Typs zeichnen sich auch durch die polypersonelle Konjugation aus. Während die indogermanischen

Personalaffixe beim Verbum das Subjekt aufnehmen (*laudaba-m, laudaba-s, laudaba-t*), wird hier auch noch das Objekt am Verbal-komplex mitausgedrückt.

Wenn nun gute Gründe dafür geltend gemacht werden, daß dem indogermanischen Kasussystem

Nom. mask. -*s*   Nom. neutr. -*m*
Akk. mask. -*m*   Akk. neutr. -*m*

ein älteres vorausging, das den belebt-aktiven Kasus mit -*s*, die inaktiven Kasus aber mit -*m* bildete, wobei das -*s* (wie ich vor vielen Jahren gezeigt habe) auch das possessive Syntagma -*s-yo* kennzeichnet (vgl. die Parallele im Tscherkessischen), darf man auch Reste der objektiven Konjugation im indogermanischen Verbalbau vermuten. Der Themavokal bei der thematischen Flexion, die ja gerade für die Tatverben verwendet wird, wäre also ein solcher Objektsweiser pronominalen Ursprungs.

ULRIKE KÖLVER

Kasusrelationen im Birmanischen

0. Einleitung

Auf den folgenden Seiten soll in Umrissen ein Ausschnitt aus der
Syntax des Birmanischen skizziert werden, nämlich die Konstruk-
tionsweisen, die im Birmanischen zum Ausdruck nuklearer grammatischer Relationen im Satz zur Verfügung stehen, d. h. der Relationen zwischen einem Verb und den unmittelbar von ihm kontrollierten Komplementen. Gleichzeitig werden die im Birmanischen be-
obachtbaren Verhältnisse unter typologischem Gesichtspunkt betrachtet, einerseits in Relation zur tibeto-birmanischen Sprachfamilie, andererseits im Hinblick auf bestimmte im südost- und
ostasiatischen Sprachareal wiederkehrende Erscheinungen.

Es sei daher zunächst eine kurze Vorbemerkung zu Kasussyste-
men innerhalb der tibeto-birmanischen Sprachfamilie voraus-
geschickt. Bei der überwiegenden Mehrzahl der Sprachen, soweit
sie bisher überhaupt beschrieben worden sind, handelt es sich um
agglutinierende SOV-Sprachen, in denen vollgrammatikalisierte Ka-
susmarkierungssysteme in Gestalt von Suffixen und Postpositionen
ausgeprägt sind. Typologisch ergeben sich hier zwei Großgruppen
von Sprachen: zum einen gibt es im westlicheren Bereich ein großes
Areal von Ergativsprachen, zu denen das Tibetische sowie eine
große Zahl von Himalayasprachen zu rechnen sind,[1] zum anderen
finden sich im östlicheren, sich nach Hinterindien erstreckenden
Bereich Nominativ-Akkusativ-Sprachen, wie z. B. Garo in Assam
und Karen in Birma.[2]

Birmanisch, selbst zum östlichen Bereich gehörig, deckt sich mit
keiner der beiden Gruppen, sondern weist Merkmale eines Misch-
typs auf, die auf eine gewisse typologische Konvergenz zu nicht-
tibeto-birmanischen Sprachen im östlich angrenzenden Sprachareal
deuten.

Insgesamt ist die tibeto-birmanische Sprachfamilie bislang sehr
ungenügend erforscht; es liegen nur wenige ausführliche Beschrei-

bungen einzelner Sprachen vor; viele sind kaum mehr als dem Namen nach bekannt,³ und immer noch steht nur wenig an verläßlichem Material für die engere Zuordnung der einzelnen Sprachen zur Verfügung. Für den westlicheren Bereich ist die Datenlage generell günstiger als für das heute kaum zugängliche Territorium von Assam und Birma. Für das Birmanische selbst liegt eine — relativ — große Zahl von Arbeiten vor, doch ist auch hier gerade das Gebiet der Syntax noch wenig erschlossen.⁴

1. Schrift- und Umgangssprache

Den folgenden Bemerkungen zu Kasusrelationen des Birmanischen ist ferner vorauszuschicken, daß sie sich speziell auf die Umgangssprache beziehen, die erhebliche Unterschiede zur Schriftsprache aufweist.

Die getrennten Traditionen von Schrift- und Umgangssprache sind historisch kaum erforscht. Die Tradition der Schriftsprache ist stark beeinflußt aus dem Pali, das seine besondere Stellung als religiöse Literatursprache des südlichen Buddhismus in Birma wie in anderen südostasiatischen Ländern stets bewahrt hat. Die Einflüsse des Pali sind hier jedoch über das Umfeld des rein religiösen Bereichs wirksam gewesen. Im Birmanischen hat sich eine gesonderte Sprachform für das Medium Schrift schlechthin herausgebildet, die unabhängig von den Inhalten schriftlicher Kommunikation zur Anwendung kommt, und die andererseits für das Medium gesprochene Sprache als unnatürlich und unangemessen empfunden wird.

Für das augenblickliche Thema der Kasusrelationen sind die Unterschiede zwischen Schrift- und Umgangssprache unmittelbar einschlägig: Kasusrelationen werden schriftsprachlich völlig anders ausgedrückt als umgangssprachlich. Die Schriftsprache verwendet ein Paradigma von obligatorischen, vollgrammatikalisierten Suffixen, das sich nur partiell — und zwar bei nicht-nuklearen Relationsmarkierungen — mit den Suffixen der Umgangssprache überschneidet, die im folgenden zur Sprache kommen werden.

Es kann daher für umgangssprachliches Birmanisch nicht auf Evidenz aus Texten zurückgegriffen werden, und die hier angeführten Beispiele stammen zum einen aus Arbeiten zur Umgangssprache (Okell 1969 und Cornyn & Roop 1968), zum anderen aus der Zusammenarbeit mit Informanten. Ihnen sei an dieser Stelle für

ihre bereitwillige Hilfe gedankt, insbesondere U Thaw Bana, Herrn
G. B. Kalikote und Ma Guna, alle in Kathmandu, Nepal. Ferner
gilt mein Dank Herrn Dr. V. Braun, Universität Göttingen, für
seine Kommentierung einzelner Beispiele sowie seine Erläuterungen
zur aktuellen Problematik von Schrift- und Umgangssprache im
heutigen Birma.

2. Kasusrelationen der Umgangssprache

Anders als in der Schriftsprache gibt es in der Umgangssprache eine
Reihe von formalen Varianten zum Ausdruck der Relationen, die
zwischen dem verbalen Prädikat eines Satzes und seinen nominalen
Komplementen bestehen, nämlich 1. unmarkierte Konstruktionen
und 2. Varianten markierter Konstruktionen.

2.1 Unmarkierte Konstruktionen

In der Umgangssprache werden zunächst einmal die nuklearen
grammatischen Relationen im Satz morphologisch überhaupt nicht
markiert. Sätze werden konstituiert durch das Verb, das — wie im
Tibeto-Birmanischen allgemein — in der Satzendstellung erscheint.
Am Verb selbst werden modale bzw. temporale Distinktionen ange-
zeigt, jedoch keinerlei Markierungen in bezug auf Person und Nu-
merus zugehöriger Argumente. Das Verb ist somit — im Gegensatz
etwa zu Verben europäischer Sprachen — *unpersönlich*, es bezeichnet lediglich eine Handlung bzw. einen Zustand ohne Bezug auf die
Aktanten der jeweiligen Verbalhandlung. Gleichzeitig ist es die
Satzkonstituente, die für sich allein einen Satz ausmachen kann,
ohne daß irgendein nominales Komplement hinzutreten müßte, sei
es in anaphorischen Sätzen oder bei $\emptyset$-stelligen Verben wie z. B.:

(1)   thei'lè mǎ-pu-hpù[5]
         sehr nicht-heiß-(neg-finit)
         ‚Es ist nicht sehr heiß.‘

Der unpersönliche Charakter des Verbs sowie seine Fähigkeit, ohne
Hinzutreten nominaler Ergänzungen einen Satz zu konstituieren,
entspricht einer nicht nur im Birmanischen, sondern insgesamt in
den Sprachen Südost- und Ostasiens anzutreffenden typischen

Eigenschaft. Dies betrifft z. B. das unmittelbar an das Birmanische angrenzende Areal isolierender Sprachen. D. h. Sätze sind hier *nicht* automatisch binär zu analysieren, wie etwa das generative Modell von Chomsky mit der hierarchisch höchsten ‚phrase structure rule': S → NP + VP es vorsieht, sondern Sätze sind allein durch ein Verb konstituierbar.

Auf die unpersönliche Natur des Verbs hat auch Coseriu (1979) für das Japanische hingewiesen und gleichzeitig aus dieser Beobachtung die radikale Folgerung gezogen, daß das japanische Verb „keine ‚Handlungsaktanten' haben kann" (41). Nach seiner Auffassung kontrolliert das unpersönliche japanische Verb nicht Handlungsaktanten, sondern es werden ihm textperspektivisch den Einzelsatz übergreifende Rollen zugeordnet.

Es läßt sich nun am Birmanischen zeigen, daß die gleiche Ausgangsbeobachtung – nämlich unpersönliches Verb – keineswegs dieselbe Schlußfolgerung verlangt, wie Coseriu sie für das Japanische zieht. Denn das Birmanische läßt bei gleichermaßen unpersönlichem Verb sowohl Besetzung von Argumentstellen wie auch Markierung aus der Textperspektive zu.

Anders als beim japanischen Verb kann man vom birmanischen Verb *nicht* sagen, daß es keine Handlungsaktanten habe – auch wenn sie am Verb selbst keinen morphologischen Reflex verlangen. Es gibt im Gegenteil ein klares Kriterium aufgrund dessen sich die unmittelbar vom Verb her kontrollierten Aktanten von anderen peripheren Satzkomplementen unterscheiden lassen. Dieses Kriterium besteht nun darin, daß die jeweils im Verb selbst implizierten Aktantenstellen ohne morphologische Markierung der Art der Relation besetzt werden bzw. die Besetzungen anaphorisch auch entfallen können (also nicht durch Pronomina im selben Satz ersetzt werden müssen).

Im Gegensatz zu solchen dem Verb *inhärenten* Relationen[6] werden periphere Relationen durch entsprechende Suffixe explizit markiert, d. h. die Art der Relation wird mit morphologischen Mitteln erst *etabliert*.

Die folgenden Beispiele illustrieren die unmarkierte Konstruktionsweise zunächst in der Normalreihenfolge SOV:

(2)   kou san hlá ei'-nei-ṭe
         Kou San Hla schlafen-bleiben-(fin)
         ‚Kou San Hla schläft.'

(3)　　　amei păwa hya-pa-te
　　　　　Mutter Taschentuch suchen-(hon)[7]-(fin)
　　　　　‚Die Mutter sucht ein Taschentuch.'

(4)　　　amei amá hya-pa-te
　　　　　Mutter ältere=Schwester suchen-(hon)-(fin)
　　　　　‚Die Mutter sucht die ältere Schwester.'

Die Nomina erscheinen hier jeweils in der endungslosen Stammform. Wie transitive Verben verhalten sich auch Bewegungsverben,
bei denen das Ziel der Bewegung ebenfalls ohne morphologische
Markierung erscheinen kann:

(5)　　　cuñtó thangehcìñ tăyou' pyei thwà-pá-me
　　　　　mein Freund China Land gehen-(hon)-(fin=fut)
　　　　　‚Mein Freund wird nach China fahren.'

Ebenso werden nukleare lokale Angaben der Ortsruhe in der
Stammform des Nomens gebraucht:

(6)　　　thu yañkouñ nei-pa-te
　　　　　er Rangun bleiben-(hon)-(fin)
　　　　　‚Er wohnt in Rangun.'

Auch bei dreistelligen Verben kommen entsprechende unmarkierte
Konstruktionen vor:

(7)　　　amei yañkouñ ăhtou' poú-pá-me
　　　　　Mutter Rangun Paket schicken-(hon)-(fin)
　　　　　‚Die Mutter wird das Paket nach Rangun schicken.'

Trotz fehlender morphologischer Markierung ist dennoch die Wortstellung relativ frei. So lassen die Beispiele (3), (5), (6) und (7) auch
Umstellung der Nomina zu wie z. B.:

(3')　　　păwa amei hyapate
　　　　　‚Ein Taschentuch sucht die Mutter.'

(7')　　　yañkouñ amei ăhtou' poúpáme
　　　　　‚Nach Rangun wird die Mutter das Paket schicken.'

Solche Abweichungen von der Grundwortstellung bewirken Empha-
seunterschiede: die jeweils in die Initialstellung gerückte NP wird
hervorgehoben, die Emphase ist jedoch schwach.
　　Wesentlich in unserem Zusammenhang ist aber zunächst die
Feststellung, daß trotz fehlender Kasusmarkierung Varianten in der

Wortstellung überhaupt möglich sind, nämlich immer dann, wenn die Art der lexikalischen Besetzung der Argumentstellen die richtige Zuordnung der Relationen automatisch gewährleistet. D. h. in den obigen Beispielen bedarf es nicht der Einhaltung einer bestimmten Reihenfolge, damit Ambiguitäten vermieden werden: bei Abweichung von der Grundwortstellung reicht z. B. der semantische Unterschied [± belebt] aus, um Agens und Patiens bzw. auch Ziel einer Bewegung etc. zu differenzieren.

Das gilt natürlich nicht bei Beispiel (4), wo sowohl Agens als auch Patiens belebt sind. Hier kann der Satz nur im Sinne der Normalreihenfolge interpretiert werden, oder aber, es muß — s. u. § 2.2 — eine der Relationen markiert werden. Diese letztere Möglichkeit ziehen manche Sprecher überhaupt bei zwei belebten Aktanten vor.

Zunächst ist hier festzuhalten, daß der Grundtyp von Sätzen im Birmanischen ohne morphologische Markierung der dem Verb inhärenten Aktantenrollen auskommt, und daß die richtige Zuordnung bzw. Distinktion dieser Rollen sich aus dem lexikalischen Inhalt der jeweiligen Besetzungen ergibt. Reihenfolge bzw. morphologische Markierung wird erst dann relevant, wenn die semantischen Merkmale der Nomina die Distinktion der Rollen nicht sichern.

Hiermit steht in Zusammenhang, daß die soeben illustrierte unmarkierte Konstruktionsweise nur für Nomina der Regelfall ist, nicht aber für Personalpronomina, die belebte Referenten haben (während Sachbezeichnungen zumeist nicht pronominal substituiert werden, sondern anaphorisch entfallen). Personalpronomina weisen zumeist eine nominativische sowie eine oblique Form auf. Letztere erscheint als Possessivpronomen sowie auch bei direktem und indirektem Objekt; bei nichtpossessiver Verwendung kann sie zusätzlich noch suffigiert werden (s. § 2.2): z. B. *thu* ‚er, sie‘; *thú* ‚sein, ihn, ihr etc.‘.

Da jedoch auch personenbezeichnende Nomina nicht notwendig pronominal substituiert werden müssen, sondern im kontextuellen Zusammenhang auch einfach entfallen können, sind Ambiguitäten in anaphorischen Sätzen im Prinzip nicht ausgeschlossen. Hierfür gibt Okell als Beispiel (p. 125) den anaphorischen Satz:

(8)   mei'hswei hko[8]
       Freund bringen

dessen Nomen *mei'hswei*, wie er ausführt, sich als Subjekt interpretieren ließe: ‚ein/der Freund bringt‘ oder als Objekt: ‚(er) bringt einen Freund', wobei dann die jeweils anderen Argumente aus dem Kontext zu erschließen sind. Wie also die Relation zwischen einem Verb und einem Nomen zu interpretieren ist, ist oft nur von der kontextuellen Einbettung her ersichtlich, besonders natürlich, wenn das Nomen eine Person bezeichnet. Das bedeutet, daß für anaphorische Sätze keine in hierarchischen Regeln begründeten Vorerwartungen darüber bestehen, welches von mehreren Argumenten des Verbs entfällt.

Die normale und unmarkierte Gestaltungsweise der nuklearen grammatischen Relationen im Satz entspricht hier einem in *isolierenden* Sprachen gängigen Verfahren, wie es im angrenzenden Sprachareal gut dokumentiert ist: morphologische Kennzeichnung der Relationen fehlt beim Verb wie beim Nomen; Zuordnungen ergeben sich aus der Semantik der Konstituenten, aus dem Kontext, aus der Wortfolge. In der Anapher kann jede der im Verb implizierten Argumentstellen entfallen: die Relation wird mitverstanden, wenn sich eine lexikalische Besetzung aus dem Kontext supplieren läßt, ohne daß — in Gestalt eines Pronomens — ein expliziter Repräsentant des jeweiligen Arguments auf Satzebene vorhanden sein muß. Dies Verfahren ist möglich, eben *weil* bestimmte Relationen immer schon im Verb selbst angelegt sind.

Im Gegensatz zu solchen den jeweiligen Verben inhärenten Argumenten müssen jedoch periphere Konstituenten immer eine explizite Kennzeichnung ihrer Relation zum Verb aufweisen. Markiert werden z. B. immer periphere Lokalangaben der Ortsruhe, lokaler Ausgangspunkt, Instrument/Soziativ, Benefaktiv (zu unterscheiden vom Rezipienten). So kontrastiert mit (6) z. B. (9) und mit (5) z. B. (10):

(9)   youñ-hma saou' hpa'-te
        Büro-in Buch lesen-(fin)
        ‚(Er) las das Buch im Büro.'

(10)   cunṭó thangehcìñ tayou' pyei-ḳá la-pá-me
        mein Freund China Land-aus kommen-(hon)-(fin=fut)
        ‚Mein Freund wird aus China kommen.'

Entsprechend werden Instrument bzw. Soziativ mit dem Suffix *-né* gekennzeichnet:

(11)   hmiñ-né yei-pa-là
        Tinte-mit schreiben-(hon)-(Frage)
        ‚Schreiben (Sie) nicht mit Tinte?' (Okell, 364)

(12)   cuṅto amá ăhpoù ăhpwà-ṭei-né nei-pa-ṭe
mein ältere=Schwester Großeltern-(plur)-mit bleiben-
(fin)
‚Meine ältere Schwester lebt bei (unseren) Großeltern.'
(Cornyn, 145)

Benefaktive Relationen schließlich werden nicht nur am Nomen
markiert, sondern auch durch Verbindung des Hauptverbs mit dem
Verb *peì* ‚geben':[9]

(13)   ăhpwàçì-ătwe' pyi'sì băṭhu the-peì-mă-lè
alte=Dame-für Gepäck wer tragen-geben-(fin=fut)-(Frage)
‚Wer trägt der alten Dame das Gepäck?' (Okell, 382)

In diesen Fällen muß die Art der Relation erst durch eine morphologische Markierung etabliert werden, sie ist nicht aus ∅-Formen
erschließbar.

Nukleare und periphere Relationen zwischen Verben und Komplementen lassen sich auf diese Weise klar voneinander unterscheiden. Die Unpersönlichkeit des Verbs läßt also hier nicht denselben
Schluß zu, wie ihn Coseriu für das ebenfalls unpersönliche Verb
des Japanischen gezogen hat. Vielmehr werden hier, wie auch in
benachbarten isolierenden Sprachen, die Relationen aus den inhärenten Merkmalen der beteiligten Satzkonstituenten erschlossen,
zum einen aus der Valenz des Verbs, zum anderen aus den semantischen Merkmalen der Aktanten. Erst wenn diese Faktoren zur
Interpretation der Relationen nicht ausreichen, müssen explizite
Markierungen zur Etablierung von Relationen herangezogen werden.

2.2 Kasusmarkierungen

Alternativ zu dieser unmarkierten Konstruktionsweise lassen sich
nun auch Sätze bilden, in denen die Kasusrelationen durch Suffixe
gekennzeichnet sind (wie es sonst in den meisten tibeto-birmanischen
Sprachen der Fall ist).

Diese Suffixe bilden ein einfaches lokales Schema unmittelbar auf
die grammatischen Relationen ab, nämlich die Markierungen der
lokalen Relationen ‚von einem Ausgangspunkt her' und ‚auf einen

Zielpunkt zu'. Ebenfalls können auch nukleare Lokative mit dem Suffix der Ortsruhe optional markiert werden. Es handelt sich um die Suffixe:

1) *-ká*: lokaler Ausgangspunkt (der immer markiert werden muß, s. o. Beispiel (10)).

Das Suffix findet sich auch auf temporale Relationen übertragen in adverbialen Ausdrücken zur Bezeichnung der Vergangenheit, z. B. *ayiñ-ká* ‚früher', oder in Sätzen wie *saneinei-ká tweíṭe* ‚(wir) trafen uns am Samstag'.

-ká ist jedoch ein nominales Suffix, es kann nicht zum Ausdruck der Vergangenheit beim Verb selbst erscheinen.

Übertragen auf inhärente Argumente von Verben, kennzeichnet *-ká* das Subjekt des intransitiven wie des transitiven Verbs.

2) *-kou*: lokaler Zielpunkt (der nicht markiert werden muß, s. o. (5)). D. h. der Zielpunkt wird immer als inhärentes Argument von Bewegungsverben behandelt. Man kann sowohl sagen *thu yañḳouñ laṭe* ‚er kommt nach Rangun' als auch *thu yañḳouñ-kou laṭe* ‚er kommt *nach Rangun'*. (D. h. auch bei einem Verb wie *la* ‚kommen' wird die nicht-markierte Richtungsrelation nie ablativisch, sondern immer zielgerichtet verstanden.)

Entsprechend *-ká* kann auch *-kou* temporal verwendet werden zum Ausdruck der Zukunft (was allerdings engeren lexikalischen Einschränkungen unterworfen ist), z. B. *nau'kou* ‚zukünftig, eines Tages'.

Gegenläufig zu *-ká* wird *-kou* gebraucht zur Markierung des direkten und des indirekten Objekts.

3) *-hma*: lokales Suffix der Ortsruhe; es muß bei peripheren Lokalangaben erscheinen wie in (9) und kann optional verwendet werden bei nuklearen Lokalangaben, vgl. (6) mit (6'):

(6') thu yañḳouñ-hma neipaṭe ‚Er lebt in Rangun.'

2.3 Markierte Konstruktionen

Die Übertragung dieser lokalen Suffixe der Ortsrichtung auf die grammatischen Relationen Subjekt und Objekt korreliert mit der kontextabhängigen Funktion des Kontrastes: d. h. die Verwendung der Markierungen ist in erster Linie pragmatisch vom Text her bestimmt. Allerdings verhalten sich, wie sich oben bei Beispiel (4) schon abzeichnete, die beiden entgegengesetzten Richtungssuffixe nicht völlig symmetrisch.

Es ergeben sich je nach Distribution der Suffixe eine Reihe von Varianten zum merkmallosen Grundschema:

2.3.1. Beim intransitiven Verb kann dessen eines Argument durch -*ká* markiert werden; alternativ zu (2) hat man (2′):

(2)   kou san hlá-ḵá ei'neiṯe
        ,Kou San Hla schläft (im Gegensatz zu jemand ande-
        rem).'

Die Markierung tritt unabhängig von der jeweiligen semantischen Rolle auf, d. h. sie ist nicht auf den belebten Agens beschränkt, auch Zustandsverben mit unbelebtem Subjekt bilden die gleiche Konstruktion:

(14)   ce'thuñṯei-ḵá pou'thwàṯe
        Zwiebeln-(Subj) verrotten
        ,Die *Zwiebeln* sind verrottet.' (Okell, 128)

Durch -*kà* wird jeweils, unabhängig davon, wie semantisch die Relation von Verb und Argument zu interpretieren ist, das Nomen als Träger der Handlung oder des Zustands kontrastiv im Gegensatz zu anderen denkbaren Trägern betont.

2.3.2. Beim transitiven Verb können alternativ Agens oder Patiens, oder auch — was seltener vorkommt — beide Argumente suffigiert werden. Alternativ zu (3) ergibt sich (15), und alternativ zu (4) (16):

(15)   amei-ḵá pǎwa hyapaṯe
        ,Die *Mutter* sucht ein Taschentuch.'

(16)   amei-ḵá amá hyapaṯe
        ,Die *Mutter* sucht die ältere Schwester.'

Wiederum wird der Agens kontrastiv hervorgehoben.

Umgekehrt kann anstatt des Agens auch der Patiens markiert werden, doch ergibt sich keine genaue symmetrische Entsprechung, weil beim Patiens die Unterscheidung belebt/unbelebt zu berücksichtigen ist. So ist die Suffigierung des unbelebten Patiens wohl möglich, jedoch wenig gebräuchlich, und bewirkt eine sehr starke Betonung des Patiens:

(17)   amei păwa-ḵou hyapaṯe
         ‚Die Mutter sucht ein *Taschentuch*.‘

Entsprechend ist auch die Markierung des lokalen Ziels bei Bewegungsverben immer kontrastiv (s. o. unter -*kou*).
Dagegen ist bei suffigiertem belebten Patiens, wie in (18),

(18)   amei amá-ḵou hyapaṯe
         ‚Die Mutter sucht die ältere Schwester.‘

nicht notwendig ein Kontrast impliziert. Vielmehr wird diese Variante der unmarkierten Form des belebten Patiens vorgezogen, wenn nicht bereits der Agens suffigiert ist, wie in (16). D. h. wenn zwei belebte Aktanten involviert sind, tritt zumeist eine der Relationen markiert auf: ist der Agens suffigiert (und damit kontrastiv hervorgehoben), bleibt normalerweise der Patiens unmarkiert. Bleibt der Agens unmarkiert, wird zumeist der Patiens markiert, ohne dadurch unbedingt kontrastiv zu werden.

Beim transitiven Verb bewirken die Suffixe somit, daß (a) das Subjekt bzw. der Agens entsprechend dem Subjekt des intransitiven Verbs kontrastiv betont wird, (b) der unbelebte Patiens bzw. auch das lokale Ziel kontrastiv werden, während (c) der belebte Patiens nicht notwendig betont ist, sondern − und das gilt wiederum besonders für anaphorische Sätze − auch einfach zur Vereindeutigung der Relation suffigiert werden kann. Vgl. oben (8) mit (19):

(19)   bouhҫou’-ḵou cíte
         ‚(Er) sah den General an.‘ (Okell, 131)

Letztlich gibt es aber auch die − wohl relativ selten realisierte − Möglichkeit, beide Argumente zu suffigieren. In diesem Fall ist dann auch der belebte Patiens betont, weil bei bereits vorhandener Markierung des Agens eine Markierung des Patiens völlig redundant ist (s. o. (16)). Okell führt p. 317 folgendes Beispiel an:

(20)   mìn-ḵou doú-ḵá … hnya-khé-da
         ihr-(Obj) wir-(Subj) verschonen-(Vergangenh)-(fin)
         ‚*Wir* verschonten *euch* …‘

wo beide Argumente stark emphatisiert sind.

2.3.3. Letztlich sind dreistellige Verben zu erwähnen. Hier sind im Prinzip die Verhältnisse von denen bei zweistelligen transitiven Verben nicht verschieden. Markiert wird vorzugsweise das belebte indirekte Objekt, d. h. die Aktantenrolle des Rezipienten, was entsprechend dem belebten Patiens zur Vereindeutigung der Relation oder auch zur Markierung des Kontrasts dienen kann:

(21) camátoú eiñthauñ pyi'sí thangehciñ-kou hngà-naiñ-te
   wir Haushalt Sache Freund-(Obj) leihen-können-(fin)
   ‚Wir können (Ihrem) Freund Möbel leihen.‘

Die Markierung -*kou* kann sowohl beim Patiens wie beim Rezipienten im gleichen Satz erscheinen, wobei wiederum ein sachbezeichnendes Nomen stärker betont ist als ein personenbezeichnendes:

(22) saou'-kou thangehciñ-kou le'hsaun peìpate
   Buch-(Obj) Freund-(Obj) Geschenk geben-(hon)-(fin)
   ‚(Er) gab (seinem) Freund das *Buch* als Geschenk.‘

Auch hier können zwischen Patiens und Rezipient kaum Ambiguitäten entstehen, jedoch verhindert die Markierung des Rezipienten eine Verwechslung mit der Agensrelation, die nicht im gleichen Satz ausgedrückt ist, was bei ungenügendem Kontext zu einer Fehlinterpretation führen könnte. Wenn jedoch ein belebter Patiens beteiligt ist, kann nicht zusätzlich noch beim selben Verb ein belebter Rezipient erscheinen. Es muß eine Ausweichkonstruktion gewählt werden, wie z. B. durch serielle Verbverknüpfung, bei der der Vorgang durch die Verbindung von zwei-stelligen Verben wiedergegeben wird. Die Darstellung solcher Konstruktionen führt über den Rahmen unserer gegenwärtigen Fragestellung hinaus und muß einem anderen Zusammenhang vorbehalten bleiben.

3. Grammatische Relationen und Fokusmarkierungen

Es liegen also im Birmanischen zwei völlig verschiedene Verfahrensweisen zur Behandlung grammatischer Relationen im Satz nebeneinander vor.

Die eine zugrundeliegende Verfahrensweise entspricht im Prinzip der aus benachbarten isolierenden Sprachen Südostasiens geläufigen

Behandlung von Relationen, wie etwa aus den angrenzenden Tai-
sprachen, während innerhalb der tibeto-birmanischen Familie sonst
überwiegend vollgrammatikalisierte Systeme von Kasusmarkierun-
gen ausgeprägt sind, von denen Birmanisch somit typologisch hier
deutlich abweicht. Es konvergiert hier mit einer für diese isolierenden Sprachen typischen Eigenschaft, die man *Mangel an Redundanz*
nennen könnte, d. h. die zentralen Relationen zwischen einem Verb
und seinen Argumenten werden durch ein Minimum an formaler
Charakterisierung geregelt, das zur Distinktion der Relationen nur
dann benötigt wird, wenn die Beteiligung zweier belebter Aktanten
zu Ambiguitätsproblemen führt.

Zur Disambiguierung stehen hier zwei formale Mittel zur Verfügung: zum einen − dem isolierenden Schema folgend − die Wortstellung, zum anderen aber eine morphologische Kennzeichnung
eines der beiden Argumente, vorzugsweise des Patiens, während
Markierung des Agens, wie wir sahen, immer kontrastive Wirkung
auslöst und somit niemals ausschließlich in Disambiguierungsfunktion vorkommen kann. Die disambiguierende Markierung des belebten Patiens dagegen spielt vor allem eine Rolle bei dem − in der
Umgangssprache außerordentlich verbreiteten − Gebrauch von
Anaphern wie oben in (8), wo die Suffigierung mit -*kou* wie in (19)
die Patiensrelation vereindeutigt.

Aber − und dies entspricht dem charakteristischen Mangel an
Redundanz − auch interpretationsbedürftige Anaphern wie (8)
mei'hswei hko ‚Freund bringen‘, die kontextabhängig in bezug auf
Agens- vs. Patiensrelation zu disambiguieren sind, sind eine geläu-
fige Ausdrucksweise. D. h. die Kontextabhängigkeit solcher Sätze
wird als ein für die Kommunikation meist hinlängliches Mittel der
Vereindeutigung behandelt.

Es liegt also in der Grundform ein in bezug auf Kasusmarkierun-
gen völlig neutrales Modell vor, in dem sich die Relationen weitgehend aus den inhärenten Eigenschaften der beteiligten Konstituenten ergeben. Dieses isolierende Verfahren kommt aus mit der inter-
pretativen Erschließung der Relationen bei sowohl unpersönlichem
Verb als auch unmarkierten nominalen Komplementen.

Dem steht nun das andere Verfahren der expliziten Kennzeichnung von Relationen durch morphologische Mittel gegenüber. Dieses Mittel kommt zunächst einmal zur Anwendung für Relationen,
die nicht dem Verb selbst inhärieren, wie in den Beispielen (9)–(13),
und kann somit als Abgrenzungskriterium für die Valenz von Verben gegen den Bereich peripherer Relationen gelten.

Wo aber morphologische Mittel — in Gestalt der beschriebenen lokalen Suffixe — bei verbinhärenten Relationen auftreten, stehen sie für eine andere Funktion frei: sie dienen hier der Etablierung einer Relation des Kontrasts zu kontextuell vorgegebenen Alternativen.

An dieser Stelle läßt sich nun der Vergleich zu Coserius Analyse japanischer Verben und ihrer nominalen Komplemente, die Textrollen ausdrücken, wieder aufnehmen. Denn hier bietet das Birmanische mit seinen Kontrastmarkierungen, die ebenfalls auf die Textperspektive hin orientiert sind, eine deutliche Parallele. Diese Textfunktion der birmanischen Suffixe besteht darin, daß bereits im Kontext vorgegebene, *alte* Information aufgehoben und durch andere, der Erwartung zuwiderlaufende, *neue* Information ersetzt wird, die dadurch den Fokus der Aussage ausmacht. Es wird so anstelle einer im Kontext bereits bestehenden, vom Verb her kontrollierten Relation eine neue etabliert, die als fokale Relation zwischen dem Verb und einem Argument (oder u. U. auch zwei) hervorgehoben ist.

Auf diese Weise werden fokusorientierte Sätze gebildet, die einerseits das *Subjekt* des intransitiven wie des transitiven Verbs, andererseits das *Objekt* des transitiven Verbs als fokale Relation auszeichnen, bzw. letztlich auch doppelten Fokus des Subjekts wie des Objekts markieren können (vgl. (20)).

Diese Funktion tritt also hier *nicht*, wie Coseriu es für das Japanische annimmt, *anstelle* von Aktantenrollen ein, sondern sie kommt zu diesen Rollen *hinzu*: sie bedient sich geradezu der schon vorgegebenen Relationen, indem sie den Kontrast in Gestalt expliziter Kennzeichnung von Relationen zwischen Verb und Argumenten ausdrückt.

Es ist nun bei diesen kontrastiven Fokusmarkierungen offensichtlich, daß zu der marginalen Disambiguierungsfunktion beim belebten Patiens durchaus eine Verbindung besteht: wie Comrie (1981: 120 ff.) dargestellt hat, entsprechen der belebte Agens und der unbelebte Patiens einer ‚natürlichen' Informationserwartung, während sich für den belebten Patiens eben Ambiguitätsschwierigkeiten leichter ergeben können. Wo sie hier im Birmanischen auftreten, kann das Problem u. a. dadurch gelöst werden, daß der Satz eine Fokusorientierung auf den belebten Patiens hin erhält.

Die birmanischen Fokusmarkierungen zeichnen sich also dadurch aus, daß sie mit den grammatischen Satzrelationen konvergieren. Damit unterscheiden sie sich von den Textrollen des von Coseriu für das Japanische entworfenen Modells (p. 41 f.). Zum anderen aber unterscheiden sie sich, innerhalb des birmanischen Sprachsystems selbst, von den dort ausgeprägten Topikalisierungspartikeln, wie etwa -*tó*, mit der jede beliebige nominale Satzkonstituente als Thema ausgezeichnet werden kann. So führt Cornyn (p. 130) z. B. an:

(23)　cunt̲o-t̲ó nyi-ăkou mauñhnămá ... măhyí-ḥpù
　　　　ich-(Top) Brüder Schwestern nicht=existieren-(neg=fin)
　　　　‚Was mich betrifft: ich habe keine Geschwister.'

(24)　meìñmá-k̲ou-t̲ó nènèbè thípat̲e
　　　　Frau-(Obj)-(Top) ein=bißchen kennen-(hon)-(fin)
　　　　‚(Ich) kenne die Frau nur flüchtig.'

In (23) ist das Subjekt *cuñt̲o* mit -*tó* topikalisiert, in (24) finden sich am gleichen Nomen sowohl die Objektmarkierung -*kou* wie die Topikalisierungspartikel.

Diese letzteren werden also ausschließlich textperspektivisch und unabhängig von der internen Satzstruktur verwendet. Die hier erörterten kontrastiven Fokusmarkierungen bestehen darin, daß sie die Relationen innerhalb von Sätzen explizit machen. Sie verlaufen genau in Übereinstimmung mit den grammatischen Relationen Subjekt und Objekt, die je intransitivem, transitivem oder Bewegungsverb etc. entsprechende Rolleninterpretation verlangen.

In der Ausprägung seiner verschiedenen Satzgestaltungsmöglichkeiten erweist sich das umgangssprachliche Birmanisch so als Mischtyp, in dem mehrere Modelle miteinander alternieren: Es weist in der Gestaltung unmarkierter Sätze ein Verfahren auf, das typologisch mit der Technik isolierender Sprachen konvergiert. Dagegen entspricht es in der Gestaltung seiner Fokusmarkierungen dem Schema der Subjekt-Objekt-Sprachen, die im genetisch verwandten Umfeld vollgrammatikalisierte Kasussysteme ausgebildet haben, die auf Satzebene funktional zur Distinktion der grammatischen Relationen benötigt werden. Im Birmanischen aber weisen Subjekt-Objekt-Markierungen über die Ebene des Satzes hinaus, sind textperspektivisch orientiert und bieten sich so für den Vergleich auch mit Sprachen an, in denen sich ebenfalls die Relationen zwischen Verben und Komplementen als Fokusrelationen manifestieren können.

Letztlich ist noch einmal auf die Art der im Birmanischen verwendeten Suffixe zurückzukommen, die eindeutig lokaler Provenienz sind und klar bestimmbare, gegenläufige Richtungsrelationen bezeichnen. Die Übertragung solcher Lokalmarkierungen scheint in den genetisch verwandten Subjekt-Objekt-Sprachen — soweit die allerdings immer noch unzulängliche Evidenz für diesen Sprachbereich hier Verallgemeinerungen zuläßt — keine Entsprechungen in deren Kasusparadigmata zu haben. Dort erscheinen Subjekte zumeist in der Stammform des Nomens, d. h. im Nominativ, während Objekte morphologisch markiert werden mit Formen, die von den Ausdrucksmitteln lokaler Relationen völlig verschieden sind. Andererseits aber finden sich formale Entsprechungen von lokalen Ausdrucksmitteln und Kennzeichnung zentraler grammatischer Relationen bisweilen in tibeto-birmanischen Ergativsprachen. Hier kommt z. B. zuweilen formale Identität der Agentialmarkierung mit der lokalen Ablativmarkierung, der Rezipientenmarkierung mit der des lokalen Ziels vor. Inwieweit hier engere Zusammenhänge bestehen könnten, seien sie unmittelbarer genetischer Abhängigkeiten oder aber arealer Beeinflussung, muß hier zunächst dahingestellt bleiben. Es wäre bei besserem Kenntnisstand die Verbreitung solcher lokaler Ausdrucksmittel im Tibeto-Birmanischen insgesamt zu untersuchen.

Anmerkungen

1. Vgl. z. B. Konow 1908.
2. Vgl. Burling 1961 und Jones 1961.
3. Vgl. Shafer 1957. Für viele der dort erfaßten Sprachen hat sich die Erschließung bis heute kaum verbessert; das Literaturverzeichnis unten führt einige wesentliche neuere Arbeiten auf, auch wenn hier nicht direkt auf sie Bezug genommen wird.
4. Das gilt auch für Okell 1969: seine *Reference Grammar of Colloquial Burmese* behandelt in großer Ausführlichkeit die Morphologie von Wort- und Wortgruppenbildung, enthält jedoch kaum Angaben zur Satzbildung.
5. Die Beispiele sind hier nach der Transkription von Okell 1969 wiedergegeben.
6. Die Termini ‚Inhärenz‘ und ‚Etablierung‘ sind hier adaptiert aus Seilers Terminologie, insbesondere zur Possessivität, vgl. u. a. Seiler 1980 und 1981, Clasen 1981.
7. Das Suffix *-pa* ist eine überaus häufig an Verbformen auftretende Höflichkeitspartikel, hier glossiert mit ‚honorific‘.
8. Okell, der, wie erwähnt, vornehmlich an der Darstellung der Morphologie interessiert ist, bietet das Verb in der Stammform. Es geht ihm an der zitierten Stelle um die Illustration nominaler Partikeln: in solchen Fällen, wo nicht die Verbmorphologie selbst Gegenstand der Behandlung ist, bringen seine Beispiele in den meisten Fällen Verben in der Stammform. Das ist nach Auskunft meiner Informanten oft nicht völlig korrekt: die Stammform wird normalerweise nur mit imperativischer Bedeutung verwendet, so daß gerade zur Illustration der möglichen Ambiguität von Satz (8) die finite Verbform *hko-ṭe* angemessen wäre. Wo hier im weiteren Beispiele aus Okell herangezogen werden, sind sie, soweit er Stammformen verwendet, in Sätze mit finiter Verbform überführt worden.
9. In der Verwendung solcher Verbverbindungen manifestiert sich im Birmanischen ein weiteres typisches areales Merkmal, nämlich die Ausprägung von Verbserialisierungen.

Literatur

Bernot, Denise
1973   „Unicité syntaxique de la proposition en Birman", *Bulletin de la Société de Linguistique* 68,1: 249–253.

Burling, Robins
1961   *A Garo grammar* (= *Deccan College Monograph Series*, 25) (Poona: Deccan College Postgraduate and Research Institute).

Clasen, Berndt
1981   *Inhärenz und Etablierung* (Köln: Institut für Sprachwissenschaft, Arbeiten des Kölner Universalien-Projekts, 41).

Comrie, Bernard
1981   *Language universals and linguistic typology* (Oxford: Blackwell).

Cornyn, William S. & D. Haigh Roop
1968   *Beginning Burmese* (New Haven, London: Yale University Press).

Coseriu, Eugenio
1979   „Verbinhalt, Aktanten, Diathese. Zur japanischen Ukemi-Bildung", in: *Festschrift E. Zwirner* (Tübingen: Niemeyer), 35–55.

Forbes, K.
1969   „The parts of speech in Burmese and the Burmese qualifiers", *Journal of the Burma Research Society* 52,2: 43–65.

Hale, Austin
1973   „Toward the systematization of Display Grammar", in: Hale & Watters (1973 a), 3–36.

Hale, Austin & David E. Watters (eds.)
1973 a   *Clause, sentence, and discourse patterns in selected languages of Nepal*, vol. 2 (= *SIL Publications in Linguistics and Related Fields*, 40) (Norman, Oklahoma: Summer Institute of Linguistics).

Hale, Austin & David E. Watters
1973 b   „A survey of clause patterns", in: Hale & Watters (1973 a), 175–249.

Henderson, Eugenie J. A.
1965   *Tiddim Chin. A descriptive analysis of two texts* (= *London Oriental Series*, 15) (London: Oxford University Press).

Hodgson, B. H.
1828   „Notices on the languages, literature and religion of Nepal and Tibet", *Asiatick Researches* 16. Nachdruck in: *Essays on the languages, literature and religion of Nepal and Tibet* (Varanasi: Bharat-Bharati, 1971), 1–35.

Jones, Robert B.
1961   *Karen linguistic studies* (= *University of California Publications in Linguistics*, 25) (Berkeley and Los Angeles: University of California Press).

Kölver, Ulrike
1976   *Satztypen und Verbsubkategorisierung des Newari* (= *Structura*, 10) (München: Fink).

Konow, Sten
1908   *Linguistic survey of India. 3,1: Tibeto-Burman family* (Nachdruck: Delhi: Motilal Banarsidass, 1967).

Matisoff, James A.
1973   *The grammar of Lahu* (= *University of California Publications in Linguistics*, 75) (Berkeley, Los Angeles and London: University of California Press).

Okell, John
    1969   *A reference grammar of Colloquial Burmese* (London: Oxford University Press).
Seiler, Hansjakob
    1973   „Zum Problem der sprachlichen Possessivität", *Folia Linguistica* 6: 231–250.
    1980   *Two types of Cahuilla kinship expressions: inherent and establishing* (Köln: Institut für Sprachwissenschaft, Arbeiten des Kölner Universalien-Projekts, 39).
    1981   *Possession as an operational dimension of language* (Köln: Institut für Sprachwissenschaft, Arbeiten des Kölner Universalien-Projekts, 42).
Shafer, Robert
    1957   *Bibliography of Sino-Tibetan languages* (Wiesbaden: Harrassowitz).

KARL-HERMANN KÖRNER

Die zwei Positionen der Romania auf der Skala ‚akkusativisch' – ‚ergativisch'. Ein syntaktischer Beitrag zur typologischen Klassifizierung der romanischen Sprachen

0. Die romanischen Sprachen werden, wie auch das genetisch ihnen vorangehende Latein, im allgemeinen dem akkusativischen Sprachbautyp zugeordnet. Mit Recht, weil ja die akkusativische Konstruktion in diesen Sprachen wenigstens für den einfachen, d. h. nur eine einzige Verbform enthaltenden Satzbau, kennzeichnend ist. Gemeint ist mit ‚akkusativischer Konstruktion' (vgl. z. B. Tchekhoff 1978: 24), daß das Objekt, besonders das im Akkusativ auftretende Objekt, eine fakultative und daher markierte Expansion des Prädikats darstellt — wohingegen bei der ‚ergativischen Konstruktion' das, was man herkömmlich (also in nicht-ergativischen Sprachen) das Subjekt nennt, eine solche fakultative und daher markierte Expansion des Prädikats darstellt.

Die vorangehende Gegenüberstellung mag wegen der Verwendung des Terminus Subjekt bei der Beschreibung des ergativischen Sprachbautyps unbefriedigend sein. Doch ist eine solche eurozentrische Sicht ohne Skrupel da berechtigt, wo es, wie im folgenden, um nicht-exotische indoeuropäische, ja neulateinische Sprachen geht. (Im übrigen darf daran erinnert werden, daß wir der eurozentrischen Sicht erst das Erstaunen über und die Entdeckung von exotischer Ergativität verdanken.)

Gerade das Subjekt, genauer, die Nicht-Einheitlichkeit dieser Kategorie, die bis hin zu nur fakultativen und daher markierten Verwendungen reicht, kann Anlaß für eine kohärente syntax-typologische Zweiteilung der romanischen Sprachen sein. Diese im folgenden zu begründende Zweiteilung dürfte — wie jede Entdeckung im Bereich der romanischen Syntax — auch von Interesse für die Verhältnisse im Latein sein, das ja, wie neuere latinistische Arbeiten vermuten lassen, nicht frei von ergativischen Zügen ist: Eine genügend ‚oberflächliche' (Sprache ist ja Form, und nicht Substanz) Betrachtung der lateinischen Syntax ergibt, daß auch hier die eindeutige Subjektsangabe nicht nur gelegentlich bei unvollständiger Konstruktion, sondern regelmäßig in bestimmten Konstruktionen mit einem zweiten Verb unterbleibt, so z. B. durch den Verzicht auf den Subjektskasus beim Subjekt des Infinitivs im A. c. I. (vgl. Lehmann in diesem Band).

Im einzelnen sollen in dieser Studie sieben syntaktische Erscheinungen (bzw. ihr Gegenteil) vorgestellt und in eine Korrelation gebracht werden, die alle für den unterschiedlichen Umgang mit der Kategorie Subjekt innerhalb der romanischen Sprachgruppe aufschlußreich sind. Es sind dies: 1. die Abwesenheit des sogenannten prädikativen Relativsatzes, 2. der persönliche Infinitiv, 3. die Substantivierbarkeit des Infinitivs, 4. der präpositionale Akkusativ, 5. die Dativ-mit-Infinitiv-Konstruktion, 6. die Nicht-Konkordanz der Partizipien der Vergangenheit und 7. die intensivere Variante der Objektkonjugation.

1. Im Französischen und im Italienischen findet sich eine Konstruktion, für die es außer der ungenauen Beschreibung ‚prädikativer Relativsatz nach Perzeptionsverben' keine eindeutige Bezeichnung (Radford 1977: 155 nennt ihn ‚tensed complement') gibt und die jedem deutschen oder englischen Französisch- oder Italienischlerner wegen ihrer Häufigkeit und Fremdheit auffallen kann. Als Beispiele (zit. von Hatcher 1944: 399) gebe ich das der letzten Zeilen eines aus Anlaß des Todes seines Kindes von Victor Hugo geschriebenen Gedichtes (1) und eines aus Zolas Roman *La Terre* (2):

(1)   Considérez que c'est une chose bien triste de le voir qui s'en va.

(2)   Alors, ça me fend le cœur, de voir cette bonne terre qui se gâte.

Man wird sagen dürfen, daß es in bestimmten Bedeutungssituationen, wie sie in (3) oder (4) oder vielleicht noch deutlicher in (5) vorliegen, französischer ist, den Konstruktionstyp *je le vois qui arrive* zu verwenden als den ebenfalls existierenden Konstruktionstyp *je le vois arriver*.

(3)   Car on les a vus qui repartaient. (Ramuz)

(4)   Le docteur observe Raymond et le regarde qui lampe sa soupe. (Mauriac)

(5)   Ses mains le saisirent aux flancs et Emmanuelle les sentit qui touchaient les siennes. Elle l'entendit qui laissait échapper des gémissements de plaisir. A certains moments, ce furent presque des cris. (Emmanuelle)

Nun läßt sich unser Konstruktionstyp zwar in entsprechenden, bei Lepschy (1976) genau beschriebenen Situationen gut im Italienischen, nicht aber im Englischen oder Deutschen anwenden, wie (6a), ein Zitat aus Sartres *Les Mots* und seine in Must (1972: 231) zitierten Übersetzungen (6b), (6c) und (6d) zeigen:

(6)   a.   Quelquefois, je sens la caresse du temps qui passe, d'autres fois, − le plus souvent − je le sens qui ne passe pas. (Sartre)

        b.   Manchmal spüre ich die Liebkosung der vergehenden Zeit, bei anderen Gelegenheiten − meistens − spüre ich, wie die Zeit nicht vergeht.

        c.   Now and then, I feel the caress of time as it goes by. At other times − most often − I feel it standing still.

        d.   Talvolta sento la carezza del tempo che passa, talvolta − molto piú spesso − lo sento che non passa affatto.

Man wird zur *wie*-Konstruktion greifen (6b, 6c) bzw. zum Infinitiv oder anderen nominalen Verbformen (*standing still* in 6c). Zu (6d) als bloßer Übersetzung sei gleich ein italienischer Originalsatz angefügt:

(7)   Le vedemmo che si allontanavano.

Daß es sich bei unserem Konstruktionstyp nicht um übliche Relativsätze handelt, also um Attribute oder Appositionen zu einem Substantiv oder Pronomen als Antecedens, zeigt sich, wie Gamillscheg (1957: 646, 641) und Radford (1977: 155 ff.) betont haben, z. B. darin, daß dann, wenn das vorweggenommene Objekt ein

unbetontes Personalpronomen ist, unser *qui*-Satz (8) nicht ein besonderes, volltoniges Beziehungswort erhält, wie das ja beim echten
Relativsatz (9) die Norm ist:

(8)   *Giorgio *la* vide *la quale* piangeva.

(9)   Il ne *me* regardait pas, *moi qui* suis un personnage bien
       portant.

Ich fasse die ‚complétive prédicative‘, das ‚tensed complement‘,
als eine extrem unergativische Erscheinung auf, als eine extreme
Bevorzugung der Subjekt-Prädikat-Konstruktion: Hier wird die
‚Relativsatzform‘ einem Infinitiv oder Gerundium gleichgestellt
(und nicht wie üblich einem attributiven Adjektiv) und sogar vorgezogen. Wieso ist diese Bevorzugung unergativisch? Weil bekanntlich
(Gamillscheg 1957: 641, 646) das Eintreten unseres Konstruktions-
typs letztlich, d. h. auch historisch, als Abwehr einer gefürchteten
‚Zwiespältigkeit‘ (Gamillscheg 1957: 647) und damit einer gefürchteten ‚Unorientiertheit in Bezug auf die Partizipanten‘ (Martinet 1958/
1965: 216) beim untergeordneten Verb zu erklären ist. Ein Satz wie
je le vois peindre und der in ihm enthaltene Infinitiv ist zweideutig;
je le vois qui peint hingegen ist eindeutig aktiv: die Subjektsbezeich-
nung und Subjektsidentifizierung ist unvermeidlich. Ebenso wird
die Zwiespältigkeit von *je l'ai vu(e) dessiner (dessiné)* vermieden,
wenn für die aktive Variante gesagt wird: *je l'ai vue qui dessinait.*
    Es ist, wenn ich richtig sehe, nie darauf hingewiesen worden, daß
es unseren Konstruktionstyp im Spanischen oder Portugiesischen
so gut wie gar nicht gibt (er ist jedenfalls dort, soweit ich sehe, von
keinem Grammatiker belegt oder beschrieben worden) und daß er
wohl typischer für das Neufranzösische als für das Altfranzösische
ist, wo man (vgl. Hatcher 1944: 391) statt *ils les voyaient qui se
démenaient* noch *il les veoit esrager* sagte. Im Katalanischen scheint
es auch — wie wir später sehen werden, aus guten typologischen
Gründen — den französischen und italienischen entsprechende Belege zu geben. Vielleicht ist (10) einer (ein Eintrag im Wörterbuch
P. Fabras s. v. *sentir*):

(10)   Sentir un tren que passa.

Auch das Zurückgehen oder Verschwinden des prädikativen Gerun-
diums (aus dem Perzeptionsverb-Syntagma), also des Konstruk-

tionstyps *je le vois souriant* im Französischen — im Gegensatz zu seiner Vitalität und Natürlichkeit etwa im Spanischen (*vió al padre orando*) — ist hier zu erwähnen, denn dieser gerundiale Konstruktionstyp ist eine vielleicht noch genauere subjektlose Entsprechung zur ‚complétive prédicative' als die Infinitivkonstruktion. Dieser Unterschied zwischen Spanisch, Portugiesisch etc. einerseits und Französisch, Italienisch etc. andererseits ist nun alles andere als ein isolierter marginaler Unterschied, sondern steht in einer bisher nie erwähnten Korrelation mit einer ganzen Reihe von syntaktischen Unterschieden zwischen den zwei romanischen Sprachgruppen.

Im Spanischen und Portugiesischen wird die im Französischen gefürchtete Zwiespältigkeit des Infinitivs hingenommen, was oft aufgefallen ist und von einem Amerikaner so beschrieben wurde wie in (11):

(11)   Yo *los* vi fusilar
$\begin{cases} \text{I saw (someone) shoot } them \\ \text{(obj. of the compl. verb)} \\ \text{I saw } them \text{ shoot} \\ \text{(subj. of the compl. verb)} \end{cases}$

Das Nichtverwenden des herkömmlichen A. c. I., wie es durch die Existenz des ‚prädikativen Relativsatzes' im Französischen, Italienischen und Katalanischen ermöglicht wird, paßt zu dem diese Sprachen von anderen Sprachen (wie Spanisch oder Portugiesisch) abhebenden Mißtrauen gegenüber diathetisch unklaren Infinitiven. Infinitive ohne eindeutige aktivische oder passivische Orientierung haben immer auch substantivischeren Charakter (vgl. Näheres in Abschnitt 3) und ermöglichen deswegen (wie anläßlich der ‚finalen' Infinitive im Abschnitt 5 erläutert wird) Nominativbegleitungen. Von der Funktion dieser Nominativbegleitungen soll zunächst die Rede sein.

2. Die deutlichste Nominativbegleitung eines untergeordneten Infinitivs zeigt das Portugiesische durch seine morphologische Inkorporation des Subjektaffixes: Hier kann die Zweideutigkeit von (11) durch den ‚flektierten', besser: ‚mit Person versehbaren' Infinitiv bis zu einem gewissen Grad ausgeschlossen werden. Soll das Verständnis *I saw them shoot* gesichert werden, ließe sich das im entsprechenden portugiesischen Satz durch einen Infinitiv mit einem Suffix der 3. Person Plural machen, also *fuzilarem*.

Es ist nicht ganz falsch, wenn man anläßlich vieler Beispiele wie
(12) vom persönlichen Infinitiv des Portugiesischen oft sagt, er
ermögliche die Subjektsidentifizierung — wichtiger scheint, daß
dies nur eine mehr oder weniger häufige Folge seiner eigentlichen
Funktion ist, denn in Sätzen wie (13) wird durch den Plural in
arrancarem ja nicht entschieden, ob er das pluralische *levitas fanáticos* oder das ebenfalls pluralische *borlas das túnicas* als Subjekt
bestätigt:

(12)   A maratona dançante vai ser repetida, para os concor-
rentes tentar*em* bater o recorde do mundo.   (*O País*,
8–I–1982, 10)

(13)   E eu vi levitas fanáticos arrancar*em* as borlas das túnicas,
como numa calamidade pública.   (Eça, *A Relíquia*, 201)

(14)   Um homem morreu e dois outros ficaram feridos com
gravidade por ter*em sido atingidos* por um desabamento
de terras.   (*O País*, 8–I–1982, 10)

Es ist auch nicht ganz falsch, wenn man anläßlich vieler Beispiele
wie (12) vom persönlichen Infinitiv oft sagt, er sorge für diathetische
Klarheit, was z. B. dadurch deutlich wird, daß die persönliche Infini-
tivvariante nie als ein Infinitiv mit ‚passivischer Bedeutung und
aktivischer Form‘ (Said Ali 1964: 353) auftreten kann — richtiger
erscheint mir, daß der persönliche Infinitiv nur die gegebene diathetische Orientierung bestätigt, das kann auch, wie Beispiele aus jeder
Tageszeitung belegen, eine passive sein, wie im Satz (14).

Genauso wichtig wie die beiden soeben als nicht ganz falsch
bezeichneten häufigsten Formulierungen zum Gebrauch des persönlichen Infinitivs scheint mir nun die, daß er besonders häufig auftritt,
wenn der Infinitiv ein Objekt und/oder noch andere Aktanten neben
dem nominalen oder pronominalen Subjekt hat, bzw. der Infinitiv
in der linearen Sprechkette von der ihn dominierenden Kategorie,
z. B. den Modalverben, entfernt ist (Beispiele (15) und (16)):

(15)   Os homens como o senhor deviam aparecer mais — não
se fecharem tanto. Devem fazer, todas as noites, uma
fricção tónica e fortificante a todo o corpo com agua e
espuma de sabão. E alimentaremse bem.

(16)   Temos de aprontar sempre um sorriso e mostrarmonos
afaveis.

Das Gemeinsame der drei Beobachtungen weiß ich nicht besser zu beschreiben als durch die Aussage, daß das Portugiesische mit dem persönlichen Infinitiv über ein Mittel verfügt, das Band zwischen Infinitiv und seinem Subjekt zu verstärken. Da diese Verstärkung nicht eintreten muß — die Sätze blieben ohne die persönliche Form korrektes Portugiesisch —, liegt hier das Gegenteil des eingangs besprochenen französischen prädikativen Relativsatzes vor: die normale Infinitivkonstruktion wird im Portugiesischen als unorientiertes Prädikatszentrum und damit als ergativische Konstruktionsweise bestätigt. Anders gesagt: das Nebeneinander von persönlicher und unpersönlicher Infinitivform ist Indiz für die Möglichkeit, mit unterschiedlicher Intensität auf der Subjekt-Orientierung des Prädikats zu bestehen (vgl. Körner 1983 a).

3. Chancen für die Herausbildung des persönlichen Infinitivs (außer im Portugiesischen ist er wenigstens in Ansätzen auf einer bestimmten Stufe oder Variante des Neapolitanischen, Sardischen, Sizilianischen und Rumänischen belegt, vgl. etwa die besonders intensiv erforschten neapolitanischen Beispiele vom Typ (17)) gibt es, wie besonders Maurer (1968) gezeigt hat, nur da, wo der Infinitiv als besonders neutral zur Diathese auftritt, und das heißt — wie Diskussionen zum französischen Infinitiv von der Art (18), hier nach *Le Français Moderne* 32 (1964) p. 309, ins Gedächtnis rufen können — als besonders substantivisch:

(17)   Sovra un grand'olmo iersera, e solitario, Due tortorelle
         vidi il nido farnosi. (Sannazaro, *Arcadia*)

(18)   „Il sera plus juste de dire que l'infinitif est normalement
         neutre quant à la diathèse." (Blinkenberg)
         „Cela vaut pour le passé, mais aujourd'hui l'infinitif a
         cessé d'être senti comme un nom. Il possède comme les
         modes personnels *deux formes distinctes* pour exprimer
         la voix." (Vasil'eva)

Von der Verbindung des Infinitivs mit einem nominativischen Subjekt wie in (19) ptg., (20a) span., (20b) ptg., (21a) span., (21b) ptg., (22a) ptg., ist der Schritt zum persönlichen Infinitiv im engeren Sinne nur ein hier nicht zu erörternder morphologischer Zufall:

(19)   Balsemão ... tem retribuído com ataques a Eanes o facto
         de este lhe ter servido de São Cristóvão durante o VII
         Governo Constitucional. (*O País*, 8–I–1982, 4).

(20) a. De ahí el decir mi padre.
     b. Daí o dizer meu pai.

(21) a. Después de llegar los amigos.
     b. Depois de os amigos chegarem.

(22) a. É melhor nos sair cedo, apois de meus irmãos chegar.
         (archaischer, Brasilien)
     b. É melhor nos sairmos cedo, apois de meus irmãos chega-
         rem. (jünger, Portugal)

Das von uns mit dem Französischen zusammengruppierte Italienisch — das nördliche Standarditalienisch — verliert zwar mehr
und mehr unseren im Spanischen und Portugiesischen so natürlichen
polyvalenten Infinitiv — die neueste Geschichte der italienischen
Sprache, Durante (1981: 191), gibt das ‚cinquecento e seicento‘ als
besonders intensive Wandlungszeit an —, die Entwicklung geht aber
auffallend langsamer vor sich als im Französischen, wie — gegen
seinen Willen — Durantes eigener heutiger Sprachgebrauch verrät:
vgl. das Zitat (23) und da besonders die im heutigen Italienisch ganz
normale Verbindung der Präposition *con* mit einem substantivierten
Infinitiv (*il porre*) mit der Unmöglichkeit, im Französischen einen
Infinitiv — mit oder ohne Artikel — an *avec* anzuschließen. Auch
(24) scheint noch eine korrekte italienische Wortfolge zu sein:

(23)   Concludo questa sezione *col porre* in evidenza un pro-
        blema di non secondaria importanza (…) la decadenza
        dell'infinito sostantivato …: Lorenzo de'Medici scrive *al
        tuo arrivare* (Carteggio I 287), Machiavelli *avanti lo
        arrivare nostro* (Lett. 379), e ancora nel 1548 Claudio
        Tolomei *all' arrivar mio* (Ferrero 374), mentre Tassoni
        dice *all' arrivo mio* (Lett. II 47).

(24)   Il suo continuo guardarla.

4. Der persönliche Infinitiv des Portugiesischen hat sich im Laufe
der Geschichte der portugiesischen Sprache kontinuierlich immer
mehr Bereiche erschlossen. Ich begnüge mich mit dem beispielhaften
Hinweis auf die relativ junge Untersorte des Infinitivs in unpersönlichen Konstruktionen, wo er im archaischeren Brasilianisch (22a)
noch extrem selten, im europäischen Portugiesisch (22b) hingegen
sehr gebräuchlich ist. Entsprechendes läßt sich zu den Infinitiven

nach Perzeptionsverben, nach Modalverben oder beim gerundialen Infinitiv nach *a* feststellen.

Dieses Faktum der allmählichen Vermehrung der Anwendungs-bereiche des persönlichen Infinitivs scheint in Zusammenhang mit einem anderen Faktum zu stehen: dem allmählichen — und beim Vergleich mit dem syntaktisch so verwandten Spanisch —, beson-ders auffälligen — Rückgang des sogenannten präpositionalen Ak-kusativs im Portugiesischen.

Sätze wie das Gebot *amarás a Deus sobre todas as coisas* beginnen, auch wegen der Präposition *a*, archaisch zu wirken. Auch *Vi Pedro* (neben *Vi furioso a Pedro*), *Chamei Paulo* (neben *Chamei a Paulo bôbo*) steht im Gegensatz zum früheren Sprachgebrauch und zum Spanischen, wo man meist die Präposition *a* finden würde.

Um den komplementären panchronischen Zusammenhang zwi-schen Verwendung des persönlichen Infinitivs einerseits und Nicht-verwendung des präpositionalen Akkusativs andererseits zu erken-nen (bzw. den zwischen Nichtverwendung des persönlichen Infinitivs einerseits und verbliebener Verwendung des präpositionalen Akku-sativs andererseits), muß man sich drei Dinge ins Gedächtnis rufen, die für die syntaktische Typologie der großen romanischen Schrift-sprachen von Belang sind:

(a) den präpositionalen Akkusativ, dort meist Dativ genannt, in Infinitivkonstruktionen;
(b) die synchron-generative wie auch die historisch-empirische Her-kunft des präpositionalen Akkusativs, den es ja außer im Spani-schen und Portugiesischen in einer ganzen Reihe von roma-nischen Sprachen, zahlreichen Sprachen und Dialekten Italiens, wie Sardisch, Korsisch, aber auch Gaskognisch, Rumänisch, jedenfalls in der Mehrzahl der romanischen Sprachen gibt — er fehlt aber im Französischen und Standard-Italienischen;
(c) die Ähnlichkeit der Formulierungen, mit denen man versucht hat — ohne sich dessen bewußt zu sein —, das Nebeneinander von persönlichem Infinitiv und normalem Infinitiv einerseits und das Nebeneinander von präpositionalem und nichtpräposi-tionalem Akkusativ beim jeweils gleichen Sprecher, ja im jeweils gleichen Satzgefüge, andererseits zu erfassen.

Zu (a) soll der Hinweis genügen, daß es leicht ist, innerhalb eines portugiesischen Textes Gegenüberstellungen wie die folgende herauszuarbeiten, an denen die Funktionsgleichheit des Dativs (25) und des persönlichen Infinitivs (13) deutlich wird:

(25)   Há três anos que prega, e ninguém jamais *lhe* ouviu proclamar a necessidade santa de expulsar o estrangeiro. (Eça, *A Relíquia*, 185)

(13)   E eu vi levitas fanáticos arrancar*em* as borlas das túnicas, como numa calamidade pública. (Eça, *A Relíquia*, 201)

Zu (b): Die historisch orientierte romanische Sprachwissenschaft (Müller 1971: 498–501) vermutet, daß die Präposition *ad* bzw. der Dativ durch eine Art Kreuzung aus Infinitivkonstruktionen zu dem wurde, was man gemeinhin unter präpositionalem Akkusativ, also in Sätzen auch ohne Infinitiv, versteht:

Ich erwähne diese Vermutung der ausschließlich historisch orientierten Sprachwissenschaft deswegen, weil sie geeignet ist, unsere (Körner 1981) These vom Subjekts-Charakter des Objekts nach *a* zu bestätigen, also die heutigen synchronen Verhältnisse: Solche Akkusativbeziehungen, bei denen die Objekte nicht als Subjekte vorstellbar sind (z. B. der Passivtransformationsprobe aus diesem Grunde nicht standhalten), erhalten keine Markierung mit *a*. So entspricht die Haben-Akkusativität, die im Spanischen kein *a* zuläßt (26a), der Unmöglichkeit des spanischen Haben-Passivs (26b), und solche Akkusativbeziehungen, bei denen das Objekt sehr gut als Subjekt vorstellbar ist wie in (27a) oder (28a), die also z. B. bei der Passivtransformationsprobe einen mindestens so natürlichen Satz ergeben, wie es der Aktivsatz war, also (27b) bzw. (28b), zeigen im ursprünglichen Aktivsatz den präpositionalen Akkusativ:

(26) a.   Tengo un hijo.
　　 b.   *Un hijo es tenido por mi.
(27) a.   Mantiene *a* tres hijos.
　　 b.   Tres hijos son mantenidos por ella.

(28) a.   El ácido ataca *a* los metales.
　　 b.   Los metales son atacados por el ácido.

Warum rein statistisch die Objekte mit *a* recht häufig (aber nicht immer, wie (28a) zeigt) belebt sind und warum die Objekte ohne *a* häufig unbelebt sind, ist eine Frage, deren Antwort nicht das Wesentliche des präpositionalen Akkusativs trifft. Dort ist das nur die Folge einer auch außerhalb des präpositionalen Akkusativs herrschenden und in Winter (1970) entdeckten Regelmäßigkeit des indogermanischen Subjektskasus an sich: Seine Affinität zu belebten Substantiven ist von Hause aus größer als die des Akkusativs.

Zu (c): Man führt, wie wir bereits erwähnt haben, oft als Grund für die Verwendung des persönlichen Infinitivs da, wo alle anderen Regeln versagen, seine Entfernung vom übergeordneten Verb an, so z. B. nach Modalverben wie in (15) und (16): Im Beispiel (15) erhalten die ersten Infinitive nach *deviam* und *devem* nicht die persönliche Form, aber der — auch metaphorisch gesprochen — durch Punkt und die Konjunktion ‚und' entfernte Infinitiv *alimantaremse* wird persönlich gemacht.

Die Entfernung wird — ohne daß bisher die Entsprechung der Begründung gesehen wurde — auch beim derzeitig zurückgehenden präpositionalen Akkusativ als das dessen Weiterexistenz garantierende Phänomen entdeckt: Die Koordiniertheit der Objekte mit *a* in (29) und (30) entspricht der Koordiniertheit der persönlichen Infinitive in (15) und (16). Auch die Entfernung als Links-Herausstellung wie in (31) wäre hier zu erwähnen. Distanzierung, Entfernung — das ist jener Verlust von Intimität, die in Ergativsprachen nach Martinet (1958/1965: 217, „le rapport le plus intime") Voraussetzung für die Verwendung jenes Affixes ist, das man als Ergativkasuszeichen klassifiziert:

(29)   Parecia contentá-lo muito *e ao* marido.

(30)   Como poderia ela sustentar-se *e aos* pequenos com o salario que recebia?

(31)   *A* Humboldt acusaram-no de panteísta na ciência.

5. Die französische Sprache gehört zu den wenigen romanischen Sprachen, die wie das Nord- und Hochitalienische nicht über den präpositionalen Akkusativ verfügen. Dazu paßt, daß im Französischen und Standarditalienischen die dem präpositionalen Akkusativ historisch zugrundeliegenden oder sie generativ bedingenden Infinitiv-Konstruktionen mit Dativ stark zum Verschwinden tendieren. Man hat kürzlich über François Mitterrand den Satz (32) geschrieben, und Sätze wie der von Bourciez (1956: 694) und anderen zitierte (33) mag es noch geben, eine neufranzösische Entsprechung zu

altfranzösisch (34) gibt es aber sicher nicht mehr. Wenn die Regel, die man gelegentlich bei französischen und italienischen Puristen lesen kann, daß dann Dativ statt Akkusativ zu verwenden sei, wenn der Infinitiv transitiv sei — oder wie wir sagen wollen, ein weiterer Partizipant am vom Infinitiv gebildeten Prädikat beteiligt ist (wie *les larmes* in (48) — im Gegensatz zu *je le vois pleurer*) —, dem natürlichen Sprachgebrauch entsprechen würde, läge sogar im Französischen und Italienischen (dort gilt die Regel nur für *fare*, vgl. Beispiel (35)) ein — allerdings typologisch kaum relevanter — Rest jener Ergativität vor, die im sogenannten präpositionalen Akkusativ der meisten romanischen Sprachen so viel deutlicher ist:

(32)   Il y a en lui une retenue qui *lui* fait refuser les familiarités rapides et superficielles.

(33)   Je *lui* vois verser des larmes (?).

(34)   Je voi *a* ma mere plorer.

(35)   Fece passare il ponte *ai* soldati.

(36)   Aperire fecit filiis matris viscera.

Die Natürlichkeit der Dativ-mit-Infinitiv-Konstruktion im Lateinischen hat besonders Norberg (1945) nachgewiesen, obwohl schon vor ihm Sätze wie (36) intensiv analysiert worden waren. Er hat sogar Grammatikerzitate (Priscian) aufgespürt, die den D. c. I. als mindestens so selbstverständlich ausweisen wie den A. c. I. Zu den Elementen seiner Argumentation gehörte der Substantivcharakter des indoeuropäischen Infinitivs, der sich beim lateinischen Infinitiv Aktiv Präs. als Lokativ mit ‚finaler‘ Bedeutung auswirkt, und zwar in allen Epochen des Lateins.

‚Final‘, diesen Terminus der latinistischen Grammatiker kann man als semantische Redeweise für ‚Nicht nur Verb, sondern auch Substantiv‘ auffassen, ja sogar beibehalten für die romanischen Sprachen: der harte Kern innerhalb der Anwendungsbereiche des persönlichen Infinitivs ist von den ersten portugiesischen Texten an der Infinitiv nach der finalen Präposition *para*, zwei Beispiele aus den letzten Monaten sind (37) und (38). Dieser harte Kern fehlt sogar im Ansatz in bestimmten älteren Stufen und regionalen Relikten des Französischen nicht: ich erinnere an (39) und (40).

(37)   É a única (agricultura) que nos da certas condições
       para enfrentar*mos* com mais tranquilidade a participação
       concorrencial do Mercado Comum. (*O País*,
       8-I-1982, 5)

(38)   E foram dados os avisos *para* se tomar*em* todas as
       cautelas. (*O País*, 8-I-1982, 5)

(39)   Va chercher le journal *pour* moi lire.

(40)   Et lour dona grans rentes *pour* elles vivre. (Joinville)

Doch nicht so sehr in einem lateinischen Überbleibsel, sondern in
der Zunahme der Anwendungsbereiche des persönlichen Infinitivs
im Portugiesischen und damit der Bejahung des normalen Infinitivs
als desorientiert wollen wir eine Öffnung zur Ergativität sehen.
Genauso in der weiter zunehmenden Neigung des Spanischen, Objekte als aktiv und weniger aktiv zu trennen.

6. Im A-Typ (so nennen wir den Typ, dem die Sprachen mit
präpositionalem Akkusativ angehören) wird der ‚Auch-Sub-
jektscharakter' des direkten Objekts bei ihm selbst markiert. Nun
gibt es aber komplexere Satzgefüge-Muster, bei denen in allen
romanischen Sprachen der ‚Auch-Subjekts-Status' eines Objekts
nicht als ‚tiefensyntaktisches' Relikt, sondern ‚auf der Oberfläche'
und damit unbestreitbar vorliegt. In einer Nicht-A-Sprache läßt sich
das entsprechende syntaktische Verhältnis, wie folgende Gegenüberstellung zeigt, an anderer Stelle als beim Objektssubstantiv klären.
Dem spanischen Satzgefüge mit einem als ‚Auch-Subjekt' markierten Objekt:

(41) a.   Conozco *a* estas muchachas; las he visto pasar muchas
          veces por delante de mi casa.

entspricht katalanisch:

(41) b.   Conec aquestes noies; les he vist*es* passar moltes vegades
          per davant de casa.

und dem spanischen Satzgefüge mit einem Objekt ohne ‚Auch-
Subjekts-Status':

(41) c. Conozco estas canciones; las he oído cantar muchas
          veces.

entspricht katalanisch:

(41) d. Conec aquestes cançons; les he sentit_ cantar moltes
          vegades.

Dem katalanischen Satz (41b), in welchem das Partizip so den
Konkordanzregeln unterworfen werden kann wie in dem französischen Satz (42a), − dort im Gegensatz zu (42b) −:

(42) a. Les violonistes que j'ai entendu*s* jouer.
     b. Les airs que j'ai entendu_ jouer.

entspricht der spanische Satz (41a), wo die Partizipkonkordanz
ganz ausgeschlossen ist, dafür aber der präpositionale Akkusativ
wahrscheinlich ist.

Daß Katalanen − wie Franzosen und Italiener − nicht immer
die nur in diesen Sprachen ohne präpositionalen Akkusativ mögliche
Partizipkonkordanzen praktizieren, ist typologisch nicht mehr und
nicht weniger bedeutsam als die Unsicherheit bzw. Freiheit beim
präpositionalen Akkusativ in den A-Sprachen und man darf daher
trotz und vielleicht gerade wegen mancher Schwankungen und
‚typischer Fehler' die Veränderlichkeit des Partizip Perfekts genauso
unter typologischen Gesichtspunkten betrachten wie den präpositionalen Akkusativ. Wegen der Möglichkeit von Gegenüberstellungen
wie in (41a) bis (41d) ist es kaum erlaubt, einen bloßen Zufall darin
zu sehen, daß − um eine beliebige der zahlreichen romanischen
Sprachen mit präpositionalem Akkusativ anzuführen − z. B. im
(nuoresischen) Sardischen die Partizipveränderungsmöglichkeiten
viel eingeschränkter sind als im (Standard-)Italienischen. So liegt
bei sardisch *áere*, anders als bei italienisch *avere*, auch dann Un-
veränderlichkeit vor, wenn das Objektspronomen vorangeht (vgl.
Pittau 1972: 129):

Sardisch:		Italienisch:
mi		*mi ha visto/vista*
ti	*a bbidu*	*ti ha visto/vista*
nos		*ci ha visti/viste*
bos		*vi ha visti/viste*

Der extremen Nichtveränderlichkeit des Partizip Perfekts im Spanischen, Portugiesischen, Rumänischen etc., nicht nur in Infinitivkonstruktionen, steht als anderes Extrem nicht isoliert die Veränderlichkeit im Französischen, sondern mit dieser auch die Veränderungsmöglichkeit in den anderen Sprachen seiner Gruppe, also Italienisch und Katalanisch, gegenüber. Französisch scheint sogar noch von Katalanisch und Italienisch übertroffen zu werden, wie Sätze mit ,Modalverben' zeigen können:

(43) a. Teníem patates, però les hem volgud*es* guardar per a llavor.
 b. Questa ragazza, l'ho potut*a* ajutare.
 c. Les mesures qu'il a voulu_ prendre.

und besonders ein Vergleich der faktitiven Konstruktion in den drei großen partizip-verändernden Sprachen:

(44) a. Com que hem perdut la clau, n'hem fet*a* fer una de nova.
 b. Questi libri, li ho fatt*i* leggere a Giovanni.
 c. Les soupçons qu'il a fait_ naître.

6.1. Anstelle weiterer Daten zur Partizipveränderlichkeit ist in unserem Zusammenhang zu betonen, daß die Veränderungsmöglichkeit des Partizips vor Infinitiven im Katalanischen, Italienischen und Französischen nur den extremen Unterfall der nicht unnatürlichen Neigung dieser Sprachen darstellt, überhaupt dem vorangestellten Objektssubstantiv oder Objektspronomen das nachfolgende Partizip Perfekt anzupassen. Die nur eingeschränkt mögliche Voranstellung von Objektssubstantiven oder Objektspronomina bedeutet − auch wenn darauf so gut wie nie hingewiesen wird − die Übernahme einer wichtigen, vielleicht sogar der wichtigsten Eigenschaft der Kategorie ,Subjekt', gerade in Sprachen, die wie die französische − im Gegensatz zur spanischen (vgl. Green 1976) − besonders rigoros Subjektsspitzenstellung in der normalen, nichtmarkierten Wortstellung zeigen. Mit der Voranstellung als Trübung des reinen Objektscharakters der (pro-)nominalen Elemente ist nun untrennbar die Trübung der Eigenschaft des − seinem Objekt erst später nachfolgenden − Partizips verbunden, eindeutig nichts anderes als Teil einer verbalen Tempusform zu sein: das seinem Objekt erst später nachfolgende Partizip kann als − wenigstens partiell − den nominalen Kategorien, konkret dem prädikativen Adjektiv, nicht unverwandte Kategorie empfunden werden. Es lassen sich unschwer im Französischen, Italienischen und auch Katalanischen Satzgefüge wie das folgende finden, wo die Stufenlosigkeit des Überganges zwischen der Kategorie des (im Regelfall) seinem Bestimmungswort nachstehenden ‚Adjektivs‘ einerseits und der des dem Objekt(spronomen) nachstehenden ‚Partizips‘ andererseits im Text deutlich wird und damit die Natürlichkeit der Partizipkonkordanz, mit und ohne Infinitive:

(45) He sigut un botiguer que ha trobat una cas*a* fet*a*, que *l'*ha cuidad*a*, que *l'*ha seguid*a*, que *l'*ha fet*a* prosperar.
(Santiago Rusiñol, *L'auca del senyor Esteve*)

Die Möglichkeit, den (besonders Akkusativ-)Objektcharakter beim partiziphaltigen Verb durch die Partizipkonkordanz zurückzunehmen, darf man als besondere Bestätigung der Funktionalität der (Akkusativ-)Objekt-Markierung, und damit des typologischen Kennzeichens des nicht-ergativischen, ‚akkusativischen‘ Sprachbaus interpretieren.

7. In den letzten Jahren ist in den romanischen Sprachen die Objektkonjugation (Rothe 1966, Heger 1967, Llorente & Mondéjar 1974, Bossong 1980) entdeckt und intensiv analysiert worden, ein Phänomen, das zuvor nur in sogenannten exotischen Sprachen (z. B. Ungarisch, Baskisch, Georgisch oder Quechua) beschrieben worden ist. Es kann an der Objektkonjugationsforschung auffallen, daß sie sehr gerne (ohne dies eigens hervorzuheben) Beispielsätze zitiert, die einen präpositionalen Akkusativ enthalten. Besonders da, wo es darum geht, die Parallele zur Subjektkonjugation bis hin zur dort möglichen Zweifachbezeichnung (außerhalb des Verbs und zugleich im Verb) aufzuzeigen − sei diese als ‚Topikalisierung‘ zu interpretieren, wie in *Moi, je chante*, oder nicht, wie in *Paulus amat* −, scheint die Objektkonjugationsforschung nicht ohne Belege mit präpositionalem Akkusativ auskommen zu können. Die Beispielreihe etwa für Topikalisierungen (jeweils b):

(46) a. Yo te veo.
     b. Te veo a tí.

(47) a. Eu vejo-te. / Eu te vejo.
     b. Vejo-te a tim. / Te vejo a tim.

(48) a. Dego ti bío.
 b. Ti bío attibe.

(49) a. Eu te văd pe tine.
 b. Te văd pe tine.

die Bossong (1980: 11) gibt, um das gemeinsame Auftreten der als Konjugationselemente gebundenen Pronomina der 1. und 2. Person einerseits mit selbständigen ‚Aktantialformen' andererseits zu belegen, scheint uns nicht zufällig auf die Sprachen Spanisch (46), Portugiesisch (Brasilianisch) (47), Sardisch (48) und Rumänisch (49) beschränkt, also auf Sprachen mit präpositionalem Akkusativ. So ist das Fehlen des (Hoch-)Italienischen in der Reihe (46) bis (49) zu betonen, von dem Bossong zwar weiß, daß die entsprechende Gegenüberstellung heißen würde:

(50) a. Io ti vedo.
 b. Vedo te.

aber diese „Ausnahme" (so Bossong 1980: 12, Anm. 31) nicht im richtigen typologischen Zusammenhang sieht. Auch Harris (1978: 115) ist die gleichgroße (oder ‚gleichkleine') Objektstopikalisierung in dem spanischen Satz (51) und dem italienischen Satz (52) aufgefallen,

(51) Me ha visto a mí.

(52) Ha visto me.

die wir hier als Funktionsgleichheit zwischen Zweifachbezeichnung in einer Sprache *mit* präpositionalem Akkusativ einerseits und Einfachbezeichnung in einer Sprache *ohne* präpositionalen Akkusativ andererseits unterstreichen. Die pronominale Objekt-Doppelung, also das Miteinander von gebundenem und ungebundenem Pronomen, ist in jenen romanischen Sprachen natürlicher, die über den präpositionalen Akkusativ verfügen. Das heißt nicht, daß frz. *Je te vois, toi* (oder *je te dis, à toi*) ganz unmöglich sind, und es heißt noch weniger, daß es in Sprachen wie Französisch oder Italienisch nicht gebundene Objektspronomina gäbe, die einen nominalen Aktanten doppeln. Der Unterschied liegt mehr noch als in der unterschiedlichen Auftretenshäufigkeit in der jeweils anderen Funktion des doppelnden Objektspronomens. Vergleichen wir die folgenden italienischen (53) und französischen (54) Beispiele:

(53)   Il mio amico lo vedo tutti i giorni,

(54)   Moi, le passé me laissait de glace,

mit ihren jeweiligen Entsprechungen aus Sprachen des A-Typs, also z. B. der rumänischen Entsprechung für (53) in (53′) und der portugiesischen Entsprechung für (54) in (54′):

(53′)   Pe prietenul meu îl văd în fiecare zi.

(54′)   A mim, o passado deixava-me indiferente.

Hier wie sonst bei der doppelnden Objektkonjugation (man denke an die Möglichkeit von frz. *Mon ami, je le vois souvent* oder an die Unmöglichkeit, das rumänische *pe* mit Dativ zu verwenden) ist in den A-Sprachen die Kasuskongruenz so kennzeichnend wie die Nichtkongruenz im Französischen und Italienischen. Die Doppelung in diesen letzteren Sprachen enthält ein gebundenes Objektpronomen mit funktioneller Relevanz — die Doppelung in den A-Sprachen hingegen nicht. Mit Recht ist oft die desambiguierende Funktion des gebundenen Objektpronomens im Französischen und Italienischen hervorgehoben worden (zuletzt von Harris 1978: 119) und auch das Faktum aufgefallen (Tesnière 1959: 174), daß im Französischen ein links herausgestellter *circonstant* besser ohne seine Präposition erscheint:

(55)   *A Paris, j'*y* vais souvent.

(56)   Paris, j'*y* vais souvent.

Nicht gesehen wurde bisher, daß die desambiguierende Funktion nicht nur im Gegensatz zur kasus-syntaktischen Funktionslosigkeit, wir wollen mit Martinet (1958/1965: 219) sagen, zur ‚Inertie', der entsprechenden gebundenen Pronomina in den A-Sprachen steht, sondern darüber hinaus in einem faszinierenden innersprachlichen Gegensatz zu den Verhältnissen bei den gebundenen Subjektspronomina, wie sie in Beispielen wie (57) von Marcel Proust oder dem kreolsprachlichen (58) zum Ausdruck kommt, das Bossong (1980: 16 ff.) da erwähnt, wo er die obligatorische Setzung des gebundenen

Subjektspronomens in jedem Falle, also auch zusätzlich zu jedem substantivischen ungebundenen Subjekt, als typologisches Ziel des zukünftigen Französisch vermutet:

(57) Il faut que le bœuf, il devienne comme une éponge.

(58) Frer Sat i dir li (Frère Chat il lui dit).

Auch ohne obligatorischen Charakter bildet diese Doppelung durch Subjektspronomina im Französischen bereits jene ,Inertie', die gerade nicht bei französischen Objektspronomina, sondern bei den A-Sprachen-Objektspronomina vorliegt. Man darf also sagen, daß sich auch bei den gebundenen Pronomina im Französischen (und Italienischen) im Bereich des Objekts jene Funktionalität zeigt, die, zusammen mit der gleichzeitigen Funktionslosigkeit bei der französischen pronominalen Subjektsdoppelung, den akkusativischen Sprachbautyp weit zielstrebiger bestätigt, als es die (den Namen Objektkonjugation mehr verdienenden) funktionslosen pronominalen Doppelungen in den A-Sprachen tun.[1]

8. Die von uns herausgearbeitete Korrelation von sieben herkömmlicherweise getrennt gesehenen syntaktischen Erscheinungen — bzw. von ihrem jeweiligen Fehlen — hat als Ergebnis die Zweiteilung in eine größere Gruppe subjektsfunktionaler (da subjektsfakultativer) und eine kleinere Gruppe (besonders Französisch und Italienisch) subjektsfunktionsloserer (da subjektsunvermeidlicher) und damit besonders eindeutig akkusativischer romanischer Sprachen erbracht. Daß die sieben Einzelunterschiede sich alle erst in den letzten drei bis vier Jahrhunderten deutlicher herausgebildet haben und sich derzeit weiter vertiefen,[2] verdient sicher manche Interpretation. Genauso das Faktum, daß die vom ,akkusativischen' Ende des typologischen Kontinuums entfernteren Sprachen innerhalb der Romania in der Mehrzahl sind und sich als noch archaischer erweisen, als man es bisher, wenn wir richtig sehen, im allgemeinen vom Latein angenommen hat.

Anmerkungen

1. Die Anregung, die Objektkonjugation in eine syntaktische Einordnung der romanischen Sprachen auf der Skala ,mehr oder weniger ergativisch' einzuschließen, verdanke ich dem Diskussionsbeitrag von Klaus Heger im Anschluß an

meinen Vortrag auf dem Kolloquium, das diesem Bande zugrunde liegt. Diese Erweiterung des ursprünglichen Vortragstextes muß sehr knapp bleiben. Auch die unterschiedlichen Verhältnisse bei der einfachen (also der nicht-doppelnden) Objektspronomen-Verwendung in den zwei romanischen Sprachgruppen würden das Ergebnis von Abschnitt 7 bestätigen; eine entsprechende Erläuterung, die z. B. auf die typisch französischen Unvereinbarkeiten bestimmter Pronomina miteinander einzugehen hätte, muß an anderer Stelle gegeben werden. Vgl. jetzt Körner (1983 b).

2. So nimmt z. B. der Teilungsartikel als eine nur bei Sprachen ohne präpositionalen Akkusativ erwartbare Erscheinung (vgl. Körner 1981) im Italienischen zu, wie man mit Posner (1966: 141) vermuten darf.

Literatur

Bossong, Georg
1979   „Prolegomena zu einer syntaktischen Typologie der romanischen Sprachen", in: *Festschrift Kurt Baldinger zum 60. Geburtstag*, hg. v. M. Höfler, H. Vernay & L. Wolf (Tübingen: Niemeyer), Bd. 1, 54–68.
1980   „Aktantenfunktion im romanischen Verbalsystem", *Zeitschrift für romanische Philologie* 96: 1–22.
Bourciez, Édouard
1956   *Éléments de Linguistique Romane* (Paris: Klincksieck, 4ème éd. rév. par J. Bourciez).
Durante, Marcello
1981   *Dal latino all'italiano moderno* (Bologna: Zanichelli).
Fabra, Pompeu
1974   *Diccionari General de la Llengua Catalana* (Barcelona: López Llausàs, sisena edició, revisat i ampliat per J. Miracle).
Gamillscheg, Ernst
1957   *Historische französische Syntax* (Tübingen: Niemeyer).
Green, John
1976   „How free is word order in Spanish?", in: *Romance syntax: Synchronic and diachronic perspectives*, hg. v. M. B. Harris (Salford: University of Salford), 7–32.
Harris, Martin B.
1978   *The evolution of French syntax. A comparative approach* (London: Longman).
Hatcher, Anna G.
1944   „Je le vois sourire, je le vois qui sourit, je le vois souriant", *Modern Language Quarterly* 5: 275–301, 387–405.
Heger, Klaus
1967   „La conjugación objetiva en castellano y en francés", *Thesaurus* 22: 153–175. Wieder in ders., *Teoría semántica* (Madrid: Alcalá, 1974), 87–105; frz. Fassung: „La conjugaison objective en français et en espagnol", *Langages* 3 (1966) 19–39.
Körner, Karl-Hermann
1981   „‚Teilungsartikel‘ im Französischen und ‚präpositionaler Akkusativ‘ im Spanischen: komplementäre Lösungen des gleichen syntaktischen Problems", in: *Sprache. Formen und Strukturen. Akten des 15. Linguistischen Kolloquiums, Münster 1980*, Bd. 1, hg. v. M. Kohrt & J. Lenerz (Tübingen: Niemeyer), 151–160.

1983 a   „Wie originell ist der flektierte Infinitiv des Portugiesischen? Eine Studie zum Subjekt in den romanischen Sprachen", in: *Portugiesische Sprachwissenschaft*, hg. v. J. Schmidt-Radefeldt (Tübingen: Narr), 77–103.

1983 b   „La conjugaison objective de type roman et la langue française", in: *Mélanges Louis Mourin* (Gand: Romanica Gandensia 20), 121–132.

Lepschy, Giulio C.

1976   „Italian causative and perception predicates followed by an infinitive: competence and performance", in: *Studies in Greek, Italic, and Indo-European linguistics. Offered to L. R. Palmer*, hg. v. A. M. Davies & W. Meid (Innsbruck: Innsbrucker Beiträge zur Sprachwissenschaft), 153–161.

Llorente, A. & J. Mondéjar

1974   „La conjugación objetiva en español", *Revista Española de Lingüística* 4: 1–60.

Martinet, André

1958   „La construction ergative", *Journal de psychologie normale et pathologique* 55: 377–392. Wieder in ders., *La linguistique synchronique* (Paris: Presses Universitaires de France, 1965), 206–222.

1962   „Le sujet comme fonction linguistique et l'analyse syntaxique du basque", *Bulletin de la Société de Linguistique* 57.1: 73–82. Wieder in ders., *Studies in functional syntax* (München: Fink, 1975), 237–246.

1979   „Shunting on to ergative or accusative", in: *Ergativity. Towards a theory of grammatical relations*, hg. v. F. Plank (London: Academic Press), 39–43.

Maurer, T. Henríque, jr.

1968   *O Infinito Flexionado Português* (São Paulo: Nacional).

Müller, Bodo

1971   „Das morphemmarkierte Satzobjekt der romanischen Sprachen. Der sogenannte präpositionale Akkusativ", *Zeitschrift für romanische Philologie* 87: 477–519.

Must, Heinrich

1972   *Der Relativsatz im Französischen, Deutschen, Englischen und Italienischen* (Tübingen: Spangenberg).

Norberg, Dag

1945   „‚Faire faire quelque chose à quelqu'un'. Recherches sur l'origine latine de la construction romane", in: *Språkv. Sällskapets Förhandl. 1943–45, Uppsala Universitets Årsskrift* 12: 65–106.

Pittau, Massimo

1972   *Grammatica del sardo-nuorese, il più conservativo dei parlari neolatini* (Bologna: Pàtron, 2. erw. Aufl. von *Il dialetto di Nùoro, il più schietto dei parlari neolatini*, 1956).

Posner, Rebecca

1966   *The Romance languages* (New York: Doubleday).

Radford, Andrew

1977   *Italian syntax. Transformational and relational grammar* (Cambridge: Cambridge University Press).

Rothe, Wolfgang

1966   „Romanische Objektkonjugation", *Romanische Forschungen* 78: 530–547.

Said Ali, M.

1964   *Gramática histórica da língua portuguêsa* (São Paulo: Melhoramentos, 3. a. ed.).

Tchekhoff, Claude
    1978   *Aux fondements de la syntaxe: l'ergatif* (Paris: Presses Universitaires
              de France).
Tesnière, Lucien
    1959   *Eléments de syntaxe structurale* (Paris: Klincksieck).
Winter, Werner
    1970   „Formal frequency and linguistic change", *Folia Linguistica* 5: 55–61.

MANFRED KRIFKA

Von der stilistischen zur grammatischen Ergativität

Schon früh wurde der grammatische Unterschied zwischen dem ergativischen und dem akkusativischen Sprachbau durch die Annahme motiviert, es lägen ihm unterschiedliche soziokulturelle Bedingungen zugrunde. Bekannt ist der Erklärungsversuch von Uhlenbeck (1916), der die typologischen Besonderheiten von Ergativsprachen auf das ‚primitieve taalgevoel' einer Sprachgemeinschaft zurückführte, für das als eigentlicher Täter eine versteckte Macht hinter dem scheinbaren Handlungsträger wirke. Knappe Zusammenfassungen der daran anschließenden Diskussion bieten Seely (1977) und Plank (1979).

Jüngste Versuche, den ergativischen Sprachbau zumindest teilweise durch kulturelle Faktoren zu erklären, stammen von Sasse (1978) und Plank (1979). Plank rechnet die Entstehung von Ergativsprachen der Kulturstufe des Jagens und Sammelns zu, auf der sich der Mensch mehr der Natur ausgeliefert gefühlt habe als auf der Kulturstufe von Ackerbau und Viehzucht. Sasse zieht die Möglichkeit in Betracht, daß ein weniger anthropozentrisches Weltbild oder kulturspezifische Tabus, den Menschen als willkürlich Handelnden zu sehen, zur Herausbildung ergativischer Sprachsysteme geführt haben. Überlegungen dieser Art sind vorerst bloße Spekulationen; erhärtet können sie nur in enger Zusammenarbeit mit der Ethnologie werden. Das Ziel − eine über die Sprachtypologie hinausgehende allgemeine Kulturtypologie, die beispielsweise Korrelationen zur Struktur der Mythen, zu den religiösen Vorstellungen und politischen Organisationsformen einer Sprachgemeinschaft herstellt − sollte intensiver fachübergreifender Untersuchungen wert sein.

An dieser Stelle möchte ich einige Beispiele vorstellen, bei denen möglicherweise besondere soziokulturelle Verhältnisse zu Sprachausprägungen geführt haben, die den anerkannten Ergativsprachen ähneln. Die Ähnlichkeit besteht darin, daß in diesen Ausprägungen diejenige Konstituente, die den Handlungsausführenden bezeichnet, in transitiven Sätzen normalerweise nicht in der primären grammatischen Relation (vgl. Sasse 1978), z. B. im Nominativ, zum Verb steht, sondern in einer anderen, markierten Relation, in einer Adpositionalphrase beispielsweise, oder überhaupt nicht realisiert wird. Zwar handelt es sich bei den diskutierten Sprachausprägungen lediglich um stilistische Varianten, die nur in bestimmten Kontexten auftreten. Solche Varianten sind aber als mögliche Keimzellen von Ergativsprachen anzusehen, da Sprachwandel in der Regel sich zunächst in einigen wenigen Verwendungskontexten festsetzt und erst dann sich über die gesamte Sprache ausbreitet (vgl. Weinreich, Labov & Herzog 1968). Sprachausprägungen der genannten Art seien als Fälle ‚stilistischer‘ Ergativität zusammengefaßt. Einige wurden bereits in der Literatur erwähnt; zum Beispiel der Gebrauch von Passivsätzen im Irischen, den Hartmann (1954) auf den ‚Glauben an eine Allkraft‘ zurückführt, oder die Passivierung und Deletion von Agens-Konstituenten in höflicher Sprechweise (vgl. Trask 1979), wie sie z. B. aus dem Madegassischen (Keenan 1976) und dem Maori (Hohepa 1969) berichtet wird. Im folgenden möchte ich jedoch auf drei Fälle eingehen, die in der sprachtypologischen Forschung weniger bekannt sein dürften.

Es ist dabei zu beachten, daß die Verwendung des Passivs nur ein einziges, wenn auch vielleicht das auffälligste Kennzeichen stilistischer Ergativität ist. Andere Kennzeichen sind der Einsatz von Personifikationen (s. u.), Reflexivbildungen (*das Bett erwies sich als zu klein*) und unpersönlichen Infinitivkonstruktionen (wie etwa am Beginn dieses Absatzes). Gegenüber der Hypothese vom passivischen Ursprung der ergativischen Satzkonstruktion ist die Hypothese der Entstehung von Ergativsprachen aus stilistischen Varianten also neutral.

Nicht neutral ist sie hingegen gegenüber der Hypothese, daß die Entwicklung einer Sprache zum ergativischen Typ durch eine besondere kulturelle Mentalität gefördert wird. Die Besonderheiten einer stilistisch markierten Sprachausprägung können nämlich durchaus auf bewußte Entscheidungen einzelner oder einiger weniger Sprecher zurückgeführt werden; schon in der antiken Rhetorik galt bekanntlich die bewußte Abweichung von der üblichen Ausdrucksweise als rhetorische Figur (vgl. Martin 1974: 295ff.). Die Art dieser Abweichungen ist durch das Stilgefühl jener Sprecher motiviert, von dem angenommen werden darf, daß es durch zahlreiche Elemente mit beeinflußt ist. Auf diese Weise läßt sich die Auswirkung des Weltbildes einer Kultur auf deren Sprache nachvollziehen. Die weitere Ausbreitung der stilistischen Eigenarten kann sich über die bewußte Reanalyse der Grammatik durch die folgenden Sprechergenerationen abspielen; hierbei sind bekanntlich gesellschaftliche Faktoren wie das Prestige der Sprecher einer Sprachausprägung von großem Einfluß. Rein pragmatische oder stilistische Abweichungen können auf diesem Weg schließlich zu einer Umstrukturierung des gesamten Sprachsystems führen (vgl. zu diesem ‚diachronic cycle' Givón 1979). Einmal etabliert, könnte dieses Sprachsystem weiter beibehalten werden, selbst wenn der ursprüngliche Anlaß der Sprachveränderung — ein weniger anthropozentrisches Weltbild beispielsweise — gar nicht mehr besteht (vgl. Sasse 1978).

Mein erstes Beispiel ist das Mittelhochdeutsch der ritterlichen Epik. Kishitani (1965) hat am Beispiel der Dichtungen Hartmann von Aues detailliert nachgewiesen, daß die ‚Vermeidung des menschlichen Subjekts' in dieser Sprachausprägung den Rang eines machtvollen stilistischen Prinzips einnimmt. Im wesentlichen diskutiert Kishitani zwei Weisen, ein menschliches Subjekt zu umgehen: erstens die Verwendung impersonaler Konstruktionen, vor allem mit dem Verb *geschehen*, und zweitens den Einsatz von Personifikationen, vor allem mit dem Nomen *got*.

Unter (1) führe ich einige Beispiele für impersonale Konstruktionen an, teilweise mit Übersetzungen ins Neuhochdeutsche, um den Unterschied zu der modernen Ausdrucksweise hervorzuheben:

(1) a. hie was der strît ergangen (*Iwein* 3748)

      b. daz mir diu unzucht geschehe (*Iwein* 4783)
         ,daß ich Unzucht treibe'

      c. ez geschah mir ... daß ich nâch âventiuren reit
         (*Iwein* 259)

      d. dô wart niht mê geseʒʒen (*Iwein* 2282)

Wesentlich häufiger als im modernen Deutschen waren in der mittelhochdeutschen Epik auch die impersonalen Konstruktionen des Typs *mir grûset* ,ich habe Angst' (*Helmbrecht* 1577).

Die zweite Strategie, menschliche Subjekte zu vermeiden, besteht in der Personifikation nicht-menschlicher Entitäten, denen die Ausführung menschlicher Handlungen zugeschrieben wird. Unter (2) gebe ich hierfür einige Beispiele:

(2) a. dô vrâgte mich vrou Minne ... sî sprach, sage
         ane ...   (*Iwein* 2971,4)

     b. got hât dich uns ze trôste gegeben   (*Erec* 9671)
         ,du bist zu uns gekommen, um uns aufzumuntern'

     c. mich betwanc iuwer manheit   (*Erec* 4517)

     d. sô turnierte mîn gedanc   (*Gregorius* 1584)
         ,so turnierte ich in Gedanken'

Interessant ist in diesem Zusammenhang auch folgende Formulierung aus dem *Parzival: sîn lîp spranc drûf* ,er sprang darauf (auf das Pferd)'. Angesichts der Häufigkeit derartiger Personifikationen sieht Kishitani sie nicht mehr als bloßes rhetorisches Mittel, sondern als eine Eigenart des Sprachsystems selbst an; sie spricht deshalb von ,grammatischer' Personifikation. Ihre Beobachtungen machen auf ein Desiderat der Sprachtypologie aufmerksam: in ihr sollte größere Aufmerksamkeit auf die Tendenz zu Personifikationen und auf die damit verbundenen veränderten Selektionsrestriktionen gelegt werden.

Angesichts der auffallenden Vermeidung des menschlichen Subjekts stellt Kishitani die Frage, ob das ,Bewußtsein der menschlichen Würde' im Geistesleben des Mittelalters gefehlt habe, der Mensch mithin als für seine Taten nicht verantwortlich angesehen wurde. Sie meint jedoch (Kishitani 1965: 203):

> Es handelt sich bei dieser Auffassung nicht etwa um eine passive Auffassung des Menschen, sondern vielmehr um eine von der Unterscheidung zwischen der Aktivität und der Passivität *absehende* Vorstellung des menschlichen Daseins.

Die Vermeidung des menschlichen Subjekts führt Kishitani auf den ,christlichen Humanismus' jener Epoche zurück. Dies gibt die Richtung einer möglichen soziokulturellen Erklärung an. Kishitani (1965: 204) schreibt:

> Die Wirklichkeit (die Welt), zu der jedes Geschehen ... gehört, wird nicht vom Menschen als Verursacher abgeleitet, sondern entweder von *got* als der Ursache her (kausal) oder von *geschehen* als der Wirkung (Verwirklichung) her (unkausal) aufgefaßt.

Diese in der Tendenz wohl richtige, aber zu enge Deutung erklärt sich daraus, daß Kishitani sich vor allem auf das Nomen *got* als Personifikation einer nicht-menschlichen Entität konzentriert hat.

Als zweites Beispiel möchte ich das Schilluk heranziehen, eine westnilotische Sprache. Das Passiv dieser Sprache geht auf eine stative Verbform zurück; der Agens kann im Passivsatz durch eine Adpositionalphrase ausgedrückt werden. Auf diese Konstruktionen möchte ich hier nicht weiter eingehen. Wichtig ist mir vielmehr, daß sowohl Westermann (1912) wie auch Kohnen (1933) in ihren Schilluk-Grammatiken betonen, daß Passivsätze vergleichsweise häufig vorkommen:

> The natives generally prefer to speak in the passive voice; therefore the foreigner can best avoid misunderstandings by using the passive voice as much as possible and by supposing that what a native tells him, to be passive, and not active. (Westermann 1912: 77)

> We need to remark the students of the Shilluk language, that Shilluks preferably make use of the passive voice of transitive verbs, particularly in the future and past tenses indicative and in the conditional mood. (Kohnen 1933: 133)

Vielleicht haben wir es hier erstmals mit einer neuzeitlichen afrikanischen Ergativsprache zu tun, vielleicht auch nur mit einer Tendenz zur Ergativität, wie sie bislang vor allem aus dem indisch-pazifischen Raum bekanntgeworfen ist.

Weder Westermann noch Kohnen geben soziale Kontexte an, in denen Passivformen häufig verwendet werden. Wahrscheinlich ist der Passivgebrauch aber in dieser Hinsicht differenziert. Einem knappen Artikel von Pumphrey (1937) zufolge ist beispielsweise die Königssprache unter anderem durch vermehrten Gebrauch der Passivdiathese gekennzeichnet. Diese Sondersprache, die im Umgang mit dem König und dem Adel verwendet wird, hat neben anderen merkwürdigen Eigenschaften (zum Beispiel den Einsatz abwertender Wörter, wie ‚Kieselstein' statt ‚Kopf') auch diese, daß Verben der Bewegung stets passivisch gebraucht werden, wenn ein Mitglied des Königshauses die Bewegung ausführt. Als Agens, ausgedrückt in einer Adpositionalphrase, fungiert dabei stereotypartig Gott. Die Menschen der Adelsklasse, schreibt Pumphrey (1937), do not go to, come from or enter a house: they are taken to, brought from or stuffed into a house by god. God is supposedly the sole motive power of such ethereal beings.

Offensichtlich liegt hier eine Kombination aus Personifikation und Passivbildung zur Vermeidung des menschlichen Subjekts vor. Besonders interessant und typologisch ungewöhnlich ist hierbei, daß die ergativischen Züge am obersten Ende der Animatizitätshierarchie, bei den Bezeichnungen der Mitglieder von Königshaus und Adelsklasse, auftreten.

Mein drittes Beispiel sind die modernen Fachsprachen, zum Beispiel die der Wissenschaften. Deren Hang zu passivischen Bildungen und zur grammatischen Personifikation (Beispiel: *dieses Buch will zeigen, daß ...*) wurde schon mehrfach diagnostiziert, zum Beispiel durch Beneš (1972) und auch durch Kishitani (1965: 47); einen guten Überblick bietet Beier (1979). Als ein vielleicht extremes, aber durchaus nicht ungewöhnliches Beispiel möchte ich unter (3) einen Abschnitt aus dem Jahrbuch der Max-Planck-Gesellschaft 1981 anführen, in dem ausschließlich Passiv- und Reflexivsätze vorkommen; die Handlungsträger werden am Ende in Klammern und kursiv angegeben.

(3)   Bei den Arbeiten der technischen Entwicklungsgruppe wurde die Mikropozessor-Technik in verstärktem Maße für die Zytometrie eingesetzt. Dazu wurden die notwendigen Hardware- und Software-Komponenten entwickkelt. Der Einparameter-Mikroprozessor-Analysator wurde zu einem universellen Zweiparameter-Datenkorrelator erweitert, mit dem drei vollständige Zweiparameter-Histogramme gemessen, gespeichert und verarbeitet werden können. Für kinetische Messungen wurde ein automatisches Sequenzer-Programm entwickelt, mit dem eine Sequenz von 64 Einparameter-Histogrammen von wählbarer Akquisitionsdauer aufgenommen und als Pseudo-Zweiparameter-Histogramm direkt im Gerät dargestellt werden kann. Ein weiteres Spezialprogramm wurde zur Auswertung von Erythrozyten-Aggregationsmessungen geschrieben. Für die zytometrisch gesteuerte Bilderkennung aus dem Durchfluß wurden Untersuchungen zur Kontrastfärbung durchgeführt. Alumini-

umsulfat-Karmin hat sich dabei als ein brauchbarer Farbstoff für fixierte Zellen in Suspension erwiesen (*Kachel, Schneider, Glossner, Schedler, Hüller*).

Da der Handlungsträger in diesen Texten entweder, wie in (3), der Autor oder das Autorenteam selbst oder aber ein allgemein-unspezifisches *man* ist, wird er sehr häufig aus Gründen der sprachlichen Ökonomie überhaupt nicht genannt. Aber selbst wenn er explizit angeführt wird, ist er nach Beier (1979: 284) seltener Topik oder Subjekt einer Äußerung, da „das Thema im Fachtext typischerweise keine Person, sondern eben eine Sache ist". Dies bedingt eine Thema/Rhema-Strukturierung, die der eines narrativen Textes geradezu entgegenläuft: es wird nicht über Personen und ihre Aktivitäten gesprochen, sondern vielmehr über Dinge, ihre Beziehungen zueinander und was man mit ihnen angestellt hat oder anstellen kann. Eine solche Haltung kann durchaus als ein eigenes Weltbild verstanden werden.

Die Tendenz zur Passivbildung, vermutlich auch die zur grammatischen Personifikation, ist in den Fachsprachen verschiedener Disziplinen und wohl auch verschiedener Grundsprachen nicht gleich fest verankert; in terminologisch hochentwickelten Fachsprachen, zum Beispiel denen der Physik, Chemie und Medizin, scheint sie in der Regel weiter durchgebildet zu sein (vgl. Beier 1979). Ein Vergleich mit der eher narrativen Grundhaltung früherer wissenschaftlicher Texte, besonders ausgeprägt beispielsweise beim *Sidereus Nuncius* des Galileo Galilei, läßt zudem in der Wissenschaftssprache einen Trend vermuten, der dem globalen, aus zahlreichen Sprachfamilien attestierten Drift von der Ergativität zur Akkusativität entgegenwirkt. Stehen wir damit am Anfang vom Ende des ‚anthropozentrischen' oder ‚narrativen' Zeitalters? Solche Spekulationen seien den Kulturphilosophen überlassen. Zumindest sollten wir davor gewarnt sein, das Weltbild von Kulturen mit Ergativsprachen als primitiv anzusehen.

Literatur

Beier, Rudolf
    1979   „Zur Syntax in Fachtexten", in: *Fachsprachen und Gemeinsprache. Jahrbuch 1978 des Instituts für deutsche Sprache*, hg. von Wolfgang Mentrup (Düsseldorf: Schwann), 276–301.

242　　*Manfred Krifka*

Beneš, Eduard
1972　　„The syntax of scientific German in foreign language teaching", in: *The Prague School of linguistics and foreign language teaching*, hg. von V. Fried (London: Oxford University Press), 142–159.

Givón, Talmy
1979　　„From discourse to syntax. Grammar as a processing strategy", in: *Syntax and semantics 12: Discourse and syntax*, hg. von T. Givón (New York: Academic Press), 81–111.

Hartmann, Hans
1954　　*Das Passiv. Eine Studie zur Geistesgeschichte der Kelten, Italiker und Arier* (Heidelberg: Winter).

Hohepa, Patrick W.
1969　　„The accusative-to-ergative drift in Polynesian languages", *Journal of the Polynesian Society* 78: 295–329.

Keenan, Elinor O.
1976　　„The universality of conversational postulates", *Language in Society* 5: 67–80.

Kishitani, Shoko
1965　　*,Got' und ,geschehen'. Die Vermeidung des menschlichen Subjekts in der ritterlichen Sprache* (Düsseldorf: Schwann).

Kohnen, B. F. d. S. C.
1933　　*Shilluk grammar* (Verona: Missioni africane).

Martin, Josef
1974　　*Antike Rhetorik. Technik und Methode* (München: Beck).

Plank, Frans
1979　　„Ergativity, syntactic typology and universal grammar: some past and present viewpoints", in: *Ergativity. Towards a theory of grammatical relations*, hg. von F. Plank (London: Academic Press), 3–36.

Pumphrey, M. E. C.
1937　　„Shilluk ,royal' language conventions", *Sudan Notes and Records* 20: 319–321.

Sasse, Hans Jürgen
1978　　„Subjekt und Ergativ: Zur pragmatischen Grundlage primärer grammatischer Relationen", *Folia Linguistica* 12: 219–252.

Seely, Jonathan
1977　　„An ergative historiography", *Historiographia Linguistica* 4: 191–206.

Trask, Robert L.
1979　　„On the origins of ergativity", in: *Ergativity. Towards a theory of grammatical relations*, hg. von F. Plank (London: Academic Press), 385–405.

Uhlenbeck, Christianus C.
1916　　„Het passieve Karakter van het verbum transitivum of het Verbum actionis in Taalen van Noord-Amerika", in: *Verslagen en Mededeelingen der Koningklijke Akademie van Wetenschappen (Amsterdam), Afd. Letterkunde* 5, 2: 187–216.

Weinreich, Uriel, William Labov & Marvin I. Herzog
1968　　„Empirical foundations for a theory of language change", in: *Directions for historical linguistics*, hg. von W. P. Lehmann und Y. Malkiel (Austin und London: University of Texas Press), 97–188.

Westermann, Diedrich
1912　　*The Shilluk people. Their language and folklore* (Philadelphia, Berlin: Dietrich Reimer).

CHRISTIAN LEHMANN

Ergative and active traits in Latin

The aim of this paper[1] is twofold: to throw some new light on certain facts of Latin grammar, and to adduce some new evidence for the gradient nature of the distinction between the ergative, active and accusative types.

1. Ergative, active and accusative systems

Following Bossong 1980, the relations between a verb and its argument-terms may be called 'fundamental relations', though this may have misleading implications (see § 3). The two principal semantic roles constituting these relations are the agent (A) and the patient (P). They may cooccur, if the verb is transitive; only one of them occurs with an intransitive verb. Thus we have *Cicero* (A) *accusat Verrem* (P), *Cicero* (A) *orat, Verres* (P) *succumbit*. In different languages, the distinction between these two roles may be expressed morphologically or syntactically, and they may participate in different grammatical processes. If A and P were kept distinct both with transitive and with intransitive verbs, there would be four different forms for them:

	A	P
intransitive	itr. A	itr. P
transitive	tr. A	tr. P

In fact, however, there are syncretisms in all languages, so that in almost none are there more than two distinct forms.[2] One distinction is almost always maintained, namely that between A and P with transitive verbs. One distinction is comparatively seldom observed, namely that between A and P with intransitive verbs. The reason is, of course, that in the former case an opposition constituted by a syntagmatic contrast is to be expressed, while in the latter case, the need for an opposition rarely arises, since the meaning of the verb determines, almost exclusively, the nature of the argument roles. Nevertheless, there are verbs such as *labor* 'slide, fall' whose unique argument may be an A or a P (cf. Comrie 1981: 53 f.). The following syncretisms occur:[3]

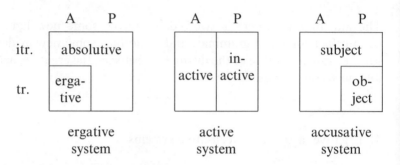

| | ergative system | active system | accusative system |

Thus, if the transitive A is opposed, as an ergative, to the other roles, which constitute the absolutive, then we have an ergative system. If A and P are opposed to each other, as active and inactive, then we have an active system. If the transitive P is opposed, as a direct object, to the other roles, which constitute the subject, then we have an accusative system. The ergative and absolutive, the active and inactive, the subject and object, are syntactic functions constituted by the syncretisms of the semantic roles. In the ergative system, the ergative is marked. In the accusative system, the object is marked (Comrie 1981: 119 f.). In the active system, there is no obvious markedness relation.

All this looks like a neat mirror symmetry. But there are certain basic asymmetries built in. First, the patient is more inherent in the transitive verb than the agent, the patient being the 'prime experiencer' of the action (cf. Chafe 1970: ch. 9). This makes for a tendency to leave the P unmarked, which works against ideal accusative systems. On the other hand, the agent of a transitive verb is the natural topic. This makes for a tendency to treat it on a par with the sole argument of an intransitive verb, which works against ideal ergative systems. Nevertheless, the three systems do occur in their ideal form. The simple clause[4] is constructed according to the accusative system in German, Persian, Turkish and Quechua. It is constructed according to the active system in Dakota, Chickasaw, Tunica and Guaraní. And it is constructed according to the ergative system in Eskimo, Chukchee, Dyirbal and Tongan.

Apart from the two factors just mentioned, which cause the basic asymmetry in the fundamental relations, there are various others which interact with the semantic roles and which are responsible for the fact that in different semantosyntactic constructions, different syncretisms of the semantic roles tend to occur. For instance, the imperative favors the active system, because a command is appropriately addressed only to an agent (cf. Dixon 1979: 112–116). Again, there is "a bias towards ergative-absolutive syntax in resultative constructions" (Comrie 1981: 113) (and in perfective or completive constructions, cf. Plank 1979: 24 with fn. 38 and Dixon 1979: § 3.4), because the most inherent argument of the verb tends to be subsumed under, or affected by, the result of the action (Comrie loc. cit.). This means that a language is never wholly and exclusively either ergative or active or accusative, in all its grammatical patterns (cf. Plank 1979: 4 f.). Rather, following universal tendencies such as the ones mentioned, some patterns will be ergative, others active and the remaining accusative (cf. Comrie 1981: 110). A language can be said to be ergative, active or accusative only insofar as one system prevails in its patterns. Latin, for instance, is decidedly an accusative language: its simple clauses are constructed according to the accusative system, and many syntactic processes make reference to the notions of subject or object. Nevertheless, there are some active and ergative traits even in Latin, which we will examine in the following section.

2. Ergative and active traits in Latin

2.1. The nominative and accusative cases

2.1.1. Morphology

In the ideal accusative system, the nominative, as the subject-case, should be unmarked, and the accusative, as the object-case, should be marked. This is not so in a major part of the Latin declension system. The nominative has an overt desinence, just as does the accusative, in most of the masculine nouns (e.g. *dominu-s* vs. *dominu-m*) and in most of the feminine nouns except in the *a*-declension (e.g. *re-s* vs. *re-m*).

Secondly, in neuter nouns, nominative and accusative alike are morphologically unmarked (e.g. *animal*). In the *o*-declension, this unmarked form is identical to the accusative and not the nominative form of the masculine nouns (e.g. *bellu-m* vs. *dominu-m*; cf. Collinge 1978: 623).

Thirdly, in many ergative languages such as Eskimo, Sherpa, Lezgian and other Daghestan languages, the ergative is formally identical to the genitive. The basis for such a syncretism is the syntactic fact that both are oblique cases, and the presence of semantic affinities between the possessor and the agent (cf. Seiler 1983). The syntactic motivation is absent in an accusative system; and yet, in Latin, nominative and genitive singular have the same desinence in masculine and feminine nouns of various declensions (e.g. *turri-s*).

These three facts of Latin declensional morphology are atypical of accusative and typical of ergative languages.[5]

2.1.2. Syntax

According to its name, the nominative should be the case in which a noun is cited ('Nennkasus'); and this is indeed to be expected if the nominative is the unmarked case. In Latin, however, nouns are not quoted in the nominative. Observe the examples given by Kühner & Stegmann (1962, 1: 254): *clamare triumphum* 'to shout "io triumphe"' (Livy 21, 62, 2); *nomen regis* 'the title "king"'; *Cererem poetae dicunt pro frugibus* 'the poets say "Ceres" instead of "field-produce"'.[6] Again, if someone is addressed, not the nominative, but the vocative is used, which further detracts from the functions of the nominative.[7] And one does not exclaim *o ego miser!*, but *o me miserum!* 'poor me!'. Here we see the accusative instead of the nominative, which should appear if it were functionally unmarked.[8]

The accusative clearly functions as the subject case in the a. c. i. construction. Synchronically, this cannot be explained by the double syntactic function of the subject of the dependent clause in expression such as *video eum currere* 'I see him run', because the a. c. i. is widespread in subject complement clauses such as *oportet iuvenem modestum esse* 'a youth ought to be modest'. Even the nominal predicate of an impersonal non-finite clause (where there is no subject) is in the accusative: 'to be modest' is *modestum esse*, not **modestus esse*. Rather, one is reminded of the situation in languages such as Mohave (Yuman), where in complement clauses the subject loses its nominative suffix and remains unmarked for case; i.e. the subject loses those properties expressed by the nominative. When this occurs in Latin, the accusative comes in.

This evidence shows that the nominative and accusative in Latin are unlike these cases in typical accusative systems, because they are not opposed as unmarked vs. marked; rather, either case is both formally and functionally marked in certain respects in which the other case is unmarked, so that there is an equipollent opposition between them.[9]

2.2. Grammatical processes

Various grammatical processes are applicable to an NP which has a certain syntactic function. Such functions need not coincide, within a language, with those functions which the case morphology (or verbal agreement) expresses; this has been clearly brought out in recent research on ergativity (see Comrie 1981: chs. 5 and 6). For instance, the imperative is possible, in Latin as presumably in any other language, only as addressed to active, not to inactive NPs, although these functions are not expressed by Latin cases. I will examine here the syntactic functions presupposed by passivization, nominalization and preverbation.

2.2.1. Passivization

If passivization were possible only for truly transitive verbs, then it would make reference to the syntactic function of the direct object (putting this into subject position). But there are passives of intransitive verbs such as *itur* (go), *venitur* (come), *curritur* (run), *manetur* (stay), *ridetur* (laugh). If every personal verb could have a passive, then passivization would make reference to the syntactic function of the subject (removing this from its position). Again, this is not so. About half of the intransitive verbs, such as *ferveo* (seethe), *fluo* (flow), *ruo* (crash), *pateo* (stand open), *lateo* (hide), *careo* (lack), *iaceo* (lie), *senesco* (grow old) do not form a passive (though this would be morphologically quite regular). The descriptively adequate solution appears to be: Passivization in Latin (as, incidentally, in German) is sensitive to the active system ('active' here understood not as a verbal voice, but as a fundamental relation (§ 1)): only active verbs can be passivized. This is why *curritur* is possible, but not **ruitur*. The activeness of the subject is, of course, closely linked to its humanness. With some possible exceptions among transitive verbs,[10] only human subjects can be active. But humanness and activeness do not coincide, as is clear from the impossibility of **senescitur*.[11] This regularity of passivization therefore constitutes an active trait in Latin.

2.2.2. Nominalization

Before we look at how syntactic relations are affected by nominalization, it must be recalled that a whole array of morphological and syntactic processes is subsumed under the concept of nominalization, which differ in their degree of grammaticalization and lexicalization (see Lehmann 1982). Nominalization in Latin covers both completely regular syntactic processes such as the a. c. i. and completely irregular and non-productive word formations such as *clamor* 'cry' or *naufragium* 'shipwreck' (cf. *audio eum clamare* 'I hear him cry' with *audio clamorem eius* 'I hear his cry'). If we are interested in how syntactic relations are affected by nominalization, we must look neither at weakly grammaticalized nominalizations, because there the relations are not (sufficiently) affected, nor at strongly grammaticalized or lexicalized nominalizations, because there they are not affected regularly. I therefore confine my observations to nominalizations in *-tion-*, which are comparable to English *-ing* (with genitive) and German *-ung* nominalizations.

If a verb is nominalized with *-tion-*, its subject cannot remain in the nominative, and its direct object cannot remain in the accusative (apart from certain minor exceptions; see Lehmann 1982: 81 f.). Instead, both are regularly in the genitive, namely the genitivus subjectivus and genitivus objectivus, respectively. Thus we have:

Cicero orat 'Cicero speaks' — *Ciceronis oratio* 'Cicero's speech'
(genitivus subjectivus), and

aliquis urbem defendit 'someone defends the town' — *defensio urbis* 'defense of the town' (genitivus objectivus).

The question is: do we find

Caesar aliquid defendit 'Caesar defends something' — *Caesaris defensio* 'Caesar's defense' (genitivus subjectivus)?

The answer is no. A single genitive accompanying a *-tion*-nominalization of a transitive verb[12] cannot be interpreted as a genitivus subjectivus. *Occisio Caesaris* 'the killing of Caesar' can only mean that Caesar was killed, never that Caesar killed someone. A genitive accompanying such a nominalization can be interpreted as a genitivus subjectivus only if there is, in addition, a genitivus objectivus. Thus we have:

animus res ac verba firme percipit 'the mind firmly perceives things and words' — *firma animi rerum ac verborum perceptio* 'firm perception of things and words by the mind' (Cic. inv. 1,9; more examples in Kühner & Stegmann 1962, 1: 416).

The restriction on the use of genitivus subjectivus obviously pays regard to the ambiguity that a single genitive with a nominalization of a transitive verb would be subject to; recall the famous examples *amor dei* 'love of god' and *the shooting of the hunters*. If both a genitivus subjectivus and an objectivus accompany a nominalization, ambiguity is removed by an additional rule which requires that the first be the subjectivus, and the second, the objectivus (Kühner & Stegmann, loc. cit.). This word order restriction, rather untypical of Classical Latin, confirms our hypothesis about the nature of the constraint on the use of genitivus subjectivus. Of course, the same purpose would be served if instead the use of genitivus objectivus were constrained in a similar way. This would even seem to create a rational parallelism in the interpretation of the genitive with nominalizations: it would always be a genitivus subjectivus, except when appearing in addition to an already present genitivus subjectivus. The regularity which actually obtains in Latin, instead does not make use of the syntactic function of the subject, but comprises the subject of the intransitive and the object of the transitive verb, thus the 'prime experiencer' of the action.

It must be mentioned that more strongly lexicalized nominalizations do not conform to the above rule. Thus we have the already cited ambiguity of *amor dei*, as well as that of *metus hostium* 'fear of the enemies', and we have both *studium regum* 'endeavour of the kings' and *studium lucri* 'striving for profit'. I cannot at present say why this should be so. However, the regularity obtaining in the much more productive *-tion*-nominalizations clearly constitutes an ergative trait in Latin.

2.2.3. Preverbation[13]

A preverb, like a preposition, is a local relator with two arguments, a locatum and a relatum. For example, in *Caesar exit urbe* 'Caesar leaves the town', *ex-* establishes a local relation between a locatum, *Caesar*, and a relatum, *urbe*, which may be paraphrased by 'Caesar (is located) outside the city'. Putting it more generally: the locatum of a local relator is the object whose location is described, and the relatum is the object with respect to which the locatum is located. The question in the present context is: What becomes of the locatum and the relatum of a local relator if this is prefixed, in preverbation, to a verb? How are these two arguments accommodated in the case frame of the verbum simplex?

The following examples are typical of all preverbs and of all verbs:

Caesar		*ex-it*		*urbe.*
locatum	local relator			relatum
subject			verbum simplex	oblique complement

'Caesar goes out of the town'.

Caesar	*legiones*		*e-ducit*		*urbe.*
	locatum	local relator			relatum
subject	object			verbum simplex	oblique complement

'Caesar leads the legions out of town'.

The locatum of the preverb is identified with the subject of the verbum simplex, if this is intransitive, but with its object, if the verbum simplex is transitive. There is no exception to this rule; in particular, in no case does a locatum become the subject of a transitive verbum simplex. The relatum, on the other hand, mostly corresponds to an oblique complement or to an adjunct of the verbum simplex; cf.:

$$Caesar \begin{Bmatrix} exit \\ legiones\ educit \end{Bmatrix} urbe. - Caesar \begin{Bmatrix} it \\ legiones\ ducit \end{Bmatrix} ex\ urbe.$$

In some instances, however, the relatum is even identified with the subject of a transitive verbum simplex. For instance:

Hostes	*arma*		*ab-iecerunt*
relatum	locatum	local relator	
subject	object		verbum simplex

'The enemies cast their arms off.'

The local relation here involved is clearly *arma ab- hostibus* 'the arms (are located) off the enemies'. This may be taken as evidence that preverbation treats the transitive subject on a par with oblique complements, i.e. treats it as an ergative. One might be tempted to explain this away somehow, for instance by considering not the subject itself as the relatum, but a reflexive phrase (*a se* in the example given) which, being redundant, would remain unexpressed. While this seems a viable explanation, so that the decision between the two solutions must be left to further research, it is a fact which cannot be explained away that the locatum is identified with the prime experiencer, the absolutive, of the verbum simplex. This syntactic regularity in preverbation is therefore one more ergative trait in Latin.

3. Conclusion

Before I conclude, I must emphasize that I have only hinted at some ergative (and active) traits in Latin. None of the evidence mentioned has been thoroughly scrutinized; more precision is clearly necessary. Furthermore, the morphological and syntactic features and processes discussed remain rather disconnected within Latin grammar. Apart from some hints, no explanations have been given, and therefore no unified picture of 'ergativity in Latin' has emerged.[14]

It must also remain an open question to what extent the phenomena discussed are restricted to Latin, or to some languages, or are rather the outcome of universal tendencies. For example, the regularity governing the absolutive interpretation of a genitive complement in nominalizations seems to be the same in Hungarian (L. Dezső, personal communication), and it is, presumably, connected with the universal tendency of resultative constructions mentioned in § 1. The behavior of complements under nominalization, as well as their behavior under preverbation, are evidence for the universal fact that the prime experiencer is more inherent in the verbal concept than the transitive agent. There is, of course, evidence from other angles to the same effect.[15]

The moral of this brief investigation is twofold. First a methodological result: Even such an overwhelmingly accusative language as Latin displays some ergative and active traits. This is empirical confirmation of the initial assumption that every language combines ergative, active and accusative features. Linguistic experience teaches as a rule of thumb that what is a pervasive structure-organizing principle in one language — for instance ergativity in Abkhaz —, cannot remain totally alien and irrelevant to another linguistic system, for instance that of Latin.[16] And conversely, every single language is better understood, and more adequately described, if confronted with typologically vastly different languages.

The second result is of a theoretical nature. Ergative, active and accusative organization of the morphosyntax are not in complementary distribution over the languages of the world. Rather, there are certain constructions which tend to be one way in all languages, and there are other constructions where the language has a choice, but still need not make the same choice in all of them. This has the consequence that the ergative, active and accusative systems are not a sufficient basis for the establishment of holistic language types. Not only is the characterization of a language as ergative, active or accusative in itself not very precise because, as we have seen, it conceals a great deal of variation; it is also an open question whether the 'fundamental relations', even if they are in a language prevalently organized according to one system, exert such a strong clustering force, i.e. are in the center of so many connections with other structural traits, that they can be made the basis of a language typology. So far, there appears to be neither sufficient empirical support for this conclusion nor a theoretical basis which would justify the expectation that the 'fundamental relations' should be at the basis, or in the center, of linguistic structure. Rather I would expect that the global structure-organizing, and thus type-constituting, principles are of a more abstract nature.

Notes

1. It is a revised version of a paper published in *Glossologia* (Athens) 1 (1983): 57–66. The revision is mainly due to comments by F. Plank, which are hereby gratefully acknowledged.
2. Sapir (1917: 84) reports that there are three different forms in Takelma, namely for itr. A/P, tr. A and tr. P. Three different forms also occur in Munji (Pamir; J. Payne, oral comm.) and possibly in Motu (Austronesian; Mallinson & Blake 1981: 51). Cf. Dixon 1979: 69 f.
3. At the Hannover Colloquium, very similar schemes were proposed independently by K. Heger and G. Bossong; see their contributions to this volume.
4. This cover concept can be further delimited in order to comprise precisely that clause type in which the different organizations of the fundamental relations are typologically most relevant. We require, in the first place, that the semantic roles of agent and patient be present, thus excluding, e.g., existence or possessive clauses from consideration (cf. Tsunoda 1982). Further conditions might be posed on the tense/aspect of the clause (non-past/non-perfect, cf. below) and on the nature of the direct object (individualized, cf. Lazard 1984).
5. Similar points have been made repeatedly in the literature with respect to Proto-Indo-European and various IE languages, including Latin. Cf. Uhlenbeck 1901, Vaillant 1936, Boeder 1976: 123, Schmidt 1979, Schmalstieg 1982, and Knobloch in this volume. On marked nominatives in general cf. Dixon 1979: § 2.
6. P. Ramat (personal communication) has objected to this argument that the nouns in question have definite oblique syntactic functions in the example sentences and, given Latin syntax, cannot but take the corresponding oblique case forms. However, the syntax of the nominative is part of Latin syntax, and it differs from the syntax of the nominative in more purely accusative languages: in the latter, it allows metalinguistic mention of a noun in a sentence using the nominative, whereas in Latin it does not.
7. It has been claimed that the subject is more narrowly restricted, in terms of semantic functions, in Latin than in French or English, because of the meaning of the Latin nominative: "tout semble se passer comme si seuls pouvaient exister des 'sujets' ayant un minimum de 'comportement positif'" (Carvalho 1980: 9). This could be interpreted as an argument for an active trait in Latin case syntax.
8. This has led Collinge (1978: 625) to the conclusion "that a NP which is 'at rest', so to speak, in a syntagm will display ACC (= unmarked role). Marking creates nominative."
9. In this respect the Latin nominative differs markedly from the Russian one, which has been characterized by Jakobson (1936: 58) as the unmarked case.
10. Presumably *lorica* is active in *me tegit lorică* 'the cuirass covers me' (Pl.).
11. It would be interesting to learn whether in Latin intransitive verbs with non-human animate subjects can be passivized (which is impossible in German). Can one say *latratur* 'there is barking' (of dogs), *canitur* 'there is crowing' (of cocks), *salitur* 'there is jumping' (of animals)?
12. This must possibly be restricted to obligatorily transitive verbs because an isolated genitivus subjectivus might be admissible with -*tion*-nominalizations of basically intransitive, but occasionally transitive verbs such as *cantio* 'song' from *cano* 'sing'.
13. A detailed treatment of the problems of this section can be found in Lehmann 1983.
14. The features mentioned are doubtless not the only ergative or active traits in Latin. Thus E. Coseriu (personal communication) considers constructions such as *pudet me, paenitet me* (*alicuius rei*) 'I am ashamed of, I repent (something)' as ergative, because the primary actant is in the accusative, while the instigator

Christian Lehmann

(or cause) of the process is not in the nominative, but in an oblique case. Cf.
also Ramat 1981: 10.
15. Dixon (1979: esp. § 5) thinks that while there are universal syntactic operations
on an accusative basis, there is none on an ergative basis. Syntactic operations
such as those discussed in this paper might turn out to contradict this claim.
16. A fine example outside the present context where this rule of thumb proves
valid is Bolinger's (1972) demonstration of the relevance of the distinction
underlying Spanish *ser* vs. *estar* to the structure of English.

References

Boeder, Winfried
1976   "Morphologische Kategorien", in: *Grammatik. Akten des 10. Lin-*
         guistischen Kolloquiums, Tübingen 1975, Bd. 2, edited by
         K. Braunmüller & W. Kürschner (Tübingen: Niemeyer), 117–126.
Bolinger, Dwight
1972   "Das Essenz-Akzidenz-Problem", in: *Reader zur kontrastiven Lin-*
         guistik, edited by G. Nickel (Frankfurt: Athenäum), 147–156.
Bossong, Georg
1980   "Syntax und Semantik der Fundamentalrelation. Das Guaraní als
         Sprache des aktiven Typs", *Lingua* 50: 359–379.
Carvalho, Paulo de
1980   "Réflexions sur les cas: vers une théorie des cas latins (1)", *L'inform-*
         ation grammaticale 7: 3–11.
Chafe, Wallace L.
1970   *Meaning and the structure of language* (Chicago/London: University
         of Chicago Press).
Collinge, Neville E.
1978   "Restructuring of noun-cases in syntax. Why 'anti-' will not do", in:
         Valence, semantic case and grammatical relations, edited by
         W. Abraham (Amsterdam: Benjamins), 617–632.
Comrie, Bernard
1981   *Language universals and linguistic typology. Syntax and morphology*
         (Oxford: Blackwell).
Dixon, Robert M. W.
1979   "Ergativity", *Language* 55: 59–138.
Jakobson, Roman
1936   "Beitrag zur allgemeinen Kasuslehre. Gesamtbedeutungen der
         russischen Kasus", *Travaux du Cercle Linguistique de Prague* 6:
         240–288. Page reference to reprint in: *Readings in linguistics II*, edited
         by E. P. Hamp et al. (Chicago/London: University of Chicago Press),
         51–89.
Klimov, Georgij A.
1980   "K vzaimootnošeniju genealogičeskoj, tipologičeskoj i areal'noj
         klassifikacii jazykov", in: *Teoretičeskie osnovy klassifikacii jazykov*,
         edited by V. Jarceva (Moskva: Nauka), 6–23.
Kühner, Raphael & C. Stegmann
1962   *Ausführliche Grammatik der lateinischen Sprache. Teil 2: Satzlehre.*
         2 Bde. (Leverkusen: Gottschalk, 4. Aufl.).

Lazard, Gilbert
1984   "Actance constructions and categories of the object", in: *Objects.*
        Towards a theory of grammatical relations, edited by F. Plank (London:
        Academic Press), 269–292.
Lehmann, Christian
1982   "Nominalisierung – Typisierung von Propositionen", in: *Apprehension.*
        Das sprachliche Erfassen von Gegenständen. Teil 1, edited by
        H. Seiler & C. Lehmann (Tübingen: Narr), 64–82.
1983   "Latin preverbs and cases", in: *Latin linguistics and linguistic theory*,
        edited by H. Pinkster (Amsterdam: Benjamins), 145–161.
Mallinson, Graham & Barry J. Blake
1981   *Language typology. Cross-linguistic studies in syntax* (Amsterdam:
        North-Holland).
Plank, Frans
1979   "Ergativity, syntactic typology and universal grammar: some past and
        present viewpoints", in: Plank (ed.) 1979, 3–36.
Plank, Frans (ed.)
1979   *Ergativity. Towards a theory of grammatical relations* (London: Aca-
        demic Press).
Ramat, Paolo
1981   "Vers une crise du formalisme? Théorie de la grammaire et donnés
        empiriques", *Modèles linguistiques* 3: 1–14.
Sapir, Edward
1917   "Review of C. C. Uhlenbeck, Het passieve karakter van het verbum
        transitivum of van het verbum actionis in talen van Noord-Amerika
        (1916)", *International Journal of American Linguistics* 1: 82–96.
Schmalstieg, William R.
1982   "The shift of intransitive to transitive passive in the Lithuanian and
        Indo-European verbs", *Baltistica* 18,2: 119–134.
Schmidt, Karl Horst
1979   "Reconstructing active and ergative stages of Pre-Indo-European", in:
        Plank (ed.) 1979, 333–345.
Seiler, Hansjakob
1983   "Possessivity, subject and object", *Studies in Language* 7: 89–117.
Tsunoda, Tasaku
1982   "A re-definition of 'ergative' and 'accusative'", Paper read at the *13th*
        International Congress of Linguists, Tokyo, 1982.
Uhlenbeck, Christianus C.
1901   "Agens and Patiens im Kasussystem der indogermanischen Sprache",
        Indogermanische Forschungen 12: 170–171.
Vaillant, André
1936   "L'ergatif indo-européen", *Bulletin de la Société de Linguistique* 37,1:
        93–108.

WIM LUCASSEN

On the verbal structure of Abkhaz

1. The terms in which ergativity is discussed by typologists are becoming complex. Authors feel unhappy with traditional subject-object terminology, since in ergative constructions intransitive subject and transitive object are identical in form, while intransitive and transitive subject are not, i.e. the labels suggest that two different forms have something in common semantically, while one and the same form shows a clear semantic split. There is general agreement on the use of the label agent (A) for the initiator or controller of a transitive action. The other actant of a transitive is called patient (P) or object (O). Comrie (1979) and Dixon (1979) continue to label the single obligatory actant of an intransitive subject (S). The symbol S can be confusing because of traditional terminology, and the use of an extra label 'subject', as employed by Dixon for another universal category that covers A and S roles (to be more precise 'A and S in agent function'), is even more confusing. In the Soviet Union Kibrik (1979: 66) created a new semantic role, the factitive (Fa), also employed by Klimov (1980: 9), to be used as a cover term for deep S and P roles in ergative languages. Though Kibrik himself argues that intransitive subjects 'neutralize' with transitive agents in nominative systems and with patients in ergative systems because of mere economy of expression, he considers it necessary and possible to explain this by positing a common semantic role. This leads to a deep structure where agent, patient and even beneficiary (his term is 'addressee') roles are distinguished with one-place predicates ('I go', 'sleep', 'am sad' respectively), supposedly in order to avoid a term S, with Fa then being introduced covering all these roles plus the patient in two- and three-place predicates.

1.1. In my opinion, following A. H. Kuipers (personal communication), such presentations — although they are intended to be explanatory — run a risk of obscuring (simple) facts by a scale of distinctions, which can be endlessly argued, altered and extended, since there is no evidence for them in the language, and cannot therefore be proven false by the facts of a language.

To describe language-particular facts, I prefer not to leave the surface level, but in accordance with the principle one-form/one-meaning set up semantic distinctions only when the material of the language allows a speaker to choose between forms.

1.2. On the other hand, typology requires comparisons of the Abkhaz facts that interest us here with those of other languages, and one needs special terms when observing, for instance, similar semantic-syntactic behavior of verb groups. Such terms will indeed be used here, but not without calling attention to the invalidity of semantic criteria as a point of departure.

1.2.1. Otherwise, how could one explain that the predicate *ba* 'see' in Abkhaz is transitive, while *aha* 'hear' belongs to the (intransitive) affectives? It is worth noting in this context that Dixon (1979: 106) claims that "Certain transitive verbs occur in all languages: 'cut', 'throw', 'give', 'see', 'eat', and a few score more", although he knows about Avar and Lezgian, in which 'see' is intransitive, as is 'hear' (1979: 105). The same situation is found in Arči (Kibrik 1979: 73). Earlier Dixon (1979: 103) already maintained that "very nearly every language classifies 'see' and 'hear' in the same way. This is really a surprising fact — these verbs refer to totally different kinds of events; but they all involve two basic participants, and are dealt with by verbs belonging to the semantic-syntactic class 'transitive' in all types of language." But in Abkhaz, as I said, 'see' is transitive, while 'hear' is not.

1.2.2. Another case in point are those verbs of 'superficial impact' that do not belong to the intransitive group for which this label was created: *s* 'beat', *xa* 'pull', *cha* 'bite', etc. (see § 2.2.3.1). Thus the question arises as to why e.g. *byǎč̌/cʷə-pp* 'scratch', *blaǩ'a* 'suck, lick', *by'ata* 'pick (of a hen)', *psa* 'sweep', *raba* 'whip', *dar* 'sting', *p̣q̇a* 'beat', *dək* 'beat firmly', and *y'y'a* 'scrub clean' are transitives.

2. Abkhaz, the Northwest Caucasian language, has been characterized as an ergative language of the verbal subtype (Klimov 1973: 42). There is no so-called ergative and absolutive case as in the nominal subtype. As a matter of fact there is no basic case at all, with verbal cross-reference alone expressing actant oppositions.

Other ergative languages are of a mixed subtype, i.e. manifest case plus agreement or cross-reference.

What follows is a brief survey of Abkhaz predicates with one (1–V), two (2–V), and three actants (3–V). The positions of the pronominal cross-referential affixes are labeled I, II, and III. Position III always refers to the agent, II to the beneficiary, and I to what has been called factitive (by Kibrik and others). Subsequently the possible actant combinations with single lexemes will be discussed (§ 2.4). But first of all I will treat the opposition dynamic/stative, because it is relevant for one-place as well as two-place predicates.

2.1. Statives, often called stative-passives on semantic grounds, are formally characterized by a simple inflexion (present, preterite, both finite and infinite); lexically the group consists of: (a) 'be', 'exist', 'have', 'lack', 'sit', 'sleep', 'stand', 'lie', 'hate', 'want', 'follow', etc.; (b) 'be in/on/next to/between/with/under', etc.; (c) 'be thrown in(to)', etc. Concerning the first group it is worth noting that several of these verbs have dynamic counterparts using the same lexeme. Thus, we find the following variations: stative 'sit', 'lie', 'stand', 'sleep', 'lead' (said of a road), 'hold', 'be full' vs. dynamic 'sit down', 'lie down', 'go and stand', 'fall asleep', 'carry away', 'catch', and 'become full' respectively:

(1) a. s-t^wa-wṗ
 I1SG-sit-STAT
 'I am sitting.'

 b. s-t^wa-yî
 I1SG-sit-DYN
 'I sat down.'

To explain more fully, -*wṗ* is the finite marker of stative present tense, -*yî* the finite marker of dynamic verbs, the aorist tense of which is marked by ∅.

2.2.1. 1–V predicates make use of the personal affixes of position I; this position distinguishes first, second, and third person singular and plural, further male and female in the second person singular, and rational and non-rational in the third person singular. Here is an example:

(2)   s-ca-yɫ
        I1SG-go꞊away-DYN
        'I went away.'

2.2.2. With two actants the agent of a transitive makes use of affixes of position III, which differs from I in first and second singular and plural only in that there is assimilation with the root-initial consonant immediately following the affix. Third singular and plural substantially differ from position I and also distinguish male and female (as second singular), in addition to rational and non-rational:

(3)   də-z-bá-yɫ
        I3SG.RAT-III1SG-see-DYN
        'I saw him/her.'

2.2.3. The only other possible combination (I–II) lacks an agent affix and is called intransitive for that reason. Two verb groups, labeled 'affectives' and 'verbs of superficial impact', are to be discussed here.

2.2.3.1. The latter consists of *s* 'beat', *xa* 'pull', *cha* 'bite', *x′* 'hurt', *hʷa* 'beg for', *ayg3a* 'spare', *px′a* 'read', *px′a* 'call', *aaxa* 'hit', *ayk̂an* 'compete with', *nər* 'feel', *daššəla* 'condole with sb.', *tʷhʷa* 'blow (the fire)', *š′cəla* 'get accustomed to', *gʷa* 'push', *k̂′əs* 'touch', *aya* 'be sb.'s enemy', *xʷa* 'help', *xʷa* 'sip', *y* 'give birth to', *fyʷ* 'smell at, sniff', *yaay* 'overpower', *pš* 'tell fortunes', and the compounds *gʷala-šʷa* 'remember', *x-ša* 'give birth to', *l-ša* 'can'. The group is well known in other Caucasian languages too:

(4)   d-sə́-sə-yɫ
        I3SG.RAT-II1SG-beat-DYN
        'He/she beat me.'

2.2.3.2. The other group are *verba sentiendi et affectuum*, including, in Abkhaz, also *verba habendi*: *tax* 'want', *ma* 'have', *k̂* 'be caught by', *aw* 'get', *aha* 'hear', *cʷəmɣ* 'hate', and the compound *gʷa-pxa* 'like':

(5)   y-sə́-ma-wṗ
        I3SG.NONRAT-II1SG-have-STAT
        'I have it.'

Since position-II affixes are sometimes thought to be identical to position-III affixes, the question arises how to distinguish the last group from transitives. First it can be claimed that statives are never transitive. Thus, any stative 2–V has a beneficiary as a second actant, whether the verb is considered an affective or not. With dynamic verbs it can be argued that the agent is deleted with transitives in the form of verbal adverbs and imperatives. With affectives, however, the agent is not deleted. Compare a transitive imperative (6a) with an affective one (6b):

(6) a. y-yʷə́!
         I3SG.NONRAT-write
         'Write it!'

     b. y-w-áw!
         I3SG.NONRAT-II2SG.MASC-get
         'Get it!'

Two other considerations can be taken into account: stress and the non-assimilation of position-II affixes, a characteristic which will appear especially useful with compounds.

Comparing Abkhaz data with the Balto-Slavic paradigmatic accent system, Dybo (1977: 17) proposed assigning to every Abkhaz syllable the valency plus or minus, and stated that "the ictus is placed at the end of the first sequence of higher valency syllables". Position II is labeled plus, position III minus. Thus, with minus-roots we can formally decide whether we deal with a transitive or an intransitive. Examples (4), (5), and (6b) are all intransitive.

In the Soviet Union, the affective construction is sometimes explained by postulating a historical development from intransitive to transitive, for which two, albeit weak, arguments are provided: one invoking linear order and the other relying on a comparison with the case of the beneficiary in Circassian, another Northwest Caucasian language.

On the one hand, the unmarked word order in transitive constructions in Abkhaz shows mirror-image ordering of independent actants and intraverbal personal affixes (he me me-he-kills), though all sorts of deviations exist, to which Gecadze (1979) devoted a special, if not very illuminating article. The unmarked order, on the other hand, in intransitive constructions shows leapfrog concord (he me he-me-beats). Affectives use mirror-image concord (he me me-he-gets), which makes them similar to transitives in this respect.

The Circassian argument is that the ergative case is employed to express the beneficiary in affective constructions. This ergative appears to be a general oblique case, as opposed to the non-oblique absolutive case.

2.2.4. 3–V predicates are mostly compounds. *Ta* 'give', *raa* 'lend', and *ga* 'bring' are the only simple roots to use the positions I–II–III:

(7)   y-sə́-y-ta-yɫ
        I3SG.NONRAT-II1SG-III3SG.MASC-give-DYN
        'He gave it to me.'

2.2.5. Compounds can be subdivided according to the relation between he preverb (PREV) and the beneficiary. Either there is no beneficiary at all (8a), or there is a beneficiary, to which the preverb is related (8b), or to which the preverb is not related at all. The latter is the case with causative-intermediaries, as proves (8c), which is derived from (8a) and shows a preverb without a beneficiary:

(8) a. y-pə́-l-q̇a-yɫ
         I3SG.NONRAT-PREV-III3SG.FEM-cut-DYN
         'She cut it.'

     b. y-á-kʷə-y-ča-yɫ
         I3SG.NONRAT-II3SG.NONRAT-PREV-
         III3SG.MASC-put-DYN
         'He put it on it.'

     c. yə-l-p-sə-r-q̇á-yɫ
         I3SG.NONRAT-II3SG.FEM-PREV-III1SG-CAUS-
         cut-DYN
         'I caused her to cut it.'

With 2–V predicates I discussed the problem of how to decide whether the second actant is an agent or a beneficiary (§ 2.2.3.2). Understandably, if it can be proven that we are dealing with a compound, this immediately leads to a I–II interpretation, since the beneficiary always precedes the preverb and the agent always follows it. The criterion of (non-)assimilation also plays a role, as the following examples show:

(9) a. yə-s-gʷa-pxá-yt̲
   I1SG.NONRAT-II1SG-PREV-like-DYN
   'I like it.'

   b. yə-s-gʷá-m-pxa-yt̲
   I3SG.NONRAT-II1SG-PREV-NEG-like-DYN
   'I did not like it.'

The non-assimilation of *s* 'I' proves that it is not an agent affix. The 'insertion' into the (9b) complex of *m* 'NEG', which obligatorily finds its place right before the root, shows that we are dealing with a compound.

A better translation of (9b) is probably 'It did not please me', lit. 'It was warm (*pxa*) to my (*s*) heart (*gʷa* < *a-gʷə́* 'heart')'. The interpretation of 'my' as a possessive in this example is permissible because attributive possessives indeed are from the position-II series, as in (10):

(10)   sə́-/yə́-bla
       II1SG-/II3SG.MASC-eye
       'My/his eye'

2.3. This survey would not be complete without a treatment of causative forms, since derived causatives expand the forms thus far investigated by adding an extra actant. Causatives always include an agent (III), and in Abkhaz the usual causative marker is an *r*- immediately preceding the root.

2.3.1. When derived from a one-place intransitive, the agent is just an extra actant, as shown in (11), to be compared to (1b):

(11)   s-lə-r-t̲ʷá-yt̲
       I1SG-III3SG.FEM-CAUS-sit-DYN
       'She made me sit down.'

2.3.2. Analogously with 2–V intransitives, as shown in (12a), which is derived from (12b):

(12) a. d-a-sá-r-š'cəla-yɨ
         I3SG.RAT-II3SG.NONRAT-III1SG-CAUS-accustom-
         DYN
         'I got him/her accustomed to it.'

   b. d-á-š'cəla-yɨ
       I3SG.RAT-II3SG.NONRAT-accustom-DYN
       'He/she got accustomed to it.'

2.3.3. When derived from a transitive, the causative-intermediary takes position-II affixes:

(13)   yə-l-sə-r-bá-yɨ
        I3SG.NONRAT-II3SG.FEM-III1SG-CAUS-see-DYN
        'I showed it to her.'

(Note that stress behaves in a more complex fashion in these cases.) That we deal with position II is proven by compound forms, such as (8a, c).

2.3.4. There are no four-place causative predicates derived from three-place transitives as found in Abaza. Abkhaz uses a paraphrase instead (Hewitt 1979: 170).

2.4. For other semantic causatives, such as 'kill', 'feed', 'send'/ 'drive', lexemes appear to be used in Abkhaz which differ from those of 'die', 'eat', and 'go' respectively.

2.4.1. One lexeme, on the other hand, is used for so-called labile verbs of the 'burn' type, the transitive of which can be regarded as a causative of the intransitive, which distinguishes this group from the 'write' type, where this is not the case. To the 'burn' class belong *bəl* 'burn', *bž'a* 'be trained/train', *k̢a-psa* 'fall (down)/throw (down)', *ž̌ʷ* 'boil', *ž̌ʷa* 'burst/tear apart', *č"ab* 'gum/glue', *p-č"a/-č̣/-xxa* 'break', *x-ǝ̣'a* 'be covered/cover', *ǝ̣'aš'* 'soil', *xʷač* 'be drowned, suffocated/suffocate', *x* 'sharpen', *ǝ̣* 'cut', *k̢a-tʷa* 'pour out'. To the 'write' class belong *yʷ* 'write', *ʒax* 'sew', *ċa* 'lay eggs', *(r)ašʷa* 'weed', *š̌ʷəy* 'curse', *x'č'a* 'be a herdsman/look after cattle', *nəhʷa* 'pray (/for)', *byəč"* 'scratch', *ʒb(a)* 'decide', *pš* 'watch', *xə-rč"a* 'hem', *pa* 'knit', *ayxa-ha* 'graft, inoculate', *cʷayʷa* 'plough', *la-ċa* 'sow', *px'aʒa* 'count', *kʷ-ċa* 'embroider', *gʷəl-x* 'peel, shell', *č"apsa* 'spend the night with a patient', *rəpx* 'string', *ma3a* 'carpenter', *wasta* 'id. (as an artisan)', *kʷ-ršʷ* 'throw on', *pšaa/aym-da* 'search', *gʷəryʷa* 'sorrow, grieve', *3ʷ3ʷa* 'wash', *cq̇'a* 'beat (cotton)', *bča* 'harvest', *ž'əy* 'forge', *xʷəc* 'think', *gʷə3* 'kiss', *y'əč'* 'steal', *tʷatʷa* 'pound', *s* 'weave', *wanta* 'iron', *xəb* 'roof', *ča* 'hoe', *ra3a* 'filter', *č'ə-rp̌* 'husk', *š'əx* 'plaster', *aaš'a* 'be lazy/neglect', *cʷ* 'rough-hew', *hasab* 'calculate', *xaxa* 'spin', *rəšha* 'bleach', *damat* 'tie (together)', *deng'* 'bale (tobacco)', *q̇əcʷq̇əcʷ* 'plane, shave (with a knife)'.

According to another view, the two groups are to be opposed as ergative vs. accusative (Dixon 1979: 109, 117), because of the correlation of the deep-structure functions of subject and patient in 'burn' and of subject and agent in 'write'. Although the semantic difference between the groups is quite clear — both are said to express social, primitive action (Klimov 1973: 122) — both combine in Abkhaz an intransitive one-place verb with a transitive two-place verb.

It is interesting to note that the latter group, the 'write' class, does not even exist for instance in Northeast Caucasian Arči, which Kibrik (1979: 71) explains by pointing out that an agent, unlike the factitive, is not necessarily a participant in a situation. This agrees with Dixon's (1979: 108) statement that S is obligatory in an intransitive, as is O in a transitive clause, and underlies the fact that, in Abkhaz, a combination of position-II and position-III affixes is impossible (cf. § 2.2.3).

2.4.2. Other sorts of combinations of different actant codings are rare. *Cha* 'bite', *hʷa* 'beg (/for)', and *čʷəwa* 'weep (/for)' combine a one- and a two-place intransitive, based on one lexeme (I/I–II), which is a simple root, the second actant being a beneficiary:

(14) a.   á-3-kʷa cha-yɬ
          DEF.ART-fly-PL Ø3PL-bite-DYN
          'The flies bit.'

     b.   á-3-kʷa rə́-cha-yɬ
          DEF.ART-fly-PL Ø3PL-II3PL-bite-DYN
          'The flies bit them.'

2.4.3. Finally, there is one verb — *aa-px'a* 'to call hither' — which takes a I–II or a I–III combination. This seems very confusing, but with our knowledge about stress regularities it will be clear that there cannot be a misunderstanding about the syntactic relations, provided the preverb *aa-* 'hither' takes its place immediately after position I:

(15) a. s-aa-wɔ́-px′a-yɫ
I1SG-PREV-II2SG.MASC-call-DYN
'I called you hither.'

b. w-aá-s-px′a-yɫ
I2SG.MASC-PREV-III1SG-call-DYN
'I called you hither.'

3. In § 2 it was shown that it is possible to classify the Abkhaz verbs on the basis of formal criteria. These criteria are, above all, the distinction stative/dynamic and the use a specific verb makes of actant coding combinations. Stress is decisive for the determination of such combinations in the case of verb roots labeled 'minus'. The assimilation of the agent affix vs. the non-assimilation of the benefactive affix is decisive in the case of roots with a voiced initial consonant (cf. ex. (3) and § 2.2.3.2).

It is to be expected that a thorough description of stress in Abkhaz will be available soon. This, unfortunately, cannot be said concerning syntactic order, a description of the unmarked form of which would appear to be quite important (§ 2.2.3.2).

In my opinion, as was stated in § 1, no deep structure theory can explain the heterogeneous formal behavior of some Abkhaz verbs, such as 'see' and 'hear', or 'beat' and 'whip', belonging to one and the same semantic class (§§ 1.2.1 and 1.2.2). One could of course object that the semantics of 'affectives' and 'verbs of superficial impact' is still poorly understood, but this objection is really only another argument for giving preference to a purely formal approach, at least for the time being.

Concerning typology, the distinction stative/dynamic is reminiscent of the active type system, and for this reason one might propose, at a synchronic level, more complex labels for languages sharing different types. In that case Abkhaz becomes an ergative-active language.

Except for speculation about the direction of the development, observations made and compared in the historical approach are noteworthy. Thus, the conclusion that the active characteristics of Abkhaz might be considered a relic of a former stage is in my opinion less important than the suggestion that the derivability of active forms from stative ones by affixation in active type languages (Klimov 1977: 87) is, in a way, mirrored in Abkhaz by the possibility of deriving stative as well as dynamic forms from one and the same lexeme (cf. exx. 1a, b). The parallel with labiles (§ 2.4.1), which derive transitive and intransitive forms from one lexeme (Klimov & Alekseev 1980: 51), is also interesting, especially with the 'burn' class, which reflects the above-mentioned affixation in active type languages, where this affix is a causative.

I believe that typologists should concentrate on the synchronic description of languages and discuss the distinctions which identify types rather than speculate on historical developments. Thus, more attention ought to be paid to the question of whether it is necessary to distinguish a separate active type than to the hypothesis of a development leading necessarily from active to ergative to nominative. There is not enough world-wide evidence to test, and eventually support, this latter hypothesis, while there is enough counter-evidence to have doubts as to its validity.

References

Comrie, Bernard
1979   "Degrees of ergativity: Some Chukchee evidence", in: Plank (ed.) 1979, 219–240.
Dixon, Robert M. W.
1979   "Ergativity", *Language* 55: 59–138.
Dybo, V. A.
1977   "Zapadnokavkazskaja akcentnaja sistema i problema ee pro-isxoždenija", in: *Konferencija: Nostratičeskie jazyki i nostratičeskoe jazykoznanie* (Moskva: Akademija Nauk SSSR), 41–45.
Gecadze, I. O.
1979   "O pričinax narušenija porjadka členov predloženija", in: *Očerki po sintaksisu abxazskogo jazyka* (Leningrad: Nauka), 38–50.
Hewitt, B. George
1979   *Abkhaz* (= *Lingua Descriptive Series*, 2) (Amsterdam: North-Holland).
Kibrik, Aleksandr E.
1979   "Canonical ergativity and Daghestan languages", in: Plank (ed.) 1979, 61–77.
Klimov, Georgij A.
1973   *Očerk obščej teorii èrgativnosti* (Moskva: Nauka).
1977   *Tipologija jazykov aktivnogo stroja* (Moskva: Nauka).
1980   "K tipologičeskoj rekonstrukcii", *Voprosy jazykoznanija* 1: 3–20.
Klimov, Georgij A. & Mixail E. Alekseev
1980   *Tipologija kavkazskix jazykov* (Moskva: Nauka).
Plank, Frans (ed.)
1979   *Ergativity. Towards a theory of grammatical relations* (London: Academic Press).

FRANS PLANK

The extended accusative/restricted nominative in perspective

1. The difference between accusativity and ergativity, according to a popular view, is essentially one of different patterns of identifying and distinguishing the core relations in transitive and intransitive clauses for purposes of grammatical, and possibly also lexical, rules and regularities, including rules of relational coding (by means of cases, adpositions, agreement or cross-reference, linear order) and syntactic rules for transforming basic clause constructions and for adapting independent clauses to the requirements of coherent discourse. In this view — which I have previously (Plank 1979 a) termed 'paradigmatic-identificational' — the single intransitive core relation, regardless of its semantics, may either be identified with the agent relation in transitive clauses (in basic constructions), resulting in the nominative-accusative pattern (1), or with the patient relation in transitive clauses (in unmarked constructions), resulting in the ergative-absolutive pattern (2).

(1)	AGT	PAT	V_{trans}
	AGT/PAT		$V_{intrans}$

(2)	AGT	PAT	V_{trans}
		AGT/PAT	$V_{intrans}$

A further paradigmatic-identificational pattern of typological repute has been called active-inactive: here the intransitive core relation is alternatively identified with the transitive agent or patient, depending on the active or inactive/inert, dynamic or static nature of the intransitive actant's role, as shown in (3) (where, however, I continue to use the relational labels of agent and patient).

(3)   AGT   PAT V_{trans}

             AGT $V_{intrans}$

                           PAT $V_{intrans}$

On balance, (1) appears to be the most common pattern cross-linguistically, followed by (2). Further patterns of identification and distinction of core relations across clause types are easily conceivable (see Kibrik 1979 for the full picture), but have figured less prominently in morphosyntactic typology than the previous three, being on balance much rarer than these. One of these conceivable further patterns — with the two transitive core relations being identified with one another, while being distinguished from intransitive actants — has even been presumed unattested (at least for purposes of relational coding) in functionally minded typological circles. If existing, that pattern would violate the functionalist maxim of drawing distinctions only where syntagmatically necessary, insofar as no distinction is drawn where functionally most necessary (i.e. between the co-occurring core actants of transitive clauses), while the distinction actually drawn (viz. between non-co-occurring intransitive actants on the one hand and both transitive core actants on the other) is functionally rather unnecessary. Insofar as the functionalist maxim incorporates a parsimony principle, it would, furthermore, help understand why patterns (1)–(3) should be so frequent, more frequent at any rate than patterns where all three core relations are being distinguished: parsimoniously, these patterns draw less than the maximum number of distinctions possible, by means of identifying — arbitrarily, it would seem from a functionalist perspective — core relations across clause types that are considered distinct on relational-semantic grounds and/or on the grounds of their occurring in different clause types (transitive vs. intransitive) in the first place. If parsimony in this functionalist sense were the sole motivating force behind the patterns of cross-clausal identifications and distinctions, one would of course wonder why pattern (1) should outrank (2) in overall frequency, both patterns being equally parsimonious solutions. And one might wonder whether it is really appropriate to seek such functional motivation for pattern (3), which admittedly is as parsimonious as patterns (1) and (2) in drawing only one distinction, without, however, crucially involving any reference to the distinction of transitive and intransitive clause types: the pattern of (3) would seem to result automatically from a distinction of core actants in terms of their semantic relations, regardless of the clause types in which they occur — and thus would render clause-type distinctions strictly speaking irrelevant as a basis for defining relations as well as patterns of relational identification.

Reserving judgement on such issues, it is appropriate to acknowledge a typologically fertile implication of the paradigmatic-identificational view. Its focus on cross-clausal patterns manifesting themselves in individual rules and regularities has no doubt furthered the recognition of one aspect in which the typological affiliation of languages may be a matter of degrees: different rules and regularities may exhibit different patterns even within one and the same language (while, on the other hand, certain kinds of rules and regularities may pattern the same in all languages, and therefore are rather unsuitable for purposes of typological comparison). The characterisation of whole languages as accusative, ergative, active, predominantly accusative etc., mixed accusative-ergative, morphologically ergative-syntactically accusative, etc. should thus be seen as a secondary matter, following from an examination of the language's rules and regularities (of those whose patterning is cross-linguistically variable, that is). In fact, there is a further possibility of languages lacking typological homogeneity: instead of, or in addition to, being of a 'mixed' character by virtue of different rules and regularities patterning differently (the patterning of each individual rule or regularity being consistent, though), a language may exhibit a 'split' on account of rules or regularities of a given kind failing to consistently identify and distinguish the same core relations all the time, following one pattern in some circumstances (e.g. the accusative pattern in the present tense, an imperfective aspect, with particular classes of verbs, or with pronominal actants), and another pattern in other circumstances (e.g. the ergative pattern in the past tenses, a perfective aspect, with other classes of verbs, or with nominal actants). It should not be forgotten that there are yet further respects in which whole languages may be categorised as more or less, fully or marginally, prototypically or dubiously accusative, ergative, and active, depending on their share of grammatical and lexical features supposedly implied, of necessity or in tendency, by the accusative, ergative, or active conception of basic clause constructions. These respects, going beyond taxonomies of paradigmatic-identificational patternings, have been emphasised in particular by Klimov (1973, 1977, also in this volume).

For present purposes we may disregard certain problems of the descriptive categories employed (including that of their general typological availability and invariability): viz. of the semantic relations of agent and patient; of the notion of core (or participant), as opposed to peripheral (or circumstantial), relations; of the categorisation of verbs (or, more generally, predicates), and of entire clauses including their core relations, as transitive and intransitive; and of the distinction between basic and non-basic (such as passive or antipassive) clause constructions. I assume that the relevant paradigmatic-identificational patterns involve, more or less directly, semantic relations such as agent and patient (understood rather liberally), and disregard, at least initially, where and how genuinely syntactic relations such as subject and object may come in (if they do come in). The focus of the present paper is on a diachronic issue, concerning the possibilities of transitions between (what are describable as) accusative, or otherwise non-ergative, and ergative, or otherwise non-accusative, patterns of cross-clausal identification of core relations. This diachronic issue has wider typological implications, though, some of which bear on some of the matters that are initially disregarded or taken for granted.

2.1. One mechanism by which an ergative pattern can become accusative is not difficult to imagine if ergativity and accusativity are conceived of in terms of the above paradigmatic-identificational patterns. Such a transition comes about diachronically when grammatical (or lexical) rules or regularities cease to identify the intransitive core relation with transitive patients, aligning it with transitive agents instead. This kind of transition is aptly referred to as an extension of the ergative, originally comprising only the transitive agent relation (regardless of whether the rules or regularities in question concern case marking or other morphological coding or syntactic behaviour), which simultaneously amounts to a restriction of the absolutive, previously comprising the transitive patient and all intransitive core relations.[1] The final result of these inseparable extensions and restrictions is automatically in accordance with the nominative (historically, the extended ergative)-accusative (historically, the restricted absolutive) pattern of cross-clausal identification. On the assumption that such changes tend to be gradual, intermediate stages of this kind of development could be expected to conform to the active-inactive pattern (3), with some intransitive actants already realigned with transitive agents, while others continue to align with transitive patients. This intermediate pattern should transparently reflect relational-semantic distinctions while being insensitive to clause-type distinctions. It would seem decidedly less plausible to expect the ergative first to be extended to intransitive patients before eventually covering intransitive agents as well: that intermediate pattern would seem to lack any relational-semantic or morphosyntactic motivation, although it does not really compare unfavourably on the criterion of parsimony.

Developments away from ergativity, ideally towards accusativity, that are interpretable in terms of the mechanism of the extended ergative/restricted absolutive are not unknown. Thus, in Kartvelian languages and dialects an originally ergative case marker was extended to code also intransitive actants, if not always all of them (as in Mingrelian), but primarily active, dynamic ones, yielding an active-inactive pattern (3) in some languages and dialects (see Boeder 1979 for a detailed account). Similarly in Udi, of the Lezgian subgroup of Northeast Caucasian, where in addition dative marking appeared on transitive patients (see Schulze 1982). In Akkadian and perhaps further Afroasiatic languages a similar extension of ergative, or active, case marking, purportedly reconstructible for Proto-Afroasiatic, seems to have taken place (cf. Diakonoff 1965, Sasse 1982). In the (apparently) Yukian language Wappo an (extrapolated) ergative case marker has encroached on the domain of absolutive marking, at least in main-clause intransitives, though not in subordinate and equational clauses (cf. Li & Thompson 1976, Li, Thompson & Sawyer 1977). In Burushaski verbal suffixes, originally in person/number/class-agreement only with transitive agents, were extended to intransitive verbs (cf. Trask 1979: 401). The split-ergative agreement morphology on verbs reconstructed for Tibeto-Burman seems to have been realigned in accordance with the accusative pattern (cf. Bauman 1979). In Sherpa, a Tibeto-Burman language, there is a tendency for ergative case markers, limited to perfective aspect in a typical 'split' system, to be extended to intransitive, or perhaps rather not-so-transitive, actants of verbs with incorporated patient or other objects, especially when these intransitive or not-so-transitive verbs are stative verbs (such as verbs of experience), the extended ergatives appearing in perfective as well as imperfective intransitive/not-so-transitive clauses (cf. Givón 1980, also hazarding the speculative inference that the marker *-ga* in

Japanese is an original ergative marker that has been extended to intransitives along similar lines). Indo-European perhaps should also be included in this list, on the assumptions that one case-marking morpheme (viz. -*s*) had originally patterned ergatively or actively, and was later extended to intransitive actants without relational-semantic (though not without other) limitations (cf. Schmidt 1979 for arguments pro and con).[2]

Not all of these instances are uncontroversial as far as the data and/or their interpretations are concerned. Individual developments may require much subtler semantic or morphosyntactic analyses, paying more attention in particular to parameters of split alignments; some reconstructions or historical speculations may turn out too shaky to support interpretations of theoretical significance. Such reservations notwithstanding, there still remains sufficient evidence to justify claims of historical reality for the present mechanism by which ergative patterns may become accusative or otherwise non-ergative such as, preferably, active-inactive − if this is not itself the original state of the pattern. Among the instances where an ergative has not been extended to all core actants in all intransitive constructions, I am not aware of one where the ergative is extended to intransitive patients while intransitive agents continue to align with transitive patients as restricted absolutives. Even in Sherpa, where intransitive or not-so-transitive actants of stative verbs seem perferred targets for extended ergatives, these actants are not normally prototypical patients.

2.2. It must be emphasised that the locus of change with the extended ergative/restricted absolutive is the intransitive clause: nothing happens to transitive clauses per se. Of course it is also conceivable for the ergative pattern of cross-clausal identification of core relations to be transformed into another pattern in a different manner, with the actual change manifesting itself in transitive clauses, without anything happening to intransitive clauses, except secondarily when comparing their core actant to the two core actants in transitive clauses. Thus, an accusative pattern would result if transitive agent and patient in basic constructions switched roles with regard to rules and regularities pertaining to core relations. For example, if a transitive agent would exchange its ergative (or, more generally, oblique) case marker (so far not used to code transitive patients nor intransitive actants) for the case marker that is also used, and continues to be used, for intransitive actants, while the transitive patient in turn exchanges its case marker (so far identical with that on intransitive actants) for the previous ergative or some other oblique marker, the resulting pattern would be nominative-accusative — of the same type, that is, with which one would end up if the ergative were extended into, and the absolutive removed from, intransitive clauses. Such restructurings in transitive clauses would find sufficient motivation in particular in languages with split ergative-accusative systems, where a coexisting transitive construction used, for example, with different tenses or aspects or with different referential categories of actants and showing an accusative pattern of its core actants, could serve as an analogical model. An accusative pattern could, in a seemingly more complex fashion, also be the result of the instalment as new basic and unmarked transitive construction of a previously available derived and marked construction of an intransitive nature with an agent in the core relation and the patient in a more peripheral relation, crowding out the hitherto prevailing basic construction of clauses with agents and patients in core relations and with patients behaving like intransitive actants.[3]

Developments away from ergativity by means of such more or less complex mechanisms of change centring on transitive clauses are actually on record. Thus, Bynon (1979, 1980) discusses Iranian, especially Kurdish, languages and dialects returning, partly or entirely, to non-ergative patterning in their case marking and verb and clitic agreement/cross-reference, i.e. to a patterning that had always been characteristic of case marking and agreement, and of syntactic transformations and adaptations, in transitive clauses not in the past tense. Payne (1980) shows in detail how the re-constructible ergative pattern of case marking and agreement in past tenses in the eastern Iranian Pamir languages is, under the influence of a coexisting accusative patterning in present-tense transitives, de-ergativised, with somewhat different results in different languages or dialects; concerning case marking, the absolutive on transitive patients was commonly exchanged for an oblique form, later often differentiated from the general oblique case, also found with transitive agents, by means of additional specifically accusative prepositions or postpositions (or suffixes); and the oblique (patternwise ergative) form on transitive agents was commonly exchanged for the absolutive (patternwise eventually nominative) form. The neighbouring Dardic languages may have undergone similar kinds of developments away from (split) ergativity (cf.

Skalmowski 1974). Stump (1983) compares the progress of developments away from (split) ergativity in the modern Indic languages, likewise involving exchanges of ergative (oblique) for nominative case marking on transitive agents and of absolutive for accusative (oblique) case marking on transitive patients, usually accompanied by changes in verb agreement in the same direction patternwise, present-tense accusative-type transitive constructions motivating all these restructurings. Schmidt (1972) briefly surveys restructurings of originally ergative patterns in the present-tense case marking of Kartvelian languages such as Georgian (the older preterite/aorist continuing the ergative pattern), in the noun-phrase ordering in West Caucasian languages such as Adyghe (the older affixal ordering continuing the ergative pattern), and in the person agreement in East Caucasian languages such as Tabasaran (the older class agreement continuing the ergative pattern). Vaxtin (1979: § 3) speculates that Eskimo may have been moving away a little from full ergativity, insofar as verb agreement in the interrogative and the imperative moods in transitive clauses does not follow the ergative pattern as consistently as in the indicative mood, on the basis of which the two other moods were historically developed. Dixon (1979: 100) hints at a re-interpretation of an erstwhile marked, derived intransitive antipassive construction as the new unmarked, basic accusative-type transitive construction in the Australian language Warrgamay. In much more detail, McConvell (1981) argues how Lardil has presumably become ergative in its relational morphology and syntax, accusatively patterning non-finite subordinate clauses, as well as perhaps non-basic not-so-transitive antipassive constructions, having provided the model for the restructuring of finite main-clause types, once tense distinctions had been obliterated by phonetic attrition in main clauses. (Contrary to previous assumptions, the accusative-type Northwestern Australian languages are presumably, according to McConvell and others, descended from ergative-type ancestors as well, their metamorphosis generally centring on transitive constructions.) In the history of Romance languages such as Italian and French the ergative patterning of gender/number agreement of non-attributive past participles (i.e. when used in periphrastic verb forms with *essere/être* and *avere/avoir*), already limited in transitive constructions to patients (syntactically speaking, objects) preceding the past participle in the literary languages, tends to retreat colloquially and dialectally by way of the suspension of agreement with preposed patients/objects in transitive clauses.

The resulting patterns in some of these instances of transitive-centred developments are not strictly speaking nominative-accusative à la (1). Thus, the changes in transitive clauses may leave the original behaviour of patients (concerning case marking, agreement, etc.) unaltered while nominativising the transitive agent, with all three core relations thus coinciding (in defiance of the functionalist syntagmatic distinction requirement, mentioned in § 1), as occasionally in Iranian and Indic languages. Or they may alter only the behaviour of transitive patients, abandoning their identification with intransitive actants without establishing alternative cross-clausal identifications (in defiance of functional parsimony requirements), as also occasionally in Iranian. These changes may also lead to eventual identifications of transitive patient with transitive agent, both transitive core relations thus being distinguished from intransitive actants (in defiance again of the requirement of syntagmatic distinction), as in particular in the case re-distributions in Pamir languages such as Rošani, and also in the Italian and French developments, where past participles with *essere/être* continue to agree with intransitive actants, setting these off from both transitive agents and patients, with neither of which past participles with *avere/avoir* are much inclined to agree. (Iranian languages may exhibit similar non-ergative, non-accusative, non-active agreement patterns; cf. Comrie 1978: § 1.1 on the dialect Dānesfāni.) Sometimes, however, the innovations are in perfect accordance with the accusative pattern. Thus, the transitive patient in the present-tense basic construction in Georgian acquired a case marker (viz. dative) different from the identical (nominative) case marking on transitive agents and intransitive actants. The intransitive past-tense verb-agreement markers in Persian were transferred to transitive past-tense verbs, excluding agreement with transitive patients. Person agreement in Tabasaran likewise accords unique treatment to transitive patients. And more or less canonical accusative patterns would also seem to result from the re-analysis of the intransitive antipassive as basic transitive construction in Warrgamay (the typological evaluation of the re-analysis in Lardil being complicated by, among other things, the multiplicity of alternative markings on transitive agents). Needless to emphasise, an active-inactive pattern, with non-uniform behaviour of intransitive core actants (as shown in (3)), cannot be the result of exclusively transitive-centred developments of a pattern where all intransitive core actants are treated uniformly.

3.1. Nominative-accusative patterns would turn ergative-absolutive, or otherwise non-accusative, by analogous mechanisms. The counterpart to the extended ergative/restricted absolutive can accordingly be referred to as the extended accusative/restricted nominative. A transition from (1) to (2) would thus come about when grammatical (or lexical) rules or regularities ceased to identify the intransitive actant with transitive agents, aligning it with transitive patients instead. This extension of the accusative, originally comprising only the transitive patient relation, would simultaneously amount to a restriction of the nominative, originally comprising the transitive agent and the intransitive core relation, the final result of these inseparable extensions and restrictions, when carried through, being in accordance with the ergative (historically, the restricted nominative)-absolutive (historically, the extended accusative) pattern of cross-clausal identification. As with developments in the opposite direction, one could expect intermediate stages of such extensions and restrictions to conform to the active-inactive pattern (3), with some (viz. inactive, static, patient) intransitive actants already realigned with transitive patients, while others (viz. active, dynamic, agentive ones) continue to align with transitive agents. A priori one would perhaps not expect the accusative first to be extended to intransitive agents before eventually covering intransitive patients as well, for the same reason that makes it seem rather unlikely for ergatives to be extended to intransitive patients first and to intransitive agents later: viz. lack of relational-semantic motivation (in spite of conforming to the requirements of parsimony).

3.2. The locus of change with the extended accusative/restricted nominative would be the intransitive clause: nothing would happen to the transitive clause per se. Again as before, it is not difficult to imagine other ways of transforming an accusative into a non-accusative, specifically an ergative pattern, with the locus of change being in transitive clauses. Such developments could come about through relatively straightforward reversals, complete or partial, in the morphosyntactic behaviour of the core actants in transitive clauses. An alternative, seemingly more tortuous path away from accusativity would be the instalment as new unmarked, basic construction of a previously available, though not necessarily transitive construction of clauses with patients in a core relation, and aligned with intransitive actants (if not themselves intransitive actants), and with agents in a more peripheral relation, on the condition that the previous pattern of alignment of patients with intransitive actants is maintained. (Passives would seem to be suitable candidates if new basic constructions were to be installed on existing models.) With these various mechanisms, changes in the identification of core relations across clause types would be secondary, if inevitable, consequences of innovations in transitive clauses. Active-inactive patterning, as in (3), again is not a possible outcome of exclusively transitive-centred developments of patterns where all intransitive core actants are treated uniformly.

Virtually all of the more familiar, and also of the not so familiar or more controversial, instances of developments of ergative from non-ergative patterns in fact are assumed to have centred on transitive clauses (see Anderson 1977, Comrie 1978, Dixon 1979, Trask 1979 – to mention only some recent general surveys). The preferred avenue to ergativity here seems to be via the instalment of new basic constructions deriving from passives or other constructions (such as perfective-aspect or stative nominalised constructions[4]) according the patient a special pragmatic, hence syntactic status that is also characteristic of most basic intransitive core actants. It seems much less usual for accusatively patterning transitive constructions in split systems to be restructured in analogy with co-existing ergatively patterning constructions. The ancient Indo-Iranian languages (and perhaps Old Armenian) are the best documented instances of developments towards (split, viz. past-tense/perfective-aspect) ergativity along the preferred avenue. Some such development seems also reconstructible for Polynesian languages (although much else about the direction of typological developments is controversial). Assuming that not only Eastern Austronesian (especially Polynesian) but also Western Austronesian (especially West Indonesian and Philippine) languages evince ergative patterning, – insofar as transitive constructions where patients rather than agents tend to be pragmatically, hence syntactically, primary are common in the western branch of Austronesian, – developments bringing about this kind of patterning would also have to have centred on transitive clauses (if there were such developments, i.e. the pattern was not ancestrally ergative; see e.g. Hopper 1979 for pragmatic motivation of patient primacy in these languages, and Starosta, Pawley & Reid 1982 for a recent attempt at reconstructing the history of relevant grammatical features of Austronesian). Ergativity in Enga and other Papuan languages has been conjectured to have emerged from the re-analysis of original, increasingly frequent passives as new basic constructions a long while ago (cf. Li & Lang 1979: § 4). A little less speculative, though not entirely uncontroversial, are claims for passive sources of basic ergatively-patterning basic constructions in Basque (Trask 1977), Ancient Egyptian (Westendorf 1953), and some modern Aramaic dialects (Steiner, this volume, § 3.3.5). In the Carib language Makúsi, the reconstructed preferred order agent + patient + verb has been changed to patient + verb + agent, apparently by grammaticalisation of right-dislocation of afterthought constituents, rendering an accusative-type ordering pattern ergative, because intransitive core actants continued to occur preferably in preverbal, or rather clause-initial, position (cf. Derbyshire 1981). Finally, and perhaps least familiarly, what has been interpreted as an ergative-like patterning in Ozark English (by Foster 1979) has evolved from essentially Standard American English accusative patterns by way of syntactically manifest pragmatic constraints on transitive clauses, leading to changes of their basic construction.

3.3. What is peculiar, on the other hand, about the intransitive-centred mechanism by which accusative patterns could become ergative, or active or otherwise non-accusative, is that actual instances of such extensions of the accusative/restrictions of the nominative are apparently hard to come by. In fact, Anderson (1977) and, less categorically, Dixon (1979: 78, 101) deny that such developments ever occurred, paying attention, however, only to canonical ergative and not to other non-accusative patterns. Although this estimate would seem over-pessimistic (or over-optimistic, depending on one's theoretical position and on the conclusions one believes can be drawn about it), it is true that only very few manifestations of this mechanism seem to have made their way into the typological literature. The numerous cases referred to as 'extended accusatives' by Moravcsik (1978: § 2.1) certainly do not fill the bill: non-nominative case-marking and failure to govern verbal agreement of the single core actants of ('impersonal') verbs of emotion, sensation, accidental happenings, and existence in Indo-European and other languages are not the result of documented or reconstructible historical developments realigning nominative-marked and agreement-governing intransitive actants with transitive patients. The diachronic developments one tends to find with such 'extended accusatives', on the contrary, realign them with nominative-marked and agreement-governing transitive agents and intransitive actants, transforming a kind of active-inactive pattern into a straightforward nominative-accusative pattern of case marking and verb agreement. Developments which are more appropriately characterised as extensions of the accusative in a diachronic sense, and which have not escaped the attention of individual typologists (in publications more recent than Anderson 1977), include the following.

3.3.1. In the three Australian instances mentioned by Dixon himself (1979: 78, 1980: 338), the case marking system as a whole was not completely accusative at the outset of the development at issue, but rather split accusative-ergative, the choice between marking patterns being determined by the semantic categories of individual actants. Diachronically, an accusative case marker, occurring with (at least some, in particular 1st and 2nd person) pronouns and perhaps certain kinds of nouns (such as proper names or nouns referring to humans) in the transitive patient relation in the other Australian languages too, was extended to all kinds of nominal constitutents in the intransitive core relation in Dhalandji, and to proper names in that relation in Warluwarra and in the Western Desert language. Thus, an innovated ergative pattern, with the extended accusative case coding (some) transitive patients as well as (some, or all) intransitive actants — which is, patternwise, the absolutive combination — and the restricted nominative coding (some) transitive agents — patternwise ergatives —, can come to coexist with an ergative case marking pattern of longer standing, with the absolutive case coding (other) transitive patients and intransitive actants and the ergative case coding (other) transitive agents.

From Dixon's accounts the accusative does not seem to have been gradually extended to intransitive actants strictly in accordance with the relational distinction between active, dynamic agents and inactive, static patients, so as to yield the typical active-inactive pattern (3) as an intermediate stage in the development of Dhalandji or as the (apparently) current stage in that of Warluwarra or the Western Desert language. Instead, actants that are overall more likely than most others to play active, dynamic roles of agents, viz. those referring to bearers of proper names, were the first (or rather the only ones so far) to acquire the extended accusative in intransitive clauses in Warluwarra and the Western Desert language. This manner of extension is not altogether surprising, considering the rationale of case marking in these languages. After all, patients with referential meaning of basically the same kind — viz. actants referring to speaker, addressees, and perhaps other humans, all of which are predestined to agenthood — were, and continue to be, the domain of accusative case marking in transitive clauses too, whence it was being extended into intransitives. Thus, what appears to re-assert itself in this process of extending the accusative/restricting the nominative is the underlying functional rationale of employing case markers to signal that an actant assumes a semantic relation to which it is not really predestined on account of its referential semantics, rather than to code particular semantic (or syntactic) relations as such. And this manner of employing case markers as such is essentially independent of the morphosyntactic distinction between transitive and intransitive clause types, for which reason it might not be entirely appropriate crucially to refer to that distinction to define identificational patterns and their metamorphosis in the first place.

If, to extrapolate to the analogous development in the opposite direction, the extension of an ergative marker into intransitive clauses proceeded in the same manner, one would expect actants that are predestined to play inactive, static roles of patients — the domain of functional ergative marking in transitive clauses — to acquire the extended ergative marking first. This, however, is not what one usually finds in the attested instances of the extended ergative/restricted absolutive (see § 2): rather than initially singling out intransitive actants with inanimate referents, which are in general not preferred as active, dynamic agents, the extension of ergatives tends to proceed along relational-semantic lines when it is gradual, affecting intransitive agents first, which prototypically will be animate if not human. These different manners of extension could suggest inferences about different underlying rationales of relational coding systems in the languages concerned. Those patterns which are the (ergative) point of departure or the (nonergative, specifically accusative) eventual result of extensions of the ergative/restrictions of the absolutive might be less susceptible to functional motivations of the kind prevalent in Australian languages some of which show extensions of the accusative/restrictions of the nominative.

3.3.2. Although Uralic languages, perhaps with the exception of Ostyak, are not normally regarded as ergative, the history of the

Finnic group (comprising Finnish, Karelian, Veps, Vote, Estonian, and Livonian) includes a development that is interpretable as an extension of an 'accusative'. Quotes are appropriate here because the development at issue did not really involve a case that is usually so called (the recognition of such a case is notoriously controversial in these languages anyway), but rather the distribution of the partitive case (see Itkonen 1979 for details). The distributional pattern of that case in early Proto-Finnic is reconstructible as accusative insofar as the partitive (deriving from an original local, rather than grammatical, case of separation) could code patients in basic transitive clauses, alternating with the accusative and the nominative according to certain referential-semantic and syntactic conditions (having to do with such distinctions as that between definite and indefinite quantity), but could on no condition code transitive agents nor intransitive actants. In later Proto-Finnic the partitive extended its distribution into intransitive clauses, though not into all of them nor strictly in accordance with the relational-semantic distinction between intransitive active, dynamic agents and inactive, static patients — for which reasons the resulting pattern, still maintained in modern Finnic languages such as Finnish, cannot exactly be called ergative-absolutive or active-inactive. The intransitive clauses admitting the partitive as a case marker for their core relation, again alternating with other case marking according to certain referential-semantic and syntactic conditions (having to do with such distinctions as those between affirmation and negation and between reference to indivisible wholes and indefinite quantities of divisibles), have been characterised as 'existential', in the sense that they express, rather than presuppose, the existence, the coming into existence, the cessation of existence, or essential changes of state of their core actant. The originally accusatively patterning partitive has, thus, been extended to a major class of inactive, static patients in intransitive core relations. (In a complete picture of the Finnic developments one would also have to consider person/number agreement, which in the modern languages evinces the same extended-accusative patterning as the distribution of the partitive case insofar as verbs do not agree with partitively marked core actants; and one should perhaps consider the distribution of further non-nominative grammatical cases as well, summarily referred to as 'accusative' variants and argued to pattern absolutely, or rather inactively, by Itkonen 1979.)

Note that the Finnic manner of extending the partitive (patternwise originally an accusative), while rather closely resembling the expected gradual progression along relational-semantic lines yielding the active-inactive pattern (3), fundamentally differs from the Australian manner of extension, where the accusative instead seems to be extended along referential lines, first reaching intransitive actants referring to proper-name bearers, which — and this is the link to relational-semantic distinctions — are predestined to play active, dynamic, agentive roles. Case marking in Finnic in fact can be argued to have an underlying functional rationale, but its manifestation (e.g. in nominative case marking for transitive patients in agent-deprived clauses; cf. e.g. Comrie 1975) is quite different from the one that is found so commonly in Australia, and that was seen to motivate the particular manner of extending the accusative in Warluwarra and the Western Desert language (and probably also in Dhalandji). To motivate the Finnic manner of extension, one could point to relational-semantic similarities uniting intransitive and transitive inactive, static, patient-like actants, as indicated above. But that might not be the whole story yet. Considering the regularity at issue, viz. the range of occurrence of the partitive case alternating with non-partitive case marking, it might not really be appropriate to compare relations in different clause types in the first place, expecting to find one or another identification of intransitive actants with transitive core relations. The regularity at issue might simply be sensitive to semantic relations, regardless of the types of clause in which they occur — which would exclude the possibility of alternative relational identifications between intransitive and transitive clauses. As a matter of fact, morphosyntactic and lexical devices coding semantic distinctions similar to those coded by the Finnic partitive vs. non-partitive case opposition — viz. essentially distinctions between partial and total involvement of actants, between quantified and unquantified, or indefinitely and definitely quantified reference to actants — tend to pattern absolutively, or inactively, in all languages with pertinent coding devices (cf. Moravcsik 1978: § 2.1). This universal invariability would seem to suggest that the paradigmatic-identificational pattern to be observed in Finnic and all other languages coding such distinctions is more or less a secondary phenomenon, automatically implied by the semantic nature of the distinction coded, with its prototypical focus on inactive, static, patient-like actants. And the focus on this kind of semantic relation seems quite natural, considering that transitive active, dynamic, agentive actants will on the whole be less amenable to the same semantic distinction, being almost invariably conceived of as totally involved and rarely as indefinitely quantified. From that perspective, what has happened in Proto-Finnic times essentially was the introduction of morphosyntactic coding for this semantic distinction, in the form of the grammatical partitive case historically deriving from a local separative case. The eventual distribution of that case, alternating with non-partitive case marking, over the core relations of different clause types can, then, be seen as an inevitable concomitant of the relational-semantic focus of the meaning opposition concerned.

3.3.3. Linear constituent order, when relationally determined, may unequivocally show accusative or ergative patterning, as exemplified by (1′), with intransitive core actant like basic-construction transitive agent preceding the verb, and (2′), with intransitive core actant like basic-construction transitive patient following the verb. (Recall also the transitive-centred ordering change in Makúsi, mentioned above, § 3.2.)

(1′) $\quad$ AGT $\quad + \text{ V}_{\text{trans}} \quad + \text{ PAT}$
$\quad\quad$ AGT/PAT $+ \text{ V}_{\text{intrans}}$

(2′) $\quad$ AGT $\quad + \text{ V}_{\text{trans}} \quad + \text{ PAT}$
$\quad\quad\quad\quad\quad$ $\text{V}_{\text{intrans}} + \text{ AGT/PAT}$

Thus, altering the order of intransitive core actants from preverbal (as in 1′) to postverbal position (as in 2′), while keeping the ordering in basic transitive clauses constant (as in both 1′ and 2′), would amount to an extension of the accusative/restriction of the nominative in our paradigmatic-identificational sense. Something like this in fact may have happened in the history of Romance languages, specifically of Spanish. As Myhill (1982) shows, constituent ordering in 17th century Spanish tends to be in accordance with (2′). To be more precise, as the relevant constituent ordering rules in Spanish were, and are, not strictly relationally determined: Myhill observes a statistical preference for intransitive core actants to follow the verb (54% of the intransitive clauses counted, 61% if the intransitive actants were full noun phrases rather than pronouns), and for agents in transitive clauses to precede the verb (65% of the transitive clauses counted, 58% if transitive agents were full noun phrases rather than pronouns), patients in transitive clauses being almost always postverbal (unless a clitic, in which case they are generally preverbal).[5] To make our diachronic point, it remains to demonstrate that constituent ordering earlier patterned accusatively — in terms of statistical preferences, if not categorically — and that an ordering change, increasing the frequency of postverbal positioning of core actants, occurred in intransitive rather than transitive clauses. Granting that Proto-Romance, viz. (late) Latin, is appropriately taken as the ultimate point of reference for the development at issue, this demonstration is somewhat complicated by the fact that the original preferential ordering pattern, viz. (4), is not unequivocally accusative.

$$(4) \qquad \text{AGT} + \text{PAT} + V_{\text{trans}}$$
$$\text{AGT/PAT} + V_{\text{intrans}}$$

In terms of (preferential) immediately preverbal position, the intransitive core actant in (4) could be associated with transitive patients, implying an absolutive interpretation; in terms of (preferential) clause-initial position, it would have to be associated with transitive agents instead, implying a nominative interpretation. Taking into account the entire system of ordering rules in (late) Latin and its Romance successors, I suppose one could argue, however, that the nominative-accusative interpretation of pattern (4) is more appropriate after all, in particular when transitive patients turn up increasingly frequently in postverbal positions. (Analogous arguments, incidentally, should justify an accusative interpretation of the ordering pattern (4) originally obtaining in Makúsi too.) And what has happened then must be interpreted — patternwise — as an extension of the accusative/restriction of the nominative, insofar as the frequency of postverbal intransitive actants increased to a much larger extent than that of postverbal transitive agents.

This extension of accusative ordering has been presented as being a matter of statistical frequency, without paying attention to possible differentiations of intransitive clauses, with respect to which the extension of the accusative might eventually turn out to have been almost categorical rather than purely statistical. The obvious distinction is that between intransitive active, dynamic agents and inactive, static patients: and in fact, postverbal positioning seems to have been more frequent with intransitive inactive, static patients than with their active, dynamic, agentive counterparts. But it might be that the frequencies reflect this relational-semantic distinction only secondarily, the primary factor influencing the pre- or post-verbal positioning of intransitive actants — as well as of the transitive core actants — being of a pragmatic kind. The relevant ordering rules in 17th century (and later) Spanish indeed are largely pragmatically determined: core actants are in initial position when they are, roughly speaking, relatively more topical than the rest of the clause, and they tend to follow the verb when they are less topical than the verb and, thus, part of the comment. From that perspective, the extension of the accusative appears as a matter of actants in different core relations differing in the frequency of their being part of the commentative part of a clause, once the relevant ordering rules have become sensitive to topic-comment structuring. It would not seem implausible to assume, then, that intransitive core actants, especially inactive, static, patient-like ones, should on the whole be closer to transitive patients than transitive agents concerning the likelihood of serving as (part of the) comment,[6] hence of occurring in postverbal position. This should be true in particular of the core actants of intransitive verbs of existence, of coming into existence, or of appearing on the scene (literally or metaphorically), which are almost predestined to appear as comment in presentative constructions — and such verbs, including verbs that can be employed in similar function, are no negligible minority among the intransitives. Thus, what looks like a statistical manifestation of the active-inactive pattern (3), hence like an analogue of the Finnic pattern of the distribution of the partitive case, could find its ultimate motivation in the different pragmatic propensities of actants in different clausal relations. In this sense, the pattern of cross-clausal identification of semantic relations would then have to be considered an epiphenomenon and not really explicable in terms of the core relations as such. It would not come as a surprise if rules and regularities sensitive to such pragmatic distinctions tended to pattern in the same manner in all languages that have such rules or regularities, rather than to show typological variation.

3.3.4. A further instance of the extended accusative/restricted nominative is as yet not on the typological record, so far as I know. It actually involves the cases usually so called; and the language concerned is also familiar, even though perhaps not at the late stage of its development that is of interest here. As is well known, the nominal case marking of (Classical) Latin was among the hardest suffering victims of the drift from synthetic to analytic coding in the evolution of the Romance languages via the various manifestations of Late (including 'Vulgar') Latin, the traditional inventory of six nominal cases being gradually reduced to smaller systems of two or three and eventually of one or two nominal case forms. As is also well known, when nominative and accusative forms were competing for survival, it often was the original accusative rather than the nominative that was victorious, giving rise to the invariable nominal forms of later Romance languages.[7] The issue here, however, is not whether the loss of nominal case differentiation, with the undifferentiated forms deriving from earlier accusative forms, is appropriately interpreted as a complete extension of the accusative to all transitive and intransitive core relations: I suppose it is not, once case marking rules differentiating between any of the core relations have been effectively lost. But there are stages of this overall development, notably in Medieval Latin, where this interpretation is no doubt justified, insofar as the use of the accusative was extended while still in paradigmatic contrast with the nominative.

Considering that Medieval Latin in its various manifestations, unlike other varieties of Late Latin or of the emerging national Romance languages, was no one's native language, but had to be learned in schools as a second language by all those speaking and writing it, it would actually be surprising if its speakers and writers had always performed faultlessly. Though Medieval Latin (especially prior to the Carolingian Reform in the mid-8th century) certainly was no 'dead' and static language comparable to the later Humanistic Latin, nor a pidgin in the sense of serving only rather rudimentary needs of communication (it was, on the contrary, *the* language of the intellectual life of the Middle Ages!), the extant manuscripts contain a fair share of grammatical lapses, in principle recognisable as errors by authors or scribes and their educated readers. Some of these look like errors in the use of the case forms that interest us here, with accusatives appearing where the norms of Latin would lead one to expect nominatives. Frequently these errors can be explained as due to contaminations of active and passive constructions: what begins as an active construction, with the object accordingly in the accusative, is concluded, often with several subordinate clauses in between, as a passive verbal construction that would have required the initial actant to be in the nominative (see Norberg 1944: 21–32 for numerous examples).

Interferences from the spoken popular languages, with their more advanced reduction of the case system, may have been another source of erroneous uses of accusative forms instead of nominatives. Apart from disregarding such sporadic erroneous 'extensions' of the accusative, we may also neglect for our purposes its not-so-sporadic but rather complete extension in certain declension classes that was almost as characteristic even of early varieties of Medieval Latin (perhaps less so after the Carolingian Reform) as it was of the spoken popular languages. Perhaps the most striking development of this kind is the tendency of 1st declension accusative plurals in -*as* to replace nominative forms in -*ae* in subject function in intransitive as well as in transitive clauses, almost completely superseding them in 7th/8th century Gallic versions of Medieval Latin, and much earlier elsewhere, in continuation of a morphological feature of Latin popular (though not literary) speech presumably deriving from Italic dialects (cf. Norberg 1943: chap. II).

The relevant instances of extended accusatives, which are neither mere errors of performance (even though they contradict the norms of earlier, especially Classical Latin)[8] nor results of the abolishment of the paradigmatic contrast between accusative and nominative in the respective declension classes, occur in examples such as the following, all from the 8th century Rhaetian *Lex Curiensis*, where such extensions seem particularly frequent (see again Norberg 1944: 26–32, for the data and further discussion):

(5) a. illum servum ignibus concrementur 'this servant (ACC SG) is to be burnt (3sg) at the stake'

   b. eum teneatur obnoxius 'he (ACC SG) is to be considered (3sg) guilty (NOM)'

   c. in eorum loco alius [= alios] meliores mittantur 'in their stead worthier others (ACC PL) should be delegated (3pl)'

   d. medietatem de ipsam rem, quod ad sponsam suam donavit, ad parentes sponsi reddatur 'half (ACC SG) of the property that he has given to his bride is to be returned (3sg) to the parents of the bridegroom'

   e. antequam de ipsa causa eos interrogentur ... 'before this trial they (ACC PL) should be interrogated (3pl)'

(6) a. ille heres, cui talem servum in porcionem venit 'that heir to whose share such (ACC SG) a servant (ACC SG) falls (3sg)'

b. ... nisi ad filios suos post suam mortem ipsam porcionem revertat 'if that (ACC SG) share (ACC SG) does not return (3sg) to his sons after his death'

c. si [puella] patrem aut matrem non habuerit, nisi sub tutore viventem fuerit ... 'if a girl has had neither father nor mother, and has not been (3sg) while alive (ACC SG) under the tutelage of a guardian'

(7)   Nullus Romanus barbara[m] cuiuslibet gentes [= gentis] uxorem habere presumat, nec barbarum Romana sibi in coniugium accipere presumat 'No Roman man should presume to take a foreign woman of whatever descent as his wife, nor should a foreign man (ACC SG) presume (3sg) to take a Roman woman in marriage'

The incidence of such extended accusatives is strikingly non-random. They are most frequent by far in non-basic intransitive constructions, i.e. with core actants of detransitivised passive verbs as in (5). They are less frequent, though still common enough in basic, i.e. non-passive intransitive constructions as in (6) — where it may sometimes, though certainly not always, be plausible to point to more or less synonymous transitive constructions as possible sources of contaminations (thus, compare *qui talem servum accepit* 'who has received such a servant (ACC)' with the relative clause in (6a)). They are extremely rare, if attested at all, in transitive constructions: in fact, the only example Norberg found in one manuscript of the *Lex Curiensis*, (7), may be due to a scribal error, since the two other manuscripts, whose reliability is generally superior, here have the nominative *barbarus* for the transitive agent. These frequencies of occurrence of the extended accusative, though overall perhaps lower, are certainly no idiosyncratic characteristic of the *Lex Curiensis* or of relatively late texts written in Rhaetia, but seem to be broadly representative of Medieval Latin in general (and maybe of other Late Latin varieties as well; cf. e.g. Väänänen 1981: 116). It is instructive, incidentally, to compare this distributional pattern with that found in converse intransitive-centred developments of extensions of the ergative/restrictions of the absolutive: in particular the developments in Kartvelian languages and dialects, mentioned in § 2.1, represent a mirror-image of the Medieval Latin picture, with the core actants of passives being the last to receive extended ergative marking (cf. Boeder 1979: 469, *passim*).

Apart from being optional rather than categorical (though less sporadic than the erroneous case uses mentioned above), these extensions of the accusative/restrictions of the nominative in Medieval Latin were gradual rather than complete, yielding the typical active-inactive rather than an ergative-absolutive pattern. Active, dynamic, agentive intransitive core actants categorically resisted the extension of accusative case marking, clinging to the traditional nominative just like basic-construction transitive agents, while inactive, static intransitive patients − of which the core actants of detransitivised passive verbs (as in 5) are the most archetypal manifestations − were ready to sacrifice their traditional nominative case marking in order to share the accusative with basic-construction transitive patients (as well as with certain adverbials of space and time and value, with body-part and other nominals in a relationship of 'pertinence', and with certain extra-sentential constituents − to mention only some of the more important areas of the extending domain of accusative case marking (on which see e.g. Norberg 1943: chapters VI−IX, 1944: chap. I)). Although it could seem appropriate, at least in part, to account for this Medieval Latin manner of extending the accusative/restricting the nominative in terms of cross-clausal comparisons, stating that intransitive core actants were realigned with transitive patients subject to relational-semantic limitations, syntactic clause-type distinctions as such perhaps should not be considered the ultimately most crucial parameter for defining this change of patterns. It may be more appropriate simply to state that the accusative-nominative contrast was (re-)semanticised, with the accusative serving to code inactive and the nominative to code more active actants, the distribution of accusative and nominative across transitive and intransitive clause types then following as an automatic consequence from this relational-semantic distinction drawn independently of clause-type distinction.

This interpretation may gain in plausibility when it is recognised that the Medieval Latin tendency towards active (restricted nominative)-inactive (extended accusative) patterning was not an intermediate stage in the development towards an ergative-absolutive pattern, reflecting relational-semantic distinctions as opaquely as the nominative-accusative pattern. There is no evidence, either in Medieval Latin or in other Late Latin or early Romance varieties, to suggest that accusative case marking ever tended to be extended to all intransitive core actants regardless of their semantic relations, while keeping clear of basic-construction transitive agents. When accusative forms were extended beyond the semantically defined limits of the active-inactive pattern, they tended to appear indiscriminately in intransitive-active and transitive-agent functions, crowding out the remaining nominative forms more or less simultaneously. In view of this development that is so familiar from the history of the Romance languages, the inclination of Medieval Latin (which, though a learned language, was never completely out of touch with the evolving popular languages) to employ the nominative as an active and the accusative as an inactive case may be characterised as an interlude, though not in the metamorphosis of an ergative from an accusative pattern, but in the abolition of the nominative-accusative contrast in nouns, i.e. of a nominal case marking rule that had originally patterned accusatively.

It ought to be noted that the active-inactive development in Medieval Latin was exclusively one of case marking: agreement, also serving the purpose of relational coding, continued to pattern nominatively (unless involving past participles, when it may have patterned absolutively − cf. § 2.2). Thus, examples such as (5b/c/e) above show that finite verbs and predicative adjectives may agree in person, number, and gender − and may disagree in case (cf. *obnoxius* NOM rather than *obnoxium* ACC in (5b)) − with intransitive core actants even if these are in the extended accusative case rather than in the nominative. Example (6c) is an isolated exception proving this rule, the predicative adjective, *viventem*, here being in the accusative. The agreement preferences with extended accusatives, incidentally, argue against impersonal or demotional-passive (cf. e.g. Comrie 1977) analyses of such constructions in Medieval Latin: with agreement rules continuing to identify the core actants in examples such as (5) and − usually − (6) with transitive and intransitive core actants in the nominative case, constructions such as those exemplified in (5) and (6) would seem to differ from canonical intransitive constructions with subjects that govern verb agreement solely by virtue of the extended-accusative marking on their core actants.

The relational-semantically determined manner of extending the accusative/restricting the nominative in Medieval Latin bears no further resemblance to the manners in which such extensions/restrictions were achieved in Proto-Finnic and in Spanish, insofar as neither core actants of intransitive 'existential' verbs (as in Proto-Finnic) nor core actants in the commentative part of intransitive clauses (as in Spanish) were preferred targets for extending the accusative. On the contrary, intransitive verbs of existence, coming into existence, and appearing on the scene, even though not infrequent among the pertinent active verbs (cf. 6), are a clear minority among the verbs admitting accusative marking on intransitive core actants, simply on account of most of these verbs being passive (cf. 5); and in the majority of the examples assembled by Norberg (1944) the intransitive core actants in the extended accusative are topical rather than commentative, unlike typical accusative patients in transitive clauses. On the other hand, there could seem to be some similarity to the referentially determined manner of extending the accusative/restricting the nominative in Warluwarra and the Western Desert language, insofar as in Medieval Latin too the overwhelming majority of accusatively marked intransitive actants refer to persons — a referential class almost, if not exactly, co-terminous with that of bearers of proper names. However, this similarity appears to be rather superficial. Rather than reflecting the same kind of functional motivation that is so common in Australian case marking systems (calling for overt relational marking only if a referent contracts an unaccustomed semantic relation, such as a person appearing as patient), the predisposition of personal actants to receive the extended accusative marking in Medieval Latin ought to be seen in connection with the prevalence of passives. This type of intransitive construction is the prototypical domain of patients in the core relation, differing from active intransitive constructions in excluding active, dynamic agents as core actants; and, presupposing a correlation of personhood and topic-worthiness, persons ought to be likelier than non-personal referents to fill the patient role in passive constructions, where patients rather than agents are prototypically topical.

4. To summarise this survey, there are intransitive-centred and transitive-centred mechanisms of changing the patterns of cross-clausal identification of core relations, and there are actual instances of both transitive-centred and intransitive-centred changes both away from ergative patterning (towards accusative, active, or otherwise non-ergative patterning — cf. § 2) and away from accusative patterning (towards ergative, active, or otherwise non-accusative patterning — cf. § 3) that can be interpreted in terms of these mechanisms. (It is another matter whether this is necessarily always the most illuminating interpretation.) The several instances of in-

transitive-centred extensions of the accusative/restrictions of the nominative in three Australian languages, in Proto-Finnic, in 17th century (or earlier) Spanish, and in Medieval Latin (§ 3.3) are especially significant as Anderson (1977: 353 f.) has tried to claim support for a particular theoretical position from the supposed non-attestation of this kind of development.

Anderson (and similarly Dixon 1979: 78) suggests that it is not really very surprising that ergatives should, while accusatives conversely should not, be extendable to intransitive core actants. According to Anderson (and others), in the vast majority of languages, including those where ergatives were extended to intransitive core actants, these actually have something in common with transitive agents that is obscured by the ergative patterning of cross-clausal identification: viz. they are in the syntactic relation of subject. On the assumption that syntactic rules generally follow the accusative pattern of cross-clausal identification while morphological rules may pattern ergatively in some languages, the morphological rules in these languages can be expected to realign in order to reveal rather than to obscure the 'underlying' syntactic pattern of identification across clause types, distinguishing in particular syntactic subjects (found in both transitive and intransitive clauses) and objects (found only in transitive clauses). Note that Anderson invokes concepts which, though familiar, have not figured in the paradigmatic-identificational account of accusativity, ergativity, and activity outlined in § 1: syntactic relations such as subject and object. (Dixon 1979: § 6.2 in addition recognises a syntactic category of 'pivot', resulting from cross-clausal identifications for purposes of certain syntactic rules operating on 'shallow' structures.) The relations we have assumed so far were semantic, subcategorised according to their occurrence in transitive or intransitive clauses (and also in basic or non-basic constructions). As it is controversial whether syntactic relations such as subject (or also pivot) come about simply by virtue of syntactic rules identifying relations that are distinct semantically or occur in distinct clause types, or whether they are the result of particular matchings between relational-semantic and pragmatic levels of clause structure that are essentially independent of comparisons across clause types, it is not clear whether an appeal to syntactic subjecthood (or pivothood) in order to explain morphological re-identifications is consistent with the purely paradigmatic-identificational view as presented above, or requires conceptual enrichments. The assumption of an additional level of clause structure in terms of genuinely syntactic relations, with a strong universal preference to pattern accusatively (i.e. subsuming intransitive actants and transitive agents under the syntactic category of subject), would, at any rate, account for the observation that accusative patterns are overall most frequent in the languages of the world.

In light of the findings in § 3.3, Anderson's considerations must at least be relativised. By the same logic one would have to conclude that (some or, in Dhalandji, all) intransitive core actants and transitive patients must have something in common syntactically so as to invite extensions of the accusative from transitive patients to (some or all) intransitive actants − if not generally, then at least in the languages where such extensions of the accusative occurred. This supposed common syntactic denominator, obscured by the original accusative patterning but revealed by the innovated non-accusative patterning, could be that transitive patients and intransitive core actants are both subjects or − if this possibility is admitted for intransitive actants − objects. Here the analogy evidently collapses. No matter whether syntactic subjecthood and objecthood are conceived of in terms of paradigmatic-identificational patterns established by syntactic rules or in terms of an extra structural level resulting from matchings of relational-semantic and pragmatic levels, there seems to have been little *syntactic* incentive to extend the accusative/restrict the nominative in the languages where this development occurred, except perhaps in the Australian instances (though from the information available to me about Warluwarra (Breen 1976), Dhalandji (Austin 1981), and the Pitjantjatjara dialect of the Western Desert language (Blake 1976: 488), the syntactic rules in these languages do not seem to pattern ergatively to any notable extent, if at all). The rules whose patterning changed from being accusative to being non-accusative would, in terms like those of Anderson, all have to be characterised as relatively 'superficial' morphological or morphosyntactic ones (concerning accusative case marking in the Australian languages and in Medieval Latin, partitive case marking in Finnic, and constituent ordering in Spanish); but these very rules are about the only ones in these languages (again, with he possible, but at any rate less than glaring, exception of the Australian languages) to pattern non-accusatively,[9] the syntactic rules in particular generally operating in terms of an 'underlying' accusative pattern. Indirectly, this apparent lack of syntactic motivation for extensions of the accusative/

restrictions of the nominative throws doubt also on the general validity of Anderson's syntactic rationalisation of the converse intransitive-centred development of extending the ergative while restricting the absolutive.

It has been repeatedly emphasised in the present paper (especially in § 3.3) that different core relations in transitive and intransitive clauses may have different semantic and pragmatic properties and propensities in common. Thus one may, but does not have to, resort to syntactic relations such as subject and object when seeking common features of distinct clause types. If rules and regularities exist or are introduced in a language that refer to such common properties or propensities, be they semantic, pragmatic, or also syntactic (and to determine what kinds of categories individual rules and regularities are actually sensitive to is not always an easy task), particular patterns of cross-clausal identifications of core relations will be automatic consequences, given that the properties and propensities concerned are instantiated in different clause types. As mere consequences, paradigmatic-identificational patterns in themselves would not seem to be particularly crucial to descriptive and explanatory accounts of the intransitive-centred developments considered. It is presumably rare for languages to change the alignment of (some or all) intransitive core actants with respect to individual grammatical or lexical rules and regularities arbitrarily, with nothing but functional parsimony motivating either pattern of cross-clausal identification. Thus, the search for explanations, for reasons or causes of extensions of the accusative/restrictions of the nominative as well as of extensions of the ergative/restrictions of the absolutive, ought to focus on the whys and the wherefores of the rules and regularities referring to different core relations in terms of various semantic, pragmatic, and morphosyntactic distinctions. Appeals to the functional maxim of parsimonious but otherwise arbitrary alignments usually will not do for an explanation. That maxim should not prove very useful for explanatory purposes even in the case of diachronic realignments that are incidental to changes not affecting relational rules and regularities as such and that are, therefore, arbitrary with respect to the rules and regularities incidentally involved − as when the identificational pattern (say, of case marking) obtaining at a given time is disturbed by some phonological development (effacing case endings of a particular phonological shape in particular syntagmatic, though phonologically relevant environments), quite incidentally transforming the pattern into its opposite number (as envisaged by Dixon 1977: 390 and Anderson 1977: 322).

Transitive-centred mechanisms of change, like those surveyed in §§ 2.2 and 3.2, suggest even more strongly that it is of less than crucial importance for descriptive and explanatory purposes to take a paradigmatic-identificational view of accusativity, ergativity, and other more or less parsimonious systems of relational distinctions. It seems not very illuminating in general to interpret these changes as, first and foremost, realignments of transitive core actants relative to the core actant of intransitive clauses. If transitive core actants are realigned relative to core actants in other clause types, it is usually a coexisting transitive construction in a split system that serves as the model. Otherwise changes of identification across transitive and intransitive clause types are naturally accounted for as incidental concomitants of more thorough alterations of the relational structure of transitive clauses, perhaps related to intransitive or not-so-transitive structures (such as passives or antipassives) by virtue of these serving as diachronic sources of the innovated transitive constructions. In spite of such possible relationships of historical ancestry, the morphosyntactic behaviour of intransitive actants should not be seen as a model successively motivating that of transitive agents and of transitive patients, the alternative choices being equally arbitrary, as long as they are within the limits of functional parsimony.

There is a familiar alternative to the paradigmatic-identificational view of relational typology, which I have previously (Plank 1979 a) termed 'syntagmatic-constructional'. In this view, the difference between accusativity and ergativity is primarily a matter of different basic constructions, the agent being pragmatically privileged (with regard to topicality and related factors), hence syntactic subject, in an accusative construction, while in an ergative construction it is the patient that has these pragmatic privileges, hence is the syntactic subject.[10] (The difference between accusativity and ergativity on the one hand and activity on the other would in a sense appear to be rather more elementary from a syntagmatic-constructional perspective, inasmuch as properly syntactic relations (such as subject and object), in contradistinction to semantic relations, may not be definable in clauses with agents and patients in languages thoroughly conforming to the active-inactive pattern, or may have to be defined in a manner that is essentially different from that yielding mere mirror-image differences between accusative and ergative relational syntax.) In non-basic constructions definable in terms of syntactic relations, such as passives corresponding to basic accusative constructions or antipassives corresponding to basic ergative constructions, these pragmatic privileges are re-distributed, with patients thus functioning as syntactic subjects of passives and agents of antipassives. Given that intransitive core actants (though not necessarily all of them) are almost by default granted the same pragmatic privileges in their (basic or non-basic) clauses, hence are syntactic subjects of intransitive constructions, different patterns of relational identifications across transitive and intransitive clause types are nothing but consequences of differences in the construction of basic clauses that concern the distribution of pragmatic privileges among co-occurring core relations, i.e. of the conferment of syntactic subjecthood upon agents or patients. Insofar as the transitive-centred developments mentioned in §§ 2.2 and 3.2 involve the instalment of new basic transitive constructions, often deriving from non-basic passive or antipassive constructions, the syntagmatic-constructional perspective would seem to be the only one allowing plausible descriptive, and eventually explanatory, accounts. In the instances of transitive core actants altering their behaviour under the analogical influence of a coexisting transitive construction, characteristic in particular of developments away from split ergativity (cf. § 2.2), the syntagmatic-constructional view should prove more illuminating than the paradigmatic-identificational view as well — unless the transitive constructions coexisting prior to such a change turn out to be arbitrary alternatives unrelated to any pragmatic and relational-syntactic differences, and the result of the change likewise lacks any pragmatic and relational-syntactic motivation. Needless to say, so much arbitrariness is not usually found, even though no motivation may be so strong as to preclude change.

5. Judging from the variety of transitive-centred and intransitive-centred mechanisms of transforming the various patterns of cross-clausal identification of core relations into one another, accusativity and ergativity in particular should not be expected to be homogeneous phenomena, in spite of the undisputed possibility of lumping all sorts of patternings together under these headings when taking a paradigmatic-identificational perspective. (Active-inactive patternings, when not original, can come about diachronically only by way of intransitive-centred developments, and therefore ought to be more homogeneous.) Superficially the paradigmatic-identi-

ficational patterns may look the same, but their pragmatic, semantic, or syntactic determinants are likely to differ, depending on whether the pattern has come about through intransitive-centred developments (as surveyed in §§ 2.1 and 3.3), or through one or the other kind of transitive-centred developments (as surveyed in §§ 2.2 and 3.2). Cross-linguistic synchronic comparisons should confirm such differentiations suggested by different kinds of origin of accusative and ergative patternings.[11]

In § 1 it was mentioned that the typological affiliation of whole languages may, in several respects, be a matter of degrees: if the degrees to which languages are characterisable as accusative, ergative, or active should turn out to correlate with differences in the kinds of origins of the patterning in individual rules and regularities, this would further corroborate that impression of heterogeneity. In terms of the proportion of rules and regularities that exhibit this or that pattern, it would seem that these languages will be most highly accusative or ergative in which the patterning of a rule has been altered, not so long ago, in the respective direction by means of the transitive-centred development of installing a new basic construction of clauses with agents and patients (cf. §§ 2.2, 3.2): such basic constructions will be the point of reference of numerous rules and regularities, including relational-coding rules and transformational and adaptational rules adjusting basic clauses according to the requirements of discourse, whose patterning is predetermined by the relational structure of basic constructions. Splits, though somewhat detracting from the overall typological purity of a language, are not incompatible with this kind of origin, but reflect limitations of the domain of an innovated basic construction coexisting with another basic construction (e.g. in different tenses or aspects or with different verbs). With other transitive-centred developments, in particular with changes in the behaviour of transitive core actants motivated by the morphosyntactic treatment of the corresponding semantic relations in coexisting constructions in split systems (cf. § 2.2), it would actually be surprising if there were no further rules and regularities in the language already exhibiting the innovated pattern: the more rules and regularities operate in terms of a particular relational distinction, the likelier it seems that this distinction will serve as a model for analogical change. Only in the case of intransitive-centred developments (cf. §§ 2.1, 3.3) not much seems to be inferable about rules and regularities other than those directly involved: in principle it should be possible for two successive historical stages of a language to differ in nothing else, or at least in nothing else inherently related to the difference at issue, except the absence or presence of an ergative, accusative, or active pattern in a particular, often innovated, rule or regularity. Intransitive-centred changes, describable as extensions of the ergative or accusative/restrictions of the absolutive or nominative, are thus apparently least dependent on the overall typological make-up of a language.

If the typological purity of an accusative, ergative, or active system is measured in terms of grammatical and lexical features supposedly connected with accusative, ergative, and active structures by categorical or statistical implication (as suggested in Klimov 1973, 1977), the resulting picture may be essentially the same. As many proposed implications are controversial, any conclusions of this kind are bound to be extremely preliminary. Nevertheless, it seems relatively safe to assume that extensions of the ergative or accusative/restrictions of the absolutive or nominative can in principle come about without being necessarily accompanied by acquisitions or losses of features supposedly implied by ergative or accusative structures. Even though isolated intransitive-centred developments may have little relevance for holistic, or systemic, typology, it is remarkable how frequently active-inactive patterns show up in such developments as final, intermediate, or initial stages, considering that active systems have been claimed to be essentially different from both ergative and accusative systems. What is actually puzzling is that active-inactive patterns cannot be due to transitive-centred changes, which are those most likely to be indicative of holistic-typological change. The puzzle, thus, is how and from what source active systems (as opposed to individual rule-specific active-inactive patterns) evolve — if in fact they ever do evolve from other systems. (Note that Klimov 1977: chap. V contends that they do not, at least not from accusative or ergative systems, but maybe from what he calls the 'class' system.)

One implication of paradigmatic-identificational patterns, also recognised in systemic typologies, pertains to the relative markedness of the core relations that are differentiated; this familiar implication deserves special mention in a paper focusing on intransitive-centred developments because such developments tend to interfere with it, at least when ergatives and accusatives are extended in terms of case (and adpositional) marking. The notion of markedness is notoriously complex and controversial; nevertheless, it often seems plausible to distinguish core actants as relatively more and less marked, and to interpret, for example, differences between formally more and less (ideally zero) complex relational coding, between the usability of actant forms only within or also outside syntactic constructions (as, e.g., in citation), and between the optionality and the obligatoriness of the presence of a case or adpositional marker in minimal clauses as manifestations of differences in markedness. These various manifestations ideally ought to be in harmony: an actant that is more marked (m) on one criterion should not normally turn out to be less marked (u) on another criterion.

Returning to the three major identificational patterns as presented in § 1, each should in principle admit two alternative distributions of markedness among the two relations that are distinguished: the nominative and accusative in (1), the ergative and absolutive in (2), and the active and inactive in (3).

(1)	a.	AGT: u / AGT/PAT: u	PAT: m	V_{trans} / $V_{intrans}$
	b.	AGT: m / AGT/PAT: m	PAT: u	V_{trans} / $V_{intrans}$
(2)	a.	AGT: m	PAT: u / AGT/PAT: u	V_{trans} / $V_{intrans}$
	b.	AGT: u	PAT: m / AGT/PAT: m	V_{trans} / $V_{intrans}$
(3)	a.	AGT: m / AGT: m	PAT: u / PAT: u	V_{trans} / $V_{intrans}$ / $V_{intrans}$
	b.	AGT: u / AGT: u	PAT: m / PAT: m	V_{trans} / $V_{intrans}$ / $V_{intrans}$

As it happens, however, the nominative-accusative pattern seems to imply the markedness distribution shown in (1a), the ergative-absolutive pattern the markedness distribution in (2a) (cf. e.g.

Dixon 1979: § 2.3), and the active-inactive pattern the markedness distribution in (3a) (according to Klimov 1977: chap. V, although case marking as such is rare, at best occurring with pronouns, in languages classified as active). While the combination of ergative-absolutive patterning and markedness distribution shown in (2b) is commonly presumed unattested, a few 'exceptional' languages are usually mentioned as exhibiting the combination of nominative-accusative pattern of case marking and markedness distribution shown in (1b): Cushitic languages such as Oromo, Dasenech, and Kambata; Yuman languages such as Mohave; Wappo, already mentioned above; the non-Pama-Nyungan Australian language Malak-Malak; the Melanesian language Houailou; perhaps varieties of Maidu, a Californian Penutian language; and perhaps some of the older Germanic languages with overt nominative desinence for some noun classes but zero accusative marking, although according to other markedness criteria the nominative here remains less marked than the accusative (cf. Dixon 1979: § 2.33, Mallinson & Blake 1981: 47 f.). In fact, the combination in (2b) too has been claimed to be 'exceptionally' realised in at least one language: Finnish, where Itkonen (1979) recognises an 'inverted' ergative system on account of the patterning of the marked partitive case (and also the marked accusative case) and the unmarked nominative case, outlined above in § 3.3.2.[12] The 'exceptional' active-inactive-type combination (3b) is also attested (e.g. in Eastern Pomo); however, it is probably unjustified to regard unmarked active case/ marked inactive case as exceptional in the first place because the numerical preponderance of attestations of (3a) is not exactly over-whelming (cf. DeLancey, this volume, § 2).

If these observations about the attestation and frequency of the (a) and (b) combinations of (1)–(3), or at least of (1) and (2), are basically correct, one would of course like to know why the combinations in (a) are generally preferred to those in (b), if the latter are at all possible. The prevalence of (1a) and (2a) has often been motivated functionally, pointing out that core actants not requiring syntagmatic differentiation, viz. those in intransitive clauses, are the most natural candidates for unmarked status, with the markedness distribution among syntagmatically co-occurring core actants then being an essentially arbitrary decision (cf. e.g. Dixon 1979: § 2.3). Note, however, that if it is taken for granted that an intransitive core actant is naturally unmarked, it would seem more appropriate to regard the paradigmatic-identificational patterns (1a) and (2a) as being implied by, or in fact as rather trivial automatic consequences of, alternative choices of markedness distributions among transitive core actants, rather than vice versa. I suppose one could go further (than, e.g., Heath 1976, whose criticism is along these lines) in challenging the theoretical significance of the paradigmatic-identificational approach to the present explanatory issue. Thus, one would have to show that the more or less marked status of the two transitive core actants is no arbitrary matter, with the need for overt syntagmatic distinction as the sole raison d'être for drawing markedness distinctions. Markedness distributions instead would have to be shown to be motivated by aspects of the syntactic structuring primarily of transitive clauses. The syntagmatic-constructional view offers such structural motivation: it would not seem implausible for topical actants to be generally less marked than non-topical actants, whose overt coding should rather be indicative of the semantic relations they bear.[13] As the transitive agent is the preferred topic, hence the syntactic subject, in accusative constructions, and the patient in ergative constructions, according to a syntagmatic-constructional view, it would be only natural for them, as well as the preferred topics by default in intransitive clauses, to be relatively less marked.

However, it would be an oversimplification to assume that pragmatic and pragmatically based syntactic clause structuring alone may motivate markedness valuations: there are all kinds of, in particular semantic, parameters with respect to which the members of case oppositions may be assigned different markedness values. Accordingly, if cases (or also adpositions) are not really used for coding syntactic relations such as subject and object that are demonstrably derivative of pragmatic clause structuring, motivating the unmarked status of subject/preferred topic, one should not be surprised to encounter markedness distributions not harmonising with the pragmatically induced ones. In principle, therefore, this approach would be more liberal than the paradigmatic-identificational one insofar as it does not at all proscribe combinations of cross-clausal alignments and markedness distributions like those in (1b), (2b), nor those in (3a/b), both of which are 'spoilt' by some marked intransitive core actants. Still, it would make specific predictions about the occurrence of these combinations: such combinations should only be expected with case (or adpositional) marking not used for coding pragmatically based syntactic relations such as subject as such, but for coding other distinctions, such as relational-semantic ones, with different markedness evaluations (if any). It would be an empirical issue, then, to ascertain whether in the languages showing the 'exceptional' combinations (1b) and (2b), as well as in those active-type languages showing either the allegedly typical combination (3a) or perhaps the not-so-typical combination (3b), it is really the syntactic relation of subject that is coded by the marked case that is patternwise a nominative (1b) or an absolutive (2b), or an active (3a) or inactive (3b), the corresponding unmarked cases coding objects or whatever non-subjective syntactic relations. If not, these combinations should not *a priori* be regarded as exceptional from the present perspective. If they are nevertheless rarer than the rival combinations, in particular (1a) and (2a), the reason should be that case (or adpositional) marking of core relations such as agent and patient is not so likely to be entirely uninfluenced by pragmatic considerations of topic-comment structuring, stipulating that subjects/preferred topics be relatively unmarked, unless there is separate coding of relational-syntactic/pragmatic structures (e.g. by means of verb agreement or linear order).

It is not my purpose in this paper to offer synchronic analyses of languages with marked nominatives/unmarked accusatives (1b) or unmarked ergatives/marked absolutives (2b) in order to explain away their alleged exceptionality. Instead, to return finally to diachronic matters, it should be pointed out that intransitive-centred developments may easily wreak havoc on what appear to be optimal combinations of identificational patterns and markedness distributions from a paradigmatic-identificational perspective. Thus, given an optimal ergative-type combination such as (2a), extending the ergative/restricting the absolutive yields the not-so-optimal accusative-type combination (1b), or — if not carried through — the active combination (3a), likewise not-so-highly valued. Analogously, given an optimal accusative-type combination such as (1a), extending the accusative/restricting the nominative yields the not-so-optimal ergative-type combination (2b), or — if not carried through — an active combination such as (3b), apparently even less highly valued than (3a). On the other hand, such intransitive-centred developments may just as easily remedy what appear to be not-so-optimal combinations. Thus, given (2b), extending the unmarked ergative/restricting the marked absolutive would yield (1a), while, given (1b), extending the unmarked accusative/restricting the marked nominative would yield (2a).

In §§ 2.1 and 3.3 essentially all these developments have been exemplified, except that leading from (2b) to (1a), improving upon a not-so-optimal ergative-type combination. In the case-marking developments where combinations appear to change for the worse from a paradigmatic-identificational perspective (e.g. with the extended ergative in Kartvelian, Afroasiatic, and perhaps Sherpa, or with the extended accusative in Finnic and perhaps the few pertinent Australian languages), it generally seems feasible to explain away the apparent decreases in optimality, along the lines suggested above: the kind of markedness distribution that seems appropriate for the case oppositions at issue is not the same as that according patients and all intransitive actants (2a), or agents and all intransitive actants (1a), unmarked status on ultimately pragmatic grounds. The Medieval Latin extension of the accusative/restriction of the nominative could be accounted for in the same manner as, say, mirror-image developments in Kartvelian, as attempts to adapt an existing case opposition to a relational-semantic distinction so far not transparently coded in terms of cases. However, there are indications that the nominative was not really unmarked in all respects vis-à-vis the accusative with a significant proportion of nominals in late Latin and the early Romance languages (cf. Plank 1979 b), nor even in Classical Latin (as suggested by Lehmann in this volume, § 2.1), so that the point of departure of the extension of the accusative/restriction of the nominative in Medieval Latin may actually have been more like (1b) than like (1a), its result thus being an improvement on a not-so-optimal accusative-type combination. Further instances of comparable developments may be rare; it is, nevertheless, tempting to derive a generalisation from this case of an improvement, provided this is the correct interpretation: Whenever conflicts arise, for whatever historical reasons (e.g. as results of phonological changes effacing particular inflections and thus upsetting markedness distributions), between an identificational pattern and a no-longer-so-optimal markedness distribution, it is likely that attempts will be made to the effect of adjusting the identificational pattern, by way of extending the currently unmarked case to intransitive core actants. Should this prove unfeasible in the long run, on account of the majority of rules other than those of case marking continuing the original (also syntagmatic-constructionally supported) cross-clausal identification, something is likely to be done about the case opposition and its markedness evaluation.

Notes

1. Terms such as 'extended ergative/accusative' have been used by others (e.g. Moravcsik 1978, Dixon 1979), though not necessarily in the purely diachronic sense that is intended here.
2. A further intransitive-centred development has been reported from Waxi, a Pamir language, by Payne (1980: 179–181, drawing on Soviet descriptions). In the upper dialect of Waxi, a straightforward nominative-accusative pattern of case marking coexists with a pattern, restricted to the past tense and to 1st and 2nd person singular pronouns in the transitive agent relation, where the transitive agent is in the oblique form, the transitive patient optionally carries a specifically accusative marker, and the intransitive core actant is in the absolute form. That oblique marking — presumably continuing the historical Iranian ergative, without qualifying synchronically as an ergative because transitive patients (being in the accusative) and intransitive core actants (utilising the absolute form) are not case-marked identically — now, may extend to intransitive core actants, subject to the same restrictions applying also to oblique marking of transitive agents (i.e. verbs must be past-tense and the actants 1st or 2nd person singular pronouns). In Payne's example illustrating this extension of oblique marking, the intransitive core actant actually is active, dynamic, and agentive, the verb being 'to go' in the past tense. This may reflect the statistically preferred, or even the only possible, usage of the extended oblique marking, in which case the resulting pattern would be non-canonically active-inactive (non-canonical, because the inactive, static transitive patient is in a different case from its intransitive counterpart, viz. in the accusative); or it may be an accident, in which case the resulting pattern, with no further relational-semantic limitations on the eligibility of intransitive core actants for oblique marking, would be canonically nominative-accusative, like the coexisting case-marking pattern in non-past tenses. Regardless of what is the correct interpretation of the resulting pattern, the change at issue is comparable to the previous instances of extended ergatives/restricted absolutes insofar as a trait originally unique to transitive agents was generalised to intransitive core actants.
3. It is questionable whether basic ergative constructions, in spite of admitting two semantic relations such as agent (or perhaps rather cause) and patient, are really syntactically transitive in the same sense as basic accusative constructions are. If they are not, but rather contain patients as the only core relation, with agents (or causes) assuming a more peripheral relation, this would to some extent undermine the paradigmatic-identificational approach that takes the comparison of transitive and intransitive clauses as its starting point, simultaneously providing support for the syntagmatic-constructional view of the typological differences at issue, briefly set out in § 4 (cf. also Plank 1979 a). Perhaps, for purposes of the paradigmatic-identificational approach, the notion of transitivity should be seen more as a semantic one, applying more or less to any clause, and verb, admitting the semantic relations of agent/cause and patient (or at least to any basic-construction clause, or verb, of this kind).
4. Cf. Trask (1979) for an attempt to differentiate kinds of ergative languages according to such different kinds of origins, the common denominator being, however, that the developments leading to ergativity are transitive-centred. Intransitive-centred developments lie outside the purview of Trask's differentiation.
5. Myhill's calculations are based on Cervantes' *Don Quixote de la Mancha*. The pattern as such in fact would seem to have been rather common in earlier stages of the other Romance languages as well, and presumably still is in most, except French, where subject-verb inversion has generally been given up again, leading

to re-accusativisation by means of extending the (statistical) ergative (defined in terms of preferred preverbal positioning)/restricting the (statistical) absolutive (defined in terms of frequent postverbal positioning).

6. This point is made, and receives empirical support, in several contributions to Plank (1984).
7. Consult any historical grammar or handbook for a more accurate account of that competition, and Plank (1979 b) for a functional interpretation.
8. They are also unlikely to be errors due to interference of Rhaetian popular speech of the time, where, for example, pronominals such as *eum/eos* (as in 5b/ e) had long disappeared, and synthetic verbal passive forms (as in 5) were no longer available either.
9. Taking into account only such rules and regularities whose patterning is cross-linguistically variable, that is.
10. This is a view that can be associated, as far as ergativity is concerned, with the traditional 'passivists'; cf. Plank (1979 a) for a brief and selective historical survey. It has not always been recognized that the notion of pragmatic privileges is rather complex, involving a whole set of (not necessarily harmonising) factors of deictic and thematic structuring.
11. It should be remembered that the distinction between transitive- and intransitive-centredness is also necessary for synchronic accounts of split systems, to distinguish, for instance, between a situation like that obtaining in Mayan languages where the patterning of *intransitive* clauses varies with aspect or perhaps other distinctions such as that between main and subordinate clauses (cf. Larsen & Norman 1979), and one obtaining in other split ergative-accusative languages where the construction of the *transitive* clause, and hence the cross-clausal alignment pattern, varies with distinctions of aspect, tense, and the like.
12. Mandarin Chinese has occasionally been taken for another 'exception' of this kind; however, Li & Yip (1979) argue convincingly that analyses of *bǎ* as a marked absolutive are untenable.
13. This generalisation is necessarily tentative. No doubt there are languages with overt topic markers that are relatively more marked than markers of commentative constituents (if there are any). However, it often seems that these overt topic markers are perhaps more appropriately characterised as specifically coding contrastive topics than as markers of actants that are continuously topical throughout sections of connected discourse, once they have been established as topics of discourse. Such continuity topics would generally seem to be relatively unmarked.

References

Anderson, Stephen R.
   1977   "On mechanisms by which languages become ergative", in: Li (ed.)
               1977, 317–363.
Austin, Peter
   1981   "Case marking and clausal binding: Evidence from Dhalandji", in:
               Papers from the 17th Regional Meeting, Chicago Linguistic Society,
               1–7.
Bauman, James J.
   1979   "An historical perspective on ergativity in Tibeto-Burman", in: Plank
               (ed.) 1979, 419–433.

Blake, Barry J.
1976   "Are Australian languages syntactically nominative-ergative or
         nominative-accusative? Rapporteur's introduction and summary", in:
         Dixon (ed.) 1976, 485–494.

Boeder, Winfried
1979   "Ergative syntax and morphology in language change: The South
         Caucasian languages", in: Plank (ed.) 1979, 435–480.

Breen, J. Gavan
1976   "Are Australian languages syntactically nominative-ergative or
         nominative-accusative? Warluwara and Bularnu", in: Dixon (ed.)
         1976, 586–590.

Bynon, Theodora
1979   "The ergative construction in Kurdish", *Bulletin of the School of
         Oriental and African Studies* 42: 213–224.
1980   "From passive to active in Kurdish via the ergative construction", in:
         Papers from the 4th International Conference on Historical Linguistics,
         edited by E. C. Traugott et al. (Amsterdam: Benjamins), 151–163.

Comrie, Bernard
1975   "The antiergative: Finland's answer to Basque", in: *Papers from the
         11th Regional Meeting, Chicago Linguistic Society*, 112–121.
1977   "In defense of spontaneous demotion: The impersonal passive", in:
         Syntax and semantics 8: Grammatical relations, edited by P. Cole &
         J. M. Sadock (New York: Academic Press), 47–58.
1978   "Ergativity", in: *Syntactic typology. Studies in the phenomenology of
         language*, edited by W. P. Lehmann (Austin: University of Texas
         Press), 329–394.

Derbyshire, Desmond C.
1981   "A diachronic explanation for the origin of OVS in some Carib
         languages", *Journal of Linguistics* 17: 209–220.

Diakonoff, Igor M.
1965   *Semito-Hamitic languages. An essay in classification* (Moskva: Nauka).

Dixon, Robert M. W.
1977   "The syntactic development of Australian languages", in: Li (ed.)
         1977, 365–415.
1979   "Ergativity", *Language* 55: 59–138.
1980   *The languages of Australia* (Cambridge: Cambridge University Press).

Dixon, Robert M. W. (ed.)
1976   *Grammatical categories in Australian languages* (Canberra: Australian
         Institute of Aboriginal Studies).

Foster, Joseph F.
1979   "Agents, accessories and owners: The cultural base and the rise of
         ergative structures, with particular reference to Ozark English", in:
         Plank (ed.) 1979, 489–510.

Givón, Talmy
1980   "The drift away from ergativity: Diachronic potentials in Sherpa",
         Folia Linguistica Historica 1: 41–60.

Heath, Jeffrey
1976   " 'Ergative/accusative' typologies in morphology and syntax", in:
         Dixon (ed.) 1976, 599–611.

Hopper, Paul J.
1979   "Some discourse origins of ergativity", Paper read at the 4th Inter-
         national Conference on Historical Linguistics, Stanford.

Itkonen, Terho
1979 "Subject and object marking in Finnish: An inverted ergative system and an 'ideal' ergative sub-system", in: Plank (ed.) 1979, 79–102.
Kibrik, Aleksandr E.
1979 "Canonical ergativity and Daghestan languages", in: Plank (ed.) 1979, 61–77.
Klimov, Georgij A.
1973 *Očerk obščej teorii ėrgativnosti* (Moskva: Nauka).
1977 *Tipologija jazykov aktivnogo stroja* (Moskva: Nauka).
Larsen, Thomas W. & William M. Norman
1979 "Correlates of ergativity in Mayan grammar", in: Plank (ed.) 1979, 347–370.
Li, Charles N. (ed.)
1977 *Mechanisms of syntactic change* (Austin: University of Texas Press).
Li, Charles N. & Rainer Lang
1979 "The syntactic irrelevance of an ergative case in Enga and other Papuan languages", in: Plank (ed.) 1979, 307–324.
Li, Charles N. & Sandra A. Thompson
1976 "Strategies for signalling grammatical relations in Wappo", in: *Papers from the 12th Regional Meeting, Chicago Linguistic Society*, 450–458.
Li, Charles N., Sandra A. Thompson & Jesse O. Sawyer
1977 "Subject and word order in Wappo", *International Journal of American Linguistics* 43: 85–100.
Li, Ying-Che & Moira Yip
1979 "The *bǎ* construction and ergativity in Chinese", in: Plank (ed.) 1979, 103–114.
McConvell, Patrick
1981 "How Lardil became accusative", *Lingua* 55: 141–179.
Mallinson, Graham & Barry J. Blake
1981 *Language typology* (Amsterdam: North-Holland).
Moravcsik, Edith A.
1978 "On the distribution of ergative and accusative patterns", *Lingua* 45: 233–279.
Myhill, John
1982 "Word order and marginal ergativity", in: *Papers from the 18th Regional Meeting, Chicago Linguistic Society*, 377–389.
Norberg, Dag
1943 *Syntaktische Forschungen auf dem Gebiete des Spätlateins und des frühen Mittellateins* (Uppsala: Lundequist).
1944 *Beiträge zur spätlateinischen Syntax* (Uppsala: Almqvist & Wiksell).
Payne, John R.
1980 "The decay of ergativity in Pamir languages", *Lingua* 51: 147–186.
Plank, Frans
1979a "Ergativity, syntactic typology and universal grammar: Some past and present viewpoints", in: Plank (ed.) 1979, 3–36.
1979b "The functional basis of case systems and declension classes: From Latin to Old French", *Linguistics* 17: 611–640.
Plank, Frans (ed.)
1979 *Ergativity. Towards a theory of grammatical relations* (London: Academic Press).
1984 *Objects. Towards a theory of grammatical relations* (London: Academic Press).

Sasse, Hans Jürgen
1982   "Zur Ergativität im Afroasiatischen (Hamitosemitischen)", unpublished manuscript.
Schmidt, Karl Horst
1972   "Probleme der Typologie (Indogermanisch/Kaukasisch)", in: *Homenaje a Antonio Tovar* (Madrid: Gredos), 449–454.
1979   "Reconstructing active and ergative stages of Pre-Indo-European", in: Plank (ed.) 1979, 333–345.
Schulze, Wolfgang
1982   *Die Sprache der Uden in Nord-Azerbajdžan. Studien zur Synchronie und Diachronie einer süd-ostkaukasischen Sprache* (Wiesbaden: Harrassowitz).
Skalmowski, Wojciech
1974   "Transitive verb constructions in the Pamir and Dardic languages", in: *Studia Indoeuropejskie*, no. 37 (Krakow: Polska Akademia Nauk), 205–212.
Starosta, Stanley, Andrew K. Pawley & Lawrence A. Reid
1982   "The evolution of focus in Austronesian", in: *Papers from the 3rd International Conference on Austronesian Linguistics, vol. 2: Tracking the travellers*, edited by S. A. Wurm & L. Carrington (Canberra: Dept. of Oceanic Linguistics, Australian National University).
Stump, Gregory T.
1983   "The elimination of ergative patterns of case-marking and verbal agreement in Modern Indic languages", *Working Papers in Linguistics* (Ohio State University) 27: 140–164.
Trask, Robert L.
1977   "Historical syntax and Basque verbal morphology: two hypotheses", in: *Anglo-American contributions to Basque studies: Essays in honor of Jon Bilbao*, edited by W. A. Douglass, R. W. Etulain & W. H. Jacobsen, Jr. (Reno: University of Nevada Desert Research Institute), 203–217.
1979   "On the origins of ergativity", in: Plank (ed.) 1979, 385–404.
Väänänen, Veikko
1981   *Introduction au latin vulgaire* (Paris: Klincksieck, 3rd edn.).
Vaxtin, Nikolaj B.
1979   "Nominal and verbal ergativity in Asiatic Eskimo: Splits in the person and mood paradigms", in: Plank (ed.) 1979, 279–289.
Westendorf, Wolfhart
1953   "Vom Passiv zum Aktiv. Die Entwicklungstendenzen der altägyptischen Sprache", *Mitteilungen des Instituts für Orientforschung, Deutsche Akademie der Wissenschaften zu Berlin* 1: 227–232.

SEBASTIAN SHAUMYAN

Ergativity and universal grammar

1. Introduction

Ergativity is of great interest to theoretical linguistics. When ergativity comes under theoretical scrutiny a wealth of intriguing facts come to light. To explain these facts it is necessary to be able to express universal generalizations about ergative and non-ergative languages in terms of universal concepts. But are syntactic concepts such as 'subject' and 'object' really universal? If they are not, then universal generalizations expressed in terms of these concepts are not universal generalizations at all and we have to overhaul our conceptual system. Various manifestations of ergativity challenge the validity of the fundamental concepts and principles of universal grammar. This is why the general problem of characterizing ergativity in universal grammar has been receiving increased attention. The last few years have seen a significant increase in the amount of data and theoretical work on ergative languages, in particular on the syntax of ergative languages, but no general acceptable solution to this problem has yet evolved.

The majority of the theories of ergativity consider ergativity in terms of the concepts of the nominative-accusative system, such as intransitive subject, transitive subject, direct object, etc. The general notion of an absolutive-ergative system is characterized as follows: a system is said to be absolutive-ergative (or simply, ergative) if some of its rules treat subjects of intransitive clauses and direct objects in the same manner and subjects of transitive verbs in a different way. In contrast, a system is said to be nominative-accusative (or simply, accusative) if its rules treat subjects of intransitive clauses and subjects of transitive clauses in the same manner and direct objects in a different way.

In principle, there is nothing wrong in trying to find out whether syntactic concepts which have been useful in describing accusative languages can be applied to the description of ergative languages. It is a purely empirical issue whether or not these concepts are adequate for the characterization of ergative languages.

The characterization of ergative languages in terms of the concepts used for the description of accusative languages has led to the paradoxical conclusion that the majority of ergative languages (with the exception of Dyirbal, an Australian language, and, perhaps, of a few other languages) have the same syntactic structure as the accusative languages, that is, that the majority of ergative languages are really accusative languages with respect to their syntax. Thus, the only difference between the majority of ergative languages and accusative languages is claimed to be in their morphology. For instance, in one of the most important contributions to the study of ergativity, Stephen R. Anderson contends that on the basis of rules such as Equi-NP deletion and Subject raising, embedded intransitive and transitive subjects are no more distinguished in Basque, an ergative language, than in English, an accusative language, and that subjects and direct objects are discriminated in both languages alike. Anderson (1976: 16) concludes: "Rules such as those we have been considering, when investigated in virtually any ergative language point unambiguously in the direction we have indicated. They show, that is, that from a syntactic point of view these languages are organized in the same way as are accusative languages, and that the basically syntactic notion of 'subject' has essentially the same reference in both language types." Anderson admits that Dyirbal is different from accusative languages with respect to its syntax, but regards it as an insignificant anomaly. He writes (1976: 23): "Dyirbal, which as noted differs fundamentally from the usual type, is in fact the exception which proves the rule."

The proposed theory of ergativity originates from an examination of the facts on which the thesis about the syntactic identity of the majority of ergative languages with accusative languages is based. It will be argued that this thesis meets grave difficulties.

In contrast to the thesis that the majority of ergative languages are really accusative in their syntax and ergative only in their morphology, the hypothesis will be advanced that the syntax of ergative languages is a counterpart of their morphology and that all ergative languages are different from accusative languages both in morphology and syntax. (So-called mixed ergative languages must have both ergative and accusative syntactic structures as counterparts of their ergative and accusative morphologies.) This hypothesis I call the *Hypothesis of the Correspondence of Morphology and Syntax in Ergative Languages* (henceforth the *Correspondence Hypothesis*).

Contrary to the widely accepted view that the Dyirbal language is an exclusive example of a language which is ergative both in morphology and syntax, it will be argued that the syntax of Dyirbal is not typical for ergative languages.

As will be shown in he next section, the statement of the Correspondence Hypothesis requires a theoretical framework based on an abstract system of universal concepts — the theoretical framework presented in my book *Applicational Grammar as a Semantic Theory of Natural Language* (1977).

If the Correspondence Hypothesis is vindicated, this will involve not only a drastic change in our understanding of ergativity, but a serious overhaul of the basic concepts and principles of universal grammar as well.

2. The Correspondence Hypothesis and the Law of Duality

The starting point for the Correspondence Hypothesis is the fact that the notions 'subject' and 'direct object' do not hold when applied to the description of ergative languages. To see this, recall Anderson's (1976) provocative analysis of the notion 'subject' in ergative languages, whose conclusion I quoted in the Introduction. A close examination of the relevant facts shows, however, that in reality the classes of NPs in accusative and ergative languages are very different and therefore the term 'subject' is inappropriate to the class of NPs in ergative languages. Turning to Anderson's analysis, it cannot be denied that in most ergative languages, with respect to the application of Equi and Subject raising, ergatives are similar to transitive subjects in accusative languages. But does this similarity justify the generalization that in ergative languages the NPs to which Equi and Subject raising apply belong to the class of subjects?

To answer this question we must bear in mind that 'subject' is a cluster concept, that is, a concept that is characterized by a set of properties rather than by a single property. The application of Equi and Subject raising is not a sufficient criterion for determining the class of subjects. Among other criteria there is at least one that is crucial for characterizing the class of subjects. I mean the fundamental *Criterion of the Non-Omissibility of the Subject*. A non-subject may be eliminated from a sentence, which will still remain a complete sentence. But this is normally not true of the subject. Compare these English examples:

(1)   a.   Peter sells fruit (for a living).
　　　b.   Peter sells (for a living).
　　　c.   *Sells fruit (for a living).

The Criterion of the Non-Omissibility of the Subject is so important that some linguists consider it the single essential feature for the formal characterization of the subject (Martinet 1975: 219–224); and it is also high on Keenan's Subject Properties List (Keenan 1976: 313; Keenan uses the term 'indispensability' instead of 'non-omissibility').

The Criterion of the Non-Omissibility of the Subject excludes the possibility of languages where subjects could be eliminated from sentences. Yet precisely this is the case with ergative languages, if we identify ergatives with transitive subjects and absolutives with subjects in intransitive constructions and with direct objects in transitive constructions. In many ergative languages we can normally eliminate ergatives but we cannot eliminate absolutives from transitive constructions. Here is an example from Tongan (Churchward 1953: 69):

(2)   a.   'Oku taki 'e Siale 'a Mele.
　　　　　'Charlie leads Mary.'

　　　b.   'Oku taki 'a Mele.
　　　　　'Leads Mary.' ('Mary is led.')

The NP *'e Siale* in (2a) is an ergative. It is omitted in (2b) which is a normal way of expressing in Tongan what we express in English by means of a passive verb (Tongan does not have passive).

Notice that in accusative languages the opposition *subject:direct object* is normally correlated with the opposition *active voice:passive voice*, while ergative languages normally do not have the opposition *active voice:passive voice*. This has a significant consequence. In order to compensate for the lack of the passive, ergative languages use the omission of ergatives as a normal syntactic procedure which corresponds to passivization in accusative languages (an absolutive in a construction with an omitted ergative corresponds to a subject in a passive construction in an accusative language), or use focus rules which make it possible to impart prominence to any member of a sentence (in this case either an absolutive or an ergative may correspond to a subject in an accusative language). Here is an example of the application of focus rules in Tongan (Churchward 1953: 67):

(3) a. Na'e tāmate'i 'e Tēvita 'a Kōlaiate.

   b. Na'e tāmate'i 'a Kōlaiate 'e Tēvita.

Sentence (3a) corresponds to *David killed Goliath* in English, while (3b) corresponds to *It was Goliath whom David killed*. The focus rule gives prominence to the noun which immediately follows the verb, that is, to *'e Tēvita* in (3a) and to *'a Kōlaiate* in (3b).

In Tongan, as in many other ergative languages, we are faced by a serious difficulty resulting from the following contradiction: if the class of subjects is characterized by the application of Equi and Subject raising, then ergatives are subjects in transitive constructions and absolutives are subjects in intransitive constructions; but if the class of subjects is characterized by the Criterion of the Non-Omissibility of the Subject, then only absolutives can be subjects in transitive constructions. Since we cannot dispense with either of these criteria, this creates a contradiction in defining the essential properties of the subject.

To solve this difficulty we must recognize that 'ergative' and 'absolutive' cannot be defined in terms of 'subject' and 'object' but rather that these are distinct primitive syntactic functions. Since the terms 'ergative' and 'absolutive' are already used for the designation of morphological cases, I introduce special symbols with superscripts which will be used when ambiguity might arise as to whether syntactic functions or morphological cases are meant: ERG^f means the syntactic function 'ergative', while ERG^c means the morphological case 'ergative'. Similarly, ABS^f and ABS^c. The syntactic functions 'ergative' and 'absolutive' must be regarded as primitives independent of the syntactic functions 'subject' and 'object'.

We cannot agree with Anderson that the notion 'subject' is the same in English and in most ergative languages, simply because ergative languages have neither subjects nor objects. They have syntactic functions 'ergative' and 'absolutive' which are quite different from syntactic functions 'subject' and 'object' in English.

We can now formulate the *Correspondence Hypothesis*:

The morphological opposition of case markings $ERG^c{:}ABS^c$ corresponds to the syntactic opposition $ERG^f{:}ABS^f$, which is independent of the syntactic opposition *subject:object* in accusative languages.

The symbols ERG^c and ABS^c are generalized designations of case markings. Thus, ERG^c may designate not only an ergative case morpheme but any oblique case morpheme, say a dative or instrumental, or a class of morphemes which are in complementary distribution as case markings of ergative.

Let us now consider the syntactic oppositions *ergative:absolutive* and *subject:object* more closely.

Both these oppositions can be neutralized. Thus, ergatives and absolutives contrast only as arguments of two-place predicates. The point of neutralization is the NP position with a one-place predicate where only an absolutive occurs. Since in the point of neutralization an absolutive replaces the opposition ergative:absolutive, it can function either as an ergative or as an absolutive, that is, semantically, it may denote either an agent (the meaning of an ergative) or a patient (the meaning of an absolutive of a two-place predicate).

The absolutive is the neutral-negative (unmarked) member of the syntactic opposition ergative:absolutive and the ergative is the positive (marked) member of this opposition. This may be represented by the following diagram:

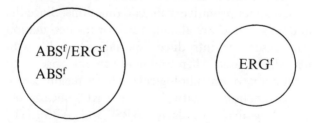

Subjects and objects contrast only as arguments of two-place predicates. The point of neutralization is the NP position with a one-place predicate where only a subject occurs. Since in the point of neutralization a subject replaces the opposition subject:object, it can function either as a subject or as an object, that is, semantically, it may denote either an agent (the meaning of a transitive subject) or a patient (the meaning of an object).

The subject is the neutral-negative (unmarked) member of the syntactic opposition subject:object and the object is the positive (marked) member of this opposition. This may be represented by the following diagram:

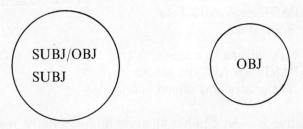

We come up with the opposition *unmarked term:marked term*. On the basis of this opposition we establish the following correspondence between terms in ergative and accusative constructions:

Opposition of markedness	Ergative construction	Accusative construction
Unmarked term	*Absolutive*	*Subject*
Marked term	*Ergative*	*Object*

Here are examples of the neutralization of syntactic oppositions in English (an accusative language):

(4) a. John sells automobiles.
    b. John dances well.
    c. Automobiles sell well.
    d. Automobiles are sold.

In (4a), which is a transitive construction, transitive subject *John* is an agent, and transitive object *automobiles* is a patient. In intransitive constructions a subject denotes either an agent, in (4b), or a patient, in (4c) and (4d).

Here are examples of the neutralization of syntactic oppositions in Tongan (an ergative language):

(5) a. Na'e inu 'a e kava 'e Sione.
    PAST drink ABS the kava ERG John
    'John drank the kava.'

b. Na'e inu 'a Sione.
    PAST drink ABS John
    'John drank.'

c. Na'e lea 'a Tolu.
    PAST speak ABS Tolu
    'Tolu spoke.'

d. Na'e 'uheina 'a e ngoué.
    PAST rain ABS the garden
    'The garden was rained upon.'

In (5a) ergative *'e Sione* denotes an agent and absolutive *'a e kava* denotes a patient. In (5b) the transitive *inu* is used as an intransitive verb, therefore here we have absolutive *'a Sione* instead of ergative *'e Sione*. In (5c) absolutive *'a Tolu* denotes an agent. In (5d) absolutive *'a e ngoué* denotes a patient.

We can now formulate a law which I call the *Law of Duality*:

The marked term of an ergative construction corresponds to the unmarked term of an accusative construction, and the unmarked term of an ergative construction corresponds to the marked term of an accusative construction; and vice versa, the marked term of an accusative construction corresponds to the unmarked term of an ergative construction, and the unmarked term of an accusative construction corresponds to the marked term of an ergative construction.

An accusative construction and an ergative construction will be called *duals* of each other.

The Law of Duality means that accusative and ergative constructions relate to each other as mirror images. The marked and unmarked terms in accusative and ergative constructions are polar categories, like, for example, positive and negative electric charges; a correspondence of unmarked terms to marked terms and of marked terms to unmarked terms may be compared to what physicists call 'charge conjugation', a change of all plus charges to minus, and all minus to plus. The proposed Law of Duality also reminds one of laws of duality in projective geometry and mathematical logic. For example, in logic duals are formed by changing in a formula alternation to conjunction and vice versa.

One important consequence of the Law of Duality is that the opposition of voices in ergative languages is a mirror image of the opposition of voices in accusative languages: the *basic voice* in ergative languages corresponds to the *derived voice* in accusative languages, and the *derived voice* in ergative languages corresponds to the *basic voice* in accusative languages.

Since in accusative languages the basic voice is active and the derived voice is passive, this means that pure ergative languages cannot have a passive voice in the sense ot accusative languages. Rather, pure ergative languages can have a voice which is converse in its effect to the passive of accusative languages — the so-called antipassive.

A mixed ergative language can have the passive voice only as a part of its accusative subsystem.

What is sometimes called the passive voice in ergative languages cannot be regarded as a true passive from a syntactic point of view. Consider the following example from Georgian:

(6) a. Kali da-i-xat-a student-ma.
         woman(ABS)   PERFECTIVE-for-himself-paint-PAST
         student-ERG
         'The student painted the woman for himself.'

     b. Kali da-i-xat-a student-is mier.
         woman(ABS)   PERFECTIVE-Passiveness-paint-PAST
         student by
         'The woman was painted by the student.'

It is clear that (6a) has the meaning of the active and (6b) has the meaning of the passive. But the difference in meaning between (6a) and (6b) does not involve the change of the predicate structure — rather, the predicate remains unchanged. Actually, depending on context, the version prefix *-i-* in *da-i-xat-a* signifies either 'for himself' or a passive relation. The latter meaning must be explained as a secondary function of this prefix. This difference is semantic rather than syntactic. Since the difference in meaning between the two constructions is determined only by the two different ways of presenting the agent, (6b) cannot be considered a passive construction from a syntactic point of view.

The Law of Duality is valid in phonology as well. Consider, for instance, the opposition *d:t* in Russian and the opposition *d:t* in Danish. On the surface these oppositions are the same. But, as a matter of fact, the Russian *d:t* is a case of the opposition

Voiced:Voiceless and the Danish *d:t* is a case of the opposition *Lax:Tense.*

In Danish the neutralization of the opposition *d:t* results in *d* which may represent either *d* or *t*. So, *d* is the neutral-negative (unmarked) member of the opposition *d:t* and *t* is the positive (marked) member of this opposition. This may be represented by the diagram:

In Russian the neutralization of the opposition *d:t* results in *t* which may represent either *d* or *t*. So, *t* is the neutral-negative (unmarked) member of the opposition *d:t* and *d* is the positive (marked) member of this opposition. This may be represented by the diagram:

We come up with the opposition *unmarked term:marked term* in phonology. On the basis if this opposition we establish the following correspondence between members of the oppositions Lax:Tense and Voiced:Voiceless:

Opposition of markedness	Lax:Tense	Voiced:Voiceless
Unmarked phoneme	*d*	*t*
Marked phoneme	*t*	*d*

Now we can apply the *Law of Duality* in phonology:

The marked term of the opposition Lax: Tense corresponds to the unmarked term of the opposition Voiced:Voiceless, and the unmarked term of the opposition Lax:Tense corresponds to the marked term of the opposition Voiced:Voiceless; and vice versa, the marked term of the opposition Voiced:Voiceless corresponds to the unmarked term of the opposition Lax:Tense and the unmarked term of the opposition Voiced:Voiceless corresponds to the marked term of the opposition Lax:Tense.

The Correspondence Hypothesis and the Law of Duality are inconsistent with theories of universal grammar which take 'subject' and 'object' as primitive universal notions. They require for their comprehension a more abstract theoretical framework which treats 'subject' and 'object' as notions with a restricted scope of application rather than as universal notions. Such a theoretical framework is provided by Applicative Universal Grammar. I will consider the basic notions and principles of this theoretical framework and will bring them to bear on the understanding of the relation between ergative and accusative languages.

3. A framework for the Integrated Theory of Ergativity

The theory based on the Correspondence Hypothesis and the Law of Duality I call the Integrated Theory of Ergativity because rather than oppose morphological ergativity and syntactic ergativity, this theory integrates the two notions of ergativity in a single notion of ergativity.

The Integrated Theory of Ergativity has it that *ergative* vs. *accusative* is a fundamental typological syntactic dichotomy. This theory opposes theories which claim that from a syntactic standpoint ergative languages are organized in the same way as accusative languages. The nature and dimensions of this dichotomy can be explained and understood properly only by relating the ergative system and the accusative system to a more abstract underlying system which is presented in Applicative Universal Grammar.

One of the basic assumptions of Applicative Universal Grammar is that the structural description of a sentence must be given in terms of the relation *operator:operand*. (A motivation for this assumption is given in Shaumyan 1981, where it is shown that a grammar based on the relation operator:operand succeeds in integrating constituency and dependency models into a new model, which, while not merely preserving but also adding to their explanatory power, has a good claim to be accepted as a replacement for those separate models.)

An *operator* is any kind of linguistic device which acts on one or more expressions called its *operands* to form an expression called its *resultant*. For example, in the English expression *The hunter killed the bear* the word *killed* is an operator that acts on its operands *the hunter* and *the bear*; in *gray car* the expression *gray* is an operator that acts on its operand *car*. If an operator has one operand, it is called a *one-place operator*, if an operator has *n* operands, it is called an *n-place operator*.

In accordance with the definition of the operator the concept *syntactic connection* is defined as the relation *operator of* and its converse *operand of*. Thus, expression X is syntactically connected with expressions $Y_1...Y_n$ if $Y_1...Y_n$ are the operands of X.

It is important to notice that in accordance with the definition of the operator as a linguistic device, instances of an operator do not have to be concrete expressions, like words or morphemes. For instance, an operator may be represented by intonation. So, in the following verse from a poem by the Russian poet A. Blok, we have four sentences:

(7)   Noč. Ulica. Fonar'. Apteka.
        'Night. Street. Lantern. Pharmacy.'

In each of these sentences the intonation serves as an operator which acts on a term to form a sentence.

Another example of an operator which is not a concrete expression is truncation. For instance, *bel* 'is white' in the Russian sentence *Sneg bel* 'The snow is white' is the resultant of truncation of the suffix *-yj* in the word *bel-yj* 'white'. Here truncation serves as an operator which acts on the adjective *bel-yj* to form the predicate *bel* 'is white'.

In terms of the notions *operator, operand, resultant* and primitives *term* and *sentence* I define the formal concepts *one-place predicate, two-place predicate, three-place predicate* and the formal concepts *primary term, secondary term, tertiary term*:

Definition 1
If X is an operator which acts on a term Y to form a sentence Z, then X is a *one-place predicate* and Y is a *primary term*.

Definition 2

If X is an operator which acts on a term Y to form a one-place predicate Z, then X is a *two-place predicate* and Y is a *secondary term*.

Definition 3

If X is an operator which acts on a term Y to form a two-place predicate Z, then X is a *three-place predicate* and Y is a *tertiary term*.

The opposition of a primary and a secondary term constitutes the *nucleus* of a sentence. These terms I call *nuclear*.

It follows from the Definitions 1–2 that primary terms occur both in the opposition primary term:secondary term (with two-place predicates) and outside this opposition (with one-place predicates). Therefore, the position with a one-place predicate must be regarded as the point of neutralization of the opposition primary term: secondary term which is represented by the primary term in this position. The primary term is the neutral-negative (unmarked) member and the secondary term is the positive (marked) member of this opposition.

Let us focus on the operation of the combination of the operator with its operands. According to the definition of this operation in ordinary logic, an *n*-place operator combines with its operands in one step. This definition treats all operands as if they had equally close connections with their operators. But usually an operator is more closely connected with one operand than another. For example, a transitive verb is more closely connected with the secondary term (interpreted as *object* in accusative languages) than with the primary term (interpreted as *subject* in accusative languages). Thus, in the above example *The hunter killed the bear* the transitive predicate *killed* is more closely connected with *the bear* than with *the hunter*. To do justice to this phenomenon we must redefine the combination of *n*-place operator with its operands as a series of binary operations: an *n*-place operator is applied to its first operand, then the resultant to the second operand and so on. According to the new definition, an *n*-place operator combines with its operands in *n* steps rather than in one step, as in ordinary logic. For example, any transitive predicate, which is a two-place operator, must be applied to the secondary term, then the resultant to the primary term. Thus, in the above example, the transitive predicate *killed* must be applied first to *the bear*, then to *the hunter*: ((*killed the bear*) *the hunter*). The new binary operation called *application* is used in combinatory logic.

We can present a network of operators and operands on a diagram which I call an applicative tree. The sentence *He knocked down his enemy* may be represented by the following applicative tree:

(8)

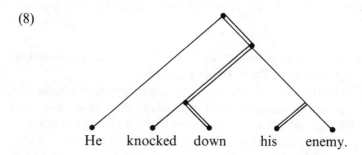

He   knocked   down   his   enemy.

An applicative tree such as (8) differs from a familiar constituency tree in that operators are represented by double lines and operands are represented by single lines. Applicative trees present the relation operator:operand independently of linear word order, as can be seen from the following examples:

(9)

(10)

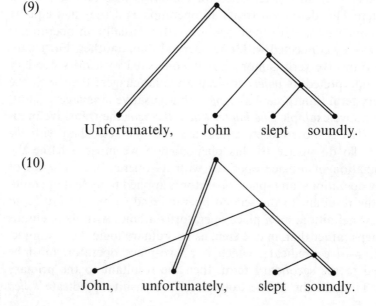

Unfortunately,   John   slept   soundly.

John,   unfortunately,   slept   soundly.

Applicative trees (9) and (10) are equivalent from the relational point of view.

Any applicative tree may be replaced with an equivalent linear formula with brackets. In the linear notation, by a conventional regimentation, an operator must precede its operand, and both are put inside brackets. Here are the equivalent linear formulae of the above applicative trees:

(11)   ((((DOWN KNOCKED) (HIS ENEMY)) HE)

(12)   (UNFORTUNATELY ((SOUNDLY SLEPT) JOHN))

Formula (11) replaces applicative tree (7). Formula (12) replaces the applicative trees (9) and (10) since it is invariant under the changes of word order. In a linear formula the brackets can be left out in accordance with the principle of leftward grouping. Applying this convention to the above linear formulae we get:

(13)   ((DOWN KNOCKED) (HIS ENEMY)) HE

(14)   UNFORTUNATELY ((SOUNDLY SLEPT) JOHN)

The opposition *primary term:secondary term* must be interpreted as the opposition *absolutive:ergative* in ergative languages and the opposition *subject:object* in accusative languages (primary term is interpreted as absolutive or subject, secondary term as ergative or object).

Within our formal system we reformulate the *Law of Duality* as follows:

The secondary term of an ergative construction corresponds to the primary term of an accusative construction, and the primary term of an ergative construction corresponds to the secondary term of an accusative construction; and vice versa, the secondary term of an accusative construction corresponds the primary term of an ergative construction, and the primary term of an accusative construction corresponds to the secondary term of an ergative construction.

With respect to the opposition primary term:secondary term, it is important to notice the following. Some syntactic rules in many ergative languages require for their statement reference to both the ergatives and the absolutives but not to all absolutives, but rather only to those appearing in intransitive clauses, so that one may wonder whether the opposition primary term:secondary term breaks down with respect to these rules. The important thing to consider is that only primary terms may appear in intransitive clauses. Since the position in an intransitive clause is the point of neutralization of the opposition primary term:secondary term, the primary term in this position may have the syntactic function of a primary term, secondary term, or of both. There are, thus, three possibilities: 1) primary terms in intransitive clauses are identified only with primary terms in transitive clauses; 2) primary terms in intransitive clauses are identified only with secondary terms in transitive clauses; 3) primary terms in intransitive clauses are identified both with primary and secondary terms in transitive clauses. All these possibilities are realized in ergative languages: 1) the syntactic rules in question are stated with reference to only absolutives (Dyirbal); 2) the syntactic rules in question are stated with reference to absolutives in intransitive clauses and ergatives in transitive clauses (Georgian); 3) the syntactic rules in question are stated with reference to absolutives in intransitive clauses and to absolutives and ergatives in transitive clauses (Arči, a Daghestanian language; Kibrik 1979: 71–72).

4. Implications of the Integrated Theory of Ergativity for language typology

One fundamental consequence of the Integrated Theory of Ergativity is that only those ergative processes can be considered formal ergative processes which correlate with ergative morphology.

I propose a broad definition of morphology which includes any coding devices of a language, including word order. I define morphology as the system of coding devices of a language.

Ergative processes may be found in languages which do not have ergative morphology, that is they are not distinguished by coding devices. For example, as far as nominalizations are concerned, Russian, an accusative language, has an ergative system: genitive functions as an absolutive, and instrumental functions as an ergative (Comrie 1978: 375–376). In French and Turkish, both accusative languages, there are causative constructions which are formed on ergative principles (Comrie 1976: 262–263); in French there are antipassive constructions (Postal 1977).

Can ergative processes not distinguished by coding devices be considered distinct formal processes?

A language is a sign system. But in a sign system signata cannot exist without signantia, that is without distinct coding devices. True, any natural language is a very complex sign system in which there is no one-to-one correspondence between signantia and signata. Rather, one signans may correspond to many signata, and, vice versa, one signatum may correspond to many signantia. But for sign systems the following general semiotic law may be formulated which I call the *Law of Identification of the Classes of Signata*:

Different signata belong in the same class if they are not distinguished from one another by at least one distinct coding rule.

In conformity with this semiotic law I propose the concept of the *grammatical category* defined as follows:

A grammatical category is a class of grammatical signata that are not distinguished from one another by at least one distinct coding rule.

In studying natural languages one may discover various linguistic relations. But if given linguistic relations are not distinguished from one another by at least one distinct coding rule, they belong in the same grammatical category.

Under the proposed definition of a grammatical category, ergativity can constitute a distinct grammatical category in a given language only if it is distinguished from other relations by at least one distinct coding rule.

In order to make my case concrete, I will consider ergativity in Russian. Comrie (1978: 376) claims that "as far as nominalizations are concerned, Russian has in effect an ergative system". This claim is based on the following data.

In Russian passive constructions can be nominalized. For example, we may have:

(15) a.　Gorod razrušen vragom.
　　　　city has-been-destroyed enemy-by
　　　　'The city has been destroyed by the enemy.'

　　b.　razrušenie goroda vragom
　　　　destruction city-of enemy-by
　　　　'the city's destruction by the enemy'

(15b) is a nominalization of (15a). In (15b) the genitive *goroda* denotes a patient and instrumental *vragom* denotes an agent, and the verbal noun *razrušenie* corresponds to a transitive predicate. This nominal construction correlates with a nominal construction in which a verbal noun corresponds to an intransitive predicate and the genitive denotes an agent, for example:

(16)   priezd vraga
       arrival enemy-of
       'the enemy's arrival'

If we compare (15b) with (16), we can see that the patient in (15b) and the agent in (16) stand in the genitive (functioning as an absolutive) while the agent in (15b) stands in the instrumental (functioning as an ergative). Therefore we may conclude that in Russian nominalizations involve ergativity.

Does ergativity constitute a distinct grammatical category in Russian nominal constructions? Consider the following example of nominalization in Russian:

(17) a.   Ivan prenebregaet zanjatijami.
          John neglects studies
          'John neglects studies.'

     b.   prenebreženie Ivana zanjatijami
          neglect John (GEN) studies (INSTR)
          'John's neglect of studies'

The surface structure of (17b) is the same as the surface structure of (15b), but instrumental *zanjatijami* denotes a patient rather than an agent and genitive *Ivana* denotes an agent rather than a patient. In this instance of nominalization, instrumental *zanjatijami* functions as an object and genitive *Ivana* functions as a subject.

It is not difficult to find more examples of nominalizations in which instrumentals denote patients rather than agents and genitives denote agents rather than patients. This type of nominalization occurs in a large class of verbs that take an object in the instrumental, like *rukovodit'* 'to guide', *upravljat'* 'to manage', *torgovat'* 'to sell', etc.

All these examples show that Russian does not use any coding devices to make ergativity a distinct grammatical category in nominal constructions. True, ergativity differs from other relations denoted by the instrumental in Russian nominal constructions. But, since ergativity is not distinguished from other relations in the opposition *instrumental:genitive* by at least one coding rule, ergativity does not constitute a distinct grammatical category and is simply a member of the class of relations denoted by the instrumental in Russian nominal constructions.

The above consequence is of paramount importance for typological research: with respect to ergativity, only those syntactic processes are typologically significant which are reflected by morphological processes.

Here are some phenomena which are typologically significant for the study of ergative processes: relativization, split ergativity, extraction rules (called so because they extract a constituent from its position and move it to some other position; the term 'extraction rules' covers WH-Question, relativization und focus), antipassives, possessives.

The important thing to note is that the ergative processes connected with these phenomena have no counterparts in accusative languages; they only characterize different types of ergative languages.

In making cross-linguistic generalizations concerning ergativity we have to look for coding devices which distinguish ergativity from other grammatical categories. Cross-linguistic generalizations which do not take into account coding devices can hardly be useful for the classification of language types.

5. The Integrated Theory of Ergativity and the Accessibility Hierarchy

In the preceding sections I tried to present motivations for the Integrated Theory of Ergativity. In order to produce additional evidence in support of this theory, I will examine the Keenan-Comrie Accessibility Hierarchy (Keenan & Comrie 1977).

In an important study of relative clause formation strategies Edward L. Keenan and Bernard Comrie established the Accessibility Hierarchy which characterizes the relative accessibility to relative clause formation of various members of a sentence. In terms of the Accessibility Hierarchy, they state universal constraints on relative clause formation. According to the Accessibility Hierarchy, processes of relative clause formation are sensitive to the following hierarchy of grammatical relations:

Subject > Direct object > Indirect object > Oblique NP > Possessor > Object of comparison

where > means 'more accessible than'.

The positions of the Accessibility Hierarchy are to be understood as specifying a set of possible relativizations that a language may make: relativizations that apply at some point of the hierarchy must apply at any higher point. The Accessibility Hierarchy predicts, for instance, that here is no language which can relativize direct objects but not subjects, or that can relativize possessors and subjects but not direct objects and oblique NPs.

In terms of the Accessibility Hierarchy Keenan und Comrie state the following universal constraints on relative clause formation:

The Hierarchy Constraints

1. A language must be able to relativize subjects.
2. Any relative clause forming strategy must apply to a continuous segment of the Accessibility Hierarchy.
3. Strategies that apply at one point of the Accessibility Hierarchy may in principle cease to apply at any lower point.

Constraint 1 states that the grammar of any language must allow relativization on subjects. For instance, no language can relativize only locatives or direct objects. Constraint 2 says that a language is free to treat the adjacent positions as the same, but it cannot skip positions. For example, if a given strategy can apply to both subjects and locatives, it must also apply to direct objects and indirect objects. Constraint 3 says that each point of the Accessibility Hierarchy can be a cut-off point for any strategy that applies to a higher point. Numerous examples of data supporting the Hierarchy Constraints — that is, relativizations of subjects only, or of subjects and direct objects, or of different strategies for subjects and indirect objects, subjects and obliques, subjects and genitives, or subjects and objects of comparison — can be found in Keenan & Comrie (1977).

The Accessibility Hierarchy excludes the possibility of languages where subjects are less accessible to relativization than objects. Yet this is precisely the case with Dyirbal and Mayan languages, if we identify ergatives with transitive subjects and absolutives with intransitive subjects and direct objects, as is done in Relational Grammar (and in Arc Pair Grammar). That is, these facts undermine the status of the Accessibility Hierarchy as a universal law.

In his important study of ergativity, David E. Johnson (1976: 2) gives this definition:

> A language is said to be *absolutive/ergative* (or simply, ergative) if some of its rules treat 'subjects of intransitive clauses (SUI)' and 'direct objects (DO)' alike in some manner to the exclusion of 'subjects of transitive clauses (SUT)'. In contrast, a language is said to be a *nominative/accusative* language if its rules identify 'subjects of intransitive clauses' and 'subjects of transitive clauses' as opposed to 'direct objects'.

If we accept this definition of ergativity and apply it to Dyirbal and Mayan languages, we will see that the data from these languages contravene the Accessibility Hierarchy.

Dyirbal does not allow relativization on ergative subjects; instead, the verb of the relative clause is intransitivized by adding the suffix -*ŋay*, and the subject is put in the absolutive case (Dixon 1972: 100). For instance, consider the Dyirbal sentence:

(18) yabu ŋuma-ŋgu buṛa-n.
      mother(ABS) father-ERG see-PAST
      'Father saw mother.'

In sentence (18) the ergative subject is marked by -*ŋgu*. In order to be embedded to another sentence as a relative clause, sentence (18) must be antipassivized and ergative *ŋuma-ŋgu* be replaced by absolutive *ŋuma-∅*, as in (19):

(19) ŋuma-∅ [buṛal-ŋa-ŋu-∅ yabu-gu] duŋgara-nʸu.
      father-ABS [see-ANTIPASS-REL-ABS mother-DAT] cry-PAST
      'Father, who saw mother, was crying.'

The features of Dyirbal under discussion here conform closely to those of Mayan grammar. Thus, in the languages of the Kanjobalan, Mamean and Quichean subgroups, ergative NPs may not as a rule be relativized (nor questioned or focused), while absolutive NPs can. In order for an ergative NP to undergo relativization, it must be converted into derived absolutive and the verb be intransitivized through the addition of a special intransitivizing suffix. Here is an example of this process in Aguacatec (Larsen & Norman 1979):

(20)　ja Ø-Ø-b'iy yaaj xna7n.
　　　ASP 3sB-3sA-hit man woman
　　　'The man hit the woman.'

(21) a.　na7 m-Ø-b'iy-oon xna7n.
　　　who DEP.ASP-3sB-hit-SUFFIX woman
　　　'Who hit the woman?'

　　 b.　ja Ø-w-il yaaj ye m-Ø-b'iy-oon xna7n.
　　　ASP 3sB-1sA-see man the DEP.ASP-3sB-hit-SUFFIX woman
　　　'I saw the man who hit the woman.'

　　 c.　yaaj m-Ø-b'iy-oon xna7n.
　　　man DEP.ASP-3sB-hit-SUFFIX woman
　　　'It was the man who hit the woman.'

Here -*oon* is the intransitivizing suffix used to circumvent the constraints on the extraction of ergatives.

We see that the facts of Dyirbal and Mayan languages present strong evidence against the Accessibility Hierarchy. Does it mean that the Accessibility Hierarchy must be abandoned as a universal law? I do not think so. The trouble with the Accessibility Hierarchy is that it is formulated as a universal law in non-universal terms, such as subject, direct object, etc. To solve the difficulty, it is necessary to abandon these non-universal concepts, and to replace them by truly universal concepts. The key to the solution of this difficulty is provided by Applicative Universal Grammar.

Our first step is to split the Accessibility Hierarchy into two hierarchies, one for accusative languages and one for ergative languages:

1.　　*Subject > Direct object > Indirect object > ...*
2.　　*Absolutive > Ergative > Indirect object > ...*

Here the terms *ergative* and *absolutive* refer to syntactic functions distinct from the syntactic functions *subject* and *object*, rather than to morphological cases.

Many ergative languages permit both ergative and absolutive NPs to relativize. But this does not undermine the distinct Accessibility Hierarchy for ergative languages. The crucial fact is that there are accusative languages that relativize only subjects, but there are no ergative languages that relativize only ergatives. On the other hand, there are ergative languages, like Dyirbal and Mayan languages, that relativize only absolutives.

Our second step is to collapse both hierarchies into an abstract Accessibility Hierarchy which reflects their isomorphism:

Primary term > Secondary term > Tertiary term > ...

We see that the confusion of ergatives with transitive subjects is inconsistent with the Accessibility Hierarchy, creating an unresolvable difficulty. The treatment of ergatives and transitive subjects as different syntactic functions, on the other hand, leads to a deeper understanding of the Accessibility Hierarchy, which results in its restatement on an abstract level in keeping with true basic syntactic universals: primary, secondary, tertiary terms.

6. On the correct formulation of syntactic rules in ergative languages

I started the discussion of the syntactic structure of accusative and ergative languages on the assumption that the rules Equi-NP deletion and Subject raising proposed for ergative languages by Anderson were correct. I argued that this assumption meets grave difficulties since the NPs considered to be subjects by Anderson possess syntactic properties which are incompatible with the notion of subject. I tried to show that the notions of subject and object are not valid for ergative languages and must be replaced by the notions of ergative and absolutive as distinct syntactic functions. The distinction between the separate notions of morphological and syntactic ergativity was rejected and replaced by the single uniform notion of ergativity as a syntactic-morphological category. I call the new theory of ergativity the *Integrated Theory of Ergativity* because, rather than oppose morphological and syntactic ergativity, this theory integrates the two notions in a single notion of ergativity.

Now, after I have proposed the Integrated Theory of Ergativity, I will show how to formulate correct syntactic rules for ergative languages based on this theory.

In order to formulate the new syntactic rules for ergative languages, consider the following examples given by Anderson (1976: 8):

(22)   Equi-NP Deletion
   a. John wants to laugh.
   b. John wants to be tickled by Bill.

(23)   Subject Raising
   a. John seems to be laughing.
   b. John seems to be getting the job.
   c. John seems to have been tattooed by a Dayak.

In these examples the syntactic rules apply to the subject NP in the lower clause regardless of whether it denotes an agent or a patient. Equi applies to an agent NP in (22a) and to a patient NP in (22b). By the same token, in (23a, b) an agent NP is raised out of the NP position in the lower clause, while in (23c) it is a patient NP. According to Applicative Universal Grammar, the NPs to which the above rules apply are primary terms which must be interpreted as subjects in accusative languages. Subjects may denote either agents or patients, which are not formal grammatical categories in English or in any other accusative language. Thus, the English rules of Equi deletion and Subject raising are sensitive to the notion of subject rather than to the notions of agent or patient, which do not have a formal status in English.

Now let us consider examples of Equi deletion from Basque given by Anderson to make the point that the above syntactic rules apply to Basque as well (1976: 12):

(24) a. Dantzatzerat joan da.
      dance-INFIN-*to* go he-is
      'He has gone to dance.'

   b. Txakurraren hiltzera joan nintzen.
      dog-DEF-GEN kill-INFIN-*to* go I-was
      'I went to kill the dog.'

   c. Ikhusterat joan da.
      see-INFIN-*to* go he-is

'He$_i$ has gone to see him$_j$.'
*'He$_i$ has gone for him$_j$ to see him$_i$.'

Anderson argues that these examples show that Equi deletion in Basque requires identity of subjects; it can never delete a coreferential object in the lower clause. Anderson claims that the rule of Equi in Basque "is sensitive to the same notion of subject as in English" (1976: 12). This claim is false because Anderson confounds the notion of agent with the notion of subject: Basque Equi applies to the agent while in English Equi applies to the subject. Talking of the agent in Basque, I mean the agent as a formal grammatical category rather than the agent as a semantic notion. In ergative languages the agent has a formal status because it is encoded by the ergative case or other morphological devices; in accusative languages the agent has no formal status because accusative languages do not have morphological devices for encoding the agent. In all the above examples it is the agent NP denoted by the ergative case which is deleted in the lower clause; it should be noted that Equi can apply only to agent NPs in the ergative and never to patient NPs in the absolutive.

Thus, the two rules apply to the formal category of subject in accusative languages and to the formal category of agent in ergative languages. In accusative languages we have Subject raising, but in ergative languages Agent raising. Equi deletion deletes subjects in accusative languages and agents in ergative languages.

Subject raising in accusative languages and Agent raising in ergative languages apply both to transitive and intransitive clauses. In ergative languages the agent in intransitive clauses can be denoted only by the absolutive since, as was shown in section 4, the primary term in the absolutive in intransitive clauses is the point of neutralization of the opposition ergative:absolutive, and the absolutive may thus be identified either with an agent or with a patient.

Here are examples of Subject raising in Tongan given by Anderson (1976: 13):

(25) a. 'Oku lava ke hū 'a Mele ki hono fale.
PRES possible TNS enter ABS Mary to his house
'It is possible for Mary to enter his house.'

b. 'Oku lava 'a Mele 'o hū ki hono fale.
PRES possible ABS Mary TNS enter to his house
'Mary can enter his house.'

    c. 'Oku lava ke taa'i 'e Siale 'a e fefine.
        PRES possible TNS hit ERG Charlie ABS DEF woman
        'It is possible for Charlie to hit the woman.'

    d. 'Oku lava 'e Siale 'o taa'i 'a e fefine.
        PRES possible ERG Charlie TNS hit ABS DEF woman
        'Charlie can hit the woman.'

    e. *'Oku lava 'a e fefine 'o taa'i 'e Siale.
        PRES possible ABS DEF woman TNS hit ERG Charlie
        'The woman can be hit (by Charlie).'

Anderson interprets these examples as evidence that "Tongan subject raising, then, only applies to subjects in the same sense as English subject raising" (1976: 13). But here again Anderson ignores the existence of the formal category of agent in Tongan and falsely identifies Agent raising in Tongan with Subject raising in English. In (25b) the agent NP in the absolutive, *Mele*, has been raised into the matrix clause, and in (25d) it is the agent NP in the ergative, *Siale*, which occurs in the matrix clause. (25e) is ungrammatical because the patient NP in the absolutive has been raised. Note that in the English examples (23c) a patient NP has been raised out of the lower clause; (23c) is grammatical because its patient NP which has been raised out of the lower clause has the formal status of a subject.

    Anderson also analyzes data regarding conjunction formation and reflexivization. All of the data analyzed by Anderson involve rules which are sensitive to the formal category of agent rather than to the formal category of subject. Since Anderson confounds these formal categories, his formulation of syntactic rules in ergative languages is false.

    In most ergative languages syntactic rules are sensitive to the formal category of agent. But there are other possibilities, too. For instance, in Dyirbal syntactic rules are in many cases sensitive to the formal category of absolutive; these rules are stated with reference only to absolutives in intransitive and in transitive clauses. In some ergative languages, like Arči, a Daghestanian language, there are no constraints concerning the sensitivity of syntactic rules at all (Kibrik 1979: 71).

    The important thing is that none of the syntactic rules in ergative languages should be stated in terms of subject and object. Any statements of syntactic rules in ergative languages in terms of these notions are false.

7. Concluding remarks

In this paper I made the case that *ergative* vs. *accusative* is a fundamental typological syntactic dichotomy, arguing against theories of ergativity which claim that from the syntactic point of view ergative languages are organized in the same way as accusative languages. The nature and dimensions of this dichotomy can be explained and understood properly only by relating the ergative system and the accusative system to a more abstract underlying system which is provided by Applicative Universal Grammar. The Integrated Theory of Ergativity claims that *ergative* and *absolutive* cannot be defined it terms of *subject* and *object*, but rather must be considered valid universal concepts. Both series of concepts must be related to a more abstract series of concepts defined in terms of the relation *operator:operand*. This theory is significant in two respects: 1. it solves the difficulties met in typological descriptions of diverse ergative languages by linguists who consider subject and object to be universal concepts; in particular, it solves the difficulties met by the Keenan-Comrie Accessibility Hierarchy, which leads to the restatement of this important hypothesis in abstract terms; 2. it calls for a serious overhaul of the existing theories of universal grammar which take *subject, direct object, indirect object* as primitive concepts.*

Acknowledgements

* The author wishes to thank R. M. W. Dixon and Claude Tchekhoff for their comments on certain aspects of this paper.

References

Anderson, Stephen R.
    1976   "On the notion of subject in ergative languages", in: Li (ed.) 1976,
            1–23.
Churchward, C. Maxwell
    1953   *Tongan grammar* (London: Oxford University Press).

Comrie, Bernard
1976   "The syntax of causative constructions: Cross-language similarities
          and divergences", in: *Syntax and semantics 6: The grammar of causative
          constructions*, edited by M. Shibatani (New York: Academic Press),
          261–312.
1978   "Ergativity", in: *Syntactic typology. Studies in the phenomenology of
          language*, edited by W. P. Lehmann (Austin: University of Texas
          Press), 329–394.
Dixon, Robert M. W.
1972   *The Dyirbal language of North Queensland* (Cambridge: Cambridge
          University Press).
Johnson, David E.
1976   "Ergativity and universal grammar", to appear in: *Studies in Relational
          Grammar*, edited by D. M. Perlmutter.
Keenan, Edward L.
1976   "Towards a universal definition of 'subject'", in: Li (ed.) 1976,
          303–333.
Keenan, Edward L. & Bernard Comrie
1977   "Noun phrase accessibility and universal grammar", *Linguistic Inquiry*
          8: 63–99.
Kibrik, Aleksandr E.
1979   "Canonical ergativity and Daghestan languages", in: Plank (ed.) 1979,
          61–77.
Larsen, Thomas W. & William M. Norman
1979   "Correlates of ergativity in Mayan grammar", in: Plank (ed.) 1979,
          347–370.
Li, Charles N. (ed.)
1976   *Subject and topic* (New York and London: Academic Press).
Martinet, André
1975   *Studies in functional syntax* (München: Fink).
Plank, Frans (ed.)
1979   *Ergativity. Towards a theory of grammatical relations* (London and
          New York: Academic Press).
Postal, Paul M.
1977   "Antipassive in French", in: *Proceedings of the 7th Annual Meeting of
          the North Eastern Linguistic Society*, 273–313.
Shaumyan, Sebastian K.
1977   *Applicational grammar as a semantic theory of natural language*
          (Chicago: University of Chicago Press).
1981   "Constituency, dependency and applicative structure", to appear in:
          Rulon Wells Festschrift, edited by A. Makkai & A. K. Melby.

GERD STEINER

Verbalkonstruktion oder Verbalauffassung?

1. Stand der Diskussion

1.1. In der neueren Diskussion über die Merkmale des ergativischen Sprachbaus im Unterschied zu einem nominativ-akkusativischen bezieht sich die Argumentation hauptsächlich einerseits auf die Funktion der Partizipienten oder Aktanten eines Vorgangs als Subjekt oder Objekt bzw. ihre Rollen als *agent, patient, experiencer,* o. ä., oder auch auf Aspekte des Sachzusammenhangs wie *topicality, comment, focus, presupposition,* o. ä., andererseits auf besondere syntaktische Konstruktionen, aus denen sich die einer Sprache zugrunde liegende Vorstellung von einem ‚Subjekt' oder gar die typologische Zugehörigkeit ergeben soll. Alle diese Kriterien betreffen überwiegend Erscheinungen der Verbalkonstruktion, während dem Verbum selber, also der eigentlichen Bezeichnung des Vorgangs, kaum sonderliche Beachtung geschenkt wird. Als relevante Merkmale werden in der Regel nur seine Transitivität oder Intransitivität berücksichtigt, und zwar wiederum vor allem im Hinblick auf die Kombination mit Aktanten. Die Bedeutung des Verbums oder die Art der Bezeichnung von Vorgängen spielt dabei kaum eine Rolle (s. aber § 1.4).

1.2. Die Besonderheiten des nominativ-akkusativischen und des ergativischen Sprachtyps werden also weitgehend aus der Art, Struktur oder Rolle der Aktanten hergeleitet und ihre Verschiedenheit — zum Teil ganz abstrakt — aus der Notwendigkeit und der Art einer Differenzierung und Charakterisierung der Aktanten von ein- oder zweiwertigen, d. h. intransitiven oder transitiven Verben erklärt (vgl. Anderson 1976: 19; Comrie 1978: 331–334, 380–381; Dixon 1979: 67–68; Kibrik 1979; Martinet 1979). Dabei ist es meist auch von untergeordneter Bedeutung, durch welche Formen diese Aktanten jeweils bezeichnet werden (vgl. aber Bechert 1979). So wird etwa ein Passiv mit explizitem Agens in einer Nominativ-Akkusativ-Sprache als ‚Ergativ'-Konstruktion aufgefaßt oder ein Anti-Passiv

mit einem Partizipienten in einer dimensionalen Kasusrelation als
transitives Verbum mit einem ‚(direkten) Objekt' (vgl. Kalmár
1979).

1.3. Da speziell der Ergativ-Typ nur selten in seiner ‚Idealstruktur'
auftritt, was bei einer solchen Betrachtungsweise besonders deutlich
wird, finden sich nicht nur für einzelne Sprachen Wertungen wie
„ergative in some respect" (Blake 1976: 282), „some ergativity"
(Dixon 1979: 225) oder „highly, though not completely ergative"
(Comrie 1979: 220), sondern es werden geradezu „mixed ergative
languages" (Kibrik 1979: 67) angenommen, ein „mixed type" (Anderson 1976: 18) mit „split system" oder „split ergativity" (Bechert
1979: 46; Comrie 1978: 350–355; Dixon 1979: 64, 79–98; u. a.), bei
dem Teile des Verbalsystems ‚ergativische', andere jedoch ‚nominativ-akkusativische' Konstruktion aufweisen. Noch weiter in der
Überbewertung von Konstruktionen des Verbums geht die Unterscheidung zwischen einer morphologisch und einer syntaktisch begründeten Typologie (Anderson 1976; Comrie 1978; Dixon 1979;
u. a.), wonach eine bestimmte Sprache in ihrer Morphologie ‚ergativisch', in ihrer Syntax aber ‚nominativ-akkusativisch' sein kann. Da
hierbei syntaktischen Phänomenen eine größere Relevanz beigemes-
sen wird als morphologischen und vielen Ergativ-Sprachen eine
nominativ-akkusativische Syntax zugesprochen wird, erscheint die
‚Ergativität' schließlich nur noch als „a comparatively trivial fact
about morphology" (Anderson 1976: 16–17).

1.4. Eine wichtige Ausnahme von diesem Trend zu einer Überschät-
zung der Verbalkonstruktion ist jedoch die Definition eines besonderen ‚aktivischen' Sprachtyps — neben dem ergativischen und nominativ-akkusativischen — durch Klimov (1973; 1974; 1977). Für
diesen Typ werden zwei grundlegende Bedeutungsklassen des Verbums unterschieden, und zwar Stativ-Verben und Aktiv-Verben,
denen im nominalen Bereich wiederum zwei Klassen von inaktiven
und aktiven Partizipienten entsprechen. Allerdings wird diese semantische Klassifikation der Nomina praktisch dadurch wieder
aufgehoben, daß als Partizipienten des Vorgangs die ‚aktiven' Nomina sowohl in einer aktiven als auch in einer inaktiven Funktion
auftreten können; und zwar sind sie ‚inaktiv' als Partizipienten von
Stativ-Verben oder von Aktiv-Verben, die noch mit einem anderen
— ‚aktiven' — Aktiv-Nomen kombiniert sind. Damit aber sind die
syntaktischen Kategorien des ‚aktivischen' Sprachtyps im Grunde

nichts anderes als modifizierte Kategorien des ergativischen Systems. Ein ‚aktives‘ Aktiv-Nomen ist seiner Funktion nach ein Agens, ein ‚inaktives‘ Aktiv-Nomen oder ein Inaktiv-Nomen ein Patiens. Da ferner Stativ-Verben durchweg intransitiv sind, liegt das wesentliche Merkmal des ‚aktivischen‘ Sprachtyps darin, daß Aktiv-Verben nicht nur transitive, sondern auch intransitive Verben umfassen. Dieses Phänomen läßt sich aber auch ohne weiteres als Besonderheit des ergativischen Typs verstehen (vgl. auch Comrie 1976; Dixon 1979: 80–85; Steiner 1976: 271–273; sowie § 3.3.3). Wenn auch die Differenzierung von ‚aktiven‘, besser ‚fientischen‘, und ‚statischen‘ Verben durchaus wichtig ist, so kann sie doch nicht als Grundlage für die Definition eines besonderen Sprachtyps dienen. Denn entsprechende Verbalklassen finden sich, zwar nicht mit einer ‚aktiven‘ Konstruktion, aber als relevante Kategorien auch in anderen Sprachen des ergativischen Typs und sogar in manchen Nominativ-Akkusativ-Sprachen (vgl. § 4.5).

2. Verbalauffassung

2.1. Aber auch die Unterscheidung von intransitiven und transitiven Verben und die Art ihrer Kombination mit den jeweiligen Aktanten ergibt noch nicht das wesentliche Kriterium für den Unterschied zwischen der ergativischen und der nominativ-akkusativischen Verbalstruktur. Ein solches Kriterium bietet vielmehr erst die Berücksichtigung der jeweiligen Verbalauffassung, d. h. der allgemeinen Grundbedeutung der Verbalstämme bei jedem der beiden Strukturtypen. In der neueren Diskussion wird mehr oder weniger eine ‚neutrale‘ Grundbedeutung für die Verbalstämme beider Typen vorausgesetzt. Damit wird jedoch letztlich nur eine Erörterung der Frage vermieden, ob ein Verbalstamm z. B. der Bedeutung ‚töten‘ in einer Ergativ-Sprache dieselbe Grundbedeutung haben kann wie in einer Sprache des Nominativ-Akkusativ-Typs, und ob diese auch bei einem *split system* der Konstruktionen oder anderen morphosyntaktischen Inkongruenzen für alle Kategorien des Verbalsystems gilt.

2.2. Allerdings ist einzuräumen, daß die theoretische Notwendigkeit, eine Verbalauffassung als allgemeine Grundbedeutung aller Verben von der Art ihrer Konstruktion zu unterscheiden, für die Darstellung und Analyse von Nominativ-Akkusativ-Sprachen allein nicht unbedingt besteht, und diese deshalb in der traditionellen Grammatik und Sprachwissenschaft auch nicht berücksichtigt werden mußte. Denn die ‚aktivische' Grundbedeutung der Verben in solchen Sprachen entspricht im wesentlichen ihrer Grundkonstruktion; auch die Passivkonstruktionen werden grundsätzlich mit Verbalformen gebildet, die eigentlich ‚aktivisch' sind, wobei es unwesentlich ist, ob auch noch der ‚Urheber' des Vorgangs durch ein Nomen in einem ‚obliquen' Kasus ausgedrückt wird oder nicht. Die Frage nach der Art der Verbalauffassung stellt sich jedoch bei der Beschreibung von ‚Ergativ'-Sprachen, wie etwa des Baskischen oder der Kaukasus-Sprachen. Tatsächlich wurde im Zusammenhang mit diesen Sprachen bereits zu Ende des vorigen Jahrhunderts das Problem im wesentlichen richtig erkannt. Umso merkwürdiger ist es daher, wenn es in der neueren Diskussion um die Phänomene der ‚Ergativität' nahezu völlig ausgeklammert wird.

2.3. In der älteren Phase der Diskussion jedenfalls wurde für die transitiven Verben in ‚Ergativ'-Sprachen weitgehend eine ‚passivische' Verbalauffassung vorausgesetzt (vgl. Steiner 1976: 230–232 mit Anm. 8, 18, 19, 28–32 mit Literatur). Auch heute ist die Annahme einer so definierten allgemeinen Grundbedeutung der transitiven Verben nicht überholt, sondern − mit einer Modifikation (s. § 2.4) − nach wie vor die einfachste Erklärung des Problems. Es ist lediglich festzustellen, daß der Terminus ‚passivisch' nicht, bzw. nicht mehr, in dem Sinne verstanden werden kann, als liege − strukturell gesehen − eine Art verallgemeinerter Passivkonstruktion vor, und zwar auch dann nicht, wenn die ‚ergativische' Struktur einer Sprache − historisch gesehen − auf eine solche zurückgeführt werden kann; er läßt sich jedoch ohne weiteres damit rechtfertigen, daß der primäre Aktant ein ‚Patiens' ist (vgl. § 3.1.5).

2.4. Die passivische Verbalauffassung ist, besonders in ‚Ergativ'-Sprachen mit *split system* oder sonstigen Abweichungen von der ‚Idealstruktur', nicht immer leicht zu erkennen. Sie wird jedoch offensichtlich in Fällen, in denen ein transitives Verbum als Faktitivum oder Kausativum eines intransitiven erscheint bzw. ein intransitives Verbum als ‚Passiv' eines transitiven, wobei sich die Strukturen jeweils nur durch die Realisierung bzw. Nicht-Realisierung eines expliziten Agens unterscheiden (vgl. Steiner 1976: 231). Dies zeigt sich besonders deutlich bei Sprachen, deren Verbalkomplexe keine Personalmorpheme enthalten, wie z. B. Daghestan-Sprachen (vgl.

Kibrik 1979: 71). Noch klarer aber ist die Evidenz, wenn der reine Verbalstamm in der Funktion einer finiten Form mit Morphem /∅/ für einen Patiens-Aktanten der 3. Person Sg. gebraucht wird, wie z. B. im Elamischen (vgl. Steiner 1979: 200 ex. 17b–c, 211 ex. 48). Gerade diese Erscheinungen zeigen aber auch, daß die Grundbedeutung eines transitiven Verbums in diesen Sprachen nicht eigentlich ‚passivisch' ist, sondern vielmehr ‚intransitiv'. Als allgemeine Konsequenz aus diesem Befund ergibt sich dann, daß alle Verben einer ‚Ergativ'-Sprache in ihrer primären Grundbedeutung intransitiv sind, d. h. das Sich-Vollziehen eines Vorgangs bezeichnen. Somit ist diese Art der Verbalauffassung als ‚intransitivisch' zu charakterisieren bzw. mit Rücksicht auf den vorgeprägten Terminus als ‚intransitiv-passivisch' (vgl. Steiner 1976: 231).

2.5. Auf jeden Fall aber ist analog dazu für Sprachen des Nominativ-Akkusativ-Typs eine ‚aktivische' Verbalauffassung anzunehmen (vgl. auch § 2.2). Die sich dadurch ergebende terminologische Konkurrenz mit dem anders definierten ‚aktivischen' Sprachtyp Klimovs (vgl. § 1.4) ist zwar bedauerlich, aber kaum zu vermeiden. Immerhin hätte der Terminus ‚aktivisch' in der hier angenommenen Bedeutung historische Priorität, da er bereits zu Anfang dieses Jahrhunderts sowohl von Schuchardt (1905/06), der von dem „aktivischen und passivischen Charakter des Transitivs" sprach, als auch von seinem Gegner Finck (1907: 210–211, 280–281) gebraucht wurde. Abgesehen von dieser terminologischen Schwierigkeit braucht die Annahme einer aktivischen Verbalauffassung für Nominativ-Akkusativ-Sprachen nicht besonders begründet zu werden, da sie — wie schon gesagt (s. § 2.2) — durch die Tradition faktisch vorgegeben ist. Die Berechtigung für die Annahme einer intransitiv-passivischen Verbalauffassung soll jedoch an einigen relevanten Phänomenen demonstriert werden.

3. Relevante Phänomene

3.1. Subjekt

3.1.1. Ein zentrales Problem des Ergativ-Typs ist die Diskussion um den Begriff ‚Subjekt'. Dabei wird einerseits bezweifelt, ob für Ergativ-Sprachen überhaupt ein ‚Subjekt' angenommen werden kann (vgl. Sasse 1978: 220–221 mit Literatur), andererseits der

Begriff weitgehend als ‚aktivisches' Subjekt verstanden, dem zwangsläufig der Begriff ‚Objekt' entspricht (vgl. Comrie 1978: 330–334; Dixon 1979: 60 und passim; u. a.). Die theoretische Grundlage für den letzteren Fall ist offenbar die − unbewiesene − Annahme, daß die Kategorien ‚transitives Subjekt', ‚transitives bzw. direktes Objekt' und ‚intransitives Subjekt' als „universal syntactic-semantic primitives" (Dixon 1979: 60, vgl. 83) vorauszusetzen seien. Äußerungen dieser Art lassen nun unmißverständlich erkennen, daß bei allen Bemühungen um eine sachgerechte Darstellung und Deutung der ‚Ergativität' selbst unter ‚Ergativisten' immer noch die ‚aktivische' Verbalauffassung mit Nominativ-Akkusativ-Konstruktion als die eigentliche, zumindest aber als die logische Art der Verbalstruktur einer Sprache angesehen wird.

3.1.2. Sieht man von den logischen Implikationen des Begriffs und den mannigfachen Merkmalskomponenten eines ‚Subjekts' (Keenan 1976) ab, so läßt sich das Subjekt des Verbums in einer Sprache des Nominativ-Akkusativ-Typs als diejenige syntaktische Kategorie definieren, die den primären Aktanten, der für einen vollständigen intransitiven oder transitiven Verbalsatz grundsätzlich obligatorisch ist, in einer expliziten Form realisiert. Dieser Aktant wird beim Nomen durch den ‚Nominativ' bezeichnet; beim Verbum entsprechen ihm die obligatorischen Personalmorpheme, sofern solche im Verbalkomplex enthalten sind. Andererseits dient der ‚Nominativ' auch als Zitierform des Nomens und zur Bezeichnung des Subjekts eines Nominalsatzes. Somit ist dieser Kasus die in der Funktion am wenigsten spezialisierte Form des Nomens.

3.1.3. Überträgt man diese Kriterien − *mutatis mutandis* − auf die intransitiv-passivische Verbalauffassung bzw. die Ergativ-Struktur, so erweist sich als Form des Nomens mit der am wenigsten spezialisierten Funktion in der Regel die reine Stammform, d. h. ein Kasus mit Morphem /∅/ (vgl. Steiner 1976: 235–236 mit Anm. 61–70), der heute meist als ‚Absolutiv' bezeichnet wird. Tatsächlich aber ist dieser Kasus ein ‚Nominativ' (vgl. auch Blake 1979: 304 Anm. 3); denn er stellt nicht nur die Zitierform des Nomens dar (vgl. auch Dixon 1979: 75), sondern erscheint überdies als Subjekt eines Nominalsatzes (vgl. auch Dixon 1979: 72 und Anm. 15) bzw. sogar als Prädikatsnomen, in manchen Sprachen auch als Vokativ. Mit einem Nomen in dieser ‚absoluten' Nominativform korrespondieren verbale Personalmorpheme, die bei intransitiven und transitiven Verben in der Regel dieselbe Relation bezeichnen. Es liegt daher nahe, den Aktanten, der dieser Relation entspricht, als ‚Subjekt‘ des Verbums bzw. des Verbalsatzes zu definieren (vgl. auch Blake 1979: 304 Anm. 1; Kibrik 1979: 75; sinngemäß Sasse 1978: 235–240).

3.1.4. Gegen eine solche Definition des ‚Subjekts‘ nach intransitiv-passivischer Verbalauffassung spricht auch nicht, daß sich der betreffende Aktant in manchen Sprachen bei bestimmten syntaktischen Konstruktionen für transitive und intransitive Verben unterschiedlich verhalten kann. Dies betrifft vor allem den Fall von *equi-noun-phrase-deletion* (vgl. Anderson 1976; Comrie 1973; 1978; Dixon 1979; Keenan 1976; u. a.) bei Koordination und Subordination zwischen transitiven und intransitiven Sätzen mit demselben Partizipienten als Agens bzw. als ‚Subjekt‘, wobei dieser scheinbar in der Rolle eines Subjekts nach Nominativ-Akkusativ-Struktur erscheint. Solche und ähnliche Fälle sind jedoch ohne weiteres auch dadurch zu erklären, daß die formale Realisierung einer Kategorie, wie hier von Agens oder Subjekt, durch die − positive oder negative − Bezeichnung einer für den Zusammenhang relevanteren, wie hier der Identität eines Partizipienten von zwei syntaktisch aufeinander bezogenen Sätzen, überlagert wird (vgl. auch § 4.2).

3.1.5. Es ist somit für die Definition einer verbalen Kategorie ‚Subjekt‘ nicht von einem ‚universalen‘ Begriff auszugehen, sondern von zwei inhaltlich verschiedenen Subjektsauffassungen entsprechend den beiden Typen der Verbalauffassung. Dabei ist jeweils nicht nur die Art der syntaktischen Relation verschieden, sondern grundsätzlich auch der semantische Gehalt des ‚Subjekts‘ (s. aber § 3.1.6). Die Konzeption des aktivischen Subjekts ist primär durch die Mitwirkung an einem Vorgang bestimmt; der oppositionelle Aktant ist das ‚(direkte) Objekt‘, auf das sich der Vorgang bezieht. Dagegen bezeichnet ein intransitiv-passivisches Subjekt den Aktanten, an dem sich der Vorgang vollzieht, realisiert, konkretisiert, also nicht den Mitwirkenden, sondern das ‚Patiens‘ oder besser den ‚Träger‘ des Vorgangs (vgl. auch Kibrik 1979: 66, 68), dem als oppositioneller Aktant ein Agens als ‚Urheber‘ des Vorgangs entspricht. Demnach ist das Subjekt eines intransitiven Verbums bei intransitiv-passivischer und bei aktivischer Verbalauffassung trotz gleicher syntaktischer Merkmale inhaltlich keineswegs identisch, vor allem aber das − obligatorische − Agens eines transitiven Verbums bei intransitiv-passivischer Verbalauffassung nicht nur in der funktionalen Rolle, sondern auch im semantischen Gehalt verschieden von der — fakultativen — Bezeichnung des ‚Urhebers‘ in einer ‚aktivischen‘ Passivkonstruktion (vgl. § 3.3.5).

3.1.6. Einen scheinbaren Widerspruch zu dieser inhaltlichen Definition des Subjekts in seinen zwei Arten der Auffassung bilden die Gegenkonstruktionen zu den jeweiligen Grundkonstruktionen des transitiven Verbums, nämlich die Phänomene des sog. Anti-Passivs bei intransitiv-passivischer und die Passivkonstruktion bei aktivischer Verbalauffassung (vgl. § 3.3.2/5). Es handelt sich dabei um Konstruktionen mit intransitiven Verben, deren Subjekt als Partizipient eines Vorgangs dem jeweils oppositionellen Aktanten der Grundkonstruktion entspricht, d. h. dem (direkten) Objekt bei aktivischer, dem Agens bei intransitiv-passivischer Verbalauffassung. Vielfach sind solche intransitiven Verben einem transitiven Verbum, das den gleichen Vorgang bezeichnet, systematisch zugeordnet oder gar mit ihm komplementär zu einem Paradigma zusammengefaßt. Trotz einer derartigen funktionalen Korrespondenz sind diese Gegenkonstruktionen nicht einfach ‚Transformationen‘ der Grundkonstruktion eines transitiven Verbums, sondern selbständige Bezeichnungen des betreffenden Vorgangs unter einem anderen ‚Aspekt‘, so daß sie auch einen anders definierten Partizipienten als Subjekt haben müssen. Dieses aber hat in bezug auf die Art der Darstellung des Vorgangs dieselben inhaltlichen Merkmale wie jeweils das Subjekt eines transitiven bzw. eines ‚normalen‘ intransitiven Verbums.

3.2. Aktantenkodierung

3.2.1. Die Unterscheidung und Definition von zwei Subjektsauffassungen entsprechend den beiden Arten der Verbalauffassung basiert wesentlich auf der Annahme, daß die Kodierung der Aktanten des Verbums nicht lediglich eine ‚triviale‘ Oberflächenerscheinung bei der Darstellung von irgendwelchen ‚Tiefenstrukturen‘ ist, sondern daß einer bestimmten Art der Kodierung auch eine ganz bestimmte und auch tatsächlich gemeinte Funktion und Bedeutung zukommt. Damit sind auch die Gegenkonstruktionen, besonders in ‚Ergativ‘-Sprachen, nicht Abweichungen in der Aktantenkodierung bei der Darstellung eines ‚Tiefensubjekts‘, sondern systemkonforme Varianten in der Darstellung eines bestimmten Vorgangs durch einen anderen Typ von Verben, und zwar durch ‚abgeleitete' intransitive Verben, die meistens auch morphologisch durch Derivate des primären Verbalstamms oder durch periphrastische Bildungen realisiert werden. Die morphologisch sichtbare ‚Spaltung' im Verbalsystem einer Sprache (vgl. § 1.3) ergibt sich somit nicht aus der Kodierung der Aktanten, sondern aus der Bedeutung der einander im Rahmen eines Paradigmas zugeordneten Verbalstämme.

3.2.2. Im übrigen ist bei der Erklärung einer Aktantenkodierung, die von der nach der ‚Idealstruktur' zu erwartenden abweicht, stets zu berücksichtigen, welche morphologischen Möglichkeiten in der betreffenden Sprache generell vorgegeben sind. Denn es ist von erheblicher Bedeutung für die Art der Kodierung, ob in einer Sprache nominale Kasusformen unterschieden werden oder nicht, ob im Verbalkomplex Aktanten durch Personalmorpheme repräsentiert werden oder nicht, bzw. welche und wieviele. So unterscheiden sich in einer ‚Ergativ'-Sprache die Formen der transitiven und der intransitiven Verba wesentlich, wenn in einem Verbalkomplex jeweils nur *ein* Personalmorphem realisiert werden kann, und zwar ein Agensmorphem bei transitiven, ein Subjektsmorphem bei intransitiven Verben, wie z. B. im Elamischen (vgl. Steiner 1979: 200–202). Wenn jedoch im Verbalkomplex sowohl Subjekts- als auch Agensmorpheme enthalten sein können, wie z. B. im Sumerischen (vgl. Steiner 1979: 196–197), unterscheiden sich in manchen Kategorien die Formen eines transitiven und eines intransitiven Verbums nur durch die Realisierung eines Agensmorphems.

3.2.3. Morphologische Inkongruenzen in der Verbalkorrespondenz (*verb-agreement*) können sich wiederum bereits dadurch ergeben, daß in einer Sprache die Bildungsmöglichkeiten für einzelne Verbalkategorien eingeschränkt sind. Wenn etwa die Morpheme für Subjekt und Agens polar zum Verbalstamm angeordnet sind, so daß die Subjektsmorpheme präfigiert, die Agensmorpheme suffigiert werden, wie im Baskischen, oder umgekehrt, wie im Sumerischen (vgl. Steiner 1976: 245), so läßt sich damit nur eine einzige Verbalkategorie darstellen. Eine Form für eine zweite Kategorie, und eine solche ist ja für jede Sprache mindestens erforderlich, kann nach demselben Prinzip nur dann gebildet werden, wenn entweder für Subjekt und Agens mehrere Serien von Personalmorphemen zur Verfügung stehen, oder wenn eine der primären Serien die Funktion der anderen bezeichnen kann. Dieser letzte Fall findet sich im

Sumerischen wie im Baskischen, wobei jeweils die primären Subjektsmorpheme als die funktional weniger spezialisierten zur Bezeichnung des Agens in der abgeleiteten Verbalkategorie dienen (vgl. Steiner 1976: 264).

3.2.4. Im Baskischen besteht dabei eine eindeutige Korrespondenz zwischen dem sekundären Agensmorphem der abgeleiteten Kategorie und einem selbständigen Personalpronomen oder einem Nomen im Ergativ. Dagegen wird im Sumerischen die Eindeutigkeit der Korrespondenz dadurch etwas beeinträchtigt, daß die selbständigen Personalpronomina der 1. und 2. Person Singular für Nominativ und Ergativ dieselbe Form aufweisen. Eine solche Indifferenz in der morphologischen Charakterisierung von Subjekt und Agens findet sich aber auch sonst, und zwar gerade bei den selbständigen Personalpronomina (vgl. Steiner 1976: 261–262; Vaxtin 1979: 286). Umgekehrt wiederum können in manchen Sprachen, z. B. in einzelnen australischen Sprachen (vgl. Blake 1976: 283–284), wie dem Dyirbal (vgl. Dixon 1979: 63, 87), oder im Elamischen (vgl. Steiner 1979: 206), Pronomina der 1. und 2. Person, im Unterschied zu Nomina und Pronomina der 3. Person, nicht als Subjekt eines transitiven Verbums konstruiert werden. Statt dessen erscheinen sie in einer Form, die einer dimensionalen Kasusrelation entspricht und zum Teil auch tatsächlich eine solche Relation, etwa ein ‚indirektes‘ Objekt, bezeichnet. Diese abweichende Konstruktion ist jedoch kein Indiz für eine Kategorie ‚(direktes) Objekt‘ im Sinne der Nominativ-Akkusativ-Struktur, sondern u. a. eine Hervorhebung der 1. und 2. Person als Bezeichnung für bestimmte distanz- oder richtungsbezogene Positionen des Partizipienten. In ähnlicher Weise erklärt sich etwa auch die unterschiedliche Kodierung der einzelnen Personen von Subjekt und Agens in Formen derselben Verbalkategorie, wobei die 1. und 2. Person gegenüber der 3., oder die 2. gegenüber der 1. und 3. Person bevorzugt markiert werden kann (vgl. Steiner 1976: 262–263).

3.2.5. Diese Fälle von ‚Personenpräferenz‘ zeigen besonders deutlich, wie die Kodierung der Aktanten Subjekt und Agens von der Charakterisierung anderer Kategorien, die für die jeweilige Form oder Konstruktion relevanter sind, überlagert werden kann. Durch die dabei auftretenden Interferenzerscheinungen ergeben sich naturgemäß auch „heterogeneous principles of actant coding" (Kibrik 1979: 74). Doch betreffen diese nur die Verbalkonstruktion, nicht die Verbalauffassung.

3.3. Gegenkonstruktionen

3.3.1. Eine Auswirkung auf die Verbalauffassung kann sich jedoch ergeben, wenn sich der Gebrauch von Gegenkonstruktionen gegenüber den Grundkonstruktionen übermäßig ausweitet. Dies betrifft nicht nur die bereits erwähnten Gegenkonstruktionen des transitiven Verbums (vgl. § 3.1.6), nämlich die Passivkonstruktion bei aktivischer (s. § 3.3.5), die Anti-Passiv-Konstruktion bei intransitiv-passivischer Verbalauffassung (s. § 3.3.2), sondern auch Gegenkonstruktionen zur Grundkonstruktion des intransitiven Verbums, wie sie sich in Sprachen mit intransitiv-passivischer Verbalauffassung finden (s. § 3.3.3). Im einzelnen sind diese Gegenkonstruktionen sowohl in ihrer Genese als auch in Morphologie und Funktion zum Teil sehr verschieden (vgl. auch Comrie 1978: 362; Dixon: 1979: 118–120), selbst bei nahe verwandten Sprachen, so daß eine generelle Beschreibung nicht möglich ist. Doch zeigt diese Vielfalt der Erscheinungsformen gerade bei Sprachen derselben ‚Familie‘ deutlich, daß diese Abweichungen von der ‚Idealstruktur‘ der Verbalauffassungen nicht etwa alternative Grundkonstruktionen (vgl. etwa Kalmár 1979) sind, sondern syntaktisch und meist auch morphologisch abgeleitete Kategorien, die das System der Grundkonstruktionen voraussetzen.

3.3.2. Die heute meist etwas pauschal als Anti-Passiv charakterisierten Gegenkonstruktionen des transitiven Verbums bei intransitiv-passivischer Verbalauffassung werden mit intransitiven Verben gebildet, deren Subjekt zwar virtuell dem ‚Urheber‘ eines Vorgangs entspricht, gemäß der Bedeutung eines solchen Verbums aber den Aktanten darstellt, an dem sich der Vorgang realisiert (vgl. § 3.1.6). Ist dieses Verbum seiner Funktion nach ein Hilfsverbum, so impliziert das mit ihm kombinierte bedeutungstragende Verbum wegen seiner intransitiv-passivischen Grundbedeutung auf jeden Fall die Bezeichnung des virtuellen ‚Trägers‘ des Vorgangs, selbst wenn es nur in einer ‚infiniten‘ oder partizipialen Form erscheint. Doch auch bei abgeleiteten intransitiven Verben in solchen Gegenkonstruktionen ist von der latenten Bezeichnung eines allgemeinen ‚Trägers‘ auszugehen, z. B. im Hurritischen (vgl. Steiner 1979: 208 ex. 41). In manchen Fällen ist der virtuelle ‚Träger‘ sogar explizit vertreten, z. B. durch ein in den Verbalkomplex inkorporiertes Nomen, das mit dem Verbalstamm ein Kompositverbum mit insgesamt intransitiver Bedeutung bildet (vgl. Sasse 1978: 234–235 mit Literatur). Von solchen Fällen grundsätzlich zu unterscheiden sind Erweiterungen der intransitiven Konstruktion durch einen Partizipienten in einer dimensionalen Kasusrelation, wie z. B. im Eskimo (vgl. Kalmár 1979) oder im Präsens des Georgischen (vgl. Boeder 1979: 437 und passim). Denn solche dimensionalen Ergänzungen bezeichnen nicht den virtuellen ‚Träger‘ des Vorgangs, sondern ein ‚indirektes‘ Objekt oder eine andere Art Ziel (vgl. auch §§ 3.2.4 und 4.5).

3.3.3. Außer diesen sog. Anti-Passiv-Konstruktionen zu transitiven Verben ist bei intransitiv-passivischer Verbalauffassung auch eine Gegenkonstruktion zur Grundkonstruktion von intransitiven Verben möglich, wobei das primäre Subjekt durch eine Agensform bezeichnet wird. Das Verbum wird damit zwar quasi transitiv konstruiert, ändert jedoch nicht seine Bedeutung. Es handelt sich hier vor allem um Verben der Bewegung oder andere ‚Aktiv‘-Verben im Sinne Klimovs (vgl. § 1.4), für die der Gebrauch einer Agensform an Stelle der Subjektsform offenbar die besondere ‚aktive‘ Betroffenheit des primären Aktanten zum Ausdruck bringen soll. Die ‚aktive‘ Konstruktion von intransitiven Verben und ihre Funktion innerhalb des Verbalsystems ist jedoch im einzelnen so verschieden (vgl. Boeder 1979: 463–469; Steiner 1976: 271–273), daß die Annahme eines besonderen ‚Aktiv‘-Typs für Sprachen mit diesem Phänomen weder gerechtfertigt noch theoretisch notwendig ist (vgl. auch § 1.4).

3.3.4. Die Aktivierung von intransitiven und die Intransitivierung von transitiven Verben sind zwar im Rahmen der intransitiv-passivischen Verbalauffassung gleichermaßen mögliche Gegenkonstruktionen, doch sind sie in ihrem Wesen so konträr, daß sie sich innerhalb einer bestimmten Sprache im Prinzip ausschließen. Eine Sprache tendiert demnach entweder dazu, den ‚Urheber‘ des Vorgangs zu ‚subjektivieren‘ oder den ‚Träger‘ zu ‚aktivieren‘. Wenn sich eine derartige Tendenz in einer Sprache ausbreitet, kann sie daher letztlich zu einem Wandel von der intransitiv-passivischen zur aktivischen Verbalauffassung führen. Äußerlich wäre dies entweder daran zu erkennen, daß eine Anti-Passiv-Konstruktion ausnahmslos an Stelle einer ergativischen Grundkonstruktion der transitiven Verben gebraucht wird, so daß der ‚Urheber‘ des Vorgangs nicht nur in einem Teil des Verbalsystems als ‚Subjekt‘ konstruiert wird, sondern in allen Kategorien. Die Verbalauffassung wäre aber auch dann aktivisch geworden, wenn alle intransitiven Verben, auch die statischen und qualitativen (vgl. § 4.5), den primären Aktanten durch eine Agensform bezeichnen. Dieser letztere Fall dürfte für die semitischen Sprachen im engeren Sinne zutreffen (vgl. Steiner 1977), der erstere für die indogermanischen Sprachen (vgl. aber Schmidt 1979).

3.3.5. Die im Rahmen der aktivischen Verbalauffassung mögliche Gegenkonstruktion, die Passivkonstruktion zu transitiven Verben, ist ebenso wie eine Anti-Passiv-Konstruktion primär rein intransitiv. In gewisser Weise ist sie sogar noch reiner intransitiv als eine Anti-Passiv-Konstruktion, da nach aktivischer Verbalauffassung der Verbalstamm nicht einen weiteren Partizipienten, in diesem Fall ein Agens, latent mit bezeichnen kann. Dies ergibt sich einerseits aus der anderen Subjektsauffassung (vgl. § 3.1.5), andererseits daraus, daß das Subjekt der Passivkonstruktion selber virtuell dem ‚Träger‘ des Vorgangs entspricht, also dem Partizipienten des Vorgangs, der eventuell durch den Verbalstamm implizit bezeichnet werden könnte. Dementsprechend dienen Passivkonstruktionen primär dazu, einen Vorgang ohne Berücksichtigung eines ‚Urhebers‘ darzustellen. Die Ergänzung der Konstruktion durch einen Partizipienten in einer instrumentalen Kasusrelation, der virtuell einem ‚Urheber‘ entspricht, ist demgegenüber bereits eine Ausweitung der Funktion einer Passivkonstruktion. Allerdings kann ein solcher fakultativer Partizipient zu einem echten Agens werden, wenn sein Gebrauch obligatorisch und die Passivkonstruktion in einem Teil des Systems — oder gar gänzlich — die aktive Grundkonstruktion des transitiven Verbums verdrängt. In einem solchen Fall, wie er z. B. für einzelne indo-iranische Sprachen (vgl. Pirejko 1979) und neuaramäische Dialekte (vgl. Steiner 1976: 278 mit Anm. 364) anzunehmen ist, hat sich ein Wandel von der aktivischen zur intransitiv-passivischen Verbalauffassung vollzogen.

3.3.6. Der Wandel der Verbalauffassung von einer intransitiv-passivischen zu einer aktivischen und umgekehrt ist jedoch seinem Wesen nach nicht lediglich durch eine äußerliche Verschiebung der Grundkonstruktionen und die Veränderung der Aktantenkodierung bedingt, sondern durch eine Änderung der generellen Grundbedeutung der Verben, deren Ursachen schwer zu erkennen und weitgehend wohl in außersprachlichen Bereichen zu suchen sind. Auf jeden Fall ist eine Entwicklung in jeder der beiden Richtungen theoretisch möglich und auch in der Realität nachzuweisen (vgl. § 5.1). Allerdings ist dabei das jeweilige Ergebnis eines solchen Prozesses nicht ganz gleichartig. Denn während nach aktivischer Verbalauffassung bei der Passivkonstruktion zu einem transitiven Verbum eine echte Aktantenreduktion eintritt, wird nach intransitiv-passivischer Verbalauffassung auch bei einer Anti-Passiv-Konstruktion implizit immer noch ein zweiter Partizipient, nämlich der ‚Träger' des Vorgangs, mit bezeichnet (vgl. § 3.3.2), bzw. bei Aktivierung eines intransitiven Verbums ein Morphem, das der Bedeutungsklasse des primären Subjekts entspricht, beibehalten (vgl. Steiner 1976: 271). Daher können beim Wandel von intransitiv-passivischer zu aktivischer Verbalauffassung charakteristische Formen, insbesondere der Aktantenkodierung, in die neue Verbalstruktur übernommen werden, wenn auch mit einer anderen Verteilung der Funktionen. Solche ‚fossilen' Merkmale der früher intransitiv-passivischen Verbalauffassung sind z. B. in semitischen Sprachen die Personalmorpheme der Suffixkonjugation (vgl. Steiner 1977) und Bedeutungsfunktionen des Intensivstammes des Verbums (vgl. Steiner 1980), in den indogermanischen Sprachen die heteroklitischen Stammvarianten der selbständigen Personalpronomina der 1. Person (vgl. Vaillant 1936: 103).

4. Kriterien der Verbalauffassung

4.1. Eine derartige Stabilität von morphologischen Kategorien bei einem Wandel der Verbalauffassung und die damit verbundene Umverteilung der Funktionen ist jedoch nicht in dem Sinne zu verstehen, daß für die Zuweisung einer Sprache zu dem ‚Nominativ-Akkusativ'- oder ‚Ergativ'-Typ nicht so sehr die — ‚oberflächlichen' — morphologischen Erscheinungen, sondern syntaktische ‚Tiefenstrukturen' als die eigentlichen und wesentlichen Kriterien zu gelten hätten. Denn die Unterscheidung einer syntaktischen und einer morphologischen Ergativität (Anderson 1976; Blake 1976; Comrie 1978: 343–350; Dixon 1979; Li & Lang 1979: 322; Nedjalkov 1979: 241–243; u. a.) ist problematisch selbst für Sprachen, die kein der ‚Idealstruktur' entsprechendes morphologisches System aufweisen. Bei den syntaktischen Prozessen, die als Kriterien für eine typologische Einordnung von Sprachen als ‚ergativisch' oder ‚nominativakkusativisch' herangezogen werden, wie Koordination, Subordination, Relativierung, handelt es sich nämlich durchweg um Konstruktionen, die über den ‚einfachen' Satz hinausgehen. Dabei können sich leicht Inkongruenzen in der Realisierung oder Kodierung von Aktanten ergeben; doch sind diese in der Regel für das Verständnis des Kontexts unerheblich.

4.2. Dies gilt insbesondere für den ‚Kronzeugen' bei der Definition einer syntaktischen ‚Ergativ'- bzw. ‚Nominativ-Akkusativ'-Struktur, nämlich *equi-noun-phrase-deletion* bei der Kombination eines transitiven und eines intransitiven Satzes mit demselben Partizipienten als Agens bzw. Subjekt oder umgekehrt (vgl. § 3.1.4). Dabei wird nicht nur allgemein die Möglichkeit von Interferenzerscheinungen außer acht gelassen, sondern vielfach auch die besondere innere Struktur der kombinierten Sätze vernachlässigt, wie z. B. der Gebrauch von finiten oder infiniten Verbalkomplexen. Überdies werden in seltsamer Verkennung der unterschiedlichen Relevanz von sprachlichen Ausdrucksmitteln negative Merkmale, nämlich *deletion*, also Nicht-Bezeichnung von Aktanten, für wichtiger gehalten als positive, nämlich die explizite Bezeichnung der oppositionellen Aktanten Subjekt und Agens bzw. Subjekt und (direktes) Objekt. Diese allein aber können als relevante Kriterien für die Differenzierung der beiden Verbalauffassungen dienen.

4.3. Allerdings sind die einzelnen morphologischen Phänomene für die Bezeichnung der oppositionellen Aktanten nicht gleichartig und daher auch nicht gleichwertig. Ihre Relevanz ist vielmehr durch eine abgestufte Hierarchie bedingt, wobei mindestens drei Arten von Phänomenen mit abnehmender Relevanz für die Charakterisierung der Verbalauffassung unterschieden werden müssen:

(1) Kasusformen der Nomina und der selbständigen Pronomina, speziell der Personalpronomina;

(2) Personalmorpheme des Verbalkomplexes;

(3) Formen des Verbalkomplexes, und zwar pronominale Morpheme, Modifikationen des Verbalstammes oder spezialisierte Verbalstämme, die sich — zumindest unter anderem — auf nominale Bedeutungsklassen beziehen, wie Singular und Plural bzw. Dual, Maskulinum und Femininum, ‚beseelt' und ‚unbeseelt', o. ä., sowie Kombinationen von zwei derartigen Kategorien (vgl. Steiner 1976: 248–252).

4.4. Von diesen Phänomenen dominiert für die Charakterisierung der Verbalauffassung einer Sprache auf jeden Fall die Bezeichnung der oppositionellen Aktanten durch nominale Kasusformen, auch wenn sich im einzelnen Inkongruenzen bei der Verbalkorrespondenz (vgl. § 3.2) oder bei Gegenkonstruktionen (vgl. § 3.3) ergeben (vgl. auch Vaxtin 1979: 287). Den nächsten Grad der Relevanz hat die Differenzierung von Personalmorphemen des Verbalkomplexes; sie kann durch eine abweichende Kodierung der Aktanten durch nominale Kasusformen überlagert werden, dominiert jedoch in Sprachen, die keine nominalen Kasusformen bilden. Am wenigsten relevant sind die klassenbezogenen Formen des Verbalkomplexes, obwohl sie grundsätzlich den ‚Träger' des Vorgangs realisieren und deshalb primär charakteristisch für die intransitiv-passivische Verbalauffassung sind. Sie können jedoch ohne weiteres auch bei aktivischer Verbalauffassung als ‚fossile' Formen analog zur Bezeichnung von Bedeutungsklassen des intransitiven Subjekts und des (direkten) Objekts weiterverwendet werden. Dagegen ist die Übernahme von ‚fossilen' Personalmorphemen des Verbalkomplexes oder nominalen Kasusformen in die Struktur einer anderen Verbalauffassung mit einer Neubestimmung der Funktionen verbunden.

4.5. Die für die beiden Verbalauffassungen charakteristischen Oppositionen der primären Aktanten, nämlich ‚Subjekt : Agens' bzw. ‚Subjekt : (direktes) Objekt', sind letztlich nur die morphologische Manifestation der unterschiedlichen allgemeinen Grundbedeutung der Verben. Dieses wesentliche semantische Phänomen ist damit jedoch nur mittelbar zu erfassen. Ein unmittelbar die Bedeutung betreffendes Kriterium bietet aber z. B. die Differenzierung von fientischen und statischen oder qualitativen Verben. Derartige verbale Bedeutungsklassen spielen nicht nur für die ‚Aktiv'-Sprachen im Sinne Klimovs (vgl. § 1.4) eine wichtige Rolle, sondern generell für die intransitiv-passivische Verbalauffassung. In manchen Sprachen dieses Typs zeigt sich die ‚Ergativität' überhaupt nur noch in einer mehr oder weniger großen Restgruppe von qualitativen Verben, z. B. im Altägyptischen bzw. Koptischen (vgl. Steiner 1977: 754). Für die aktivische Verbalauffassung dagegen sind Verbalklassen dieser Art kaum relevant. Sie können zwar bei einem Wandel von intransitiv-passivischer zu aktivischer Verbalauffassung weiterbestehen, doch werden sie früher oder später aufgegeben, indem die qualitativen Verben den fientischen angeglichen werden.

5. Wechselverhältnis der Verbalauffassungen

5.1. Nach ihren wesentlichen Merkmalen sind somit die aktivische und die intransitiv-passivische Verbalauffassung einerseits polare, andererseits aber gleichermaßen sinnvolle Möglichkeiten für eine

Darstellung von Vorgängen. Sie bilden dabei nicht völlig starre Systeme, sondern lassen Tendenzen zu, die im Extremfall bei einer Sprache oder Sprachengruppe den Übergang in die jeweils polare Verbalauffassung bewirken können. Damit stellt sich die Frage, ob beide Verbalauffassungen sprachgeschichtlich gesehen ,von Anfang an' als gleichwertige Alternativen vorgegeben waren, ober ob eine — und eventuell welche — von beiden als genetisch primär angesehen werden muß. Da ein Wandel der Verbalauffassung nicht nur theoretisch möglich, sondern auch faktisch nachweisbar ist (vgl. § 3.3.6; sowie Comrie 1978: 368–379; Dixon 1979: 99–101; Steiner 1976: 273–278), kann durch abstrakte Erwägungen über Notwendigkeit und Art der Kodierung und Differenzierung von Aktanten (vgl. etwa Dixon 1979: 68–79; Martinet 1979) allein eine Entscheidung nicht getroffen werden. In der neueren Diskussion neigt man zum Teil offenbar dazu, dem Nominativ-Akkusativ-Typ, also der aktivischen Verbalauffassung, die Priorität zuzuerkennen (vgl. Blake 1979: 302; Li & Lang 1979: 322; Sasse 1978: 244–246; Trask 1979). Es lassen sich jedoch mehrere Kriterien für die historische Priorität der intransitiv-passivischen Verbalauffassung anführen, wobei besonders den nicht-sprachlichen erhebliches Gewicht zukommt.

5.2. Strukturell gesehen sind vor allem folgende Phänomene relevant.

(1) Entgegen einer unter ,Ergativisten' verbreiteten Meinung, die ,Ergativität' sei „relatively unnatural" (Blake 1979: 302), ist die intransitiv-passivische Verbalauffassung für die Rolle des Verbums im System einer Sprache, nämlich die Bezeichnung und Darstellung von Vorgängen, natürlicher und auch ,logischer' als die aktivische. So ist das intransitiv-passivische Subjekt generell der Aktant, an dem sich der Vorgang realisiert (vgl. § 3.1.5–6). Dagegen ist der Begriff des Subjekts nach aktivischer Verbalauffassung selbst bei stark vereinfachter Darstellung (vgl. § 3.1.2) in sich so zwiespältig, daß es noch nicht gelungen ist, ihn eindeutig und widerspruchsfrei zu definieren (vgl. Keenan 1976).

(2) Die intransitiv-passivische Verbalauffassung ist typologisch vielfältiger und offener als die aktivische (vgl. auch Kibrik 1979: 66; Klimov 1973). Sie impliziert die Möglichkeit für mindestens zwei von der ,Idealstruktur' abweichende Gegenkonstruktionen, nämlich die Intransitivierung von transitiven oder die Aktivierung von intransitiven Verben, vereinzelt sogar die Ausbildung einer Art Passivkonstruktion (vgl. Steiner 1976: 277 Anm. 362). Hingegen

läßt die aktivische Verbalauffassung nur eine einzige echte Gegenkonstruktion zu, die Passivkonstruktion zu transitiven Verben.

5.3. Entscheidend für die Priorität der intransitiv-passivischen Verbalauffassung sind jedoch historische Argumente.

(1) In den meisten erkennbaren Fällen von Wandel der Verbalauffassung in einer Sprache oder einer Sprachengruppe verläuft die
Entwicklung von der intransitiv-passivischen zur aktivischen. Bei
den wenigen sicheren Fällen mit umgekehrter Entwicklung, wie
indo-arischen oder neu-aramäischen Sprachen, handelt es sich um
Angehörige von Sprachengruppen, deren aktivische Vorstufe mit
großer Wahrscheinlichkeit aus einer Protoform mit intransitiv-passivischer Verbalauffassung hervorgegangen ist (vgl. § 3.3.4/6).

(2) Im Verlauf der bekannten Geschichte lassen sich zwar Fälle
nachweisen, daß in einem bestimmten Territorium oder bei einer
bestimmten Bevölkerungsgruppe eine Sprache mit intransitiv-passivischer Verbalauffassung durch eine solche mit aktivischer verdrängt worden ist (vgl. Steiner 1976: 277), der umgekehrte Fall aber
kaum.

(3) Die meisten der heute existierenden Sprachen mit intransitiv-
passivischer Verbalauffassung werden in Rückzugsgebieten der Erde
gesprochen (Steiner 1976: 277), und zwar vielfach nur − noch −
von kleinen Bevölkerungsgruppen. Viele von ihnen sind − heute
− auch genetisch isoliert. Die Sprachen mit aktivischer Verbalauffassung bilden dagegen in der Regel größere ‚Familien‘ und nehmen
meist ‚produktivere‘ Gebiete der Erde ein.

5.4. Die historische Situation und die geographische Verteilung der
bekannten Sprachen der Erde machen somit deutlich, daß das
Wechselverhältnis zwischen intransitiv-passivischer und aktivischer
Verbalauffassung nicht allein durch sprachliche Faktoren bestimmt
wird. Allerdings lassen sich, schon wegen des Mangels an kontinu-
ierlichem Belegmaterial, außersprachliche Faktoren nur in Ausnah-
mefällen genauer erfassen. Eine besondere Rolle dürfte dabei die
Konkurrenz beider Verbalauffassungen bei zwei- oder mehrsprachi-
gen Sprechern spielen. Die auf Grund der historischen Situation
größere Bedeutung einer Sprache mit aktivischer Verbalauffassung,
z. B. als Amts- oder Schriftsprache, kann in einem solchen Fall bei
einer ‚Ergativ‘-Sprache eine Entwicklungstendenz zur ‚Aktivität‘
bewirken oder fördern. Wesentliches Kriterium für die Zuordnung
einer Sprache zu einer der beiden Verbalauffassungen ist jedoch das

Ausmaß des Gebrauchs einer ‚Nominativ-Akkusativ'-Konstruktion. Nur wenn eine solche Konstruktion das System des Verbums ausschließlich bestimmt, ist die Verbalauffassung sicher aktivisch. Solange oder sobald aber ein Teil des Verbalsystems konsequent ‚ergativisch' konstruiert wird, ist die zugrundeliegende Verbalauffassung intransitiv-passivisch. Es gibt demnach in einer Sprache nicht einen mehr oder weniger hohen Grad an ‚Ergativität', sondern nur eine mehr oder weniger große Entsprechung zwischen der für die intransitiv-passivische Verbalauffassung zu erwartenden ‚Idealstruktur' und der realen Morphologie einer Sprache, also keine ‚gespaltene' Verbalauffassung, sondern nur *split systems* der Verbalkonstruktion. Damit erweist sich die intransitiv-passivische Verbalauffassung als strukturell dominant, auch wenn die Sprachen mit aktivischer Verbalauffassung im Verlauf der Geschichte als überlegen erscheinen.

Literatur

Anderson, Stephen R.
1976   „On the notion of subject in ergative languages", in: Li (ed.) 1976, 1–23.
Bechert, Johannes
1979   „Ergativity and the constitution of grammatical relations", in: Plank (ed.) 1979, 45–59.
Blake, Barry J.
1976   „On ergativity and the notion of subject: Some Australian cases", *Lingua* 39: 281–300.
1979   „Degrees of ergativity in Australia", in: Plank (ed.) 1979, 291–305.
Boeder, Winfried
1979   „Ergative syntax and morphology in language change: The South Caucasian languages", in: Plank (ed.) 1979, 435–480.
Comrie, Bernard
1973   „The ergative: Variations on a theme", *Lingua* 32: 239–253.
1976   „Review of Klimov 1973", *Lingua* 39: 252–260.
1978   „Ergativity", in: *Syntactic typology. Studies in the phenomenology of language*, edited by W. P. Lehmann (Austin: University of Texas Press), 329–394.
1979   „Degrees of ergativity: Some Chukchee evidence", in: Plank (ed.) 1979, 219–240.
Dixon, Robert M. W.
1979   „Ergativity", *Language* 55: 59–138.
Finck, Franz Nikolaus
1907   „Der angeblich passivische Charakter des transitiven Verbs", *Zeitschrift für vergleichende Sprachwissenschaft* 41: 209–282.
Kalmár, Ivan
1979   „The antipassive and grammatical relations in Eskimo", in: Plank (ed.) 1979, 117–143.
Keenan, Edward L.
1976   „Towards a universal definition of 'subject'", in: Li (ed.) 1976, 303–333.

358 Gerd Steiner

Kibrik, Aleksandr E.
1979   „Canonical ergativity and Daghestan languages", in: Plank (ed.) 1979, 61–77.
Klimov, Georgij A.
1973   *Očerk obščej teorii ėrgativnosti* (Moskva: Nauka).
1974   „On the character of languages of active typology", *Linguistics* 131: 11–25.
1977   *Tipologija jazykov aktivnogo stroja* (Moskva: Nauka).
Li, Charles N. (ed.)
1976   *Subject and topic* (New York: Academic Press).
Li, Charles N. & Ranier Lang
1979   „The syntactic irrelevance of an ergative case in Enga and other Papuan languages", in: Plank (ed.) 1979, 307–324.
Martinet, André
1979   „Shunting on to ergative or accusative", in: Plank (ed.) 1979, 39–43.
Nedjalkov, Vladimir P.
1979   „Degrees of ergativity in Chukchee", in: Plank (ed.) 1979, 241–262.
Pirejko, Lija A.
1979   „On the genesis of the ergative construction in Indo-Iranian", in: Plank (ed.) 1979, 481–488.
Plank, Frans (ed.)
1979   *Ergativity. Towards a theory of grammatical relations* (London: Academic Press).
Sasse, Hans-Jürgen
1978   „Subjekt und Ergativ: Zur pragmatischen Grundlage primärer grammatischer Relationen", *Folia Linguistica* 12: 219–252.
Schmidt, Karl-Horst
1979   „Reconstructing active and ergative stages of Pre-Indo-European", in: Plank (ed.) 1979, 333–345.
Schuchardt, Hugo
1905/1906 „Über den aktivischen und passiven Charakter des Transitivs", *Indogermanische Forschungen* 18: 528–531.
Steiner, Gerd
1976   „Intransitiv-passivische und aktivische Verbalauffassung", *Zeitschrift der Deutschen Morgenländischen Gesellschaft* 126: 229–280.
1977   „Die primären Funktionen der Personalmorpheme des semitischen Verbums", in: *XIX. Deutscher Orientalistentag vom 28. September bis 4. Oktober 1975 in Freiburg im Breisgau: Vorträge,* hg. von Wolfgang Voigt. *Zeitschrift der Deutschen Morgenländischen Gesellschaft,* Suppl. III/1, 748–756 (+ 4 S.).
1979   „The intransitive-passival conception of the verb in languages of the Ancient Near East", in: Plank (ed.) 1979, 185–216.
1980   „Die primären Funktionen des Intensiv- und des Zielstammes des semitischen Verbums", in: *XX. Deutscher Orientalistentag vom 3. bis 8. Oktober 1977 in Erlangen: Vorträge,* hg. von W. Voigt. *Zeitschrift der Deutschen Morgenländischen Gesellschaft,* Suppl. IV, 308–310.
Trask, Robert L.
1979   „On the origins of ergativity", in: Plank (ed.) 1979, 385–404.
Vaillant, André
1936   „L'ergatif indo-européen", *Bulletin de la Société de Linguistique* 37, 1: 93–108.
Vaxtin, Nikolaj B.
1979   „Nominal and verbal ergativity in Asiatic Eskimo: Splits in the person and mood paradigms", in: Plank (ed.) 1979, 279–289.

CLAUDE TCHEKHOFF

Aspect, transitivity, 'antipassives' and some Australian languages

0. Introduction*

In every discipline, research proceeds along two opposite directions: first comes an analysis of the facts, after which a synthesis must be built from its results.

There obtains in certain Australian languages and elsewhere a specific verb-formation which has been admirably analyzed by various authors. But its synthesis has yet to be made. This paper attempts to do so, taking examples from some of these languages. However, its conclusions, mutatis mutandis, should be valid everywhere.

It is now a largely accepted fact that grammatical functions go beyond their immediate morphematic constituents, and spread over the whole sentence in their expression and their effects (Tchekhoff 1979 b, Heath 1981, Hopper & Thompson 1980). This necessity holds good for verbal aspect (Tchekhoff 1979 b: 7–11, Heath 1981: 91–102), just as it does for any other grammatical unit.

In § 1 of this paper, the meaning and functional necessity of the notion of aspect in natural languages will first be redefined on a theoretical and general basis. Then one often recurring oppositive aspectual pair, perfective vs. imperfective, will be selected for closer examination.

Examples will be given in § 2, principally from two neighbouring South Australian languages, Yandruwandha (henceforth Yandr., on which see Breen 1971, 1975, 1976: 594–597, and 750–756), and Diyari (Austin 1981).[1]

In § 3, 'passive' and 'antipassive' (henceforth A/P) transformations will be discussed for their form and their meaningful contents, according to the empirical evidence given in the languages above. Their various and apparently unconnected uses will be shown to be facets of one single functional common denominator.

The contents of this common denominator will then in § 4 be applied to other systems outside Australia, such as languages from the North Caucasus and Classical Armenian, thereby helping to solve some hitherto unexplained problems.

Finally, in § 5, this common denominator will be related to a general so-called 'transitivity-scale' (Hopper & Thompson 1980). An attempt will be made at relating this scale to other grammatical categories. Indeed, transitivity itself − and conversely intransitivity − has been abundantly and relentlessly pursued, tracked down, taken apart and put together again in its far-reaching effects on syntax and discourse (cf. Hopper & Thompson 1980), but its categorial standing remains totally mysterious to this day: transitivity stands alone in the array of universal grammatical categories, for it has not yet been linked to other classes of the same.

1. Aspect

In order to come to terms with the notion of aspect in general, it is important to put it in its general context: it is a fact of language among others; it serves its purpose, just as they do, that purpose being primarily communication. In other words, aspect means something, and the linguist has to find out what. This is not always easy to do; indeed Meillet wrote in 1910 (repr. 1962: 98): "... tous ceux qui ont eu à traiter des questions d'aspect du verbe savent l'extrême embarras où l'on se trouve pour serrer de près et pour exprimer ces notions fuyantes."

In spite of recent works such as Comrie 1976 a, that have done much to clear the air around this vexed question, more can be done towards recognizing aspect in specific instances, and relating these instances to a general definition of the phenomenon. This I shall now attempt to do again (Tchekhoff 1973, 1979 a: 39–45, esp. 43): leaving, for the time being, the linguistic plane altogether, I shall first try to place aspect within the framework of Man's life and needs on this earth.

1.1. Life, Man, language and aspect

Uexküll (1956) was able to write that "sans un sujet vivant, le temps ni l'espace n'existent". Conversely, without time or space, nothing could be alive on this earth. These two parameters, time and space, are essential to Man as to any other living thing; he is born in time and in space, his entire life is hemmed in by their limits, yet he can do nothing to influence either, he is completely subservient to them both. Small wonder some reflex of this unavoidable reality should be expressed in Man's language. This to my mind is the role of linguistic aspect: aspect may be said to express how time and space bear on the verbal operation; it carries the role played by these two parameters in the events described throughout the clause. And of course central to this definition is the relationship between the verb[2] and its participants, the way subject (S) and object (O) are affected or unaffected by the verbal operation. In the above definition, nothing is said about the form aspect may take; it is a purely notional definition of a 'cognitive-behavioral universal function' (Seiler 1976): indeed, the many forms it can take are language specific. (See again Heath 1981 and Tchekhoff 1979 b.) Examples of the behaviour of the predicate in regard to time are familiar to linguists, for they have traditionally been recognized and described as such. For instance, the time over which a verbal operation may extend is very variable: it can stretch over a period of time, as with the progressive aspect in English, or it can be punctual, that is, considered altogether outside of time, as timeless, as in the Classical Greek and also Armenian (§ 4.6) aorist, or it can be iterative — depending of course also on the meaning of the verb. The space parameter is just as important, although generally not recognized as such; it has to do with the interplay of predicate and those participants in the verbal operation from which it originates, and/ or at which it aims. There is constant interaction from one parameter to the other, and differently so, according to the language where it takes place. For instance, Indo-European has a well-known verbal suffix *-sk-*, which means repetitive action, and has reflexes in most IE languages: in Hittite, it means either an action made repeatedly by a single person — repetition in time — or an action performed once by several people — repetition in space.

1.2. Aspect in space

The two most immediately obvious aspects in space are perfective and imperfective. Their meanings form an oppositive pair, i.e. they obtain, as all abstract features, only in regard to each other: if a language has the means to express a verb the aim of which is fully attained, complete, specific and definite, and which comes to rest on its O, also specific and definite, then it can also express the reverse, viz. a verbal operation the aim of which remains incomplete, consequently one that is indefinite in space as well as time, since it does not come to a conclusion in either; it is therefore incomplete both in itself and in its lack of impact on its actants. Hence also its affinity for plural subjects and/or objects; hence also it is sometimes repetitive, durative, habitual. Its very atelicity gives it an affinity for expressing accidental, unreal or simply negated processes. It follows that imperfectivity, just as perfectivity, extends over the whole sentence, involving not only the verb but also its (pro)nominal actants. The two aspects will now be opposed both formally and for their meanings; after which I shall concentrate on the imperfective member of the pair, giving examples in natural languages of each of its characteristics.

1.3. Marked and unmarked verbs

The important factor is not whether a language has — or has not — a verb marked[3] (Martinet 1965: 180–194, Vachek 1966, Comrie 1976 a: 111 ff.) for the imperfective aspect: in some systems, for instance Djaru (Tsunoda 1980) or Kalkatungu (Blake 1979) for Australia, and in North West Circassian (Hewitt 1982) etc., that aspect is marked only by the actants' cases and is just as explicit — the importance lies in the oppositions between the constructions that obtain within a specific system. But it is axiomatic that the predicate is the syntactic centre of a sentence. Therefore, those aspects that are marked in the verb are most centrally marked. Besides, in languages where aspectually marked verbs apply, they are opposed to the same units when unmarked. For instance, in Yandr. and Diyari, a marked imperfective verb and sentence leave the process explicitly unconcluded; they can be opposed to primary unmarked intransitive verbs (Austin 1981: 67). The latter are neutral for this aspect. The same is true of marked perfective aspect vs. transitive but unmarked. In systems of that type, as in Tongan for instance (Tchekhoff 1979 a: 245–250), when it has a marked perfective aspect, the verb explicitly 'hits the spot'. Without it, the issue of its success or failure is not raised. What is more, the verbal perfective or imperfective aspect directs the number, identity and grammar of its NP actant(s), and not the other way around (Tchekhoff 1979 a: 245 ff.).

2. A Hydra-like suffix

In order to illustrate the theoretical points made in § 1, I shall now proceed to the study of a Hydra-like suffix,[4] which appears in a good many Australian languages, and also elsewhere. Its uses are many and apparently unconnected: in Yandr. for instance, the suffix -*indri*- can express reflexivity, reciprocity, intransitivization, action on one's own behalf; sometimes it intransitivizes a transitive verb-stem, elsewhere it does not (Breen 1975: 8.16).

For Diyari, the corresponding affix -*ṭadi*- triggers a derived verb that can be reflexive, 'antipassive' or 'passive'; it can intransitivize a verb, or it can leave it with its original valence, with an added aspectual value. All this depends "upon the verb class of the stem to which it is suffixed" (Austin 1981: 151 ff.). But these classes are set up ad hoc (1981: 72), to accommodate the suffix's many uses, and so beg the problem; for they do nothing towards explaining them.

The two transformations involved, according to Austin, viz. 'passive' and 'antipassive', will be dealt with after the empirical evidence has been given (§ 3), and for the same reason: although they do sum up the formal results of derivations, they tend to obscure their own functional relevancy rather than help to explain them. So many different uses of these suffixes bring to mind Benveniste's (1935) words in other circumstances, "il y a ici un abus de mots qui ... trahit une doctrine indécise". In the present study I hope to be able to tie these forms together convincingly, and also to connect them to comparable units in other languages, working towards a functional unitary explanation of them all. To this end, I shall examine and compare the only material available to me, that is, the formal resemblances between some of these examples; in examining them, it may be possible to find a temporary stepping stone to the ultimate unitary explanation I am seeking. I shall start from the tenet that if two constructions exist and are both productive, there must be some reason for their differences.

2.1. Some basic common points

The basic structure of these languages is morphologically ergative (Comrie 1978, Dixon 1979, Tchekhoff 1978 a, 1979 a, c, d and 1983) with NP arguments: if we equate the grammatical function of the marked agent case and that of the subject-agent of an accusative construction (S_t), the patient is in the absolutive (ABS) case, as is the subject of an intransitive verb (S_i). As for pronouns, in Yandr. pronouns of all persons formally distinguish S_i (nominative), A or S_t (operative) and O (accusative). In Diyari, the same is true of 1st and 2nd person singular pronouns, and of all 3rd person pronouns (Austin 1981: 59).

In the majority of Australian languages (Blake 1977), agent and instrument functions are expressed by the same formal case usually called the ergative (ERG), as in Diyari and Warungu; but Breen calls it operative (OP). I will follow his lead for Yandr., in order to distinguish between the two functions when necessary only. In other languages such as Yidiny, the locative (LOC) case covers both locative and instrumental functions. In Diyari, LOC and/or ERG can in certain cases be used alternatively (Austin 1981: 127–128). But the point is the following: in all the languages above, some verbal suffixes can change the construction and achieve two different types of transformations (Hewitt 1982 and § 4). Examples will be given, and, then only, transformations will be discussed and their patterns compared.

2.1.1. Indefinite processes and their constructions

Indefinite processes, that do not concern an O, tend to delete O altogether, yielding intransitive verbs. The insistence is on the process itself rather than on its effect, as in Yandr.:[5]

(1)   pururru-ka-indri-ŋanyi
        dry-CAUS-SUFF-IMP1sgNOM
        'I got dry.'

The same formal construction can express the neighbouring semantic features of a multiple, ever renewed process, one whose end is not considered, as in:

(2)   ṭayi-indri-ŋa ṇina taŋgu-ṇaṇaŋ-la-tyi
        eat-SUFF-FUT sit stand-CONT-EMPH-EMPH
        '... having a feed every day'

(where the informant is making plans for G. Breen's next field-trip).

This same feature 'indefinite process whose end is not considered' is confirmed in the following *-indri-* intransitives made from a reduplicated transitive verbal base:

(3)   kaṇa ṇutyaru ṭawaḷa ṭayi-ṭayi-indri-ṇaṇandri
        person DEM-3sgS$_i$ go(PRES) eat-eat-SUFF-CONT
        'He's having a feed as he's walking along.'

(See also Breen 1981: 292 ff.) Compare further:

(4)   ... panma-panma-indri ... 'to burn'
        speaking of a fire, perhaps 'burning along'
        (my interpretation)

The question arises: what in the above formations gives the verbal complex its durative value? Is it the suffix or the reduplicated verb itself? The answer will be given by an examination of corresponding forms in Diyari, with the suffix *-ṭadi-* without reduplicated roots and, more important for our demonstration, of reduplication of the root without *-ṭadi-*, and yet with the very same durative (repetitive, continuous) meanings (Austin 1981: 68–69). Consequently the latter feature of these reduplicated verbs is not to be ascribed to their suffix, but to the verbs' reduplication itself; indeed, reduplicated verbs without *-ṭadi-* indicate a durative process, but one that is specific and definite:

(5)   wadaṇaṇṭu-ṇi ṇaṭu ṇaka ṇiṇa ṇayi-ṇayi-yi ṭuda-ṭa
        left-hand-LOC 1sgAgent there 3sgO see-see-PRES fire-
        OLDINF/ABS
        'On the left there, I saw the fire burning.'

But *-ṭadi-* verbs, reduplicated or not, indicate an indefinite process whose end is not in the picture, as in:

(6)   ṭana wiḷa yaṭa-yaṭa-ṭadi-yi
        3pl woman(ABS) speak-speak-SUFF-PRES
        'Those women are chatting.'   (cf. also Austin's ex. 366)

(7)   ŋaṇi ṯuka-ṯadi-yi ŋaṉṯu-ṇi
        1sg carry-SUFF-PRES horse-LOC
        'I am riding the horse.'

(8)   ŋaṇi ṯuka-ṯadi-yi ŋandi-ṇi
        1sg carry-SUFF-PRES mother-LOC
        'I am riding on Mother's back.'

However, the corpus does show more reduplicated verbs with
-ṯadi- than without: this indicates that, although the meaning of the
suffix is not durative in itself, it does have a special affinity for
durative (continuous, iterative) forms. Breen reports that the same
situation obtains in Yandr. (1975: 8.21). Conversely, Austin notes
a class of verbs that are incompatible with the suffix -ṯadi- (his
class 2E; 1981: 72). According to his one example of this class, *yuḻka*
'to swallow', the reason for this incompatibility might be that verbs
in this class are punctual in themselves, and thus cannot appear
with a non-punctual suffix, except for possible lexicalizations such
as *kaga* 'to hiccough' + -*indri*- 'to yawn' in Yandr. This needs
further study. As will be seen below (§ 4), the affinity between
durative and indefinite, non-specific processes obtains in verbs of
altogether different language-systems. Such correspondences appear
to be very general: they do not come about positively, because such
verbs have a durative aspect, but negatively, because an indefinite
process is, by definition, indefinite in time also, i.e. not punctual.
My next point deals with forms hybrid between intransitive and
transitive constructions.

2.1.2. Unconcluded processes and their O: pseudotransitives

Both in Yandr. and in Diyari, these suffix-derived verbs can also
appear with two NPs in the ABS case, one that has the form of S_i,
and the other that appears to be an O. G. Breen has felicitously
dubbed these formations pseudotransitives (1975: 11.2.1).

Yandr.:

(9)   ŋala ŋunu yaramani mapa-indri-ḻayi milimanityeyi
        ṯikariŋu yara
        then 3sgNOM horse(ABS) muster-SUFF-SIMULT
        mailman return here

'Then the mailman, while horse-mustering, returned hither.'

(10) muḻuru ŋanyi t̪ayi-indri-ŋa
tucker(ABS) 1sg eat-SUFF-FUT
'I was just going to have a feed ...'

Diyari:

(11) ṇawu-wa wima waŋka-t̪adi-na ŋama-yi
3sgS$_i$-DIST song(ABS) sing-A/P-PPLE sit-PRES
'He's sitting down singing away.'

(12) ṇawu kaṇa ṇiṇa ŋaṇt̪i t̪ayi-t̪adi-yi
3sgNFS$_i$ person 3sgABS meat(ABS) eat-SUFF-PRES
'The man is having a feed of this meat.'

The process is indefinite and opposed to the straight primary verb, ergative construction, and specific O as in:

(13) ṇulu kaṇa-li ṇiṇa ŋaṇt̪i t̪ayi-yi
3sgA person-ERG 3sgO meat(ABS) eat-PRES
'The man is eating this meat.'

(Cf. also (9), (10) and (11) above, and Austin 1981: exx. (356) and (357).)

Syntactically, these pseudotransitives are on their way to complete incorporation of the O, thus tending to become proper intransitives (Tchekhoff 1981). On the notional plane, when these derived verbs have an object in the ABS, this object, both in Yandr. and Diyari, is 'nonspecific' or 'generic' (Austin 1981: 155).

Tsunoda (1975) reports similar constructions in Warungu: while basic verbs take on O in a direct case, with the suffix *-gali-* verbs refer to tentative processes; the O then goes to the dative case. These oppositions go beyond specific languages. They belong to cardinal transitivity ~ intransitivity (cf. Hopper & Thompson 1980).

So far, I have examined the opposition between verbs with and without *-indri-* in Yandr. (or *-t̪adi-* for Diyari), and the effect this has on their grammatical objects. I have noted the affinity between intransitive, durative verbs and indefinite or generic goals on the one hand, and transitive punctual verbs and specific objects on the other. The question now is: what, if anything, happens to the subject of such suffix-marked verbs? This will be studied next.

2.2. Subjects and agents

As could be expected, since transitivity and intransitivity concern not only the verb, but also the whole sentence, the case of the subject contributes to the overall behaviour of the sentence; for, through its case, it can express its own higher or lower agentivity (Hopper & Thompson 1980). The next two sentences from Yandr. illustrate those degrees: if the subject is expressed as more active, it goes in the operative case as in (14); less active, it becomes S_i as in (15).

(14)   yaramani ŋaṯu inytyaru ṯuka-indri-ŋa-tyi
       horse(ABS) 1sgOP 3sg/there carry-SUFF-FUT-EMPH
       'I shall ride that horse.'

(15)   ṯawa-ḷa ŋanyi malkapa-ŋari ŋandu-li ṯuka-indri-ṇa-ŋa
       go-PRES 1sgNOM Innamincka-ALL horse-OP carry-
       SUFF-PAST-CONT
       'I am going to Innamincka on horse-back.'

These two sentences form an oppositive pair. The verb is the same in both; only the cases of its NPs change: S_t (14) corresponds to heightened agentivity of the subject, S_i (15) to his lowered agentivity.

2.2.1. Agentivity and wilful activity

Going back to Yandr. and Diyari, it is interesting to compare (14) and (15) above to a pair of examples in Diyari (Austin 1981: 154), and to Austin's gloss:

(16)   ŋaṯu yinaṇa ḍanka-ṇa wara-yi
       1sgERG 2sgO find-PPLE AUX-PRES
       'I found you.'

(17)   ŋaṇi ḍanka-ṯadi-ṇa wara-yi yiŋkaŋu
       1sgNOM find-A/P-PPLE AUX-PRES 2sgLOC
       'I found you.'

Austin comments as follows: the first sentence (with a suffixless verb) "... can be said when someone is found after a period of purposeful looking for him while [the second] describes a situation where the finding is accidental". He then goes on to discuss 'volitionality' as a factor of transitivity (Hopper & Thompson 1980). We can now establish the affinity of both *-indri-* (in Yandr.) and *-ṭadi-* (in Diyari) for lowered agentivity and 'volitionality' of the subject: these suffixes are used when the agent or instigator (Austin 1981) has less or no responsibility in the coming about of the verbal operation. According to my analysis, this would include accidental events, and also such as have an inanimate instigator. In fact, this is just what Dixon reports for Yidiny (1977: 282 ff.). I shall now examine the facts in Yandr. and Diyari.

2.2.2. Lower agentivity and accidental events

The agentivity of the subject, his wilful activity, his 'volitionality', are lowest for accidental events. They are nil when the subject is inanimate (Tchekhoff 1978 b). It follows that both *-indri-* for Yandr. and *-ṭadi-* for Diyari can be expected to occur in verbs describing such accidental events.

Diyari:

(18) ṭana kupa ṭiṇṭa-ṭadi-yi (wiḷa-ṇi)
      3pl child(ABS) lose-SUFF-PRES woman-LOC
      'The children got lost (on the woman).'
      (Austin's translation)

(19) ḍaḷa kiḷṭa-ṭadi-yi ŋapa ṭudu-yali
      skin(ABS) peel-SUFF-PRES water fire-ERG
      'The skin peeled off because of the boiling water.'

(20) ŋaṇi maṛa ḍama-ṭadi-na wara-yi
      1sg hand(ABS) cut-SUFF-PPLE AUX-PRES
      'I cut my hand.'

Yandr.:

(21) maḍra-li ŋanyi paṇḍri-indri-na ṭina
      stone-OP 1sgS hit-SUFF-IMP foot(ABS)
      'I hit my foot on a stone.'

(22)   ḍrama-indri-ṇana ŋanyi maṛa ilka-ṛi kaṯi piṇṇaṇaŋa
        cut-SUFF-PAST 1sgS hand(ABS) slip-UNSPEC ani-
        mal(ABS) skin-CONT
        'I accidentally cut myself while skinning the kangaroo.'

In these examples, nothing actually marks the possessor of the body-part or the recipient of the action: the very absence of such specifications makes it the speaker's own. If not otherwise expressed, presumably the semantic agent of the verbal operation is also its patient. Other uses of the same derivation come about for the same reason. They will be taken up next.

2.3. Three consequences of the same derivation: reflexive, recipro-cal, and 'middle'

When a verb can be either transitive or intransitive, if the pragmatics of the sentence permits, and it appears without an object, then presumably it has a reflexive meaning. It follows that no special reflexive function need be set up for -*indri*- or -*ṯadi*-, as in Diyari:

(23)   ŋaṇi muduwa-ṯadi-yi
        1S scratch-SUFF-PRES
        'I scratch.'

In this case, proper English is close to the original (Austin 1981: 152; Dixon 1977: 280).

The same strategy extends outside of body-parts also for both languages. The two next examples are in Yandr. and Diyari re-spectively:

(24)   ŋapayi ŋanyi ŋuya wawa-indri-na
        water(LOC) 1sgNOM reflect(ABS) see-SUFF-IMP
        'I saw myself in the water.'

(25)   ŋawu ŋayi-ṯadi-ṇda pudi-yi ŋapa-ṇi
        3sg see-SUFF-PPLE AUX-PRES water-LOC
        'He sees himself in the water.'

Here again, pragmatics has it that if you look at something that remains unspecified − in the water − presumably it is your own reflection. On another, grammatical level, note again the affinity between unspecified O and a verbal operation whose end is not implied.

Another fact will corroborate my interpretation of Diyari *-ṯadi-* as not being intrinsically reflexive: there is another, properly reflexive morpheme, *muṉṯa* 'self'; it is used independently from the suffix *-ṯadi-*, either with or without it (Austin 1981: exx. (346) and (347)).

My next points concern Yandr. alone: *-indri-* can mark a reciprocal process, and it can express 'action on one's own behalf'.

As could be expected, the expression of the reciprocal in Yandr. is made of the same verb-formative *-indri-* as that used for the reflexive, with the subject in the plural:

(26)   maḍramityi-li ṯanaru ḍranyi-indri-ḷa
       stone꞊eye-OP 3plNOM there꞊hit-SUFF-PRES
       'They are throwing stones at each other.'

Next I shall examine *-indri-* as denoting 'action on one's own behalf' (Breen 1975: 8–17). These derivations can be called 'middle', after Benveniste (1950/1966: 168–175) (cf. also Lehmann 1980). Here again, the suffix's inherent lack of transitivity combines with a verb that has an O (§ 2.1.2). The suffix blocks the transitivity of the verb, and prevents it from applying to an outside object. In Benveniste's words (1950/1966: 172): "Ici, le sujet est le lieu du procès, même si ce procès ... demande un objet; le sujet est centre en même temps qu'acteur du procès ... Il est bien intérieur au procès sont il est l'agent."

(27)   ṯawapaṉḍila ŋanyi kaṛirriŋari ŋapa maṇḍra-indri-ŋa
       go꞊down(PRES) 1sgNOM river꞊towards water dip꞊up-
       SUFF-FUT
       'I am going down to the river to dip up some water
       (for myself).'

(28)   ŋapaḷa ṉulu wani ḍraŋa-indri-ŋaŋa
       well 3sgOP corroboree sing꞊SUFF-CONT
       'Well, he was singing to himself.'

To sum up: a reflexive verbal operation obviously does not apply to an outside O; the same is true of a reciprocal one, when the latter is to be understood as reflexive in the plural. Finally, 'doing for oneself' also keeps the verbal operation within the subject, as it were (Benveniste 1950/1966). These three apparently different uses of a suffixed clause can be ascribed directly to a lowering of their perfectivity.

So far we have seen that V + suffix in Yandr. and Diyari yield a verbal operation that is indefinite, general, oft-renewed, not punctual, and sometimes accidental. The subjects of such sentences tend to show a lower degree of agentivity and wilful activity than sentences without these suffixes. As for Os, they can be dispensed with altogether, or, when they do appear, they are generic, nonspecific, indefinite, on their way to being incorporated into the verb, which thus tends to become intransitive.

We now have all the relevant Yandr. and Diyari empirical evidence; accordingly I shall now proceed to a discussion of the transformations involved.

3. Two different transformations: 'passive' and 'antipassive'

Breen uses none of this terminology, but Austin does, and it will be convenient to start from there.

$$(29) \quad \text{'passive':} \quad O_t \longrightarrow S_i$$
$$S_t \longrightarrow (\emptyset/\text{optional})$$

$$(30) \quad \text{'antipassive':} \quad S_t \longrightarrow S_i$$
$$O_t \longrightarrow (\emptyset/\text{optional})$$

As noted above, Breen accepts neither passivation nor 'antipassivation' as functions of the suffix -*indri*-. For Diyari, Austin accepts them both, which comes to the same in the end. After this survey of empirical evidence in both languages, the pattern of A/P can be completed, with a closer look at its (pro)nominal arguments.

3.1. 'Antipassive' transformations

The term 'antipassive' itself is a misnomer: indeed it is coined after the passive transformation in an accusative system. It thus sets up the latter as a model: the 'antipassive' is named in terms of its symmetry to another entirely unconnected language-system, one whose only commendation is that it happens to be ours − quite obviously a blueprint for an ethnocentric view of matters. Besides, the term A/P does not address the true functional necessities that lie behind the opposing unmarked and marked constructions. Tsunoda sometimes refers to anti-ergative, which is a far better choice, for it respects the identity of the primary construction. But I shall retain 'antipassive' here, in order to avoid adding yet a new item to the luxuriant array of today's linguistic terminology.

3.2. S_i and OBL in an A/P transformation

The subject of the primary unmarked verb and construction usually ceases to be agent, and becomes S_i, that is both actor and patient: in certain languages, it can even take an oblique (OBL) formal case (McLendon 1978). This goes with a corresponding lowering of agentivity. Hence the general agentivity hierarchy:

(31) $S_t > S_i > OBL$

As for the patient-object of the primary unmarked verb, in an A/P transformation it is either correspondingly demoted from its patient quality, or altogether deleted (Hewitt 1982). The sentence no longer needs it to be complete: when O_t goes to ERG, LOC or Dative (DAT) as in Djaru (Tsunoda 1980; cf. also Dixon 1977: 277), the latter bear a less intimate connection with the predicate than O did. It is now semantically and syntactically peripheral; it is an optionally added precision to the sentence. That is why it can receive the blanket-term of instrument, i.e. the item through which the subject 'verbs':

(32) S_i is (in a state of) verbing (because of/through instrument)

(33) S_t V $O_t \longrightarrow S_i$ V + A/P   (OBL $\begin{Bmatrix} LOC \\ ERG \\ DAT \end{Bmatrix}$)

Here is what Seiler writes about the dative in his seminal study of nominal possession (1981: 68 ff.) — but his words are just as apt for the other oblique cases of the erstwhile O_t of a verb: "... the dative, according to Jakobson (1971: 45) is in a 'Bezugskorrelation' with the accusative [or ABS in an ergative construction] and this correlation has to do with the question whether the object designated by the noun is affected or is unaffected by the action or process expressed by the predicate. The accusative is the marked, the dative the unmarked member in this correlation. For this reason the dative object is less intimately connected with the predicate than the accusative. Thus, we find that the dative shows less intimate connection with the predicate for two reasons: 1. in its quality of the marked member in the 'Stellungskorrelation' signalling *peripheral status*; 2. in its quality of the unmarked member in the 'Bezugskorrelation', *signalling unaffectedness.*" (The italics are mine.)

3.3. 'Passive' transformations

In the case of 'passive' transformations, the reverse takes place. By the very fact of being promoted to S_i, the Patient O of the basic verb advances from pure O to a grammatical and notional status with a little more autonomy: it needs no other NP to be able to partake of the verbal operation. As to the subject-agent of the primary underived verb, when it goes to $\emptyset$, then the resulting sentence shows a similar functional use as for instance the passive in English and Hindi. In these languages, it is a known fact that passives are used where the agent need not be included in the sentence. An extreme example of the autonomy of O_t going to S_i in a passive transformation is French, where reflexive verbs are used to indicate a notional passive with no Agent expressed: *le linge se lave dans la rivière* (Tchekhoff 1977: 54–55).

The difference between A/P and 'passive' transformations has been excellently highlighted by G. Hewitt (1982). But further in-depth study must be made before we know exactly their functional opposition and uses when the two are present in the same language — as in Yandr. and Diyari for example. However, one point is clear from what empirical evidence we do have for these languages: in both transformations, whether S_i has been derived from S_t or from O_t grammatically, it is now S_i and nothing else; it follows that the passivation or antipassivation of the resulting sentence is a matter of mere pragmatics, not of grammar or syntax, and depends upon the context (Tchekhoff 1979 a: 32). If the same suffix used with the same verb can trigger opposite meanings (Breen 1975, Austin 1981: 153 ff.), it means that the intrinsic function of the suffix is neither 'passive' nor 'A/P', but something else, which I suggest is an increase of the imperfectivity of the verb and sentence.

4. Towards a complete picture

Imperfectivity is thus a positively marked aspect, and not only the negative counterpart of perfectivity. Next I shall turn to the study of corresponding constructions, first in the North Caucasus, then in several other language-systems. Their interpretation in terms of degrees of imperfectivity will corroborate my findings and enrich the final picture.

4.1. The 'antipassive' in Avar

Here are two sentences in Avar (spoken in Daghestan, NE Caucasus; Tchekhoff 1979 a: 142 ff., esp. 144), one in the basic ergative construction; the other is 'antipassivized':

(34)   ebel-aλ ret-el b-úqʔ-ula
        mother-ERG clothes(ABS)-pl AGR-sew-PRES
        'Mother sews clothes (in general).'

The verb agrees with the ABS case, whatever its role in the sentence. With the A/P -*ar*-, this yields:

(35)   ebel y-uqʔ-ár-ula
        mother(ABS) AGR-sew-A/P-PRES
        'Mother does (some) sewing.'

The process is insisted upon for itself, but remains unconcluded: hence its incompatibility with an ERG agent.

4.2. 'Antipassives' in other languages from the North Caucasus

My data are from Hewitt (1982). According to Jakovlev & Ašxamaf (1941: 10–71), as reported by Hewitt (1982), there are in North West Circassian oppositive pairs of verbs and sentences "in terms of 'aimful' and 'aimless' (activity) respectively". It is the same opposition as applies in Australian languages (§§ 2.2.1–2 above) between purposeful and involuntary actions. Here also the pattern and meaning of the transformation conform to $S_t \longrightarrow S_i, O_t \longrightarrow OBL$. Besides, the 'A/P' itself has a zero expression in the verb, so that its presence is manifest only by what appears to be the inversion of formal cases in the string:

(36)   basic unmarked sentence: ERG S_t | ABS O_t | V

(37)   A/P sentence: ABS S_i | (ERG Instr.) | V

If we did not know the instrumental (§ 3.2) function of ERG, things would seem to be very confused; indeed it is this very function that elucidates Hewitt's examples as quoted from Jakovlev:

	primary sentences	A/P sentences
(38)	'(he) is filing the plank'	'he is filing away (at the plank)' (i. e. the plank being the occasion of his action)[6]
(39)	'he is reading the book through carefully'	'he is reading (away at) the book' (i. e. the book being the occasion of his action, (or) being the Locus of the verbal operation)[6]

Here again lies the opposition between a purposeful activity, and one that is desultory, less wilful. The differences in meaningful contents are signalled by the form of the sentence. Form and meaning work together, we must let them guide us.

A third factor still of the message expressed by a linguistic sequence is the referential hierarchy of (pro)nominal participants: this factor is essential (Tchekhoff 1978 b), and yet it is often completely by-passed in linguistic descriptions.

4.3. Aspect and referential hierarchy

The next pair of sentences illustrates the interplay of referential hierarchy and linguistic aspect. They are Circassian (Hewitt 1982: exx. (9) and (10)), originally taken from the native speaker Circassian linguist Noah Gišev (1968). Here again the verb itself remains unchanged from primary (40, Hewitt's 9) to A/P (41, Hewitt's 10); only the cases of NP arguments change:

(40)   qerālə-m   zāvodə-r   (∅-)j-e-še
state-ERG factory-ABS (it-)it-DYN-sell
'The state sells the factory.'

(41)   zə qerālə-r̀ ādre qerālə-m̀ (∅-)j-e-še
        one state-ABS another state-ERG (it-)it-DYN-trade=
                                                        with
        'One state trades with another.'

Hewitt (1982: 160) writes: "The impossibility here of preserving the
actants of (9) but case-marked according to the pattern of (10)
suggests to me that this pair of examples do not illustrate the
operation of 'antipassivation' at all. I prefer to treat them as a
pair of homonyms (transitive vs. intransitive, respectively)." The
impossibility Hewitt refers to no doubt is due to the pragmatics of
this particular combination of morphemes, to the hierarchy that
lies between a state and a factory: a factory cannot sell a state, nor
can it normally trade with one. That is why the actants of Hewitt's
(9) (here (40)), state and factory, cannot be carried over to his
(10) (here (41)), where the relationship of the two participants is
reciprocal. As to the verbs 'to sell' vs. 'to trade', they are an
equipollent (Troubetzkoy 1964: 76–77) aspectual pair: 'to sell',
punctual, telic and definite, has a perfective aspectual meaning. If
'antipassivized', it becomes imperfective; with the same semantic
contents but in reverse, i.e. − punctual, − definite, − telic, it yields
+ oft-renewed, + general, + unconcluded, i.c. 'to trade'.

    As to the reciprocal meaning, we are already familiar with it
from *-indri-* intransitivized verbs in Yandr. (§ 2.3).

4.4. Singular vs. Plural and referential hierarchy

Another factor in a universal referential hierarchy is the opposition
singular vs. plural. Its effects on grammar often combine with the
animate vs. inanimate dichotomy (see also Comrie 1976 b) and/or
specific (SPEC) vs. nonspecific (NSPEC). For all these reasons, the
opposition is not one of number as much as of individuality vs.
mass, so that a better term than singular vs. plural is singulative
vs. collective or mass, this last including plural. Here is an example
in spoken French showing that the opposition is not one of singular
vs. plural, since both sentences are in the plural, but of SPEC
individual vs. NSPEC:

(42)   Les parents, i(ls) sont en vacances
        the parents TOPIC they are on holidays
        '(My) parents, they're on holidays.'

(43)   Les parents, c(e n)'est pas facile à convaincre
         the parents TOP S is NEG easy to convince
         'Parents (in general) are not easy to convince.'

This opposition can have a direct influence on the (pro)nominal
actants of a verb, and consequently help to give the resulting
sentence its imperfective aspect. Here is an instance of this opposition in Dargwa (taken from Hewitt 1982: 167, reporting from
Abdullaev 1971: 195–207):

(44)   nu bucʔa karšul-ra
         1sgABS wolves-ERG kill-1stPERSON
         'I kill wolves.' or 'The wolves are killing me.'

(45)   nu becʔ-li karšul-ra
         1sgABS wolf-ERG kill-1stPERSON
         'The wolf is killing me.'

To quote Hewitt (1982: 167): "How to account for the ambiguity
of (32) [here (44)] and the lack of ambiguity in (33) [here (45)]?
Abdullaev proposes that the antipassivised option is only possible
if the ergative NP is plural (as in (32) [44]) and the bi-valent verb
of action is of imperfective aspect." Hewitt then expresses his doubt
of the validity of Abdullaev's interpretation.
     I shall take up those two sentences again in somewhat more detail
in order to show why I agree with Abdullaev: Dargwa has a
morphologically ergative construction. Therefore in both (44) and
(45), *nu* 'I/me', ABS, is either S_i or patient O. On the other hand,
ERG covers both agent and instrument functions. Finally, A/P is
not expressed in the verb, only in its arguments; but the verb is
suffixed with a reference to its ABS argument (*-ra*, 1st person sg.,
in the case of our two examples). Consequently (44) can follow
either a straight ergative pattern, with *nu* 'me' ABS patient, and
bucʔa 'wolves' ERG agent, 'the wolves kill me'; or it may answer
an A/P pattern where *nu* would stand for S_i 'I', and *bucʔa* 'the
wolves' be in the instrumental function of ERG: this would yield
'I kill (habitually), because of the wolves', i.e. 'I kill wolves'.
     As for (45), I agree with Abdullaev that it can only mean 'the
wolf is killing me' with a straight ergative pattern. Here again the
reason is due to a syntactic reflex of the referential hierarchy which
opposes singular/singulative vs. plural/mass-collective: whereas

'wolves' in the plural could be either in the agent or the instrument functions of ERG, it must be agent when in the singular. The Dargwa language makes use of this referential hierarchy: here the latter replaces grammatical marks, and a native speaker of the language immediately knows that singulative-individual is more agent-like than mass-collective: a singular NP in the ERG case must be agent, whereas a plural one in the same case can be either agent or instrument of the verbal operation.

That same aspectual constraint in reverse has been reported for an idiolect in Tongan (Tchekhoff 1979 a: 245 ff. and 1981: 36) with a marked perfective aspect, where both agent and patient must be singular and specific; with the corresponding unmarked imperfective, they must be general, nonspecific, and nonsingular.

(46)   *... fana 'i 'ae manupuna
        ... shoot PERF the birds
        '... shoot (completely = all) the birds.'

This is unacceptable, "because (added my Tongan informant) you cannot kill all the birds there are". With a plural object, the sentence must be:

(47)   ... fana 'ae manupuna
        '... shoot the birds.'

with an unmarked imperfective aspect.

Going back to the feature 'accidental' that is included in an imperfective aspect (§ 2.2.1), its consequences are such as can explain its use for unsuccessful, negative and generally irrealis verbs and clauses.

4.5. The imperfective aspect and unsuccessful processes: an example in Russian

Comrie (1976 a: 111 ff.) gives a more in-depth account of this question in Russian, with its diachronic points, than I need to do here, in order to account for the purely synchronic whys and wherefores of the use of either in Russian today. This problem is a bewildering one to students of the language whose competence will never be innate.

A synchronic view of aspect in Russian today shows an equipollent (Troubetzkoy 1964: 76–77) opposition between perfective and imperfective aspects:

(48)   Ja vzjal očki, i sejčas u menja v karmane
        I took(PERF) glasses, and now to me in pocket
        'I took (my) glasses, and now have (them) in (my) pocket.'

The verbal operation is specific, definite and purposeful: the reflexes of such an action in Russian make it successful and limited to the one specific time. Should one of these conditions fail, it takes on an imperfective aspect:

(49)   Ja bral očki, no zabyl na stole
        I took(IMPERF) glasses, but forgot on table
        'I (meant to) take (my) glasses, but forgot them on the table.'

The Russian imperfective aspect, then, is used for unsuccessful, accidental events, and also for habitual ones.

4.6. Imperfect tense and imperfective aspect

The same feature, 'illimited' hence 'habitual, oft-repeated process', accounts for the use of the imperfect tense/aspect in many languages with this same meaning: here are examples from French and Classical Armenian.

Spoken French today no longer uses the tense called 'passé simple', *je fis*. Consequently it can choose between two past tenses which can be used for aspect also, the 'passé composé', and the imperfect whose aspectual meaning obviously is imperfective:

(50)   Je finissais tous les jours à six heures, et après, j'allais à
        la piscine
        I finish(IMPERF) all the days at six o'clock, then I
        go(IMPERF) to the swimming-pool
        'I used to finish work at six, after which I went swimming.'

The extra-mention *tous les jours* insists on the imperfective meaning of the verb: a general, habitual, hence not limited, indefinite verbal operation. This can be opposed to the 'passé composé', which, whether used in its aspectual (51) or temporal (52) meanings, always refers to a single operation, a precise and specific event.

(51)   Ça y est! J'ai fini!
         it there is I have finished (PASSCOMP)
         'There! I've finished!'

(52)   Hier, j'ai fini mon travail à six heures
         'Yesterday, I finished work at six.'

Besides, even if the same tense/aspect refers to indefinite time and processes, the latter are punctual and presumably specific, even if not explicitly so. Compare (53), referring to specific instances of the fact, with (54), a blanket statement in the imperfect:

(53)   Dans le temps, j'ai fait des bêtises
         in the time I have do (PASSCOMP) stupid-things
         'In past times, I have been foolish.'

(54)   Dans le temps, je faisais des bêtises
         'In the past, I was foolish (in general and continuously so).'

The Classical Armenian aorist tense/aspect indicates a specific, precise verbal operation, and a closed one. On the contrary, the imperfect tense/aspect is used to express an indefinite process, open because its termination is not in the picture (Meillet 1910/11: 97 ff.), often with a generic, indefinite and nonspecified O:

(55)   gund kazmēr i Hayocʻ Mecacʻ
         army (INDEFACC) raised (IMPERFECT) from Armenia great
         'He raised an army from Great Armenia.' (Ełisē 1957: 1.6, 1.1)

The feature 'illimited atelic process' accounts for the fact that the imperfect is also used to express virtual, unrealized processes, whether negated or unrealized for any reason whatsoever — providing of course that the pattern of the language has a choice of forms to offer. Here are examples, first from spoken French again, then from Classical Armenian and Latin.

4.7.   Imperfective and irrealis

In French, the imperfect expresses continuous processes or actions. It is also used for the protasis of an irrealis sentence:

(56)   S'il était paresseux, il travaillerait moins
        if he be(IMPERF) lazy he work(COND PRES) less
        'Were he lazy, he would work less.'

The same feature — expression of the irrealis — can also account for the negative imperative in Classical Armenian; there are two imperatives to choose from in this language: the aorist, used in positive commands, and the present, used for negative ones: *do not ...!* What are the reasons for these choices? Obviously, the aorist imperative is used not for its tense-value, for that is past tense; it would thus be unsuitable to express an injunction whose realization is projected into the future. As for the negative present imperative, it in turn would not do for a verbal operation that must remain unrealized. The reason for both choices is aspect: as has been seen, in Armenian the past perfective value is borne by the aorist; when divested of its tense-value, the aorist keeps its aspectual meaning of a precise, single, positive, complete operation. As for the present tense, it is used to express on-going operations; these consequently cannot be complete. They are unconcluded. A fortiori, the present negative imperative will be used for something that must remain unreal, since it must not happen.

Similar rules obtain for irrealis tense/aspects in Latin: Baratin (1981: 258 ff.) writes that in a conditional clause, if the protasis is presupposed to be right, it is expressed in the indicative mood; if there is no presupposition about it being right or wrong, it is in the present subjunctive, and if it is presupposed to be wrong, the subjunctive imperfect is used. Vairel, for Latin also, comes to the same conclusion (1981: 285, 288–289). Here again the language makes this choice because if a verbal operation remains unconcluded, if it explicitly does not 'hit the mark', it is more likely to stay unrealized than one that implies its own successful end.

5. The imperfective vs. perfective aspectual pair

It is now possible to make out a list of the canonical imperfective vs. perfective aspectual pair. It must be borne in mind, however, that such a list of characteristics as presented in Table 1 (see p. 384) must remain open, for other traits can always be added to accommodate languages that have not been mentioned here. These traits are *tendencies rather than hard facts*, and languages choose among them in a way that is probably arbitrary. The important point is that *these traits always go in the same direction*.

In some languages, the telicity of the verbal operation may imply its accomplishment. This is often the case where, as in the preterite in Georgian and in Siosiane's idiolect in Tongan (Tchekhoff 1981: 36), the ergative construction is reserved for past tenses only. But this trait is language specific, for there are languages where the two pairs of aspects, (im)perfective and (un)accomplished, are distinct, as in Avar (Tchekhoff 1979 a: 117).

Once again, the separation between a verb and its two (pro-) nominal arguments is artificial: the three cannot be separated in practice. Their interplay is constant, and it is this very interplay that denotes the expression of aspect in space.

There are languages where the opposition that applies is marked perfective verb vs. unmarked imperfective, as in Tongan for instance, or the other way around, marked imperfective vs. unmarked perfective, as in Yandr., Diyari, Warungu, Avar, etc. In languages of both these types, clauses with marked verbs are more (im)perfective than their counterparts with a corresponding unmarked verb, all other things being equal. Therefore in order to account for all these degrees of (im)perfectivity, a universal scale must establish cardinal imperfectivity and perfectivity as its extreme limits; they tend to include the transitivity scale rather than the other way around (Hopper & Thompson 1980: § 2.7). All the different possible syntactic combinations will take their place on this (im)perfectivity scale, according to the number, case and referential identity of their NP arguments.

The intransitivity-transitivity and imperfectivity-perfectivity scales are not made of a continuum but rather of a multiplicity of

	Perfective aspect	Imperfective aspect
V + mark	verbal operation is telic: the emphasis is on V's effect on O; hence: single, limited, punctual; also purposeful; realized: specific; positive: successful; two compulsory NP arguments	verbal operation is atelic: the emphasis is on verbal operation itself, not on its results; hence: illimited, indefinite, durative, habitual; also involuntary, accidental; unrealized: irrealis; negated: unsuccessful; one compulsory NP argument
S NP	A different from P; S_t: higher agentivity: animates > human; specific, definite; singulative-individual	$A = P$; S_i: lower agentivity > inanimates; non specific, generic, indefinite; plural-collective
O NP	compulsory; specific; definite; singulative; central: Direct object affected by V	deleted or non-specific; indefinite; plural-collective; peripheral: OBL unaffected or less affected by V

Table 1: The canonical imperfective *vs.* perfective aspectual pair.

discrete degrees: marked or unmarked verb, number, case, presence or absence of (pro)NP actants in the clause. The relationship between the two scales can be illustrated as follows:

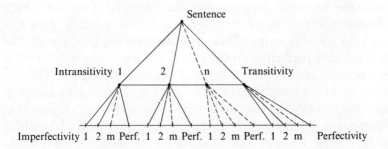

In the graph above, dotted lines mean any unspecified number of degrees on either scale. The perfectivity scale has been repeated several times for the sake of clarity; but a simpler representation would be the following:

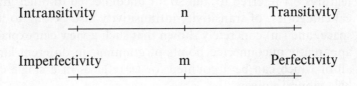

The order of the two scales can be reversed: no dominance of one over the other is involved. Any point of the (in)transitivity scale can be related to any point on the (im)perfectivity scale. The four extreme points of both are canonical intransitivity-transitivity and imperfectivity-perfectivity; their forms are language-specific. But there is a general affinity between intransitivity and imperfectivity on the one side and, on the other, between transitivity and perfectivity.

6. Conclusion

To sum up the steps which have been taken here, I have studied the multiple reflexes of a verbal suffix and its interaction with agent and patient of the verb in several languages — intransitivizer, reflexive, reciprocal, middle, durative −, and found all their effects to be different facets of the same canonical imperfective aspect: the latter, just like its complementing antinomy, canonical perfective aspect, concerns aspect in space. Aspect in space, just as aspect in time, is the linguistic expression of the referential necessity which confronts language in its everyday use, i.e. to translate time and space into its own terms. These two aspects, imperfective on the one hand, and perfective on the other, are the extremes of a scale which is related to another, the transitivity scale (Hopper & Thompson 1980). These two scales often meet − both belong to aspect in space. But, in view of languages that show verbs and clauses that are perfective and intransitive, and also non-perfective and transitive together, as in Russian and Tongan for instance, the two scales must keep their separate identities.[7] Constructions in specific languages, then, move along these scales; languages can accommodate several or all of these reflexes according to the compatibilities that obtain within their own particular systems.

This paper has thus (i) suggested the identity of the imperfective and perfective aspects as aspects in space, (ii) claimed that the features oft-referred to, but so far unconnected to other grammatical categories, of transitivity-intransitivity also belong to aspect in space, and (iii) concretely shown that such a view can explain many apparently unconnected points of grammar in different languages, all of which can be accounted for as reflexes of a single cognitive behavioural universal.

The limits of this paper preclude a treatment of these questions from the point of view of discourse. This will be studied elsewhere.

Notes

* A few words must be said first of all on the genesis of the present paper. I addressed the question of aspects in general and the perfective vs. imperfective pair in particular, first in 1973 for Tongan, then in my national PhD dissertation in 1975 (published as Tchekhoff 1979 a). Meanwhile I had become interested in Australian aboriginal languages, particularly those with an 'antipassive' transformation. In 1980, I spent some months in Australia, and was able to test and confirm my hypothesis about their 'antipassive' on two aboriginal languages, Yandruwandha and Diyari, and also to broaden the composite picture of the 'antipassive' to include other non-Australian languages. Then, in 1980, Hopper and Thompson's paper on transitivity came out, embodying many points which I had already deemed relevant to an imperfective-perfective aspectual pair. (See especially § 5.) This could not be helped, however. Nevertheless I thought it remained interesting to go ahead with applications of my

aspectual pair in the two Australian languages cited above, and to compare the Hopper & Thompson approach to mine.

I would like to thank Mr. Gavan Breen for his great generosity in giving me free access to his manuscript, and allowing me to publish this paper on the subject. He has also shown great patience in answering my numerous oral and written questions, and given me valuable suggestions on a previous version of this paper. In the same way, I wish to thank Professors Peter Austin, Bernard Comrie, André Crépin, Jacques Eugène, Jean Perrot, Paolo Ramat and Tasaku Tsunoda for their patience and for their valuable comments. I alone am responsible for any mistakes or misinterpretations I may have made.

1. The limits of this paper preclude my extending it beyond the languages mentioned. However the same formations are to be found in many languages of the Australian continent, generally situated in East and North-East Australia, as well as outside of Australia (cf. § 4). It must be noted besides that my choice of languages does not in any way imply a closer relation, whether geographic or genetic, between the languages here studied.

2. Aspect is usually called verbal because traditionally it centres on the verb; by the same token, its mark, when there is one, is usually looked for within the verb. However cf. Djaru, North West Circassian etc.

3. In syntax, a *mark* is an extra meaningful unit that determines and narrows the field of the morpheme it applies to. Here is an example: basic unmarked unit, *prince*, vs. marked unit, *princess*; the latter is then said to be the marked member of the pair.

4. See for Yandr. Breen 1975: 8.1 and 11.2.1; for Diyari Austin 1981: 151 ff.; for Yidiny Dixon 1977: 273–293; for Warungu Tsunoda 1975: 58–75.

5. Abbreviations used in glosses and elsewhere: ABL ablative case, ACC accusative, AGR verb agreement marker, ALL allative, A/P 'antipassive', AUX auxiliary, CAUS causative, COND conditional, CONT continuous, DEM demonstrative, DIST distant, DYN dynamic verb, EMPH emphatic, FUT future, IMP immediate past, IMPERF imperfective, INDEF indefinite, MK marker, NF nonfeminine, O object, OLDINF old information, OP operative case, PPLE participle, PERF perfective, pl plural, PRES present tense, SIMULT simultaneous, sg singular, S subject, S_i intransitive subject, S_t transitive subject, SUFF suffix, UNSPEC unspecified. – Concerning transcriptions, in Australian studies, the apico-domal order of stops is transcribed /ṭ/, the lamino-dental as /ṯ/, and the lamino-palatal as /ṱ/, also /ḏ/. In this I shall follow the authors' notations.

6. The gloss between parentheses is mine.

7. I had first set up one single scale for (im)perfectivity and (in)transitivity. But after discussing this point with Prof. Paolo Ramat, I came to agree with him that the two scales must not be confused.

References

Abdullaev, Z. G.
  1971   *Očerki po sintaksisu darginskogo jazyka* (Moskva: Nauka).
Austin, Peter
  1981   *A grammar of Diyari, South Australia* (Cambridge: Cambridge University Press).
Baratin, Marc
  1981   "Remarques sur l'emploi des temps et des modes dans le système conditionnel latin", *Bulletin de la Société de Linguistique* 76, 1: 249–273.

Benveniste, Emile
1935   *Origines de la formation des noms en indo-européen* (Paris: Maisonneuve).
1950   "Actif et moyen dans le verbe", *Journal de Psychologie*. Reprinted in his *Problems de linguistique générale* 1 (Paris: Gallimard, 1966), 168–175.
Blake, Barry J.
1977   *Case-marking in Australian languages* (Canberra: Australian Institute of Aboriginal Studies).
1979   *A Kalkatungu grammar* (Canberra: Pacific Linguistics B–57).
Breen, Gavan
1971   "The aboriginal languages of Western Queensland", *Monash University Linguistic Communications* 5: 1–88.
1975   "Innamincka talk (the Innamincka dialect of Yandruwandha)", unpublished manuscript (Canberra: Australian Institute of Aboriginal Studies).
1976   "Yandruwandha", in: *Grammatical categories in Australian languages*, edited by R. M. W. Dixon (Canberra: Australian Institute of Aboriginal Studies), 594–597.
1981   "Yandruwandha texts", to appear in: *This is what happened*, edited by L. A. Hercus & P. Sutton (Canberra: Australian Institute of Aboriginal Studies).
Comrie, Bernard
1976 a   *Aspect* (Cambridge: Cambridge University Press).
1976 b   "Definite and animate: a natural class?", *Linguistica Silesiana* 3: 12–21.
1978   "Ergativity", in: *Syntactic typology. Studies in the phenomenology of language*, edited by W. P. Lehmann (Austin: University of Texas Press), 330–394.
Dixon, Robert M. W.
1977   *A grammar of Yidin*^{y} (Cambridge: Cambridge University Press).
1979   "Ergativity", *Language* 55: 59–138.
Elisē
1957   *Sur la guerre de Vardan et des Arméniens*. Édition critique du texte arménien par E. Ter-Minasean (Erévan).
Gišev, Noah T.
1968   *Glagoly labil'noj konstrukcii v adygejskom jazyke* (Majkop: Krasnodarskoe kn. Izd-vo, Adyg. otdel.).
Heath, Jeffrey
1981   "Aspectual 'skewing' in two Australian languages: Mara, Nunggubuyu", in: *Syntax and semantics 14: Tense and aspect*, edited by P. J. Tedeschi & A. Zaenen (New York: Academic Press), 91–102.
Hewitt, B. George
1982   "The 'antipassive' and 'labile' constructions in North Caucasian", *General Linguistics* 22: 158–171.
Hopper, Paul & Sandra A. Thompson
1980   "Transitivity in grammar and discourse", *Language* 56: 251–299.
Jakobson, Roman
1971   "Beitrag zur allgemeinen Kasuslehre", in his *Selected writings, vol. 2: Word and language* (The Hague: Mouton), 23–71. (First published in 1936.)
Jakovlev, N. & D. Ašxamaf
1941   *Grammatika adygejskogo literaturnogo jazyka.* (Moskva/Leningrad: Nauka).

Lehmann, Winfred P.
1980   "Language as a human phenomenon. The importance of history for the understanding of language", *Folia Linguistica Historica* 1: 5–19.

McLendon, Sally V.
1978   "Ergativity, case, and transitivity in Eastern Pomo", *International Journal of American Linguistics* 44: 1–9.

Martinet, André
1965   "La notion de marque", in his *La Linguistique synchronique* (Paris: Presses Universitaires de France), 180–194.

Meillet, Antoine
1910/11   "La syntaxe comparée de l'arménien", *Mémoires de la Société de Linguistique de Paris* 16: 92–131. Reprinted as: *Etudes de Linguistique et de philologie arméniennes, 1: La syntaxe comparée de l'arménien* (Lisbonne: Imprensa nacional de Lisboa, Libr. Bertrand, SARL, 1962).

Seiler, Hansjakob
1976   "Objectives and questions", in: *Materials for a Research Conference on Language Universals*, edited by H. Seiler (Köln: Institut für Sprachwissenschaft der Universität), 1–29.
1981   *Possession as an operational dimension of language* (Köln: Institut für Sprachwissenschaft der Universität, Arbeiten des Kölner Universalien-Projekts, 42).

Tchekhoff, Claude
1973   "Verbal aspects in an ergative construction: an example in Tongan", *Oceanic Linguistics* 12: 607–620.

1975   *Recherches sur la construction ergative en avar, langue du Caucase, et tongien, langue polynésienne* (Paris: Thèse d'Etat, Université René Descartes, Sorbonne).

1977   "La prédication" in: *Fonctionalisme et syntaxe du français* (= *Langue française*), 47–56.

1978 a   *Aux fondements de la syntaxe: l'ergatif* (Paris: Presses Universitaires de France).

1978 b   "Le double cas-sujet des inanimés: un archaïsme de la syntaxe hittite?", *Bulletin de la Société de Linguistique* 73, 1: 225–241.

1979 a   *La construction ergative en avar et en tongien* (Paris: Klincksieck, Publications de la Sorbonne).

1979 b   "Fonctions grammaticales et diversité des langues", *Bulletin de la Société de Linguistique* 74, 1: 1–23.

1979 c   "Opposition animé ~ inanimé et construction du verbe", in: *Relations predicat-actant(s) dans des langues de types divers*, edited by C. Paris (Paris: SELAF), vol. 2, 187–204.

1979 d   "From ergative to accusative in Tongan", in: *Ergativity. Towards a theory of grammatical relations*, edited by F. Plank (London: Academic Press), 407–418.

1981   *Simple sentences in Tongan* (Canberra: Pacific Linguistics B–81).

1983   "Morphological ergativity, accusative syntax and voice: an example in Djambarrpuyŋgu (Yolngu), Arnhemland, Australia", to appear in: *Festschrift for André Haudricourt*, edited by S. Ratanukul & D. Thomas (Bangkok: Mahidol University).

Troubetzkoy, Nikolaj S.
1964   *Principes de phonologie*. Traduits par A. Cantineau (Paris: Klincksieck).

Tsunoda, Tasaku
  1975   "*Gali* constructions and voice expressions in Warungu", *Gengo Kenkyu*
            (Tokyo) 67: 58–75.
  1980   "Djaru syntax and relational grammar", *Bulletin of the Faculty of
            Letters, University of Nagoya* 76: 77–85.
Uexküll, Jakob von
  1956   *Mondes animaux et mondes humains* (Paris: Gonthier, translated from
            German).
Vachek, Josef
  1966   *The Linguistic School of Prague* (Bloomington: Indiana University
            Press).
Vairel, Hélène
  1981   "Un modèle d'analyse linguistique des conditionnelles: latin *si di sunt,
            si di sint, si di essent*", *Bulletin de la Société de Linguistique* 76, 1:
            267–283.

LAURENCE C. THOMPSON

Control in Salish grammar

An explorer wandering into the thickets of Salish syntax soon encounters a pervasive bifurcation of predicate forms. The actual realizations of this bifurcation vary from form to form. Yet it is clear that whatever the contrasts are, they constitute a significant independent system in Salish structure. The distinction is not, as it was first thought, limited to transitive expressions, but occurs with intransitives as well. In this paper I will present evidence that the bifurcation is in the realization of a basic logico-semantic distinction in the language. The general notion is that of *control*,* but it is not as simple as an expected plus/minus division. It does indeed involve unmarked uncontrolled vs. marked controlled, but it also provides for a marked uncontrolled category, and it shows a hierarchy of dominance of these different control values.

Let us examine first the effect in pairs of transitive expressions. One of each pair — labeled (a) in the following examples — is typically translated so as to suggest simply that an agent acts on some patient. (The simplicity is spurious — part of the projection of English semantic structure — for these are *controlled* forms.) The other — labeled (b) — begs glosses indicating either (i) that the act was accidental, unintentional, involuntary; or (ii) that it was accomplished at the expense of special effort, time, or trouble. For example, in Thompson River Salish:[1]

(1) a. $\sqrt{}$ k̓ətx^w-e-t-$\emptyset$-és
         $\sqrt{}$ sever-DRV-TR-3PAT-3AG
         'he cut it off (intentionally)'[2]

     b. $\sqrt{}$ k̓ətx^w-s-t-$\emptyset$-és
         $\sqrt{}$ sever-CAU-TR-3PAT-3AG
         (i) 'he cut it off accidentally'; (ii) 'he finally managed to get it cut off'

(2)   a. $\sqrt{}$čək-t-∅-és
            $\sqrt{}$use.up-TR-3PAT-3AG
            'she used up the last of it [e.g. food]'

      b. $\sqrt{}$čək-s-t-∅-és
            $\sqrt{}$use.up-CAU-TR-3PAT-3AG
            (i) 'she ran out of it'; (ii) 'she managed to use it up'

(3)   a. $\sqrt{}$čəq̓-t-∅-éne
            $\sqrt{}$hit-TR-3PAT-1AG
            'I (threw something and) hit it'

      b. $\sqrt{}$čəq̓-s-t-∅-éne
            $\sqrt{}$hit-CAU-TR-3PAT-1AG
            (i) 'I hit it accidentally'; (ii) 'I hit the bull's-eye'

(4)   a. $\sqrt{}$cəm-t-∅-és
            $\sqrt{}$burn-TR-3PAT-3AG
            'she burned it [e.g. bread to make therapeutic tea]'

      b. $\sqrt{}$cəm-s-t-∅-és
            $\sqrt{}$burn-CAU-TR-3PAT-3AG
            (i) 'she wasn't watching [what she was cooking] and it
            burned on her'; (ii) 'she got it charred just right [bread
            for therapeutic tea]'

These forms all involve the suffix /-t/ *transitive*. In the (b) examples
it is preceded by /-s/ *causative*. (We shall have occasion later to
discuss the element /-e/ *directive* in (1a) and the [+ control] status
of the other (a) forms.) Following the /-t/ is a zero third person
patient marker and an agent ending — either the general third
person or first person singular. The first element in each form is
the root.

If the two different meanings of the (b) forms seem at first
contradictory and strange, we should recall that we have in English
some forms with a similar distribution of meanings. For example,
some formulations with the verb *get* (cf. Lakoff 1971) carry the
same sort of ambiguity:

(5)   She got him started.
        (i) = on one of his pet tirades; (ii) = on a new project

(6)   He got the engine hot.
        (i) = caused it to overheat; (ii) = managed to warm it
        up

Usually, however, the act or state mentioned has either a positive or negative connotation, and that, together with the context, determines whether the sentence refers to an accident, unintentional or involuntary act, or success after at least some effort.

(7)   They got it (i) dirty/(ii) clean.

(8)   She got her dress (i) wrinkled/(ii) ironed.

A number of English verbs present the same range of possibilities — e. g. *catch, lose, find*:

(9)   I caught it. (i) [the flu] or = 'I was reprimanded';
        (ii) [the ball thrown to me] or = 'I understood'

(10)   (i) She lost her way/umbrella/diamond necklace/last friend; ... the game/contact with him.
        (ii) She lost fifty pounds [weight]/her inhibitions/her fear of the water.

(11)   (i) He found a $10 bill/her umbrella [accidentally].
        (ii) He found her umbrella [after a long search]/the source of the trouble/the courage to undertake the revision.
        [Note also: (i) He found an umbrella. *vs.* (ii) He found the umbrella.]

What is unique about the circumstances in the Salish languages is that for practically every situation the speaker has to choose between alternative expressions of this sort. Most roots form words which are to be interpreted either as 'do accidentally, unintentionally ...' or 'manage to ..., (finally) succeed in ...', depending on the context. Characterizations of such forms as 'accidental' or 'unintentional' obviously conflict with the meanings in many typical uses. The traditional notion *nonvolitional* covers only part of the semantic sphere represented and fails to capture the generalization. The apparent paradox of the same form conveying diametrically opposed meanings can be resolved by recognizing the common denominator; both notions — doing something accidentally and accomplishing it with difficulty — share the feature of *limited control*. Someone acting by mistake lacks full control; likewise someone who has to struggle to do the same thing.[3]

It is apparent that the opposition functions in intransitive as well as transitive forms. This clears up some puzzling aspects of intransitives. To a considerable extent one-participant predicates involving just a simple unaffixed root, or one suffixed by a common aspectual marker /-t/ *immediate* (just now happened/came about), indicate that the participant is affected or acted upon. In the following examples such simple forms, constructed with intransitive subject clitics (a), are paired with corresponding causatives (b), which preserve the same control status and the same relationship between the root and the persons designated as in the (a) forms. It will be seen that this personal reference in the (b) forms is regularly accomplished by *patient*-marking suffixes. For contrast, causatives are also given in which the same person is represented as *agent* (c), clearly enjoying a different relationship to the action from that of the subject clitic in the (a) forms. We shall henceforth indicate the control force of forms using the notations [+ctl] and [−ctl]. (In the following examples note that the transitive marker //-t// often disappears in phonological derivations.)

(12) a. $\sqrt{}$kʷís kn
   $\sqrt{}$fall 1SJ
   'I fell' (including 'I managed to fall [right on cue at the end of Act II]') [−ctl]

   b. $\sqrt{}$kʷís-s-cm-s
   $\sqrt{}$fall-CAU-1PAT-3AG
   'she caused me to fall (or managed to make me fall)' [−ctl]

   c. $\sqrt{}$kʷís-s-∅-ne
   $\sqrt{}$fall-CAU-3PAT-1AG
   'I caused her to fall (or managed to make her fall)' [−ctl]

(13) a. $\sqrt{}$slák kt
   $\sqrt{}$turn p1SJ
   'we're turned around (confused as to direction)' [−ctl]

   b. $\sqrt{}$sǝlk-s-t-éy-s
   $\sqrt{}$turn-CAU-TR-p1PAT-3AG
   'they caused us to be turned around (accidentally confused us as to direction, or managed to confuse us)' [−ctl]

  c. $\sqrt{}$səlk-s-t-∅-ém
   $\sqrt{}$turn-CAU-TR-3PAT-p1AG
   'we caused them to be turned around (accidentally confused them as to direction, or managed to confuse them)'
   [−ctl]

(14) a. $\sqrt{}$níḱ-t kn
   $\sqrt{}$cut-IM 1SJ
   'I got cut' [−ctl]

  b. $\sqrt{}$níḱ-s-cm-s
   $\sqrt{}$cut-CAU-1PAT-3AG
   'he caused me to be cut (cut me accidentally, or managed
   to cut me)' [−ctl]

  c. $\sqrt{}$níḱ-s-∅-ne
   $\sqrt{}$cut-CAU-3PAT-1AG
   'I caused him to be cut (cut him accidentally, or managed
   to cut him)' [−ctl]

(15) a. $\sqrt{}$čáq̓-t kn
   $\sqrt{}$hit-IM 1SJ
   'I got hit' [−ctl]

  b. $\sqrt{}$čəq̓-s-cém-s
   $\sqrt{}$hit-CAU-1PAT-3AG
   'they caused me to get hit (hit me accidentally, or
   managed to hit me)' [−ctl]

  c. $\sqrt{}$čəq̓-s-t-∅-éne
   $\sqrt{}$hit-CAU-TR-3PAT-1AG
   'I caused them to get hit (hit them accidentally, or
   managed to hit them)' [−ctl]

(16) a. $\sqrt{}$qʷnóx̣ʷ kt
   $\sqrt{}$ill p1SJ
   'we're sick' [−ctl]

  b. $\sqrt{}$qʷnóx̣ʷ-s-t-i-s
   $\sqrt{}$ill-CAU-TR-p1PAT-3AG
   'they made us sick (accidentally, or with special effort)'
   [−ctl]

  c. $\sqrt{}$qʷnóx̣ʷ-s-t-∅-m
   $\sqrt{}$ill-CAU-TR-3PAT-p1AG

'we made them sick (accidentally, or with special effort)'
[−ctl]

(17) a. $\sqrt{}$člóx̌ʷ kn
         $\sqrt{}$hot 1SJ
         'I feel hot' [−ctl]

   b. $\sqrt{}$člóx̌ʷ-s-cm-s
       $\sqrt{}$hot-CAU-1PAT-3AG
       'they caused me to feel hot (accidentally, or with special effort)' [−ctl]

   c. $\sqrt{}$člóx̌ʷ-s-∅-ne
       $\sqrt{}$hot-CAU-3PAT-1AG
       'I caused them to feel hot (accidentally, or with special effort)' [−ctl]

(18) a. $\sqrt{}$x̌áṅi kt
         $\sqrt{}$hurt p1SJ
         'we got hurt' [−ctl]

   b. $\sqrt{}$x̌áṅi-s-t-i-s
       $\sqrt{}$hurt-CAU-TR-p1PAT-3AG
       'she caused us to get hurt (hurt us accidentally, or managed to hurt us)' [−ctl]

   c. $\sqrt{}$x̌áṅi-s-t-∅-m
       $\sqrt{}$hurt-CAU-TR-3PAT-p1AG
       'we caused her to get hurt (hurt her accidentally, or managed to hurt her)' [−ctl]

In all these cases the participant of the (a) form is a patient or experiencer. This can be seen as the logical result of the fact that these roots by themselves do not carry control force for Salish speakers (although their English glosses may suggest such a force for English speakers). That is, where the English morphemes carry a notion of control as part of their unmarked meanings, the equivalent Salish roots carry the opposite notions: their unmarked force involves lack of control. To state it more explicitly, it appears that, just as in English the simple concepts *fall, sick, hot, hurt* evoke notions of persons or objects *affected*, the Salish roots glossed 'cut', 'turn', 'throw and hit' evoke for Salish speakers notions of persons or things that are cut, turned, or hit. English *turn* is somewhat ambiguous in this respect, but *cut* and *throw* or *hit* surely evoke notions of an *agent* in English; and that agent is felt primarily as a controlling force.

A fair number of common Thompson Salish roots, however, appear in analogous constructions (unaffixed or suffixed by /-t/ *immediate*, with single participants), and the forms signal acts performed by an *agent* who is, furthermore, in control of the situation. The following examples with intransitive subject clitics (a) are again paired with corresponding transitive forms (b). In the case of roots of this category, however, causatives do not serve to provide corresponding forms with the same reference as the subjects of (a) forms. The purpose can be served by *directive* transitives (discussed further below) or by *relational* transitives, formed with /-mín ~ -m/ extensions of the root and indicating goals in relation to the action. In all these (b) forms it will be seen that the personal reference equatable with that of the (a) forms is represented by an *agent* suffix. The personal referents of parallel forms with corresponding patient suffixes (c) are not equatable in this way.

(19) a. $\sqrt{}$xʷesít kt
$\sqrt{}$walk p1SJ
'we walked/traveled' [+ctl]

   b. $\sqrt{}$xʷesít-m-t-∅-m
$\sqrt{}$walk-RLT-TR-3PAT-p1AG
'we walked/traveled to meet him' [+ctl]

   c. $\sqrt{}$xʷesít-m-t-i-s
$\sqrt{}$alk-RLT-TR-p1PAT-3AG
'he walked/traveled to meet us' [+ctl]

(20) a. $\sqrt{}$cú-t kn
$\sqrt{}$say-IM 1SJ
'I said something' [+ctl]

   b. $\sqrt{}$cú-n-∅-ne⁴
$\sqrt{}$say-DRV-3PAT-1AG
'I told him' [+ctl]

   c. $\sqrt{}$cú-n-cm-s
$\sqrt{}$say-DRV-1PAT-3AG
'he told me' [+ctl]

(21) a. $\sqrt{}$náq̓ʷ kn
$\sqrt{}$steal 1SJ
'I stole' [+ctl]

    b. $\sqrt{}$náq̓ʷ-m-∅-ne
       $\sqrt{}$steal-RLT-3PAT-1AG
       'I stole from him' [+ctl]

    c. $\sqrt{}$náq̓ʷ-m-cm-s
       $\sqrt{}$steal-RLT-1PAT-3AG
       'he stole from me' [+ctl]

(22) a. $\sqrt{}$táx̣ kt
       $\sqrt{}$paddle p1SJ
       'we paddled' [+ctl]

    b. $\sqrt{}$táx̣-m-t-∅-m
       $\sqrt{}$paddle-RLT-TR-3PAT-p1AG
       'we paddled after them' [+ctl]

    c. $\sqrt{}$táx̣-m-t-i-s
       $\sqrt{}$paddle-RLT-TR-p1PAT-3AG
       'they paddled after us' [+ctl]

These roots, then, would seem best characterized as incorporating a notion of control with their basic meanings. The number of these roots, which we may call *control roots*, is considerable (around 50), and some of them are extremely common, but when considered against the backdrop of the total number of roots so far identified (over 1800) they form a relatively restricted class. The fact that in their simple forms they indicate controlled acts suggests that they should be marked [+ control] in the lexicon, whereas the great majority of other roots are [− control].[5]

Study of more complex forms confirms this basic dichotomy and reveals that the majority of affixes are unmarked for control. That is, they do not change the control status of the stem to which they are added. Thus an unmarked affix added to a control root yields a control form, but added to a [− control] root yields a noncontrol form. The lexical suffixes that are characteristic of Salishan (as well as Wakashan and Chemakuan) languages furnish good examples of this. Utilizing the same lexical suffixes, (23) shows [− control] forms based on [− control] roots, (24) shows [+ control] forms based on [+ control] roots:

    (23) a. n-$\sqrt{}$páʕʷ ∅
           LCL-$\sqrt{}$freeze 3SJ
             [−ctl]
           '(there is) ice' [−ctl]

b. n-√pác̓ʷ-ym̓xʷ Ø
   LCL-√freeze-land 3SJ
   　　[−ctl]
   'there is ice on the surface of the ground' [−ctl]

c. √pác̓ʷ-qs Ø
   √freeze-nose 3SJ
   　[−ctl]
   '[e. g. canoe] has ice on the front of it' [−ctl]

d. √ɫyúkʷ kn
   √bump 1SJ
   　[−ctl]
   'I bumped into something (accidentally)' [−ctl]

e. √ɫikʷ-áqs kn
   √bump-nose 1SJ
   　[−ctl]
   'I bumped my nose (accidentally)' [−ctl]

(24) a. √ɫím kn
   　　√trim　1SJ
   　　[+ctl]
   　　'I cut brush, trimmed trees' [+ctl]

b. √ɫím-ym̓xʷ kn
   √trim-land 1SJ
   　[+ctl]
   'I cleared the ground of brush' [+ctl]

c. √cúɫ kn
   √point 1SJ
   　[+ctl]
   'I pointed out, designated [a particular person/thing]'
   [+ctl]

d. √cúɫ-qs kn
   √point-nose 1SJ
   　[+ctl]
   'I pointed the gun [at someone/something]' [+ctl]

Many grammatical affixes operate in the same way, not changing
the control status of the stems to which they are added. For example,
the (b) forms in (1) through (4) are formed with the causative

suffix /-s/, followed by the transitive /-t/ and patient-agent endings, none of which are marked for control. The forms are all based on [− control] roots, and that remains the force of the resulting forms. When this same string of suffixes is added to a control root, however, a [+ control] form results:

(25) $\sqrt{}$ xʷesít-s-t-∅-m
       $\sqrt{}$ walk-CAU-TR-3PAT-p1AG
       [+ctl]
       'we took him for a walk/helped him walk' [+ctl]

(26) $\sqrt{}$ ʔúqʷeʔ-s-t-i-s
       $\sqrt{}$ drink-CAU-TR-p1PAT-3AG
       [+ctl]
       '(s)he gave us a drink' [+ctl]

Similarly, the intransitive suffix /-úɬ/ *habitual* (often accompanying a stem reduplicated for *augmentative*, signalling plural reference or repeated action) retains the control status of the stem it extends:

(27) a. $\sqrt{}$ ƛ̣áz kn
          $\sqrt{}$ lazy 1SJ
          [−ctl]
          'I feel lazy (right now)' (experiencer subject) [−ctl]

     b. $\sqrt{}$ ƛ̣z-úɬ kn
          $\sqrt{}$ lazy-HB 1SJ
          [−ctl]
          'I am a lazy person (generally)' [−ctl]

(28) a. $\sqrt{}$ mílt kt
          $\sqrt{}$ visit p1SJ
          [+ctl]
          'we're going visiting' [+ctl]

     b.   məl-$\sqrt{}$ mílt-úɬ kt
          AUG-$\sqrt{}$ visit-HB p1SJ
               [+ctl]
          'we're fond of visiting, always going visiting' [+ctl]

However, some affixes convert [− control] stems to [+ control]. They clearly then must be marked [+ control]. The intransitive suffix /-íyx ~ -ix/ *autonomous* indicates that the subject is in control, accomplishing the action independently. It is understandably for the most part limited to animate subjects. Also, since this suffix essentially adds the notion of control, it is hardly surprising that it has not been found added to a control root, where that force is already implicit. In the following examples all roots are [− control]:

(29)   √səlk-íyx kt
√turn-AUT p1SJ
[−ctl] [+ctl]
'we turned around (of our own accord)' [+ctl]; cf. (13)

(30)   √méɬ-ix kn
√rest-AUT 1SJ
[−ctl] [+ctl]
'I took a rest' (√*méɬ* 'feel rested, refreshed') [+ctl]

(31)   √yˁw-íyx kt
√hide-AUT p1SJ
[−ctl] [+ctl]
'we went into hiding' (√*yəˁw* 'be hidden') [+ctl]

(32)   √yáx̣-ix kn
√gap-AUT 1SJ
[−ctl] [+ctl]
'I made myself a path through [e. g. the crowd]' (√*yáx̣* 'space develops between bulky objects') [+ctl]

Other affixes create forms which indicate lack of control, regardless of the control status of the stems to which they are added. An interesting example is a reduplicative affix in which the stressed vowel and following consonant of the stem are copied and inserted directly after that sequence (with regular phonological adjustments; if the stem contains material beyond that following consonant, an infix results). We may gloss it *out-of-control*. It emphasizes the absence of control over some state or event − either because it is a natural or spontaneous happening, or because some entity other than the protagonist has acted, or because it is taking special persistence, effort, or skill. (For further discussion of this formation see Carlson & Thompson 1982.)

(33) a. √nóx̣ʷ ∅
√run 3SJ
[+ctl]
'[animal] runs' [+ctl]

b. √nóx̣ʷ-ox̣ʷ ∅
√run - OC   3SJ
[+ctl] [−ctl]
'[animal] is forced to run [because of a natural cata-
strophe or because of a pursuer]' [−ctl]

(34) a. √nés kn
√go 1SJ
[+ctl]
'I go (to a particular place)' [+ctl]

b. √nés-əs kn
√go - OC   1SJ
[+ctl] [−ctl]
'I manage to go, am enabled to go' [−ctl]

(35) a. √ʕʷóy̓t kn
√sleep 1SJ
[−ctl]
'I went to sleep' [−ctl]

b. √ʕʷóy̓-iʔ-t kn [note discontinuous allomorph of root]
√sleep-OC   1SJ
[−ctl] [−ctl]
'I was put to sleep, anaesthetized; I finally managed to
go to sleep' [−ctl]

Examples (33) and (34) show [+ control] stems converted to
[− control]. Example (35) suggests a stronger noncontrol notion
than the simple lack of control implied by the base. It is further clear
that this affix assures a noncontrol meaning despite the presence
of /-ix/ *autonomous*, which, as we established above, creates a
[+ control] form from a [− control] stem:

(36) a. √tέɬ-ix ∅
√extend-AUT 3SJ
[−ctl]   [+ctl]
'he stood up' [+ctl] (√ *tel* 'long object extends straight')

b. $\sqrt{\text{tél-əɬ-ix}}$ ∅
$\sqrt{\text{extend-OC - AUT 3SJ}}$
[−ctl] [−ctl] [+ctl]
'he managed to stand up' [−ctl]

We need, then, a way to specify this greater emphasis on lack of control, at the same time explaining conversion from a [+ control] base. The purpose can be served by introduction of a feature [+/− dominant], which indicates the relative strength value of the basic control marking. Roots like $\sqrt{\text{cəm}}$ 'burn black, char', $\sqrt{\text{čəq̓}}$ 'throw and hit', $\sqrt{k^w\text{is}}$ 'fall', $\sqrt{\text{niƙ}}$ 'cut, incise', $\sqrt{\text{ƙatəx}^w}$ 'cut off, sever', and $\sqrt{\text{tél}}$ 'extend straight', while they themselves carry a noncontrol value, nevertheless form more complex words with a [+ control] value when a [+ control] affix is added. We may represent this sort of valence by assigning them a [− control − dominant] marking. (36b) shows that a [+ control] word derived in this manner is re-converted to noncontrol force by the *out-of-control* affix, suggesting a stronger control value than that of the autonomous suffix. This can be represented, then, as [− control + dominant], capable of converting [+ control] stems to [− control].

Actually, further study of the interactions of control-marked morphemes reveals a hierarchy of dominance among them, fully justifying the interacting features [control] and [dominant]. Some delicate differences are reflected. A few examples here will suffice to demonstrate the system.

The weakest control value is no control indicated − i.e., the value of morphemes which are unmarked for control. The root $\sqrt{\text{kəl}}$ 'be separate, unattached' has this value:

(37)   ʔes-$\sqrt{\text{kəɬ}}$ kn
        ST-$\sqrt{\text{separate}}$ 1SJ
        [all unmarked for ctl]
        'I live apart (from the rest of my family)' [simple statement of fact]

A morpheme marked [+ control − dominant] is stronger than unmarked morphemes, so that a word containing just these two types of control marking has a [+ control] value. A few lexical suffixes carry this mild sort of [+ control] force. For example:

(38)   ʔes-√kəł-xə́n Ø
        ST-√separate-foot   3SJ
            [+ctl]
            [−dom]
        'he's barefoot, has his shoe(s) off' [+ctl]

(39)   √kł-ékst-m-t-Ø-m
        √separate-hand - RLT-TR-3PAT-p1AG
            [+ctl]
            [−dom]
        'we released it, let go of it' [+ctl]

But when morphemes unmarked for control are accompanied by
one with the marking [− control − dominant], the resulting word
carries noncontrol force. Thus:

(40)   √kł-ə́p Ø
        √separate-INC   3SJ
            [−ctl]
            [−dom]
        'it came apart, became disconnected' [−ctl] (with *in-
        choative*, referring to states of affairs that come into
        being, acts that begin with a specific lack of control)

Further information shows that this latter marking is stronger than
[+ control − dominant]; compare (41) with (39):

(41)   √kəł-p-ékst-m-t-Ø-m
        √separate-INC - hand - RLT-TR-3PAT-p1AG
            [−ctl]   [+ctl]
            [−dom]   [−dom]
        'we dropped it, it came out of our hands' [−ctl]

This means that the [+ control] morphemes that derive [+ control]
words from [− control − dominant] stems must have a stronger
marking yet: the *autonomous* suffix (29–32, 36a) thus is [+ control + dominant]. But this combination in turn is not as strong as
the *out-of-control* affix, as we saw in (36b): this strongest marking
is [− control + dominant]. Control roots like √*nés* 'go to some
place' and √*nóx̌ʷ* '[animal] runs' are [+ control + dominant], reg-

ularly yielding to the stronger [− control + dominant], as in
(33, 34). We can summarize our findings with a chart:

(42)   *Hierarchy of dominance of control marking features*
       Stronger   Weaker
       [−ctl]   [+ctl]   [−ctl]   [+ctl]   unmarked
       [+dom]   [+dom]   [−dom]   [−dom]   for control

A further detail now needs to be straightened out. We may recall
that the (a) examples in (1)–(4) are [+ control] forms, but we have
not specified how they gain this status, and we now know that the
roots involved carry [− control − dominant] marking. For (1a),
repeated here for convenience as (43), it is simple to identify the
directive suffix /-e/, which must have [+ control + dominant] force,
like the *autonomous*:

(43)   √k̓ətxʷ-e-t-∅-és
       √sever - DRV - TR-3PAT-3AG
       [−ctl]   [+ctl]
       [−dom] [+dom]
       'he cut it off (intentionally)' [+ctl]

But no such element is evident in (2a), repeated here as (44), which
nevertheless has [+ control] force:

(44)   √čək-t-∅-és
       √use.up-TR-3PAT-3AG
       [−ctl]
       [−dom]
       'she used up the last of it [e.g. food]' [+ctl]

The same problem is evident in (3a) and (4a). An important clue
for the solution of this problem lies in certain optional (although
uncommon) alternates for these superficially simple transitives. Such
an alternate for (4a) is cited here as (45):

(45)   √cəm (-e)-t-∅-és
       √char - DRV - TR-3PAT-3AG
       [−ctl]   [+ctl]
       [−dom] [+dom]
       'she burned it [e.g. bread to make therapeutic tea]'

A phonological rule is involved. Stress in polysyllabic forms is assigned in terms of the interacting inherent stress qualities of roots and suffixes. *Strong* roots take main word stress unless it is captured by a *strong* suffix. On the contrary, *weak* roots take stress only when there is no suffix that can assume it. Treatment of underlying vowels is different in pretonic and posttonic syllables. So, in (46) we see /-e/ *directive* retained in posttonic position with the strong root $\sqrt{}$ *nik̓* 'cut, incise' (cf. 14a):

(46) $\sqrt{}$ník̓-e-t-∅-p
        $\sqrt{}$cut - DRV - TR-3PAT-p2AG
        [−ctl]   [+ctl]
        [−dom] [+dom]
        'you people cut it' [+ctl]

But with weak roots it falls in pretonic position, and is optionally (and usually) deleted except where consonant clustering sets the stage for its retention, as in (42). Full study of the conjugational system reveals that this /-e/ represents an underlying nasal //-n//, which surfaces in a few forms in most paradigms and throughout the inflection of strong stems ending in a vowel (cf. 20b, c):

(47) $\sqrt{}$ƛék̓ʷ-n̓i-n-t-∅-p
        $\sqrt{}$flood -ear-DRV - TR-3PAT-p2AG
        [−ctl]   [+ctl]
        [−dom]   [+dom]
        'you people poured water over it' [+ctl] (lexical suffix -n̓i 'ear' extended to 'over the top of something')

(48)   n-$\sqrt{}$xéƛ-kʷu-n-t-∅-p
        LCL-$\sqrt{}$skim - water-DRV - TR-3PAT-p2AG
               [−ctl]   [+ctl]
               [−dom]   [+dom]
        'you people skimmed it off the surface of the water' [+ctl]

In addition to the regular transitive forms, Thompson Salish has a set which we may call *indefinite agent forms* (they have also been called passive). They establish a patient and imply some agent. Based on transitive stems, they add the patient pronominal suffixes and terminate in synchronically unidentifiable elements. Table 1 summarizes the personal markers, providing direct comparison with the indefinite agent endings. (Note that if these forms are considered to be passives, the passive subjects are marked by the same morphemes which function as transitive patients in active forms.) There is also a fairly consistent relationship between the intransitive enclitics and the agent suffixes; similarities between these and the possessive affixes are mostly fortuitous, except that the first plural possessive is presumably a transplant from the primary enclitic set.

	Intransitive Subjects Enclitics		Transitive Suffixes		Indefinite Agent Endings	Possessive Affixes
	Pri-mary	Con-joined	Agents	Patients		
Sg.						
1	kn	wn	-(é)ne, -n	-s(é)m, -séy, -si	séy-me, -si-me	n-
2	kʷ	uxʷ	-(é)xʷ, -nxʷ	-s(í)	-s(í)-t	eʔ-
Pl.						
1	kt	ut	-(é)m, -(e)t	-éy, -i	-éy-t, -i-t	-kt
2	kp	up	-(é)p	-úym, -im	-úym-et, -im-et	-mp, -ep
Gen.						
3	∅	us	-(é)s, -es	-∅	-∅-(é)m	-s, -c

Table 1: Personal Pronominal Markers

Transitive //-t// combines phonologically with following //s// of a suffix, yielding /-c/; in some other combinations it disappears without a trace. Alternates reflect automatic allomorphs under different stress conditions, as indicated by the stressed vowels in parentheses. //y// regularly vocalizes as /i/ between consonants, except in certain resonant clusters. First singular agent is /-n/ after second person patients. First singular patient is /-séy ~ -si/ before a labial later in the form. Analogical second singular /-nxʷ/ is extended to several paradigms from regular /-n-xʷ/ of *directive* strong stems.

The indefinite agent forms again show control oppositions, but here they refer to the implied agent. As with examples (1)–(4), directive forms indicate a controlling (although indefinite) agent, while the causatives show the indefinite agent is not in control if the root has the value [− control]. (Minimal contrasts are lacking, but the pattern should be clear enough.)

(49)   √yém-e-t-∅-m
        √love - DRV - TR-3PAT-IDF
        [−ctl]   [+ctl]
        [−dom] [+dom]
        'he was treated lovingly, given affection' ([+ctl] agent)

(50)   √x̣áñi-s-t-i-t
        √hurt - CAU-TR-p1PAT-IDF
        [−ctl]
        [−dom]
        'we were injured [e. g. in an accident]' ([−ctl] agent)

(51)   √pɬáx̣-e-t-∅-m
        √magic - DRV - TR-3PAT-IDF
        [−ctl]   [+ctl]
        [−dom] [+dom]
        'someone cast a spell on him' ([+ctl] agent)

(52)   n-√sǝl-ce-s-t-∅-m
        LCL-√drip - mouth-CAU-TR-3PAT-IDF
            [−ctl]
            [−dom]
        '[some act or event] made [e.g. the baby] dribble' ([−ctl] agent)

(53)   √x̣ǝp̓ (-e)-céy-me
        √prick- DRV - 1PAT-IDF
        [−ctl]   [+ctl]
        [−dom] [+dom]
        'I got stuck [e.g. by pin]/stung [e.g. by bee]' ([+ctl] agent)

A common transitive formation which does *not* change the control status of its stem is the *relational* /-mín ~ -m/, introduced in (19),

(21), and (22); some examples show specialization. Indefinite agent forms are frequently formed on relational stems.

(54) $\sqrt{}$ t^{ʕw}-íyx-m-t-∅-m
$\sqrt{}$ run - AUT - RLT-TR-3PAT-p1AG
[?ctl][6] [+ctl]
　　　　[+dom]
'we ran over to him' [+ctl]

(55) $\sqrt{}$ tékɬ-m-t-i-t
$\sqrt{}$ rain - RLT-TR-p1PAT-IDF
[−ctl]
[−dom]
'we got rained on, got caught in the rain' [−ctl]

(56) $\sqrt{}$ q^wi?-p-mín-t-∅-m
$\sqrt{}$ strip - INC - RLT-TR-3PAT-IDF
[−ctl] [−ctl]
[−dom] [−dom]
'they have no relatives, all their relatives are gone' [−ctl]
($\sqrt{}$ q^wəy̓ means basically 'branches strip off tree')

Salish languages have an important intransitive category that has frequently been called *middle*.[7] In Thompson it is marked by a suffix /-(ə)m/. It is [+ control + dominant] and indicates that the subject is agent in full control of the situation. It also typically implies that there is an effect on some patient, although grammatically the form is intransitive, and if the patient is specified in the predication it must take the shape of an oblique complement. (In transitive predications, where the patient is indicated by the pronominal suffix, a third person patient − i.e. object − can be specified as a direct complement.) These forms also often specialize greatly, and in peculiar ways, the meaning of the basic root. They usually generalize the distribution of the action.

(57) $\sqrt{}$ sk-ə́m kn
$\sqrt{}$ club - MDL 1SJ
[−ctl] [+ctl]
[−dom] [+dom]
'I clubbed someone, did some clubbing' [+ctl]

(58) $\sqrt{}$ séx^w-m kt
        $\sqrt{}$ bathe- MDL   p1SJ
        [−ctl]   [+ctl]
        [−dom] [+dom]
        'we took a bath, bathed ourselves' ($\sqrt{}$ *séx^w* '[body gets]
        immersed') [+ctl]

(59) $\sqrt{}$ cíx̣^{w}-m Ø
        $\sqrt{}$ lie - MDL   3SJ
        [−ctl]   [+ctl]
        [−dom] [+dom]
        'he's buying a wife (laying out the items of the bride-
        price)' [+ctl]

(60) $\sqrt{}$ cw-ə́m kn
        $\sqrt{}$ do - MDL   1SJ
        [−ctl]   [+ctl]
        [−dom] [+dom]
        'I'm working (doing/making things)' [+ctl]

(61) $\sqrt{}$ q̓^{w}y-ə́m kt tə smíyc
        $\sqrt{}$ roast- MDL   p1SJ OBL meat
        [−ctl]   [+ctl]
        [−dom] [+dom]
        'we're barbecuing meat' [+ctl] (showing logical object
        as oblique complement)

Middle forms can be causativized, providing clear control
causatives:

(62) $\sqrt{}$ séx^w-m-s-t-Ø-x^w
        $\sqrt{}$ bathe - MDL - CAU-TR-3PAT-2AG
        [−ctl]   [+ctl]
        [−dom] [+dom]
        'you had him take a bath' [+ctl]

(63) $\sqrt{}$ cuw-m-s-cém-s
        $\sqrt{}$ do - MDL - CAU-1PAT-3AG
        [−ctl]   [+ctl]
        [−dom] [+dom]
        'she made me work' [+ctl]

It would seem that such a domain as that of the middle must presume control, and so it does, by and large, for the forms that are marked by the /-(ə)m/ suffix. But we might naturally inquire whether there may be also some noncontrol forms with otherwise the same sort of force. This is precisely the domain of the suffix /-nwéɫn/ *noncontrol middle*. Again the subject is clearly agent, and again some patient is often implied, but just as clearly the agent exerts at best only limited control. In fact, this suffix is as strongly noncontrol as the *out-of-control* affix; it is a [− control + dominant] morpheme, producing noncontrol forms from [+ control] stems. For example:

(64)　$\sqrt{}$ q̇aẏ-nwéɫn kp
　　　$\sqrt{}$ shoot - NCM　p2SJ
　　　[−ctl]　[−ctl]
　　　[−dom] [+dom]
　　　'you people managed to shoot [e.g. a deer]; you people shot accidentally' [−ctl]

(65)　$\sqrt{}$ ʔuqʷeʔ-nwéɫn ∅
　　　$\sqrt{}$ drink - NCM　3SJ
　　　[+ctl]　[−ctl]
　　　[+dom] [+dom]
　　　'he managed to get a drink; he drank [e.g. poison] accidentally' [− ctl]

(66)　$\sqrt{}$ xeƛ̓-ix-nwéɫn kt
　　　$\sqrt{}$ skim - AUT - NCM　p1SJ
　　　[−ctl]　[+ctl]　[−ctl]
　　　[−dom] [+dom] [+dom]
　　　'we're desperate to get out of the canoe' [−ctl] (cf. *xéƛ̓ix* 'get out of water or out of a canoe or vehicle' [+ctl])

Some revealing examples of this are the names of certain classes of plants which have a particular effect on people who touch or eat parts of them, but obviously do not exert control as an animate agent might (compare (53), in which even a pin seems to be viewed as a controlling agent):

(67)　$\sqrt{}$ čoˤʷ-t-nwéɫn ∅
　　　$\sqrt{}$ scab - IM-NCM　3SJ
　　　[−ctl]　　[−ctl]
　　　[−dom]　　[+dom]

'they cause rashes (and scabs)' (including plants like poison oak, *Rhus radicans*) [−ctl]

(68) $\sqrt{}$ zoqʷ-nwéɫn ∅
        $\sqrt{}$ die - NCM   3SJ
        [−ctl]   [−ctl]
        [+dom] [+dom]
        'they're deadly poisonous' (including water hemlock, *Cicuta douglasii*; and death camas, *Zigadenus venenosus*) [−ctl]

Salish languages also have a formal *reflexive*, which, like reflexives in many other languages, often conveys various specialized meanings. These forms are built on transitive stems, but are themselves intransitive grammatically. In Thompson the suffix /-sut/ is added directly to /-t/ *transitive*, combining phonologically to yield /-cút/. The underlying consonant cluster conditions the retention of pretonic /-e/ *directive* (although the same cluster in more integrated forms in the transitive paradigm − e.g. with first and second singular patient markers − does not exert this influence; presumably the vowel in such forms has been leveled out analogically). The suffix, itself unmarked for control, appears in forms exhibiting all types of control status.

(69) $\sqrt{}$ qəm-e-cút kt
        $\sqrt{}$ warm- DRV - RFL p1SJ
        [−ctl]   [+ctl]
        [−dom] [+dom]
        'we warmed ourselves up' [+ctl]

(70) $\sqrt{}$ ʕəlxʷ-e-cút ∅
        $\sqrt{}$ noisy- DRV - RFL 3SJ
        [−ctl]   [+ctl]
        [−dom] [+dom]
        'he made a racket, a lot of noise' [+ctl]

(71) $\sqrt{}$ kən-cút ∅
        $\sqrt{}$ help - RFL 3SJ
        [+ctl]
        [+dom]

'he helped himself' [+ctl] ($\sqrt{kən}$ 'help' is a rare weak root which takes /-t/ *transitive* directly; note lack of /-e/ *directive*)

(72) ʔe $\sqrt{}$zoqʷ-s-cút kʷ
ADM $\sqrt{}$die - CAU-RFL 2SJ
[−ctl]
[+dom]
'(Be careful!) you'll kill yourself' [−ctl] (*ʔe admonitory* particle)

(73) $\sqrt{}$p̓ik̓-s-cút ∅
$\sqrt{}$roll-CAU-RFL 3SJ
[−ctl]
'[inanimate object] rolled by itself' [−ctl]

These examples should make clear that control distinctions comprise an independent system in Salish grammatical structure. It is of special importance, because in many other languages features of control or limited control have been found expressed by various grammatical forms in specialization beyond their regular functions. Thus, in particular languages, limited control meanings are sometimes attached to passives, reflexives, or causatives; or in languages with nominal cases certain case forms sometimes function in this way. These, then, reflect interesting specializations of forms which at the same time continue handling their regular grammatical purposes. But this is surely not the case in Salish languages, where control oppositions intersect with other major grammatical categories.[8]

We have seen the effect of [− control + dominant] affixes on [+ control] stems producing [− control] forms (e.g. 33–36, 60, 61). And we have observed the conversion of [− control − dominant] stems to [+ control] by [+ control] affixes (e.g. 29–32, 37–39 and the like). But we must now consider some forms derived by means of these strong control affixes which nevertheless have clear noncontrol meanings. The reason is that the roots have the strongest control value, [− control + dominant]; for example:

(74) $\sqrt{}$xʷúč-m kn
$\sqrt{}$vomit-MDL 1SJ
[−ctl] [+ctl]
[+dom] [+dom]
'I vomited violently' [−ctl]

(75) Vxík̓-e-t-∅-p
    Vmiss - DRV - TR-3PAT-p2AG
    [−ctl]   [+ctl]
    [+dom] [+dom]
    'you people [shot and] missed the target' [−ctl]

(76) Vtəlxʷ-e-t-∅-éne
    Vfail - DRV - TR-3PAT-1AG
    [−ctl]   [+ctl]
    [+dom] [+dom]
    'I looked and looked and couldn't find it; I can't figure
    it out' [−ctl]

It is particularly this kind of material that validates the hierarchy
of dominance we derived in (42). The roots Vxʷúč 'vomit violently',
Vxík̓ 'miss target', Vtəlɒxʷ 'fail to find/solve' are strongly noncontrol
morphemes, reasonably characterized as [− control + dominant].
No [+ control] morphemes can be added which will change their
basic noncontrol force.

Among the roots which are unmarked for control we are not
surprised to find a fair number that designate concrete objects (e.g.
Vtmíxʷ 'earth, ground, land', Vqʷú? 'water', Vhéẁt 'rat')⁹ and the
numbers (e.g. Vséye 'two', Vmús 'four'). There is also an interesting
small subclass containing roots meaning 'like', 'love', etc.; these
utilize possessive inflection to express two-participant experiencer
relationships:

(77)   n-s-Vλ̓í? kʷ
    my-NOM-Vlike 2SJ
    [all unmarked for ctl]
    'I like you, you are pleasing to me'

Basic transitives for such roots are lacking, but *relational* inflection
is also possible, suggesting a slightly different point of view:

(78) Vλ̓í?-mín-c-n
    Vlike-RLT-2PAT-1AG
    [all unmarked for ctl]
    'I like you, I find you pleasing'

The circumstances where control is not marked are the exception
rather than the rule. Generally sentences are permeated with varied

nuances of control. As we have seen, this is handled through the marking of individual morphemes in the lexicon, the control status of predicative words then being determined by the morphemes that make them up.

The Salish system relates interestingly to that in another American Indian language. McLendon (1978) has described the intricate and complex structure of Eastern Pomo, a northern California Hokan language, where verb roots fall into five classes. One small class of common verbs like those meaning 'bite' and 'kill' take agents and may also take patients. They thus resemble transitive verbs in more familiar languages. Location and directed motion verbs, corresponding to English intransitives, form another small class. Here the subjects appear in agent form if they are pronouns, kinship terms, or proper names, but in patient form if they are common nouns or from a small closed class called 'personal' nouns.

But the majority of Pomo verbs fall into the other three classes — which defy classification along the traditional transitive-intransitive lines. In one of these, verbs such as those meaning 'fall', 'sneeze', 'misplace', regularly take patient subjects, although they can be causativized, reflexivized, or secondarily transitivized. In another set the members, such as the verbs meaning 'love' and 'hate', take two patients. Finally, there is a class of verbs which may take either agents or patients, depending on whether those participants are in control or not; these include such items as 'slip/slide', 'bump', etc.

This last class is rather like the large class of Salish [− control − dominant] roots, permitting both controlled and uncontrolled meanings, given the appropriate morphological modifications. Note also that the other Eastern Pomo classes permit natural control-type characterizations: the first two classes suggest [+ control], although the second sorts out those subjects which are viewed as controlling (pronouns, which I gather always refer to humans, and kin terms and personal names, which clearly do) from those which apparently are viewed rather as controlled (common and 'personal' nouns, the latter referring to age grades and statuses of a few kinds of persons, rather than emphasizing their human [controlling?] possibilities). The 'fall' and 'sneeze' type verbs are also similar to Salish [− control − dominant] roots, but in Eastern Pomo they require special surface machinery in order to function with controlling subjects. Probably some members of this class correspond rather to Salish [− control + dominant] roots. The 'love' and 'hate' verbs correspond to the subclass of Salish roots unmarked for control which are commonly constructed with possessive inflection. In any case, it can be seen that the notions of control are useful in considering the logical semantic connections of these classes.

Control oppositions may figure importantly in other languages. Recall Sapir's (1917) dissatisfaction with Uhlenbeck's characterization of transitive verbs in many American native languages as basically passive. This may well remind us of the fact that so many Salish roots show simple intransitives with patient subjects — a feature that could easily lead to characterization of the roots as fundamentally passive. We have seen, however, that this relates to their [− control] character. Was it perhaps some similar noncontrol feature that Uhlenbeck was reacting to? (Pomo is among the languages he referred to.)

Watkins (1979), in the course of working out the extremely complex interrelationships represented in the Kiowa pronominal prefix system, has recognized an important control opposition which helps clarify some of that complexity. Early on, Michael Forman (pers. comm.) indicated he suspected some such sort of control system is operative in Philippine languages. More recently Steven Egesdal (pers. comm.) presented a seminar paper analyzing Ilocano verbs in these terms, Gerdts (1979) independently described some of the limited control phenomena in the same language, and Sarah Bell (pers. comm.) has called my attention to an apparently similar system in Cebuano. Andrew Pawley (pers. comm.) recognizes the symptoms in various other Austronesian languages, and he has identified a clear sort of control opposition connected with verbs referring to bodily functions in a New Guinea language.

Another case that is strongly reminiscent of our early perception of Salish control is reported for Cupeño, a southern California Uto-Aztecan language. Hill (1969) recognizes a three-way contrast in the verbs: simple verbs representing 'natural' actions ("natural and expected in a given situation" or "culturally, psychologically, or physiologically required"), verbs marked with one suffix indicating intentional actions, and those with a contrasting suffix indicating actions imposed by accident or the action of another actor (cf. Salish *out-of-control*). Jacobs (1975: 59–61) casts doubt on the operation (and certainly the antiquity) of these distinctions as a system throughout the language, seeing the second type as deriving historically (and perhaps still operating synchronically) as a causative formation, the third type as primarily stative (its suffix relating to a verb 'be' in Cupeño and cognate languages). Nevertheless, consideration of the system in terms of control oppositions may be revealing. As Jacobs (1975: 61) points out, "it is hardly surprising that simple verbs would represent 'natural' actions". And they may well include both [+ control] and [− control] roots. Hill's 'non-volitional' forms may parallel Salish strong noncontrol forms ([− control + dominant]), the type of form she has called 'volitional' may well be causative, and some of the cases where the semantic fit seems poor may turn out to be [− control] causatives. In other words, Cupeño roots may, like Salishan roots, have inherent marking for control status. Such a study will also be interesting historically, either revealing a hitherto unobserved control system that is old or showing how such a system evolved.

In Navajo, oppositions of control are of key importance. Witherspoon (1977: 63–81) demonstrates dramatically that grammatical forms depend crucially on the Navajo view of which entities can exert control over which other entities, and much of the book is concerned with the place of control in the Navajo world view. (A similar study of the relationship of the Salishan control system to Salishan world view is a desideratum.) More recently Saville-Troike, in her study of topic-prominent aspects of Navajo (1979), suggests marking of control oppositions.

Like McLendon (1978: 9), I wonder whether there may not be many languages which sort out more transparently the applications of their grammatical categories in terms of such logical semantic properties that are frequently inferable only indirectly for the more widely studied languages. It occurs to me that both our familiar nominative-accusative systems and the somewhat more exotic ergative-absolutive systems may reflect specialized (and sometimes arbitrary) extensions from earlier systems showing more categorization in terms of logical properties, such as the Eastern Pomo and Salish systems suggest. In the case of nominative-accusative systems, the agent markers may well have expanded their territory because of a leaning toward topicalization in which the agent was most commonly focussed at the earlier period. In languages with middle forms, they can easily have been the pivots — where nominative case forms identified patients that were also agents (cf. Barber 1975 for an inspired discussion of middle and related forms). The expansion then would have been at the expense of the patient markers (as subjects), leaving the specialized accusative case forms limited to transitive and prepositional objects. Ergative systems, on the other hand, may have expanded the domains of their patient markers through reinterpretation of passive predications, just as Anderson (1977) and Chung (1977) have argued for some cases. We also need to remember that zero representation of third-person intransitive subjects and transitive patients is a common feature of ergatively oriented systems and that development of zero representation is notoriously easy both by tendencies to telegraphic style and analogical spread on the one hand and phonetic erosion on the other. In this connection, the study of different Salish systems may provide us with several models of 'creeping ergativity' (see also note 7).

The Salish systems are interesting, too, in that they show regular opposition between subject and object type entities at the same time that they usually keep quite clear which subjects are agents and which are patients. (They may be of special concern in consideration of Dixon's [1979: 102–103] assertion that while 'subject' is a universal category in languages, it is "not the *most* fundamental category", and his later claim [p. 108] that "no language consistently distinguishes S_a [intransitive agent subject] from S_o [patient subject] in all aspects of its grammar".) It is further interesting that this marking is handled through lexical items, and that can account for the fact that in most Salish languages the syntax lacks formal devices for separating NP-type subject and object — or, for that matter, degrees of control. In all these terms, it would appear that empirical studies of Salish systems can do much to contribute to the concerns signalled by Plank (1979) in his valuable survey of viewpoints on ergativity and allied concerns in universal grammar.

The facts of these languages raise serious questions about the position which has been taken in Lexicase and some other models that "every verb (except for meteorological verbs in some languages) must take a Patient case relation as one of its actants" and therefore that "an intransitive (and non-existential) verb with only one nuclear actant has a Patient subject" (Starosta 1978: 473, which see also for references to similar views of other scholars) — i.e., there are no ordinary intransitives with agent subjects. For the preponderance of Salish roots which are [− control] this position is vindicated for their simple intransitive uses, but the very common, although less numerous [+ control] roots immediately call for agent subjects (examples 19–22 above). Furthermore, [+ control] intransitive formations like Thompson Salish *autonomous* (examples 29–32 above) require agent subjects without necessitating any co-occurring patients. The concept of control oppositions advanced here, then, may well serve to restore a better balance between grammatical and logical relations in such models. In this connection, note Starosta's (1978: 477–478, 535–536) dissatisfaction with intention as a criterion in identifying agent status and recall the inadequacy of early formulations of the Salish oppositions in precisely those terms. It seems possible that the generalization some authors have been trying to capture with *intention* can be better framed in terms of *control*.

In fact, while Starosta (1978: 481–486, 538–540) does utilize a notion of control (following Pleines 1976: 83–87), it serves a rather different purpose − to specify the relationship between agents and instruments or intermediaries in chains of causality. Similarly, Givón (1975) focusses on the matter of who is in control in various kinds of predications and the roles of intermediaries. Thus while some of our present concerns are touched on, the purpose is quite different and more restricted. In particular, their notion of control is limited to transitive predications. Dixon (1979: 103–104), however, recognizes agent subjects for both transitive and intransitive predications, and utilizes control as a defining concept. On the transitive side he notes that languages regularly treat the subjects of verbs like 'cut', 'give', and 'see' all in the same way − as agents − and sees the reason for this identification in "the idea of 'agency' or 'control' ". Some intransitives, too (such as 'run', 'jump'), have clear agent subjects, "controlling or initiating the activity" (p. 107).[10]

For Dik (1978: 32–36) and for Van Valin & Foley (1980: 334) control is one of two fundamental parameters (the other is dynamism) which intersect to classify predications into four types (quoted from Dik, p. 34, Van Valin and Foley's differing terms cited in parentheses):

State of Affairs

	+ Dynamic EVENT	− Dynamic SITUATION
+ Controlled	Action	Position (Stance)
− Controlled	Process (Happening)	State (Stative)

Table 2: Types of Predications

Salish structure requires a control opposition *within* Action and Position categories, resulting in uncontrolled actions and positions that are not the same as corresponding processes and states. For example, (1b) meaning 'he cut it off accidentally; he finally managed to get it cut off', refers to an uncontrolled Action, and differs from the uncontrolled Process expressed by the inchoative (79), the spontaneous happening or result of some unspecified agent's act (uncontrolled Position) suggested by the *out-of-control* (80), and the uncontrolled State indicated by the stative (81):

(79) $\sqrt{}$ k̓ətxʷ-ə́p ∅
       $\sqrt{}$ sever - INC   3SJ
       [−ctl]   [−ctl]
       [−dom] [−dom]
       'it came to be severed' [−ctl]

(80) $\sqrt{}$ k̓ətxʷ-úxʷ ∅
       $\sqrt{}$ sever - OC   3SJ
       [−ctl]   [−ctl]
       [−dom] [+dom]
       'it has gotten severed (somehow)' [−ctl]

(81)   ʔes-$\sqrt{}$ k̓túxʷ ∅
       ST-$\sqrt{}$ sever   3SJ
              [−ctl]
              [−dom]
       'it is (already) severed'

And all these are different from the uncontrolled Action implied by the causative indefinite agent form (82) which implies an un-identified agent lacking control:

(82) $\sqrt{}$ k̓ətxʷ-s-t-∅-ém
       $\sqrt{}$ sever - CAU-TR-3PAT-IDF
       [−ctl]
       [−dom]
       'someone severed it'

(Nor have we exhausted the possibilities of differing uncontrolled actions, positions, processes, and states, but these should suffice for the point at hand.) Other aspects of Van Valin and Foley's theory, however, suggest potential flexibility for handling such Salish structures, and, like Dixon, they specify the need to recognize intransitive agents.

Hopper and Thompson (1980: 265) mention control in a respect that comes closer to the concerns explored here, citing McLendon

(1978). The Salish systems, incidentally, provide strong support for their view of transitivity, both in presenting a number of forms with varying degrees along the transitivity strength continuum, and in showing the sorts of co-varying components they cite (pp. 252 ff.). Thus Thompson Salish has simple unmarked forms with low (but recognizable notions of) transitivity (e.g. 83), *middle* forms with a higher value (e.g. 84), and various complex formal transitives with successively higher values (e.g. 85, 86):

(83) Vʔúqʷeʔ ∅
         Vdrink   3SJ
         [+ctl]
         [+dom]
         '(s)he drank [something]' [+ctl]

(84) Vsk-ə́m ∅
         Vclub - MDL   3SJ
         [−ctl]   [+ctl]
         [−dom] [+dom]
         '(s)he clubbed [someone], did some clubbing' [+ctl]

(85) Vsək-xí-t-∅-s (realized on surface as Vsək-xí-c)
         Vclub - IND - TR-3PAT-3AG
         [−ctl]   [+ctl]
         [−dom] [+dom]
         'she clubbed something of his' [+ctl]

(86) Vsək(-e)-t-∅-és
         Vclub   (-DRV)-TR-3PAT-3AG
         [−ctl]   [+ctl]
         [−dom] [+dom]
         'she clubbed him' [+ctl]

Control enters into consideration here in that noncontrol forms express lower transitivity than their [+ control] counterparts; e.g. the noncontrol middle (87) is less strong than the control middle (84);

(87) Vsək-nwéłn ∅
         Vclub - NCM   3SJ
         [−ctl]   [−ctl]
         [−dom] [+dom]
         'she did some accidental clubbing; managed to do some clubbing' [−ctl]

similarly, the noncontrol causative (88) is weaker than the control transitive (86).

(88) $\sqrt{}$ sək-s-t-$\emptyset$-és
        $\sqrt{}$ club - CAU-TR-3PAT-3AG
        [−ctl]
        [−dom]
        'she clubbed him accidentally; managed to club him'
        [−ctl]

There are thus a number of respects in which these control systems deserve careful study, and it would certainly seem that we ought to take them into account in developing our notions of universal grammar.

Notes

*   This topic was the subject of a paper read at the 17th Conference on American Indian Languages (77th Annual Meeting of the American Anthropological Association, Los Angeles, November 1978), and of colloquium presentations at University of California at San Diego (November 1978) and University of Hawaii (February 1979). A revision was presented in University of Hawaii *Working Papers in Linguistics* 11,1 (1979). The present further revision has profited from discussions arising from those occasions, for which I am grateful to all who participated. In particular I wish to thank Sandra Chung, Philip Davis, Donna Gerdts, Margaret Langdon, Sally McLendon, David Perlmutter, Ross Saunders, and Laurel Watkins for valuable comments and suggestions. For discussion over a longer period and assistance in developing the ideas involved I owe much to Barry Carlson, Steven Egesdal, Thom Hess, Roderick Jacobs, M. Dale Kinkade, Timothy Montler, Claudine Poggi, and M. Terry Thompson. Special thanks are due to Sarah Bell, who offered extensive very helpful criticisms of the *Working Papers* version, contributing importantly to the development of ideas and the argumentation. I am also grateful for the appointment to the Social Science Research Institute, University of Hawaii, with concomitant reduced teaching load in the Department of Linguistics, for the 1982–83 academic year, during which this final version has been completed. Finally, I thank Frans Plank for his interest in the paper and for helpful suggestions leading to the final version.
1. The 23 languages of the Salish family were spoken aboriginally in a large area extending along the modern Canadian-U. S. border from the Pacific coast back to western Montana, and occupying a large part of the state of Washington, southern British Columbia, and northern Idaho, plus a small enclave on the north Oregon coast. A survey of this family and the comparative work on it is provided in Thompson (1979 b). I am grateful to several agencies for supporting my research on these languages since 1958: the University of Washington

Graduate Research Fund, the Melville and Elizabeth Jacobs Research Fund, the British Columbia Provincial Museum, and, especially, the National Science Foundation and the National Endowment for the Humanities. I also acknowledge with much gratitude the Guggenheim Fellowship during the 1979–80 sabbatical year, which made possible concentrated work on Thompson structure, resulting in fresh insights on the topic discussed here. I am likewise grateful to the many speakers of these languages who have shared with us their knowledge and expertise.

The Thompson language is still spoken, mostly by older people, in its aboriginal territory in the canyons of the Fraser and Thompson Rivers, and the valley of the tributary Nicola, in Southern British Columbia. We are indebted to Annie York of Spuzzum, B. C., for these samples of her language, as well as for much discussion of the cultural and semantic framework within which they function. Examples are cited in a surface transcription approximating classical phonemics, except that independent citations of roots are in underlying form. The inventory is as follows: plain stops and affricates /p t c ç k q kʷ qʷ ʔ/, glottalized ejectives /p̓ t̓ ƛ̓ č̓ k̓ q̓ k̓ʷ q̓ʷ/, fricatives /ł s ş x x xʷ x̣ʷ h/, plain resonants /m n l y z ɣ ʕ w ʕʷ/, glottalized (laryngealized) resonants /m̓ n̓ l̓ ẏ ż ẏ̓ ʕ̓ ẇ ʕ̓ʷ/; primary vowels: tense /i u e/, lax /ə/; retracted vowels /i̹ o a ə̣/; stress: primary /́/, secondary /̀/. Surface forms reflect complex phonological rules, which are detailed in a grammar of the language (Thompson & Thompson, in press).

2. The examples here have all been translated in the past tense. Actually, the Thompson forms are tenseless — given the appropriate context they could equally well refer to the present or, for that matter, to the future. I shall continue to supply tense in glosses in this way.

A number of other special conventions are used in the examples. Indian forms are provided with morpheme-by-morpheme glosses. Where two or more English words are required to gloss a single morpheme they are separated by periods. Root signs and hyphens are used in the Indian citations, and they are repeated in the literal gloss line to help in the identification of corresponding items. Pronominal elements are mostly glossed by formulas, in order to keep different categories distinguished. Persons are designated by numbers, which by themselves refer to the singular of the set (i.e. 1 = first person singular); corresponding plurals prefix 'p' (e.g. p1 = first person plural). (Third person, however, is ambiguous as to number, in any case, so that '3' may be interpreted as either singular or plural in most cases.) Functions are distinguished after the person number, as follows: SJ = intransitive subject, PAT = transitive patient, AG = transitive agent. So '1PAT' means first person singular transitive patient, i.e. 'me'; '3AG' means third person transitive agent (either singular or plural), 'he, she, it, they'; p2SJ means second person plural intransitive subject, 'you people'. Possessives, however, are simply glossed by corresponding English words: 'my', 'your', etc.

A number of grammatical and semantic categories are represented by abbreviations as follows: ADM admonitory particle ('beware lest ...'); AUG augmentative (covering intensifying, repetitive, and plural notions); AUT autonomous; CAU causative; DRV directive (direction of the action toward a particular object); HB habitual; IDF indefinite agent; IM immediate aspect; INC inchoative aspect; IND indirective (establishing a three-place transitive transaction); INS instrumental; LCL specializing localizer (indicating a variety of specializations); MDL middle; NCM noncontrol middle; NOM nominalizer; OBL oblique complement marker; OC out-of-control marker; RFL reflexive; RLT relational (establishing a transitive goal in relation to which action is carried out); ST stative aspect; TR transitive.

In later examples control features of pertinent individual morphemes are indicated under the literal gloss line. The features [+/− control] and [+/− dominant] are abbreviated [+/−ctl], [+/−dom], respectively.

3. The 'success' component of limited control is at first disturbing, probably because from our West European point of view success connotes control. But one can see the other side of this issue, too, and recognize that even in English when success is specifically stated it regularly implies less overall control than an unadorned statement of accomplishment.

This notion of limited control dates back to 1961. I formulated it originally as a means of characterizing the special transitives of Lushootseed (Puget Sound Salish), which were troubling students in the University of Washington field experience course in which that language was being investigated. It was explored to greater or lesser extent in a number of student papers in that course and in subsequent similar courses, and then featured in descriptions of Lushootseed by Hess (1967) and of neighboring Clallam (Thompson & Thompson 1971). Gradually the broader significance of control oppositions became clearer as work progressed on Thompson River Salish. It was reported at the 41st Americanist Congress (Thompson & Thompson 1974), and at the special 1976 conference at Oswego, N. Y., American Indian Linguistics: An Assessment (now briefly summarized: Thompson 1979 b: 736–737). A detailed treatment was prepared for the 1976 Victoria Conference on Northwestern Languages, giving examples from several languages (Thompson 1979 a), and the details of the working of the system continue to be explored (Thompson & Thompson 1981 a, 1981 b). Other scholars have studied control phenomena in Seshelt (Beaumont 1977), Halkomelem (Galloway 1978, Hukari 1976), Okanagan-Colville (Mattina 1978), Bella Coola (e.g. Davis & Saunders 1979, Saunders & Davis 1982), Kalispel-Spokane (Carlson & Thompson 1982), and Columbian (Kinkade 1982). While details differ in the different Salish languages, it is clear that in all so far where the matter has been investigated, control oppositions are fundamental and pervasive. The term *control* has been used by several other scholars with different purposes, some of which are discussed below. The meaning intended here bears no relation to the use of the term in connection with filters and constraints (e.g. Chomsky & Lasnik 1977).

4. This root takes an extension /-n/ in the transitive which is discussed below.

5. At this point it may seem that the important difference between the arguments of (12a)–(18a) and those of (19a)–(22a) is that between patient and agent. In fact, it is first necessary to recognize that some intransitive predicates in Thompson Salish have agent arguments. It will be seen later that agents may be either in control or not. It may be worth considering the possibility that subjects of sentences like *I broke my arm, The commander goofed, Harry got lost* may be better characterized as noncontrol agents than as patients, then distinct from cases with less subject responsibility like *I got sick, The commander collapsed, Harry sneezed.*

6. The root √ *təʕʷ* has been recorded only in the autonomous; it is thus not possible to specify its basic control marking exactly: it may be [− control], but no stronger than [− dominant]; on the other hand, it could also have any [+ control] value.

7. It serves a number of purposes similar to those served by the Indo-European middle. However, it should be noted that Thompson Salish structure can be viewed as a split ergative system. While first and second persons show nominative-accusative marking throughout, third person is handled ergatively in primary clauses: transitive agent is represented by //-es//; transitive patient and intransitive subject both have zero representation. In conjoined clauses nominative-accusative marking reemerges: third person transitive patient re-

mains zero, but intransitive subject has overt marking which is logically analyzed to contain the same //-es// that represents transitive agent (see Table 1). (Other subordinations are handled by possessive constructions, which use a mostly different set of pronominal markers.) With an ergative view, the middle can constitute an antipassive. (See Silverstein 1976 for an extensive survey and in-depth study of split ergative systems, and the valuable summary of ergativity by Dixon 1979.)

8. Interest in such features of other languages has developed quite independently of the Salish work — at least until summer 1976. I am indebted to Waltraud Brennenstuhl and Thomas Ballmer for calling my attention to their own in-sightful studies touching on control matters. Brennenstuhl in particular has been concerned with many of the same semantic problems. She signals the limited control force of major categories such as passive, causative, reflexive, dative, and accusative, in special uses in English, German, Latin, French, Spanish, Russian, Finnish, Hungarian, Turkish, Georgian, Sinhalese, and Tagalog. (For discussion, examples, and references to related literature, see Brennenstuhl 1976, Brennenstuhl & Wachowicz 1976.) Featured in this treatment is the categorization of verbs along lines of action vs. inaction, and further detailed subcategorization of the nonaction verbs. In Salish languages most roots have both action and nonaction functions, so that the cases are fundamentally different in these terms. But the most important difference is that while in these several languages the limited control feature appears as a semantic overlay on certain special uses of grammatical categories with quite different primary functions, in Salish grammar the control oppositions are thoroughly individualized and intersect with other categories such as stative, passive, middle, causative, and reflexive, as the foregoing examples demonstrate.

Readers of my earlier papers on Salish control phenomena should be forewarned of a change in terminology, which I hope will make the description easier to understand. Where earlier I used two semantic features [control] and [limited control], the second feature is now eliminated, and the new feature [dominant] has been introduced (in some interim treatments called '[emphatic]'). Former [+ limited control] is now handled as [− control + dominant].

9. These words are nevertheless predicative, capable of serving as centers of predication, as in (i):

   (i) $\sqrt{}$qʷúʔ xeʔe ∅
            $\sqrt{}$water nearby 3SJ
            'that's water (there near us)'

   Many of these roots also appear with middle and transitive inflections; e.g.:

   (ii) $\sqrt{}$ qʷúʔ-m kn
            $\sqrt{}$water-MDL 1SJ
                 [+ctl]
            'I did some watering, irrigating'

   (iii) $\sqrt{}$qʷúʔ-e-t-∅-p
            $\sqrt{}$water-DRV-TR-3PAT-p2AG
                 [+ctl]
            'you people watered it'

   Kinkade (1983) has studied in detail this problem in the analysis of Salish languages, arguing persuasively that imposition of the familiar noun/verb dichotomy results in serious misrepresentation of the structure and creates situation after situation where the analyst is faced with arbitrary choices.

10. Perlmutter (1978) has dealt specifically with this matter in terms of Relational Grammar, recognizing the concepts *unergative* (with reference to agents as intransitive subjects) and *unaccusative* (with reference to patients as intransitive subjects). His main concern is the universal characterization of passive clauses

and the connected validation of the unaccusativity hypothesis, which in its strongest form asserts that "there exist universal principles which predict initial unergativity vs. unaccusativity for all initially intransitive clauses in all languages. Initial unergativity vs. unaccusativity therefore cannot vary from language to language" (p. 161). Since there appears to be a high correlation between unaccusative types of clauses and Salish limited control phenomena, Salish languages should provide fertile ground for further testing of the hypothesis. It is interesting that he cites the same review by Sapir (1917) that we noted above as containing the original germ of the unaccusativity hypothesis (Perlmutter 1978: footnote 7).

References

Anderson, Stephen R.
  1977   "On mechanisms by which languages become ergative", in: Li (ed.)
            1977, 317–363.
Barber, E. J. W.
  1975   "Voice — beyond the passive", in: *Papers from the 1st Annual Meeting
            of the Berkeley Linguistics Society*, 16–24.
Beaumont, R. C.
  1977   "Causation and control in Sechelt", Paper presented at the 12th
            International Conference on Salish Languages, Omak, Washington.
Brennenstuhl, Waltraud
  1976   "What we can't do", in: *Papers from the 12th Regional Meeting,
            Chicago Linguistic Society*, 59–71.
Brennenstuhl, Waltraud & Krystyna Wachowicz
  1976   "On the pragmatics of control", in: *Papers from the 2nd Annual
            Meeting of the Berkeley Linguistics Society*, 396–405.
Carlson, Barry F.
  1980   "Two-goal transitive stems in Spokane Salish", *International Journal
            of American Linguistics* 46: 21–26.
Carlson, Barry F. & Laurence C. Thompson
  1982   "Out of control in two (maybe more) Salish languages", *An-
            thropological Linguistics* 24: 51–65.
Chomsky, Noam & Howard Lasnik
  1977   "Filters and control", *Linguistic Inquiry* 8: 425–504.
Chung, Sandra
  1977   "On the gradual nature of syntactic change", in: Li (ed.) 1977, 3–55.
Davis, Philip W. & Ross Saunders
  1979   "*Control* and *development* in Bella Coola", Paper presented at the 18th
            Conference on American Indian Languages, 78th Annual Meeting of
            the American Anthropological Association, Cincinnati.
Dik, Simon C.
  1978   *Functional grammar* (Amsterdam: North-Holland).
Dixon, Robert M. W.
  1979   "Ergativity", *Language* 55: 59–138.
Galloway, B.
  1978   "Control and transitivity in Upriver Halkomelem", Paper presented
            at the 13th International Conference on Salish Languages, Victoria,
            B. C. (University of Victoria preprints, 105–156).

Gerdts, Donna
1979 "Out of control in Ilocano", in: *Papers from the 5th Annual Meeting of the Berkeley Linguistics Society*, 81–93.

Givón, Talmy
1975 "Cause and control: On the semantics of interpersonal manipulation", in: *Syntax and semantics 4*, edited by J. Kimball (New York: Academic Press), 59–89.

Hess, Thom M.
1967 *Snohomish grammatical structure* (University of Washington dissertation).

Hill, Jane H.
1969 "Volitional and non-volitional verbs in Cupeño", in: *Papers from the 5th Regional Meeting, Chicago Linguistic Society*, 348–356.

Hopper, Paul J. & Sandra A. Thompson
1980 "Transitivity in grammar and discourse", *Language 56:* 251–299.

Hukari, Thomas E.
1976 "Transitivity in Halkomelem", Paper presented at the 11th International Conference on Salish Languages, Seattle (University of Washington preprints, 69–119).

Jacobs, Roderick A.
1975 *Syntactic change: a Cupan (Uto-Aztecan) case study* (= *University of California Publications in Linguistics*, 79) (Berkeley: University of California Press).

Kinkade, M. Dale
1980 "Columbian Salish *-xi, -l, -tuł*", *International Journal of American Linguistics* 46: 33–36.
1982 "Columbian (Salish) C_2-reduplication", *Anthropological Linguistics 24:* 66–72.
1983 "Salish evidence against the universality of 'noun' and 'verb' ", *Lingua* 60: 25–40.

Lakoff, Robin
1971 "Passive resistance", in: *Papers from the 7th Regional Meeting, Chicago Linguistic Society*, 149–161.

Li, Charles N. (ed.)
1977 *Mechanisms of syntactic change* (Austin: University of Texas Press).

McLendon, Sally
1978 "Ergativity, case, and transitivity in Eastern Pomo", *International Journal of American Linguistics* 44: 1–9.

Mattina, Anthony
1978 "The Colville transitive system", Paper presented at the 13th International Conference on Salish Languages, Victoria, B. C.

Perlmutter, David M.
1978 "Impersonal passives and the unaccusative hypothesis", in: *Papers from the 4th Annual Meeting of the Berkeley Linguistics Society*, 157–189.

Plank, Frans
1979 "Ergativity, syntactic typology and universal grammar: Some past and present viewpoints", in: *Ergativity. Towards a theory of grammatical relations*, edited by F. Plank (London: Academic Press), 3–36.

Pleines, Jochen
1976 *Handlung, Kausalität, Intention: Probleme der Beschreibung semantischer Relationen* (Tübingen: Narr).

Sapir, Edward
1917   "Review of C. C. Uhlenbeck, Het passieve karakter van het verbum transitivum of van het verbum actionis in talen van Noord-Amerika (1916)", *International Journal of American Linguistics* 1: 82–86.
Saunders, Ross & Philip W. Davis
1982   "The control system of Bella Coola", *International Journal of American Linguistics* 48: 1–15.
Saville-Troike, Muriel
1979   "Topic-prominence in Navajo", Paper presented at the Annual Meeting of the Linguistic Society of America, Los Angeles.
Silverstein, Michael
1976   "Hierarchies of features and ergativity", in: *Grammatical categories in Australian languages*, edited by R. M. W. Dixon (Canberra: Australian Institute of Aboriginal Studies), 112–171.
Starosta, Stanley
1978   "The one per sent solution", in: *Valence, semantic case and grammatical relations*, edited by W. Abraham (Amsterdam: Benjamins), 459–576.
Thompson, Laurence C.
1979 a   "The control system: A major category in the grammar of Salish languages", in: *The Victoria Conference on Northwestern Languages*, edited by B. S. Efrat (Victoria, B. C.: British Columbia Provincial Museum Heritage Record No. 4), 156–176.
1979 b   "Salishan and the Northwest", in: *The languages of native America*, edited by L. Campbell & M. Mithun (Austin: University of Texas Press), 692–765.
Thompson, Laurence C. & M. Terry Thompson
1971   "Clallam: A preview", in: *Studies in American Indian languages*, edited by J. Sawyer (Berkeley: University of California Press), 251–294.
1974   "Limited control: A Salish grammatical category", Paper presented at the 41st International Congress of Americanists, Mexico City.
1980   "Thompson Salish //-xi//", *International Journal of American Linguistics* 46: 27–32.
1981 a   "More on the control system of Thompson Salish", Paper presented at the 16th International Conference on Salish Languages, Missoula, Montana.
1981 b   "Control hierarchies in Salish lexicons", Paper presented at the Annual Meeting of the American Anthropological Association, Los Angeles.
in press   *The Thompson language* (Victoria, B. C.: British Columbia Provincial Museum).
Van Valin, Robert D., Jr. & William A. Foley
1980   "Role and Reference Grammar", in: *Syntax and semantics 13: Current approaches to syntax*, edited by E. A. Moravcsik & J. R. Wirth (New York: Academic Press), 329–352.
Watkins, Laurel S.
1979   "Pronominal prefixes in Kiowa", Paper presented at the 18th Conference on American Indian Languages, 78th Annual Meeting of the American Anthropological Association, Cincinnati.
Witherspoon, Gary
1977   *Language and art in the Navajo universe* (Ann Arbor: University of Michigan Press).

Author Index

Italics indicate bibliographic references

Subject Index

Language Index